● 曲 优 著

行为视角下

企业绿色运营与供应链协同绿色创新决策问题

Research on Enterprise Green Operation
and Supply Chain Collaborative Green
Innovation Decisions Considering Behavior Factors

中国财经出版传媒集团

经济科学出版社
Economic Science Press
北京

图书在版编目（CIP）数据

行为视角下企业绿色运营与供应链协同绿色创新决策
问题 / 曲优著. -- 北京：经济科学出版社，2023.8
ISBN 978 - 7 - 5218 - 5010 - 9

Ⅰ.①行… Ⅱ.①曲… Ⅲ.①企业经营管理 - 研究②
企业管理 - 供应链管理 - 研究 Ⅳ.①F27

中国国家版本馆 CIP 数据核字（2023）第 151132 号

责任编辑：杨　洋　杨金月
责任校对：王苗苗
责任印制：范　艳

行为视角下企业绿色运营与供应链协同绿色创新决策问题
曲　优　著
经济科学出版社出版、发行　新华书店经销
社址：北京市海淀区阜成路甲 28 号　邮编：100142
总编部电话：010 - 88191217　发行部电话：010 - 88191522
网址：www. esp. com. cn
电子邮箱：esp@ esp. com. cn
天猫网店：经济科学出版社旗舰店
网址：http：//jjkxcbs. tmall. com
北京季蜂印刷有限公司印装
710 × 1000　16 开　19.25 印张　300000 字
2023 年 8 月第 1 版　2023 年 8 月第 1 次印刷
ISBN 978 - 7 - 5218 - 5010 - 9　定价：70.00 元
（图书出现印装问题，本社负责调换。电话：010 - 88191545）
（版权所有　侵权必究　打击盗版　举报热线：010 - 88191661
QQ：2242791300　营销中心电话：010 - 88191537
电子邮箱：dbts@ esp. com. cn）

本书受到国家自然科学青年基金项目"社会比较视角下绿色消费行为的激励机制与运营策略优化研究"（项目号：72202125）及教育部人文社会科学青年基金项目"社会比较视角下绿色消费行为形成机制与供应链运营策略研究"（项目号：21YJC630108）资助，特此致谢。

前　言

日益减少的自然资源与逐步恶化的生态环境，促使人们开始反思社会经济的发展模式，环境保护与合理利用资源成为现今人们关心的重要话题，越来越多的消费者开始关注企业的环境绩效水平，并表示更倾向于购买对环境有益或危害较小的产品。在此背景下，各企业逐渐意识到将绿色发展理念融入日常运营管理中，重视资源环境问题、实施绿色化运营已成为自身发展的必然趋势，而其核心就是通过绿色创新等技术手段提高企业环境绩效水平、设计开发绿色产品，以此提升企业竞争力并催生新的经济增长点。而供应链上下游成员协同开展绿色创新能够有效缓解资金压力并降低供应链整体的环境管理成本，因此成为较多企业普遍采取的一种运营方式。

近年来，企业绿色运营与供应链协同绿色创新决策问题得到了学者们的广泛关注，并取得了一些研究成果。然而，目前大多数关于企业绿色运营与供应链协同绿色创新决策问题的研究均建立在新古典经济学"完全理性经济人"的假定之上，忽视了决策主体"人"的行为因素对运营系统的影响。事实上，大量的行为实验研究表明，个体由于受到认知能力、心理、情绪等主观因素的影响会表现出各种行为偏好特征，其并不能做出完全理性的决策。显然，已有研究成果难以真实地反映消费者及供应链各决策者实际的决策行为，降低了理论模型的实用价值。因此，将消费者或供应链各决策者的行为因素纳入研究框架，针对考虑行为因素的企业绿色运营与供应链协同绿色创新决策问题展开研究，具有重要的理论价值与现实意义。

基于此，本书从行为视角出发，以企业是否实施绿色运营、通过绿色创新生产绿色产品到如何与供应链上下游伙伴协同开展绿色创新为研究主线；以企业运营层面的绿色产品市场进入与定价决策到供应链运营层面的绿色产品创新——广告决策、绿色产品创新——定价决策、绿色过程创新动态优化及供应链各节点企业间的协调策略为研究脉络，针对考虑行为因素的企业绿色运营与供应链协同绿色创新决策问题进行了探讨和研究，具体开展了以下四个方面的研究工作。

（1）系统地梳理国内外相关研究成果，在分析其主要贡献与不足的基础上，指出开展考虑行为因素的企业绿色运营与供应链协同绿色创新决策问题研究的必要性。基于实际问题与现实情况，提炼影响企业绿色运营与供应链协同绿色创新决策的行为偏好特征，进一步地，凝练形成本书所研究的三个管理科学问题：考虑消费者社会比较行为的绿色产品市场进入与定价决策问题、考虑决策者风险态度的供应链协同绿色创新决策与协调问题以及考虑决策者失望规避的供应链协同绿色创新决策与协调问题。并且，针对不同市场结构、不同绿色创新类型、不同参与主体及不同决策问题将上述三个管理科学问题划分为六个子问题进行具体研究。

（2）针对考虑消费者社会比较行为的绿色产品市场进入与定价决策问题，考虑到在面对绿色产品所具有的象征性价值时，消费者会表现出社会比较的行为倾向，构建了包括消费者内在动机、外在动机与社会动机的消费效用函数，并以此为基础，分别给出了不同条件下普通产品与绿色产品各自的需求函数。进一步地，根据不同市场结构，分别研究了垄断市场下考虑社会比较行为的绿色产品市场进入与定价决策及竞争市场下考虑社会比较行为的绿色产品市场进入与定价决策问题，得到不同市场结构下，绿色产品进入市场的边界条件及企业最优定价策略，并探讨了社会比较行为对最优策略及市场均衡结果的影响。

（3）针对考虑决策者风险态度的供应链协同绿色创新决策与协调问题，考虑到面对消费者绿色偏好不确定性所带来的市场风险时，供应链决策者不再以利润最大化为决策准则，而是将对风险的考量纳入决策过程，针对不同绿色创新类型、不同参与主体及决策问题开展了两个方面的研究。首先，针对绿色产品创新，以制造商与零售商组成的供应链为研究对象，研究了基于混合 *CVaR* 的供应链绿色产品创新——广告决策与协调问题，采用信号干扰模型和贝叶斯更新定理描述绿色产品创新与广告宣传对绿色产品市场需求的综合影响，以此为基础，构建短期静态优化模型，设计供应链协调机制，并进一步分析决策者风险态度对最优结果的影响；其次，在上述研究工作的基础上，针对绿色过程创新的长期性与动态变化特征，以制造商与供应商组成的供应链为研究对象，研究了基于 *CVaR* 准则的供应链协同绿色过程创新动态优化与协调问题，借助微分博弈理论与方法构建长期动态优化模型并对其进行求解，设计供应链协调机制，并进一步分析决策者风险规避行为对最优结果的影响。

（4）针对考虑决策者失望规避的供应链协同绿色创新决策与协调问题，考虑到面对各种不确定性所导致绿色创新的市场结果未能达到其预期水平时，决策者所表现出的失望规避行为，针对不同绿色创新类型、不同参与主体及决策问题开展了两个方面的研究。首先，针对绿色产品创新，以制造商与零售商组成的供应链为研究对象，研究了考虑制造商失望规避的供应链绿色产品创新—定价决策与协调问题，考虑失望理论构建短期静态优化模型，进一步提出不同决策模式下的供应链协调机制，比较不同协调机制的优劣性及各自占优条件，并进一步分析制造商失望规避行为对最优结果的影响；其次，在上述研究工作的基础上，针对绿色过程创新的长期性与动态变化特征，以制造商与供应商组成的供应链为研究对象，研究了考虑决策者失望规避的供应链协同绿色过程创新动态优化与协调问题，借助微分博弈理论与方法构建长期动态优化模型并对其进行求解，设计供应链协调机制，并进一步分析决策者失望规避行为对最优结果的影响。

本书提出的行为视角下企业绿色运营与供应链协同绿色创新决策问题，在企业绿色运营与供应链绿色创新决策问题中融入行为运作管理的相关理论与方法，给出了针对该类问题的一般性描述及解决问题的研究框架，为后续相关研究问题的扩展与应用奠定了基础。同时，也为现实中实施绿色运营策略、参与供应链协同绿色创新的各企业提供必要的方法支持与决策借鉴。

目　　录

第1章

绪论

1.1 ▶ 研究背景

伴随几十年经济的快速增长，我国资源环境问题日益凸显，发展与人口资源之间的矛盾已成为经济社会可持续发展的重大瓶颈制约，促进经济社会发展全面绿色转型是解决我国资源和生态环境问题的基础之策，也是实现高质量、可持续发展的重要支撑。习近平总书记在党的十九届五中全会上明确指出，要将"广泛形成绿色生产生活方式"作为到 2035 年基本实现社会主义现代化愿景目标的重要内容①。为实现这一目标，其关键是各企业将绿色发展理念融入日常运营管理中，重视资源环境问题、实施绿色化运营并通过供应链上下游伙伴协同开展绿色创新活动，进而推进社会绿色低碳化转型。

近年来，企业绿色运营与供应链协同绿色创新决策问题得到了较为广泛地关注，然而，目前大多数研究均建立在"完全理性经济人"的假定之上，忽视了决策主体"人"的行为因素对运营系统的影响。事实上，大量行为实验表明，个体由于受到认知能力、心理、情绪等主观因素的影响会表现出各种行为偏好特征，其并不能做出完全理性的决策。因此，将消费者及供应链各节点企业决策者的行为因素纳入研究框架，在行为视角下对企业绿色运营与供应链协同绿色创新决策问题展开研究，能更真实地反映消费者及绿色供应链各决策者实际的决策行为，具有重要的理论价值及广

---

① 中共中央关于制定国民经济和社会发展第十四个五年规划和二○三五年远景目标的建议 [EB/OL]. 中华人民共和国中央人民政府，2020 – 11 – 03.

泛的现实背景。本节将针对行为视角下企业绿色运营与供应链协同绿色创新决策问题的研究背景进行简要阐述。

1.1.1 资源环境的日益严峻与环境意识的逐步提升

随着全球经济的快速发展，人类在创造巨大物质财富的同时也付出了沉重的代价。根据2022年发布的《BP世界能源统计年鉴》显示，2021年全球一次性能源消费增长5.8%，较2019年高出1.3%。同时，因能源消费产生的碳排放量则增长了5.9%，达到33.9吉吨二氧化碳①。过度的能源消耗不可避免地导致了全球升温、空气污染、极端气候以及各类灾难事件频发。从20世纪的伦敦烟雾到近几年持续增加的雾霾天数，从南北极冰川消融到近年来国内外部分城市的持续高温。据美国怡安保险集团发布的报告显示，2023年上半年，地震和强风暴等自然灾害给全球造成的损失估计达到1940亿美元，约合人民币1.4万亿元，其造成的经济损失远高于近20多年来的平均水平②。

我国作为最大的发展中国家，在过去几十年传统产业经济高速发展，而粗放的生产模式、偏重的产业结构使我国成为世界能源消耗的第一大国，并对我国气候及生态环境产生了较大的影响。我国生态环境部关于2022年环境空气质量、地表水监测数据显示，在全国339个地级及以上城市中，城市空气质量达优比例为37.7%③；在3641个国家地表水考核断面中，水质为优（Ⅰ类）的断面比例仅为9%④。

可见，无论是从全球范围，还是我国的实际情况来看，依靠资源消耗、以环境污染为代价、追求数量和规模的外延式增长方式不仅直接威胁了人类的生存环境，更会进一步反噬经济，阻碍其发展。

---

① bp世界能源统计年鉴（2022年版）［EB/OL］. BP中国，2022－06.
② 怡安集团发布报告：上半年自然灾害导致全球经济损失估计达1.4万亿元［EB/OL］. 新浪财经，2023－07－27.
③ 生态环境部通报2022年12月和1～12月全国环境空气质量状况［EB/OL］. 生态环境部，2023－01－28.
④ 生态环境部公布2022年第四季度和1～12月全国地表水环境质量状况［EB/OL］. 生态环境部，2023－01－29.

与此同时，加之教育水平的提高、环保理念的传播以及消费结构的升级，消费者的环境意识明显提升，市场中多数消费者在追求产品服务质量的同时，开始关注企业的环境绩效水平及产品的绿色属性信息。据《2022中国可持续消费研究报告》显示，我国已有超过八成的消费者具备一定程度的环境意识，认为自身消费行为会对环境产生直接影响[①]。

上述研究报告均表明，市场中越来越多的消费者表现出明显的绿色产品消费偏好，并愿意为此支付一定程度上的溢价，绿色产品具有较为广阔的潜在市场空间。

1.1.2　企业实施绿色运营、开展供应链协同绿色创新的重要性

日益减少的自然资源和逐步恶化的生态环境，促使我国政府加快转变社会经济的发展模式，通过颁布各种法规政策引导企业高效利用资源、重视环境问题，并加大了对破坏环境经营的惩处力度。据我国生态环境部公布的数据显示，仅在 2019 年上半年，针对企业环境问题实施行政处罚的案件为 6.37 余万件，罚款数额达 46.33 亿元[②]。同时，2020 年 3 月国家发展改革委和司法部联合印发《关于加快绿色生产和消费法规政策体系的意见》，提出到 2025 年要进一步健全与绿色生产和消费相关的法规政策。另外，市场对于企业环境治理方面的表现也越发严苛。据《埃哲森 2022 中国消费者洞察》显示，有 68% 的中国消费者能够分辨品牌是否具备可持续性，他们在消费时不仅会考虑产品的品质或价格，还会评估品牌方的一言一行及其所秉持的价值观，有 83% 的中国消费者认为企业应该为可持续提供更便利的选项[③]。同时，资本市场中的投资者要求上市公司必须披露环境、社会和治理（ESG）工作报告，并将其纳入投资考量。

可以发现，无论是来自资源环境、政府抑或是市场的压力，将绿色发展理念融入日常运营管理中，重视资源环境问题、实施绿色化运营已成为

---

①　2022 中国可持续消费报告 [EB/OL]. 商道纵横，2022 - 12 - 20.

②　生态环境部通报 2019 年 1 ~ 6 月环境行政处罚案件与《中华人民共和国环境保护法》配套办法执行情况 [EB/OL]. 生态环境部，2019 - 08 - 23.

③　埃哲森 2022 中国消费者洞察系列 [EB/OL]. 埃哲森，2022 - 01 - 22.

企业发展的必然趋势，而其核心就是通过绿色创新等技术手段提高企业的环境绩效水平、设计开发绿色产品，以降低企业运营风险并催生新的经济增长点。

然而，随着企业专业化的分工与非核心业务的外包，企业在自身取得绿色发展的同时，对供应链其他成员的环境绩效水平也需予以足够的重视。2017 年，大型汽车零部件生产商舍弗勒就由于其上游供应商违反环境法而被迫停产，进而波及包括上汽通用、北京奔驰与华晨宝马等 49 家整车厂，预计损失达 3000 亿元①。2018 年小米也曾因一直回避其供应商的环境问题而遭遇上市危机②。诸如此类的事件无一不说明企业应重视供应链环境管理，构建绿色供应链的重要性。反观，华为公司积极开展绿色伙伴计划，联合供应商进行绿色创新，共同制订节能减排计划③；GE 公司通过组织实施"绿色供应链创新（GSI）"项目，协助供应链成员实现绿色转型；联想集团则与供应链合作伙伴协同开展绿色创新，研发新型环保材料，成为业内第一家推出使用环保消费类再生塑胶（PCC）产品的厂商④。在终端消费市场，类似沃尔玛、苏宁等大型零售商通过开展"绿色可持续消费宣传周"，以 VR 体验、大篷车巡游等创新性的营销方式积极地参与供应链协同绿色创新，为绿色供应链赋能。值得注意的是，企业实施绿色化运营、开展供应链协同绿色创新虽在某种程度上增加了企业的资金投入，但其并没有降低企业盈利能力，使其利益受损。相反，开展供应链协同绿色创新能够降低企业的环境管理成本及道德风险，并可获得提升品牌形象、增加顾客满意度等软性利益，从而为企业赢得持续的市场竞争优势。此外，2018年，商务部、工信部、生态环境部等 8 部门联合印发《关于开展供应链创新与应用试点的通知》，明确将构建绿色供应链列为重点任务，旨在从顶层

---

① 因环保问题舍弗勒供应商被关停，殃及 300 万辆汽车生产！恐令中国损失 3000 亿［EB/OL］．搜狐网，2017 – 09 – 20．

② 小米上市在即突遇危机，疑似供应商被指违反环保法［EB/OL］．搜狐网，2018 – 05 – 29．

③ 2022 年可持续发展报告［EB/OL］．华为，2023 – 07．

④ 企业绿色供应链管理典型案例［EB/OL］．中华人民共和国工业和信息部，2018 – 11 – 07．

设计提升整体社会的绿色发展水平①。可以看出，企业实施绿色运营、建立供应链协同绿色创新长效机制无论是对于提升其自身发展水平还是促进我国经济实现绿色化转型均起着重要的作用。

1.1.3　运营决策问题中考虑行为因素的必要性

无论外部环境如何变化，人作为决策的主体，始终是生产消费系统中最重要的核心组成部分。随着对人类心理和认知研究的不断深入，学者们逐渐意识到，在描述或预测人们行为时，以"完全理性经济人"为假设前提的规范化模型和理论会导致系统误差，并提出由于人们心理因素或认知能力而表现出的行为特征将对其判断和决策产生重要影响。卡尼曼和特沃斯基（Kahneman & Tversky）结合认知心理学、社会心理学及实验心理学等领域的研究成果提出行为经济学这一新的理论分支，通过大量的行为实验证明了人们在不确定环境下进行的决策会系统性地偏离古典经济学理论的预测值。

目前，关于企业及供应链运营决策的研究已经取得了较为丰硕的成果，然而多数研究均建立在新古典经济学"完全理性经济人"的假定之上，即认为个体具有准确的信息获取、识别及理性决策的能力，对环境的不确定性持中性态度并受自利动机驱动，以自身收益最大化为准则进行决策。事实上，大量的行为实验研究表明，现实中决策者很难准确地获取相关信息，并在决策过程中个体由于受到认知能力、心理、直觉、情绪等主观因素的影响会表现出各种行为偏好特征，从而难以做出完全理性的决策。显然，基于传统"完全理性经济人"假设所开展的研究无法准确地描述"人"的行为因素对运营系统的影响，从而使许多理论研究结果难以真实地反映各决策者实际的决策行为，降低了理论模型的实用价值。因此，将消费者或企业决策者的行为因素纳入运营决策问题研究框架，构建能够反映个体行为偏好特征的数理模型，可使其得到的结果更加贴近现实情况，从而有效

①　商务部等 8 部门关于开展供应链创新与应用试点的通知［EB/OL］. 中华人民共和国商务部，2018 - 04 - 10.

地指导实践。

1.2 ▶ 问题提出

目前，关于企业绿色运营决策、供应链绿色创新决策以及行为运作管理问题已取得了一些研究成果，但是针对考虑行为因素的企业绿色运营与供应链协同绿色创新决策问题的研究尚不多见。因此，开展行为视角下的企业绿色运营与供应链协同绿色创新决策问题的研究具有一定的理论意义。

本书以企业是否通过绿色创新生产绿色产品到核心企业如何与供应链上下游伙伴协同开展绿色创新活动为研究主线；以企业绿色产品市场进入与定价决策问题到供应链协同绿色创新决策问题为研究脉络，针对消费者面对绿色产品象征性价值所表现出的社会比较行为特征、供应链决策者面对绿色产品创新的不确定性所表现出的风险态度及失望规避行为特征，提炼得到以下三个管理科学问题：考虑消费者社会比较行为的绿色产品市场进入与定价决策问题、考虑决策者风险态度的供应链协同绿色创新决策与协调问题以及考虑决策者失望规避的供应链协同绿色创新决策与协调问题，并进一步针对不同市场结构、不同绿色创新类型及不同决策问题将上述三个管理科学问题划分为六个子问题进行了探讨和研究，具体研究问题如下所示。

1.2.1 考虑消费者社会比较行为的绿色产品市场进入与定价决策问题

消费者作为市场的终端，其行为偏好将直接影响市场中产品的实际销量，是企业制订生产经营计划时需考虑的重要因素。因此，在分析消费者行为偏好的基础上，充分挖掘产品市场需求的影响因素，有针对性地制定经营策略是企业获取利润的重要途径。近年来，随着资源环境问题的突显、极端气候的频发以及政府、各社会组织对"绿色发展，绿色生活"理念的大力倡导，消费者的环境意识不断增强，各企业纷纷考虑推出绿色产品以期在激烈的市场竞争中占据一席之地。但由于普通产品与绿色产品间的相互替代性，使绿色产品市场进入不可避免地蚕食普通产品的市场份额。在此背景下，明晰绿色产品进入市场的边界条件并针对不同类型产品制定合理的价格成为各企业亟待解决的问题。

目前，针对绿色产品市场进入与定价决策问题的研究，多将产品绿色度水平以及消费者内生的绿色偏好看作影响市场需求的主要因素。然而，绿色产品的"象征性"价值使购买绿色产品成为消费者展示个人素质、品位及社会地位的手段，是其表达价值观、获取社会认同与尊重、提升社会声誉的重要途径。而"人"与生俱来的社会属性使消费者在人际互动过程中会不自觉地将自身消费行为与他人消费行为进行比较，表现出社会比较的行为特征。也就是说，除产品因素和绿色偏好外，消费者的社会比较行为同样是影响产品市场需求的重要因素，但极少有研究考虑该因素对企业绿色运营决策的影响。因此，本书提出考虑消费者社会比较行为的绿色产品市场进入与定价决策问题，并针对不同市场结构，具体分为以下两个子问题。

1. 垄断市场下考虑社会比较行为的绿色产品市场进入与定价决策问题

在针对该问题的研究中，需要明确以下问题：如何刻画消费者的社会比较行为？针对不同类型的消费者，如何构建考虑社会比较行为的消费者效用函数？如何分析不同类型的消费者的购买决策并构建普通产品和绿色产品的市场需求函数？垄断市场下，如何构建基于社会比较行为的绿色产品市场进入与定价决策模型？消费者的社会比较行为如何影响绿色产品市场进入的边界条件？消费者的社会比较行为对垄断制造商定价决策及利润有何影响？针对消费者表现出的社会比较行为，垄断制造商向市场提供绿色产品是否对环境总是有益的？

2. 竞争市场下考虑社会比较行为的绿色产品市场进入与定价决策问题

在垄断市场的基础上，针对竞争市场下考虑社会比较行为的绿色产品市场进入与定价决策问题，还需要明确以下问题：竞争市场下，如何构建考虑社会比较行为的绿色产品市场进入与定价决策模型？竞争市场下，绿色产品进入市场的边界条件是什么？竞争环境下，消费者社会比较行为对传统制造商和绿色制造商最优定价策略及利润有何影响？竞争市场下，绿色产品进入市场是否能有效缓解环境问题？

1.2.2 考虑决策者风险态度的供应链协同绿色创新决策与协调问题

绿色创新作为企业实施绿色运营、提供绿色产品的重要战略工具，近年来成为学界和实业界关注的焦点，其主要包括绿色产品创新及绿色过程创新。企业协同供应链上下游成员合作开展绿色创新能够有效缓解资金压力并降低供应链整体的环境管理成本，是企业实施绿色创新所采取的较为普遍的一种运作方式，而设计有效的创新成本分担及合作剩余利润分配等协调机制是供应链成员参与协同绿色创新的前提。

然而，现实中由于教育程度、生活理念、价值观念的不同，不同消费者对绿色产品会表现出不同的支付意愿，消费者绿色偏好具有一定的不确定性。当面对上述不确定性带来的市场风险时，供应链决策者不再将利润最大化作为决策的唯一标准，而是将对市场风险所带来的利润波动纳入决策框架中。目前，极少有文献在消费者绿色偏好具有不确定性的情形下，针对考虑决策者风险态度的供应链绿色创新决策与协调问题进行研究。因此，本书提出基于决策者风险态度的供应链协同绿色创新决策与协调问题，并根据绿色创新类型、参与主体以及决策问题的差异，具体分为以下两个子问题。

1. 基于混合 $CVaR$ 的供应链绿色产品创新——广告决策与协调研究

现实中，制造商通过绿色产品创新增加其产品在使用过程中对环境的友好程度后，下游零售商可在需求端运用广告宣传等手段向消费者传递产品的绿色度信息。实际上，制造商的绿色产品创新水平和零售商的广告宣传水平均会影响绿色产品的市场需求，但同时也会面对由消费者绿色偏好不确定性所带来的市场风险。因此，此小节在考虑消费者绿色偏好存在不确定性的情形下，以混合 $CVaR$ 作为制造商和零售商风险态度的度量工具，提出基于混合 $CVaR$ 准则的供应链绿色产品创新——广告决策与协调问题。

在针对该问题的研究中，需要明确以下问题：如何刻画制造商和零售商的风险态度？如何构建基于混合 $CVaR$ 准则的供应链绿色创新——广告决策模型？供应链成员的风险态度对供应链最优运营决策及绩效水平有何影响？

集中决策与分散决策得到的最优结果有何区别？如何设计供应链协调机制？

2. 基于 *CVaR* 准则的供应链协同绿色创新动态优化与协调研究

现实经营中，制造商通常会联合上游供应商共同开展绿色过程创新活动，从而降低供应链整体在生产过程中的能源消耗及污染物排放，并通过生态标签等方式向消费者传递产品绿色度信息。其中，产品的最终绿色度由制造商和供应商的绿色过程创新水平共同决定，且随着时间的推移、生产设备老化或设备技术落后等原因，产品的绿色度水平存在一个自然衰减的情况。因此，此小节在长期视角下，针对消费者绿色偏好存在不确定性及产品绿色度水平具有动态变化特征的情形下，提出基于 *CVaR* 风险度量准则的供应链协同绿色创新动态优化与协调问题。

在针对该问题的研究中，需要明确以下问题：如何刻画产品绿色度水平的动态特征？如何度量决策者的风险规避水平？如何构建并求解基于 *CVaR* 风险度量准则的供应链协同绿色创新动态优化模型？决策者的风险规避水平对供应链最优运营决策及绩效水平有何影响？集中决策与分散决策得到的最优结果有何区别？如何设计供应链协调机制？

1.2.3 考虑决策者失望规避的供应链协同绿色创新决策与协调问题

事实上，绿色创新本身具有较高的技术不确定性，加之消费者绿色偏好不确定性所带来的市场风险，供应链企业开展绿色创新活动并不一定会实现决策主体所预期的结果，既可能发生超出预期结果的情形而令决策主体感到欣喜，也可能出现低于预期结果的情形而令决策主体感到失望。行为科学的研究表明，在不确定环境下进行决策时，相较于预期结果，决策主体对于负偏差所引起的失望往往大于等量正偏差所带来的欣喜，表现出失望规避的行为特征，并且这种预期的心理感知会对其决策产生重要影响。因此，除风险态度外，失望规避作为一种典型的心理行为，同样会对供应链协同绿色创新等相关决策问题产生重要影响。然而，目前关于考虑决策者失望规避行为的绿色供应链运营决策与协调问题的研究所见甚少。因此，本书提出考虑决策者失望规避的供应链协同绿色创新决策与协调问题，并根据绿色创新类型、参与主体以及决策问题的差异，具体分为以下两个子问题。

1. 考虑制造商失望规避的供应链绿色产品创新——定价决策与协调研究

在实际经营中，制造商可通过绿色产品创新提高产品绿色度水平，但由于绿色产品创新技术的不确定性会导致最终产品的绿色度达不到或超出制造商的预期水平。面对上述不确定性情形时，拟开展绿色创新活动的制造商可能会表现出失望规避的行为特征，并由此影响其绿色产品创新决策。此外，越来越多的大型零售商在供应链中占据主导地位，为享受销售绿色产品带来的红利，零售商会通过某种契约方式激励制造商进行绿色产品创新。因此，此小节针对绿色产品创新技术存在不确定性的情形，提出考虑制造商失望规避的供应链绿色创新——定价决策与协调问题。

在针对该问题的研究中，需要明确以下问题：如何描述绿色产品创新技术的不确定性？如何刻画制造商的失望规避行为？如何构建并求解考虑制造商失望规避的供应链绿色创新——定价决策模型？如何通过设计契约来提高制造商的绿色产品创新水平？在考虑制造商失望规避的供应链绿色创新——定价决策问题中，哪种类型的契约更具优势？

2. 考虑决策者失望规避的供应链协同绿色创新动态优化与协调研究

正如前面所提及的，制造商常常联合其上游供应商协同开展绿色过程创新，从而降低供应链整体在生产过程中的能源消耗及污染物排放。产品的最终绿色度水平由制造商和供应商的绿色过程创新水平共同决定，且其具有动态变化的特征。同时，市场中消费者由于教育程度及个人价值观等因素，其绿色偏好水平具有一定的不确定性，故消费者对于标有生态标签的绿色产品的市场反映可能会低于或超出制造商与供应商的预期。当制造商及供应商拟开展绿色过程创新时，会将消费者绿色偏好的不确定性及其可能带来欣喜或失望的心理感知纳入考量，并表现出失望规避的行为特征。因此，此小节在长期视角下，针对消费者绿色偏好存在不确定性及产品绿色度水平具有动态变化特征的情形，提出考虑决策者失望规避的供应链协同绿色过程创新动态优化与协调问题。

在针对该问题的研究中，需要明确以下问题：如何刻画产品绿色度水平的动态特征？如何刻画决策者的失望规避行为？如何构建并求解考虑决策者失望规避的供应链协同绿色过程创新动态优化模型？决策者的失望规避水平对供应链最优运营决策及绩效水平有何影响？集中决策与分散决策得到的最优结果有何区别？如何设计供应链协调机制？

1.3 ▶ 研究目标与研究意义

本书在相关研究成果的基础上，从行为视角出发，以企业运营层面的绿色产品市场进入与定价决策到供应链运营层面的绿色产品创新——广告决策、绿色产品创新——定价决策、绿色过程创新动态优化及供应链各节点企业间的协调策略为研究脉络，对考虑消费者社会比较行为的绿色产品市场进入与定价决策问题、考虑决策者风险态度的供应链协同绿色创新决策与协调问题以及考虑决策者失望规避的供应链协同绿色创新决策与协调问题进行了研究，旨在提出一种用于解决考虑行为因素的企业绿色运营与供应链协同绿色创新决策问题的研究范式。下面给出本书的研究目标和研究意义。

1.3.1　研究目标

针对本书提出的研究问题，将研究的总体目标设定为：在总结分析国内外已有研究成果的基础上，对考虑行为因素的企业绿色运营与供应链协同绿色创新决策问题进行提炼和归纳，形成科学的、系统的、符合实际的具体研究问题。同时，建立关于本书问题的研究框架和研究范式，依据不同市场结构、参与主体及决策问题，有针对性地构建相关运营决策模型，并采用合适的技术手段对模型进行求解分析，确保研究问题及研究结果的合理性与实用性。具体研究目标如下所示。

（1）在理论层面，通过对考虑行为因素的企业绿色运营与供应链协同绿色创新决策问题进行提炼、分类、建模及求解分析，给出解决这类问题的研究框架和研究范式，为进一步深入探讨行为视角下的企业绿色运营与供应链协同绿色创新决策问题提供理论支撑。

（2）在模型和方法层面，针对消费者行为特征对绿色产品市场需求及企业产品定价决策的影响，构建不同市场结构下，考虑消费者社会比较行为的绿色产品市场进入与定价决策模型，即垄断市场下考虑社会比较行为的绿色产品市场进入的定价决策问题以及竞争市场下考虑社会比较行为的绿色产品市场进入的定价决策问题；在此基础上，进一步将研究对象从企业层面拓展至供应链层面，针对决策者行为特征对供应链绿色创新等运营决策的影响，分别构建考虑决策者风险态度和考虑决策者失望规避的供应链协同绿色创新决策与协调问题的运营决策模型，具体为基于混合 $CVaR$ 的供应链绿色产品创新——广告决策与协调研究、基于 $CVaR$ 准则的供应链协同绿色过程创新动态优化与协调研究、考虑制造商失望规避的供应链绿色产品创新——定价决策与协调研究以及考虑决策者失望规避的供应链协同绿色创新动态优化与协调研究。同时，针对所构建决策模型的具体特点，选择适当的求解技术进行求解，得到具体问题的最优运营策略。

1.3.2　研究意义

行为视角下的企业绿色运营与供应链协同绿色创新决策问题是一个具有前沿性与应用性的研究课题。该问题的研究成果能够为考虑行为因素的企业及供应链绿色运营决策问题提供理论支撑，并将现实中消费者与决策者表现出的行为特征纳入运营决策模型，为实施绿色运营及绿色供应链管理的企业决策者提供更贴合实际的管理建议。因此，具有重要的理论意义与实践价值。

1. 理论意义

本书在探究消费者面对绿色产品象征性价值所表现出的社会比较行为特征、供应链各节点成员面对绿色产品创新不确定性所表现出的风险态度及失望规避行为特征的基础上，给出刻画特定行为特征的效用函数。针对具体决策问题，构建了考虑行为因素的企业绿色运营与供应链协同绿色创新决策模型，分析个体行为特征对企业及供应链最优运营策略的影响。其研究成果不仅丰富了绿色运营与行为运作管理问题的研究内容，同时为形成考虑行为因素的企业绿色运营与绿色供应链管理问题的研究体系提供了帮助，给出了该类问题的一般性描述及解决问题的研究框架，在一定程度上对后续相关研究具有理论与方法上的指导意义。

2. 实践意义

行为视角下的企业绿色运营与供应链协同绿色创新决策模型能够用于解决现实中考虑消费者或决策者行为特征的企业绿色运营、供应链协同绿色创新最优策略的制定及绿色供应链协调机制的设计问题，能够在一定程度上指导绿色供应链各节点企业的管理实践，特别是在针对消费者绿色偏好、绿色产品创新技术具有不确定性及绿色过程创新中产品绿色度具有动态变化特征等较为复杂的情形中，提出的模型对实施绿色运营、参与供应链协同绿色创新企业的管理实践更具针对性及适用性，进而推动企业及相关供应链成员开展绿色创新等相关活动，助力我国社会经济绿色低碳化转型目标的有序实现。

1.4 ▶ 研究内容、研究方法和技术路线

在分析研究问题的基础上，根据研究目标和研究意义，以下分别给出本书的研究内容、研究方法和技术路线。

1.4.1 研究内容

根据前面提及的研究目标，确定本书的研究内容如下所示。

1. 行为视角下的企业绿色运营与供应链协同绿色创新决策问题的描述及研究框架

系统地梳理国内外相关研究成果，在分析其主要贡献与不足的基础上，指出开展考虑行为因素的企业绿色运营与供应链协同绿色创新决策问题研究的必要性。在此基础上，基于实际问题与现实情况，提炼影响企业绿色运营与供应链协同绿色创新决策的行为偏好特征，进一步地，凝练形成本书所探讨的三个管理科学问题；针对具体管理科学问题进行形式化描述，并给出解决问题的研究框架。

2. 考虑消费者社会比较行为的绿色产品市场进入与定价决策问题

针对该研究问题，主要从以下两个方面开展具体工作。

（1）垄断市场下考虑消费者社会比较行为的绿色产品市场进入与定价决策问题。具体地，考虑一个由两类消费群体：传统消费者与绿色消费者共同组成的消费市场，垄断制造商拟在生产普通产品的基础上，通过实施绿色创新向市场提供对环境更加友好的绿色产品。

关于该问题的研究内容主要包括：针对消费者表现出的社会比较行为特征，分别构建两类消费者购买普通产品及绿色产品时的总效用函数，并以消费者效用最大化为依据，确定普通产品与绿色产品的市场需求函数；在此基础上，构建垄断市场下考虑消费者社会比较行为的运营决策模型，采用适当的技术手段对模型进行求解，得到垄断制造商的最优运营策略，明晰绿色产品的市场进入边界，分析消费者社会比较行为及消费市场的绿色程度对垄断制造商生产——定价决策及市场均衡结果的影响。同时，进一步探讨绿色产品市场进入对环境带来的影响。最后，给出针对该问题的具体管理建议。

（2）竞争市场下考虑消费者社会比较行为的绿色产品市场进入与定价决策问题。具体地，同样考虑一个由两类消费群体：传统消费者与绿色消费者共同组成的消费市场，在上一节基础上，进一步在竞争环境下探讨绿色产品市场进入与定价决策问题。

关于该问题的研究内容主要包括：以生产普通产品的传统制造商（在位者）及拟生产绿色产品的绿色制造商（潜在进入者）为研究对象，针对消费者表现出的社会比较行为特征，分别构建两类消费者购买普通产品及绿色产品时的总效用函数，并以消费者效用最大化为依据，确定普通产品与绿色产品的市场需求函数；在此基础上，针对竞争市场下考虑消费者社会比较行为的企业运营决策问题，构建以传统制造商为领导者、绿色制造商为追随者的 Stackelberg 博弈模型，并采用适当的技术手段对模型进行求解，得到互为竞争者的两制造商最优定价策略，明晰绿色制造商得以进入市场的边界条件，分析消费者社会比较行为及消费市场绿色度对两竞争制造商的最优运营决策及市场均衡结果的影响。同时，进一步探讨绿色产品市场进入对环境带来的影响。最后，给出针对该问题的具体管理建议。

3. 考虑决策者风险态度的供应链协同绿色创新决策与协调问题

针对该研究问题，主要从以下两个方面开展具体工作。

（1）基于混合 $CVaR$ 的供应链绿色产品创新——广告决策与协调问题。具体地，以单个制造商与单个零售商构成的两级绿色供应链系统为研究对象，其中，制造商通过绿色产品创新提高产品绿色度，并与下游零售商开展合作，承诺分担零售商部分广告宣传成本，以鼓励零售商运用广告等宣传方式向消费者传递绿色产品信息。

关于该问题的研究内容主要包括：针对消费者对产品绿色度的感知过程，采用信号干扰模型描述消费者接受及处理广告信息的过程，并在消费者绿色偏好具有不确定性的情形下，构建绿色产品的市场需求函数；针对制造商和零售商在不确定性情形下所表现出的风险态度，以混合 $CVaR$ 为风险度量准则，构建不确定性情形下制造商和零售商的效用函数；在此基础上，构建基于混合 $CVaR$ 准则的绿色供应链双层风险决策模型，先后考察并比较分散决策与集中决策下的供应链最优产品绿色度水平、最优广告宣传水平及供应链系统总绩效水平，并进一步提出双向成本分担契约对供应链进行协调；同时，分析不同决策模式下，成员的风险态度对供应链最优运营策略及均衡结果的影响。最后，给出针对该问题的具体管理建议。

（2）基于 $CVaR$ 准则的供应链协同绿色过程创新动态优化与协调研究。具体地，以单个制造商与单个供应商构成两级绿色供应链系统为研究对象，其中制造商和供应商通过绿色过程创新降低产品生产过程中的能源消耗及污染物排放，为鼓励供应商积极参与绿色过程创新，制造商承诺分担供应商部分绿色过程创新成本。产品最终绿色度由制造商和供应商绿色过程创新水平共同决定，并具有动态变化的特征。

关于该问题的研究内容主要包括：针对产品绿色度水平具有动态变化的特征，构建关于产品绿色度水平的微分方程，并由此提出绿色产品的市场需求函数；在消费者绿色偏好具有不确定性的情形下，针对制造商和供应商所表现出的风险规避行为，以 $CVaR$ 为风险度量准则，构建不确定性情形下制造商和供应商的效用函数；在此基础上，针对基于 $CVaR$ 准则的供应链协同绿色创新动态优化问题，提出风险规避制造商与风险规避供应商组成的微分博弈模型，并通过动态规划技术对模型进行求解，先后考察并比较分散决策与集中决策下制造商及供应商的最优绿色过程创新水平、供应链成员效用现值以及供应链整体总效用现值。在此基础上，进一步提出双向成本分担契约对供应链进行协调。同时，分析不同决策模式下，成员的风险规避程度对供应链最优运营策略及均衡结果的影响。最后，给出针对该问题的具体管理建议。

4. 考虑决策者失望规避的供应链协同绿色创新决策与协调问题

针对这一研究问题，主要从以下两个方面开展具体工作。

（1）考虑制造商失望规避的供应链绿色产品创新——定价决策与协调研究。具体地，以单个制造商与单个零售商构成两级绿色供应链系统为研究对象，其中，制造商通过绿色产品创新提高产品绿色度，并通过零售商销售绿色产品。由于绿色产品创新技术具有一定的不确定性，拟开展绿色产品创新的制造商常表现出失望规避的行为特征，并对供应链绿色产品创新及定价决策产生影响。

关于该问题的研究内容主要包括：针对制造商绿色产品创新水平对市场需求的影响情况，构建绿色产品市场需求函数；针对制造商表现出的失望规避行为特征，构建进行绿色产品创新决策时制造商的效用函数。在此基础上，构建考虑制造商失望规避的供应链绿色产品创新——定价决策模型，先后考察并比较传统批发价格契约、零售商主导的成本分担契约及基于讨价还价的收益共享契约下的供应链最优绿色产品创新水平、定价决策及供应链成员的绩效水平；同时，分析在不同协调机制下，制造商失望规避行为对供应链最优运营策略及均衡结果的影响。最后，给出针对该问题的具体管理建议。

（2）考虑决策者失望规避的供应链协同绿色过程创新动态优化与协调研究。具体地，以单个制造商与单个供应商构成两级绿色供应链系统为研究对象，其中制造商和供应商通过绿色过程创新降低产品生产过程中的能源消耗及污染物排放，制造商通过分担供应商部分绿色过程创新成本的方式，鼓励供应商参与供应链绿色过程创新。产品最终绿色度由制造商和供应商绿色过程创新水平共同决定，并具有动态变化的特征。

关于该问题的研究内容主要包括：针对产品绿色度水平具有动态变化的特征，构建关于产品绿色度水平的微分方程，并由此提出绿色产品的市场需求函数；在消费者绿色偏好具有不确定性的情形下，针对制造商与供应商表现出的失望规避行为特征，分别构建制造商与供应商进行绿色过程创新的效用函数。在此基础上，针对考虑决策者失望规避的供应链协同绿色过程创新动态优化问题，提出由失望规避制造商与失望规避供应商参与的微分博弈模型，并通过动态规划技术对模型进行求解，先后考察并比较分散决策与集中决策下制造商及供应商的最优绿色过程创新水平、供应链成员效用现值以及供应链整体总效用现值。在此基础上，进一步提出双向成本分担契约对供应链进行协调。同时，分析不同决策模式下，成员的失望规避程度对供应链最优运营策略及均衡结果的影响。最后，给出针对该问题的具体管理建议。

1.4.2　研究方法

本书研究是围绕考虑行为因素的企业运营与供应链协同绿色创新决策问题开展的，其涉及管理科学、经济学、运筹学及行为科学等，是一个多学科交叉的研究问题，针对该问题的研究采用了定性研究与定量研究相结合的方式。

文献分析法：充分阅读企业绿色运营、绿色供应链管理、行为运作管理、行为经济学及博弈论等方面的研究成果，对相关研究领域的主要问题形成基本的认识，分析个体行为特征对各类决策的影响机制，并掌握学科最新动态与发展趋势。在此基础上，总结归纳现有研究存在的不足，凝练新的研究问题，并构建针对该问题的研究框架，为后续模型构建奠定基础。

数学建模法：以文献分析为基础，借助博弈论、最优化理论、最优控制理论及社会心理学与认知心理学相关理论、方法与分析工具，建立描述消费者或决策者行为特征的效用函数，在此基础上，针对具体研究问题构建考虑行为因素的运营决策模型，采用库恩－塔克条件、逆向归纳法、哈密尔顿－雅克比－贝尔曼方程等技术工具对模型进行求解，推演得到最优均衡结果，并借助 MATLAB 软件进行数值分析，对所构建模型及其结果进行有效性检验。

1.4.3　研究思路与技术路线

本书开展研究工作所遵循的基本思路如图 1－1 所示。

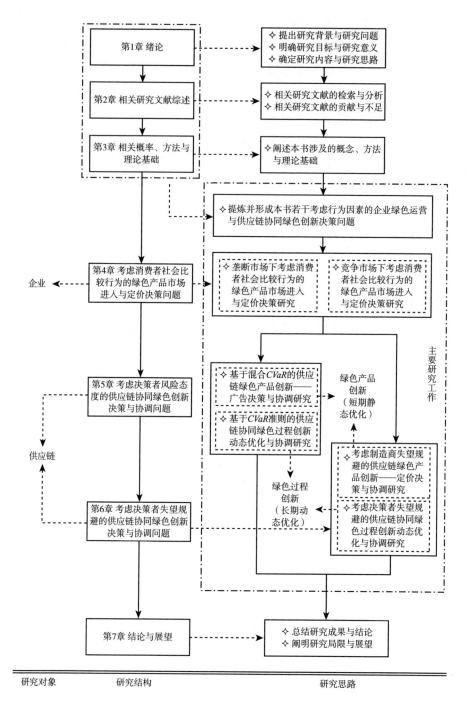

图 1-1 本书研究思路

1.5 ▶ 章节安排

本书共分为七章内容，以下针对各章内容进行简要介绍。

第 1 章：绪论。主要介绍行为视角下的企业绿色运营与供应链协同绿色创新决策问题的研究背景，明确本书的研究目标，阐述本书的研究意义，并进一步提出本书的研究内容、研究方法与研究思路。

第 2 章：相关研究文献综述。首先给出行为视角下的企业绿色运营与供应链协同绿色创新决策问题相关研究的文献检索情况及学术趋势分析。其次围绕考虑消费者绿色偏好的企业绿色运营决策问题、考虑绿色创新的供应链运营决策与协调问题以及考虑行为因素的运营决策问题三个方面对近年来的主要文献进行综述，并针对已有成果的主要贡献、不足之处，以及对本书的研究启示进行简要的阐述。

第 3 章：相关概念、方法与理论基础。对本书研究所涉及的主要概念、方法与理论基础进行了概述。阐述了绿色运营、绿色创新、绿色供应链管理的概念与理论基础；简要介绍了行为运作管理的概念、兴起与发展，并对本书所涉及的行为因素的概念及刻画方式进行系统地描述；介绍本书所涉及的斯坦伯格博弈与微分博弈相关概念，并对最优化理论、KKT 条件、动态规划等求解技术及方法进行概述，从而为本书后续章节的研究工作提供理论基础。

第 4 章：考虑消费者社会比较行为的绿色产品市场进入与定价决策问题。首先，构建垄断市场下考虑消费者社会比较行为的绿色产品市场进入与定价决策模型，得到垄断制造商生产绿色产品的边界条件及产品最优定价策略，分析消费者社会比较行为对垄断制造商最优运营策略、绩效水平及环境的影响。其次，探讨竞争市场下考虑消费者社会比较行为的绿色产品市场进入与定价决策问题，构建以传统制造商为领导者、绿色制造商为追随者的 Stackelberg 博弈模型，得到两制造商的最优定价策略，明晰绿色制造商得以进入市场的边界条件，分析消费者社会比较行为及消费市场绿色度对两竞争制造商的最优运营策略及市场均衡结果的影响。同时，进一步探讨绿色产品市场进入对环境带来的影响。

第 5 章：考虑决策者风险态度的供应链协同绿色创新决策与协调问题。首先，构建基于混合 $CVaR$ 的供应链绿色产品创新——广告决策模型，先后考察并比较分散决策与集中决策下的供应链最优产品绿色度水平、最优广告宣传水平及供应链系统总绩效水平，并进一步提出双向成本分担契约对供应链进行协调；同时，分析不同决策模式下，成员的风险态度对供应链最优运营策略及均衡结果的影响。其次，针对基于 $CVaR$ 准则的供应链协同绿色过程创新动态优化问题，构建由风险规避制造商与风险规避供应商组成的微分博弈模型，先后考察并比较分散决策与集中决策下制造商及供应商的最优绿色过程创新水平、供应链成员效用现值以及供应链整体总效用现值。在此基础上，进一步提出双向成本分担契约对供应链进行协调。最后，分析不同决策模式下，成员的风险规避程度对供应链最优运营策略及均衡结果的影响。

第 6 章：考虑决策者失望规避的供应链协同绿色创新决策与协调问题。首先，构建考虑制造商失望规避的供应链绿色产品创新——定价决策模型，先后考察并比较传统批发价格契约、零售商主导的成本分担契约及集中式的收益共享契约下的供应链最优绿色创新水平、定价策略及供应链成员的绩效水平；同时，分析在不同协调机制下，制造商失望规避行为对供应链最优运营策略及均衡结果的影响。其次，针对考虑决策失望规避的供应链协同绿色创新动态优化问题，提出由失望规避制造商与失望规避供应商构成的微分博弈模型，先后考察并比较分散决策与集中决策下制造商及供应商的最优绿色过程创新水平、供应链成员效用现值以及供应链整体总效用现值。在此基础上，进一步提出双向成本分担契约对供应链进行协调。最后，分析不同决策模式下，成员的失望规避程度对供应链最优运营策略及均衡结果的影响。

第 7 章：结论与展望。总结本书的主要研究工作，阐述本书的研究成果、结论及主要贡献。在此基础上，分析本书的研究局限，并对后续需要开展的研究进行展望。

1.6 ▶ 创新性工作说明

本书对考虑行为因素的企业绿色运营与供应链协同绿色创新决策问题

进行探讨，针对已有研究的薄弱之处，重点从以下三个方面开展了具有一定创新性的工作。

1. 关注消费者社会属性对企业绿色运营策略的影响

已有相关研究多关注驱动消费者行为的内在动机与外在动机，而对社会动机考虑不足，致使所构建的消费效用函数难以准确描述消费者的行为特征。为此，本书综合考虑消费者内在动机、外在动机与社会动机，构建贴合实际的消费者效用函数。在此基础上，分别针对垄断市场与竞争市场，对企业绿色产品市场进入与定价决策问题展开研究，为企业绿色运营提供更为切实的建议。

2. 给出一类考虑决策者行为特征的供应链协同绿色创新策略优化模型

已有相关研究多以供应链成员"完全理性"为前提假设构建决策优化模型，缺乏考虑决策者非理性行为特征对供应链协同绿色创新决策的影响，致使理论模型得到的结论难以真实地反映决策者实际的决策行为。为此，本书基于 $CVaR$ 风险度量工具与失望理论，给出可描述决策者风险态度与失望规避行为特征的效用函数，将其合理嵌入各供应链协同绿色创新决策模型，并进一步探讨成员行为特征对供应链协同绿色创新最优均衡策略及绩效水平的影响。

3. 开展系统化的供应链绿色创新决策问题研究

已有研究对绿色产品创新与绿色过程创新界定较为模糊，缺乏针对供应链绿色创新问题的系统化研究。为此，本书根据绿色产品创新与绿色过程创新各自的特点及其参与主体，基于不同决策问题，有针对性地构建供应链协同绿色创新短期静态优化模型与长期动态优化模型。

1.7 ▶ 数学符号及用语的说明

由于本书所涉及的参数、变量及函数等数学符号较多，因此，在本书撰写过程中，针对各章节所使用的符号均进行了重新定义。不同章节中的参数、变量及函数等数学符号并无关联，但在同一章节的相同问题中，各参数、变量及函数的数学符号具有一致性含义。

第2章

相关研究文献综述

行为视角下的企业绿色运营与供应链协同绿色创新决策问题是一个关于企业绿色运营、绿色供应链管理与行为运作管理的拓展问题，属于行为科学与管理科学的交叉学科研究，在管理实践中具有广泛的实际背景。目前，关于企业绿色运营决策、供应链协同绿色创新决策以及行为运作管理问题的相关研究引起了众多国内外学者的关注，并取得了一些具有重要理论价值的研究成果。这些研究成果的理论基础、研究方法与建模思路均为本书研究的开展奠定了坚实的基础。通过对国内外相关研究成果的搜索整理、归纳梳理以及分析总结，本章主要从考虑消费者偏好的企业绿色运营决策问题、考虑绿色创新的供应链决策问题以及考虑行为因素的运营决策问题三个方面进行综述，并在此基础上，明确已有研究成果的贡献与不足，为开展本书研究奠定理论基础。

2.1 ▶ 文献检索情况概述

本节主要对行为视角下的企业绿色运营与供应链协同绿色创新决策问题相关研究的文献检索情况进行简要说明，重点阐释相关文献的检索范围、检索情况和学术趋势。

2.1.1 文献检索范围分析

为明确相关研究成果的综述范围，首先对行为视角下的企业绿色运营与供应链协同绿色创新决策研究的发展脉络进行简要分析，并进一步确定检索关键词、检索范围和所需的相关研究文献。

对于行为视角下的企业绿色运营与供应链协同绿色创新决策问题的相关研究始于对企业绿色运营与绿色供应链决策问题的研究。随着社会的发展与日益严重的环境问题，消费者的环境意识逐步形成，越来越多的企业意识到实施绿色运营管理、生产绿色产品、提高企业环境绩效的重要性。同时，绿色创新作为企业实施绿色运营的重要战略工具，能够在一定程度上为企业扩大市场份额，赢得持续的竞争优势，而供应链成员合作进行绿色创新能够有效缓解资金压力并发挥协同效用，是目前企业进行绿色创新所采取的较为普遍的一种运作方式。一方面，目前，国内外学者围绕着企业绿色创新投入、生产技术选择、绿色产品生产与定价以及绿色供应链运营与协调等决策问题展开了研究。另一方面，随着认知心理学、社会心理学及实验经济学的发展，一些学者尝试将其他学科的行为理论应用于运作管理领域，用以解释并缩小理论模型结果与决策者实际决策行为间的偏差，行为运作管理应运而生，并取得了较为丰富的研究成果。

基于对已有研究成果的系统分析，本书主要围绕考虑消费者绿色偏好的企业绿色运营决策问题、考虑绿色创新的供应链运营决策与协调问题以及考虑行为因素的运营决策问题三个方面进行相关文献的梳理与分析。其中，关于考虑消费者绿色偏好的企业运营决策相关研究，重点从基于消费者同质绿色偏好与基于消费者异质绿色偏好的企业运营决策问题两个方面进行综述；关于考虑绿色创新的供应链运营决策与协调问题相关研究，主要从基于绿色产品创新与基于绿色过程创新的供应链运营决策与协调问题两个方面进行综述；关于考虑行为因素的运营决策问题相关研究，主要从基于社会比较行为、基于风险态度以及基于失望规避的运营决策问题三个方面进行文献综述。

2.1.2　相关文献情况

本书的文献检索主要是基于主题、标题、关键词等检索条件。在对英文期刊数据库进行检索时，以“green operations”“green supply chain”“behavioral operations""supply chain + green innovation""social comparison + operations decision""risk attitude + operations decision"及"disappointment aversion + operations decision"等为主题、标题或关键词进行检索；在对中文期刊数据库进行检索时，以"绿色运营""绿色供应链""行为运作""供应链+绿色创新""社会比较+运营决策""风险态度+运营决策"及"失望规避+运营决策"为主题、标题或关键词进行检索。文献检索的数据库主要包括中国学术期刊网全文数据库（CNKI）、美国运筹学与管理学会 Informs 平台（包括 12 种全文期刊）、爱思唯尔（Elsevier Since Direct）全文数据库、施普林格（Spring Link）全文数据库、威立在线图书馆（Wiley Online Library）期刊数据库及 IEL 全文数据库等。截至 2023 年 4 月，相关文献的检索情况如表 2-1 所示。

表 2-1 　　　　　2003~2023 年相关文献检索情况

检索源	检索词	检索篇数	相关篇数	时间范围
中国知网（CNKI）	绿色 & 运营/供应链	275	102	2003 年 1 月至 2023 年 4 月
	供应链 & 绿色创新	201	56	
	行为运作	189	48	
	社会比较 & 运营决策	23	6	
	风险态度 & 运营决策	172	31	
	失望规避 & 运营决策	17	5	
爱思唯尔（Elsevier SD）	green & operations/supply chain	189	73	2007 年 1 月至 2023 年 4 月
	supply chain & green innovation	149	42	
	behavioral operations	79	24	
	social comparison & operations decision	36	4	
	risk attitude & operations decision	106	19	
	disappointment aversion & operations decision	5	2	
美国运筹学管理协会（Informs）	green & operations/supply chain	104	37	2007 年 1 月至 2023 年 4 月
	supply chain & green innovation	87	14	
	behavioral operations	76	12	
	social comparison & operations decision	15	2	
	risk attitude & operations decision	54	8	
	disappointment aversion & operations decision	6	1	

续表

检索源	检索词	检索篇数	相关篇数	时间范围
威立在线图书馆 （Wiley Online Library）	green & operations/supply chain	125	21	2012 年 1 月 至 2023 年 4 月
	supply chain & green innovation	64	12	
	behavioral operations	67	10	
	social comparison & operations decision	13	2	
	risk attitude & operations decision	42	6	
	disappointment aversion & operations decision	4	2	
施普林格 （Springer Link）	green & operations/supply chain	126	23	2012 年 1 月 至 2023 年 4 月
	supply chain & green innovation	70	12	
	behavioral operations	129	8	
	social comparison & operations decision	7	0	
	risk attitude & operations decision	29	8	
	disappointment aversion & operations decision	3	0	
IEL 数据库	green & operations/supply chain	47	7	2012 年 1 月 至 2023 年 4 月
	supply chain & green innovation	12	4	
	behavioral operations	13	2	
	social comparison & operations decision	2	0	
	risk attitude & operations decision	16	2	
	disappointment aversion & operations decision	1	0	
合计		2553	605	

　　需要说明的是，由于本书涉及的因素较多，为更清晰地阐释相关领域的研究进展，本部分仅针对部分具有代表性且与本书密切相关的研究成果进行文献综述。

2.1.3　学术趋势分析

　　为明确考虑行为因素的企业绿色运营与供应链协同绿色创新决策问题的研究趋势，本小节利用检索平台科睿唯安（Web of Science），并以"green innovation & operations""green supply chain"及"behavior operations"作为检索词，创建了引文分析报告。

　　图 2 - 1 ~ 图 2 - 3 分别展示了 2010 ~ 2022 年以"green innovation & operations" 为研究主题、2003～2022 年以 "green supply chain" 为研究主题及 2003～2022 年以 "behavior operations" 为研究主题的出版情况以及引用情况。根据图 2-1～图 2-3，可以看出上述研究主题发表的论文数量及相关文献的引文数量均整体呈逐年上升的趋势，这说明学者们对上述主题的相关研究表现出了浓厚的兴趣，其具有良好的国际关注度。

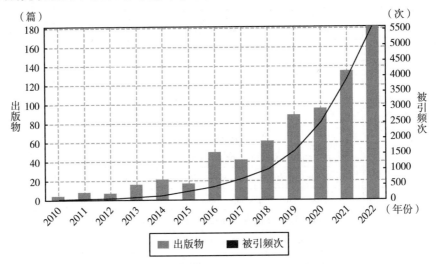

**图 2-1 2010～2022 年以 "green innovation & operations"
为研究主题的文献出版情况及引用情况**

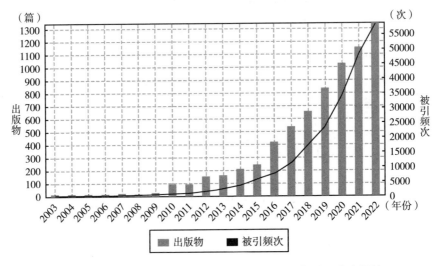

**图 2-2 2003～2022 年以 "green supply chain" 为研究主题的
文献出版情况及引用情况**

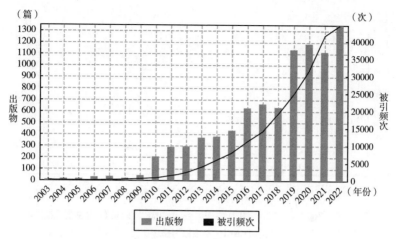

图 2 - 3 2003 ~ 2022 年以"behavior operations"为研究主题的
文献出版情况及引用情况

此外，以中国知网（CNKI）为数据库来源，分别以"绿色运营""绿色创新""绿色供应链""行为运作"为检索词进行文献检索，2003 ~ 2022年关于上述关键词的发文数量趋势如图 2 - 4 ~ 图 2 - 7 所示。由图 2 - 4 ~ 图 2 - 7 可以发现，国内学者对绿色运营、绿色创新及绿色供应链等研究问题的关注度一直呈上升趋势，其中关于"绿色创新"的研究发文数量于 2016 年之后呈现出较大幅度的上升，这与当年中央发布的"十三五"规划建设首次系统地提出"创新、协调、绿色、开放、共享"五位一体的新发展理念具有一定关系。而行为运作管理引入我国的时间较晚，国内学者于 2009 年左右开对行为运作领域的相关问题展开系地研究，由于其处于刚刚起步的阶段，故学术关注度具有一定的波动。

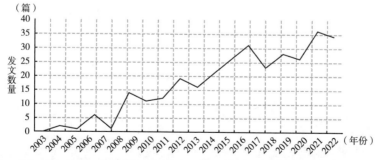

图 2 - 4 2003 ~ 2022 年国内关于"绿色运营"研究的发文数量趋势
资料来源：笔者根据中国知网（CNKI）检索数据整理所得。

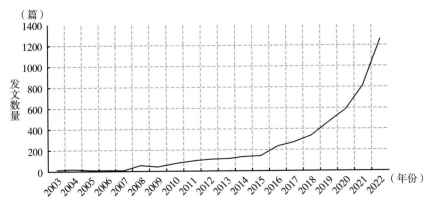

图 2 - 5 2003～2022 年国内关于"绿色创新"研究的发文数量趋势

资料来源：笔者根据中国知网（CNKI）检索数据整理所得。

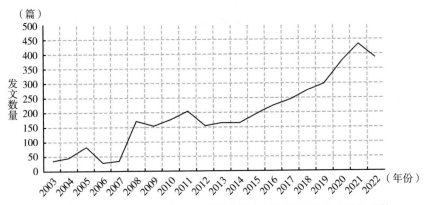

图 2 - 6 2003～2022 年国内关于"绿色供应链"研究的发文数量趋势

资料来源：笔者根据中国知网（CNKI）检索数据整理所得。

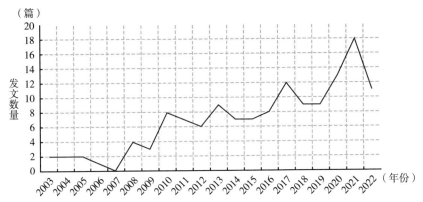

图 2 - 7 2003～2022 年国内关于"行为运作"研究的发文数量趋势

资料来源：笔者根据中国知网（CNKI）检索数据整理所得。

上述关于学术趋势分析的结果表明，行为视角下的企业绿色运营与供应链协同绿色创新问题是一个受到国内外学者关注的热点问题，也进一步说明了此研究问题具有重要的理论价值与实践意义。

2.2　关于考虑消费者偏好的企业绿色运营决策问题相关研究

随着社会的发展与日益严重的环境问题，消费者环境意识（consumer environmental awareness）正在逐渐形成。《BBMG 意识消费报告》指出，消费者在选择产品时，会自然地将产品环境绩效水平作为判别产品价值的重要依据①。根据《2022 年中国可持续消费报告》显示，近半数的消费者在过去一年里开始有意识地进行绿色低碳消费，近两成的消费者已经有意识购买绿色低碳产品超过 3 年的时间②。在此背景下，实业界中各企业逐渐意识到提高企业环境绩效水平，向市场提供绿色产品的重要性，纷纷推行绿色运营化策略。同时，众多国内外学者也针对考虑消费者绿色偏好的企业运营决策问题展开研究，现有研究主要集中于绿色产品的设计、工艺选择、生产定价、绿色创新投入等问题，并在此基础上，进一步探讨消费者绿色偏好对企业绿色运营决策的影响。以下将针对基于消费者同质绿色偏好的企业运营决策以及基于消费者异质绿色偏好的企业运营决策两个方面且与本书密切相关的研究成果进行文献综述。

2.2.1　基于消费者同质绿色偏好的企业运营决策问题

考虑消费者绿色偏好的企业运营决策问题已经引起了国内外学者的广泛关注，很多学者在产品的绿色度水平与产品需求之间呈正相关关系，且消费者绿色偏好具有同质性的假设下，围绕着产品生产策略、产品定价、

① Conscious Consumers Are Changing the Rules of Marketing. Are You Ready? Highlights from the Bbmg Conscious Consumer Report ［EB/OL］. BBMG, 2007－11.
② 2022 中国可持续消费报告 ［EB/OL］. 商道纵横, 2022－12－20.

技术选择及绿色创新水平等企业运营决策问题展开了研究。

朱庆华和窦一杰（2011）针对由两个制造商构成的双寡头市场，综合考虑了消费者绿色偏好、政府补贴、产品竞争等因素，研究了两制造商的最优产品绿色度水平及产品价格决策问题。阿格拉瓦尔和乌尔库（Agrawal & Ülkü，2013）认为，企业通过技术升级实现产品的模块化生产，能够减少生产和废弃处理过程对环境的影响，但同时也可能增加产品使用过程中对环境的影响。基于此，企业以同时提高经济绩效与环境绩效为目的构建决策目标函数，分析引入模块化生产的边界条件及产品最优模块化程度。孟晓阁等（2016）在消费者具有绿色偏好的基础上，构建了一个大型企业为领导，n 个小型企业为追随者的博弈模型，在小型企业生产普通产品的情形下，分析了大型企业的产品组合选择策略，指出大型企业是否生产绿色产品取决于小型企业的个数、消费者对小型企业的认可度以及产品绿色度的综合影响。拉扎和费萨尔（Raza & Faisal，2017）针对价格 – 绿色度依赖型的市场需求，研究了垄断企业的最优产品绿色度水平、价格及库存联合决策问题。在此基础上，拉扎等（Raza et al.，2018）在企业同时提供普通产品与绿色产品的情形下，对垄断企业的最优产品绿色度水平、价格及库存联合决策问题展开了进一步的研究。郑君君等（2018）考虑了消费者的环境意识，分别在完全理性和有限理性情形下，针对企业如何进行普通产品和绿色产品的联合生产或单独生产决策问题进行了研究。阿格拉沃尔和李（Agrawal & Lee，2019）研究了下游企业如何通过采购政策促进上游供应商提高原材料绿色度水平，分析了不同采购政策对供应商实施绿色运营决策以及下游企业提供绿色产品能力的影响。

考虑到绿色产品在使用过程中具有一定的外部效应，政府常通过财政补贴或政策规制等手段，推动企业实施绿色运营、生产绿色产品、激励消费者购买绿色产品。在此背景下，毕等（Bi et al.，2016）基于寡头垄断市场，在制造商通过实施绿色运营降低碳排放的情形下，研究了面对政府补贴与消费者绿色偏好的制造商最优绿色创新投入与产品定价决策。杜等（Du et al.，2016）认为，在消费者绿色偏好及碳限额与交易政策下，制造商在生产普通产品的同时，具有通过绿色运营向市场提供绿色产品的驱动力，并针对制造商多产品生产 – 定价联合决策问题进行了研究。闻等

（Wen et al.，2018）考虑了消费者绿色偏好及碳限额与交易政策对企业绿色创新的促进作用，基于寡头竞争市场，针对两竞争企业的产品绿色度水平与价格联合决策问题进行了研究。哈迈米等（Hammami et al.，2018）提出，制造商可通过绿色运营或减少生产量两种方式降低碳排放总量，在消费者具有绿色偏好及碳税政策下，研究了制造商最优产品价格、产品绿色度水平及生产量决策问题。黄等（Huang et al.，2019）对寡头竞争市场，分别以单位能耗最小化、总体能耗最小化以及平均 GDP 最大化为决策目标，研究了不同绿色消费补贴政策下的最优产品绿色度水平及价格决策问题。

2.2.2　基于消费者异质绿色偏好的企业运营决策问题

消费者的异质性需求使其对产品价格、质量或其他产品特性的偏好表现出明显的差异。面对消费者偏好的异质性，企业在市场细分的基础上，通过提供纵向差异化的产品来满足不同群体的消费需求，从而获得市场竞争优势，但与此同时也容易引发蚕食效应（cannibalization effect）。为确保有效进行市场区隔，实现企业收益最大化，穆萨和罗森（Mussa & Rosen，1978）以及穆尔蒂（Moorthy，1984）针对考虑纵向差异化的产品线设计与定价决策问题进行了奠基性的研究。以此为基础，学者们分别从考虑横纵竞争、渠道结构、成本类型、产品属性以及附加服务等不同方面，对上述问题进行了扩展研究（Easingwood，1986；Moorthy，1988；Moorthy & Png，1992；Villas - Boas，1998；Desai et al.，2001；Kim & Chhajed，2002；Netessine & Taylor，2007）。下面仅针对与本书密切相关，基于消费者异质绿色偏好的产品线设计与定价决策问题进行文献综述。

陈（Chen，2001）首次将环境质量水平引入产品线设计问题，依据消费者对产品传统质量与环境质量所表现出的不同偏好，将其划分为普通消费者与绿色消费者，通过构建基于质量的消费者效用模型，研究了垄断企业针对产品各属性的质量水平及产品定价决策问题。古达等（Gouda et al.，2016）以汽车制造商为研究对象，考虑了政府限制汽车排放量的情形，分别在大众市场策略和市场细分策略下，研究了制造商针对汽车性能和环境绩效水平间的决策问题。叶尼帕扎尔利和瓦哈里亚（Yenipazarli & Vakharia，2017）在陈（Chen，2001）的基础上，进一步将消费者划分为普通消费者、中立消费者与绿色消费者三种类型，基于产品的传统质量水平与环境质量水平，研究了垄断企业的产品线设计与定价决策问题。张等（Zhang et al.，2017）考虑了绿色产品的单位生产成本和与环境质量水平相关的一次性绿色创新成本，针对由普通消费者和绿色消费者构成的消费市场，提出了大众市场策略与细分市场策略，并得出不同市场策略下的最优产品价格、传统质量水平及环境质量水平。随后，哈菲兹和佐尔法加里尼亚（Hafezi & Zolfagharinia，2018）基于张等（Zhang et al.，2017）的研究，进一步在绿色产品存在最低环境质量标准的情形下，探讨了不同市场策略下的企业绿色产品线设计等相关决策问题。

针对基于消费者异质绿色偏好的产品定价决策问题，阿塔苏等（Atasu et al.，2008）以消费者对再制造产品的支付意愿为依据，将其划分为绿色消费者与普通消费者两类群体，通过构建消费者效用函数，得到不同定价策略下传统产品和再制造产品的市场需求。在此基础上，分别在垄断和竞争情形下，得出再制造产品进入市场的边界条件及产品线最优定价策略。叶尼帕扎尔利和瓦哈里亚（Yenipazarli & Vakharia，2015）认为，绿色消费者愿意为绿色产品支付溢价的同时，也会相应降低对传统产品的支付意愿，并据此构建消费者效用函数，分别在无限生产能力和有限生产能力情形下，研究了垄断企业的最优定价决策问题。杨海洪等（2017）以消费者绿色偏好为依据对消费者类型进行细分，运用价格歧视理论，构建了绿色产品的歧视定价模型。在此基础上，分析了消费者细分区间对企业定价决策及利润的影响，并进一步比较了常规定价和歧视定价策略下的各产品需求量之间的关系。杜等（Du et al.，2018）考虑到普通消费者同样愿意为绿色产品支付一定程度的溢价，分别在垄断和竞争情形下，探讨了绿色产品的生产成本、绿色消费者比例及产品竞争对制造商最优定价决策的影响。洪等（Hong et al.，2018）在消费者具有异质性绿色偏好的基础上，进一步考虑了普通产品在消费者购买决策过程中的参照效应，分别在垄断、竞争和信息不对称情形下，研究了企业对绿色产品的定价决策问题。周（Zhou，2018）针对由绿色制造商和传统制造商组成的双寡头市场，在市场细分的基础上，分析了绿色消费者比例及其绿色消费意愿对两制造商定价决策、各自收益以及对环境的影响，指出在竞争情形下，单位绿色消费意愿的增加会减少对环境的负面影响，而绿色消费者比例的增加则可能会加剧环境问题。张玉行和王英（2018）考虑了互为竞争对手的两制造商，研究了两制造商同时提供绿色产品和普通产品时的定价策略问题，分别分析了两制造商采取无差异定价、歧视定价及非对称定价策略时，消费者异质性对两制造商利润的影响。

此外，还有部分学者在供应链环境下，探讨了基于消费者异质绿色偏好的产品定价决策问题。张等（Zhang et al.，2014）考虑了制造商可通过采购不同类型的原材料向市场提供传统产品及绿色产品，以单个供应商与单个制造商组成的供应链为研究对象，在对消费者进行市场细分的基础上，分别研究了非合作博弈与合作博弈情形下的供应链最优产品组合与定价决策问题，并指出合作博弈会使供应链成员的绩效水平实现帕累托改善。洪等（Hong et al.，2009）以单制造商与单零售商组成的供应链为研究对象，研究了不同权力结构下考虑参照效应的绿色产品定价及相关决策问题，并指出相较于制造商主导的供应链，零售商主导的供应链会取得更高的环境绩效。安吉和严（Agi & Yan，2019）以单个制造商与单个零售商组成的供应链为研究对象，分别在制造商主导或零售商主导情形下，探讨了绿色产品进入市场的边界条件及产品线定价决策问题。

2.3　关于考虑绿色创新的供应链运营决策与协调问题相关研究

绿色创新（green innovation）作为企业实施绿色化运营的重要战略工具，又被称为"环境创新（environmental innovation）（Brunnermeier & Cohen，2003）""生态创新（eco‐innovation）（Rennings，2000）"及可持续创新等（sustainability innovation）（Chen et al.，2019）。国内学者也常用"绿色研发""生态研发"与"低碳研发"等表述方式去描述那些既能创造经济价值，又能实现环境改善的产品、流程或服务的开发过程（Fussler，

1996）。根据创新对象的不同，绿色创新可进一步分为绿色产品创新与绿色过程创新（Chen et al.，2006；Schiederig et al.，2012），前者指企业通过技术研发向市场提供环境友好型产品，后者则指企业通过革新生产技术、工艺流程等方式，降低企业生产经营过程中对环境产生的不利影响。针对不同绿色创新类型，本节分别针对基于绿色产品创新的供应链运营决策与协调问题以及基于绿色过程创新的供应链运营决策与协调问题展开文献综述。

2.3.1 基于绿色产品创新的供应链运营决策与协调问题

针对绿色产品创新的供应链运营决策问题，学者们分别在考虑消费者绿色偏好、竞争及渠道结构等情形下，围绕绿色产品创新——定价决策、绿色产品创新——广告决策、供应链成员协同绿色创新决策及供应链协调机制等问题进行了研究。

刘等（Liu et al.，2012）针对考虑消费者绿色偏好和竞争的绿色供应链运营决策问题进行了研究，分别在无竞争、制造商竞争、零售商竞争及供应链竞争情形下，探讨了供应链成员的最优绿色创新水平及定价策略。朱庆华等（2014）考虑了由单个绿色产品制造商、单个普通产品制造商和一个零售商组成的二级供应链系统，基于消费者对绿色产品的购买意愿，构建了不采取补贴、政府补贴绿色制造商及政府补贴消费者三种情形下的供应链运营决策模型，研究了不同补贴政策下产品的批发价格、零售价格等最优策略以及利润的变化情况。陆等（Lu et al.，2015）以单一制造商与单一零售商组成的绿色供应链为研究对象，针对过度自信制造商及完全理性零售商的最优运营决策进行研究，分别得到了集中决策、供应商管理库存（VMI）及零售商管理库存（RMI）模式下的最优绿色创新水平与库存决策，并探讨了制造商过度自信对供应链库存决策及绩效的影响。石平等（2016）通过构建博弈模型研究了制造商公平关切行为和绿色创新效率对供应链最优均衡策略及供应链相关收益水平的影响。朱和何（Zhu & He，2017）考虑了研发密集型与生产成本密集型两类绿色产品，针对由制造商和零售商组成的二级绿色供应链的运营决策问题进行了研究，通过构建制造商主导的 Stackelberg 博弈模型，分析了制造商最优绿色创新水平、批发价格及零售商最优零售价格决策。张等（Zhang et al.，2018）以制造商为领导者、零售商为追随者的绿色供应链为研究对象，在需求信息具有不确定性且成员间通过共享信息可提高预测准确度的前提下，分别构建了无信息共享的分散决策模型、信息共享的分散决策模型及集中决策模型，研究了最优绿色创新水平及定价决策问题。杰马里和拉斯蒂－巴尔佐基（Jamali & Rasti-Barzoki，2018）以生产普通产品的制造商与生产绿色产品的制造商及零售商组成的双渠道供应链为研究对象，分别构建了分散式决策模型与集中式决策模型，研究了绿色产品创新与两产品定价决策问题。杨天剑和田建改（2019）以单制造商与两零售商构成的供应链为研究对象，探讨了不同渠道权力结构下的供应链定价及绿色创新决策问题。曹裕等（2019）及傅端香等（2019）在政府补贴政策下，通过构建博弈模型，探讨了风险规避制造商与零售商对绿色供应链产品定价、产品绿色度水平及供应链成员绩效的影响。郭等（Guo et al.，2020）以由一个服装制造商与两个零售商组成的快速时尚供应链为研究对象，在考虑零售商竞争与消费者退货的情形下，探讨了产品最优绿色度水平及价格决策问题。姜明君和陈东彦（2020）将公平偏好理论应用到供应链绿色创新投入问题，并在信息不对称条件下，分析了公平偏好对供应链最优均衡策略的影响。

李等（Li et al.，2016）首次在双渠道环境下研究供应链绿色运营决策问题，在制造商通过绿色创新提高产品绿色度，并以直销或零售商分销的方式向市场提供绿色产品的情形下，针对绿色创新水平与定价决策问题进行了研究，得到分散决策与集中决策模式下的供应链均衡策略。邢等（Xing et al.，2017）在竞争环境下，针对普通产品制造商和绿色产品制造商的渠道结构选择问题进行了研究。拉赫曼尼和雅瓦里（Rahmani & Yavari，2019）以由单个制造商和单个零售商组成的双渠道绿色供应链为研究对象，在考虑消费者绿色偏好、渠道忠诚度及需求偏差的基础上，研究了分散决策和集中决策模式下的最优绿色创新水平及定价决策问题，并分析了需求偏差及绿色创新成本对供应链均衡策略的影响。

考虑到有效的成本分担或收益分配等协调机制可使供应链成员的收益实现帕累托改善。因此，部分学者在研究绿色创新相关运营决策的基础上，进一步探讨了绿色供应链的协调机制问题。

戈什和沙赫（Ghosh & Shah，2012）在消费者具有绿色偏好的情形下，针对由单个制造商和单个零售商组成的绿色供应链，研究了不同权力结构对绿色创新水平、产品价格及供应链相关利润的影响，并提出基于 Nash 谈判模型的两部定价契约对供应链进行协调。巴斯里和盖达里（Basiri & Heydari，2017）以单个制造商与单个零售商组成的二级供应链为研究对象，在同时提供普通产品和绿色产品的情形下，研究了分散决策和集中决策模式下的最优绿色创新水平、批发价格及零售价格决策，并提出了基于 Nash 谈判模型的供应链协调及利润分配方法。叶尼帕扎尔利（Yenipazarli，2017）针对核心企业如何激励上游供应商提高绿色创新水平问题进行了研究，以单个制造商和单个零售商组成的二级绿色供应链为研究对象，提出了以零售商主导的成本分担契约及收益共享契约，并进一步比较了不同契约下的供应链均衡策略及相关收益水平。盖达里等（Heydari et al.，2019）在考虑消费者绿色偏好和渠道偏好的基础上，以由一个制造商、一个开辟直销渠道的分销商和一个零售商组成的三级双渠道供应链为研究对象，研究了分散决策和集中决策模式下供应链的最优绿色创新水平、直销价格及零售商价格决策。宋和高（Song & Gao，2018）在零售商与制造商共享绿色产品销售利润的前提下，提出了以零售商主导的收益共享契约与基于 Nash 谈判模型的收益共享契约，针对绿色供应链的绿色创新水平及定价决策问题进行了研究。在此基础上，分析了不同收益共享契约下的供应链均衡策略，指出相较于以零售商主导的收益共享契约，基于 Nash 谈判模型的收益共享契约会促进制造商提高绿色创新水平，从而提高供应链整体绩效。洪和郭（Hong & Guo，2019）在消费者具有绿色偏好的情形下，针对由一个制造商和一个零售商组成的二级供应链绿色创新——广告联合决策及协调问题，分别在批发价格契约、广告成本分担契约及两部定价契约下，研究了供应链的均衡策略及相关利润，并针对不同契约下的均衡结果进行比较分析。周艳菊等（2019）以零售商主导的双边垄断型绿色供应链为研究对象，探讨了零售商向绿色创新制造商提供不同联合研发契约下的供应链均衡策略与协调问题。余等（Yu et al.，2019）以单个电动汽车制造商与单个电池供应商组成的供应链为研究对象，分别针对四种合作模式对供应链成员协同绿色创新决策问题展开了研究。陈等（Chen et al.，2019）则在政府补助政策及消费者绿色偏好下，探讨了制造商与零售商协同进行绿色创新与价格决策问题。

2.3.2　基于绿色过程创新的供应链运营决策与协调问题

针对绿色过程创新的供应链运营决策问题，已有研究多针对供应链成员通过绿色过程创新减少二氧化碳及其他污染物排放量这一具体问题，围绕绿色供应链的相关运营决策及协调问题展开研究。

王等（Wang et al.，2016）指出，由于消费者具有绿色消费偏好，因此制造商可通过绿色过程创新来降低企业的碳排放量，进而扩大市场需求。在此背景下，研究了批发价格契约与零售商主导的成本分担契约下的绿色供应链运营决策问题。周等（Zhou et al.，2016）在制造商通过绿色创新降低碳排放量、零售商通过低碳宣传促进需求的情形下，针对供应链减排——广告联合决策及协调问题进行了研究，得到单向成本分担契约与双向成本分担契约下的供应链均衡策略。在此基础上，将零售商公平关切行为偏好引入决策模型，并探讨公平关切行为对供应链均衡策略及相关绩效的影响。张等（Zhang et al.，2017）以单个制造商与单个零售商组成的绿色供应链为研究对象，基于微分博弈理论，从动态的角度研究了供应链成员的绿色创新水平及定价决策问题，并提出两部定价契约实现供应链协调。杨和陈（Yang & Chen，2018）在制造商通过绿色创新来降低生产过程中的碳排放的前提下，针对以零售商主导的绿色供应链运营决策与协调问题展开了研究，分别在收益共享契约、成本分担契约、收益共享－成本分担契约及无契约的情形下，研究了最优绿色创新水平、批发价格与订购量的决策问题，并对 4 种情形下的供应链均衡策略进行了比较分析。李等（Li et al.，2018）在考虑零售商具有公平关切的基础上，针对由单个制造商和单个零售商组成的低碳供应链，研究了最优绿色创新水平及定价策略，并分析了零售商公平关切行为与单位绿色创新成本对供应链成员收益的影响。边和赵（Bian & Zhao，2019）提出，政府可通过对制造商的绿色创新投入给予补助或对制造商征收排污税两种环境政策来推动制造商进行绿色过程创新，减少其生产过程对环境的影响，并在此基础上，构建了政府－制造商－零售商三阶段博弈模型，探讨政府最优环境政策、制造商最优绿色创新投入及相关价格决策问题。李等（Li et al.，2019）以单一零售商和单一制造商组成的绿色供应链为研究对象，考虑到零售商可通过契约鼓励制造商积极进行绿色过程创新，从而降低碳排放、提高供应链收益，提出了以零售商主导的收益共享契约、成本共担、收益共享－成本共担联合契约，分别在上述契约及无契约情形下，研究了绿色供应链的运营决策问题，并对各情形下的供应链均衡策略及绩效进行了对比分析。辛等（Sim et al.，2019）以两个制造商和两个零售商组成的两条绿色供应链为研究对象，其中两制造商通过绿色过程创新减少了生产过程中污染气体的排放，两零售商则依据制造商的最优批发价格、绿色过程创新水平进行订购决策。陈等（Chen et al.，2019）在考虑技术溢出与权力结构的情形下，研究了由单个制造商与单个零售商所组成供应链的协同绿色创新决策问题。吴等（Wu et al.，2019）则在零售商存在资金约束的情形下，研究了零售商最优订购及制造商最优绿色创新水平、批发价格决策问题。此外，还有部分学者聚焦于低碳供应链的特定主题，针对碳政策下的供应链运营决策问题进行了研究（Luo et al.，2016；Xu et al.，2017；易明和程晓曼，2018；Xia et al.，2018）。

另外，考虑到相较于绿色产品创新，绿色过程创新具有连续性、动态性等特点，而微分博弈（differential game）作为最优控制与博弈论的结合，恰好是用来解决参与者在连续时间内所进行无限动态博弈过程中的决策问题，并在经济学与管理科学领域中得到了广泛的应用。因此，一些学者借助微分博弈探讨供应链成员的绿色过程创新等相关决策问题。瓦拉迪格等（Ouardighi et al.，2016）以单一制造商和单一零售商组成的供应链为研究对象，通过构建微分博弈模型，探讨了有限时域内供应链成员的污染治理决策问题。金和辛（Kim & Sim，2016）在考虑消费者具有绿色偏好的情形下，构建了合作微分博弈和以制造商主导的非合作微分博弈模型，分别得到两种情形下的供应链最优策略及最优利润现值。张等（Zhang et al.，2016）综合考虑了制造商实施绿色创新后的工人运作效率及学习效率对单位生产成本的影响，构建了单制造商与单零售商参与的微分博弈模型，并分别得到了供应链成员的开环均衡策略与反馈均衡策略。戴和张（Dai & Zhang，2017）以一个发展中国家的制造商为研究对象，其产品同时在本国和另一发达国家销售，在两国实施不同碳政策的情形下，运用微分博弈，研究了制造商绿色过程创新的动态优化问题。王等（Wang et al.，2019）进一步将戴和张（Dai & Zhang，2017）的研究扩展至供应链层面，并考虑了制造商学习效应及消费者绿色偏好对供应链最优策略的影响。杨和徐（Yang & Xu，2019）基于微分博弈，研究了由制造商和再制造商组成闭环供应链的生产及减排决策问题，并分析了政府补助及碳配额对供应链均衡策略的影响。瓦拉迪格等（Ouardighi et al.，2019）以两制造商与两零售商组成的两条供应链为研究对象，其中两制造商可通过绿色过程创新降低生产过程中的污染物排放，研究了横向竞争、横向合作、纵向竞争及纵向合作不同供应链结构下的均衡策略。

在国内方面，赵道致等（2014，2016）在低碳环境下，借助微分博弈，分别研究了考虑零售商竞争的供应链减排与低碳宣传联合决策问题，以及单个供应商和单个制造商长期合作的两级供应链合作减排问题。王芹鹏和赵道致（2014）、徐春秋等（2016）考虑到制造商减排与零售商广告宣传均能提升产品需求，运用微分博弈理论，针对供应链减排与低碳宣传联合决策问题进行了研究。黄卫东等（2015）分别在合作决策模式和非合作决策模式下，构建了由供应商和制造商所组成供应链的协同绿色创新微分博弈模型，并运用汉密尔顿 – 雅克比 – 贝尔曼方程得到不同决策模式下供应链成员的最优绿色创新及收益水平。游达明和朱桂菊（2016）将产品绿色度和商誉作为状态变量，综合考虑了价格和非价格因素对需求的多重影响，针对绿色供应链的绿色创新、合作促销及定价问题进行了研究。朱桂菊和游达明（2017）通过构建微分博弈模型，针对由供应商和制造商所组成供应链的绿色研发策略与协调机制问题进行了研究，先后考察并比较了批发价格契约及收益共享契约对供应链的协调效果。魏守道（2018）在碳交易政策下，以两个供应商与两个制造商组成的两条供应链为研究对象，基于微分博弈，研究了供应链成员在研发竞争、水平合作研发、垂直研发及全面合作研发情形下的供应链协同绿色过程创新决策问题。叶同等（2017）、张永明和楼高翔（2018）考虑了消费者的参考效应，运用微分博弈对供应链联合减排决策问题以及供应链减排 – 低碳促销联合决策问题进行了研究。

2.4 关于考虑行为因素的运营决策问题相关研究

吉诺和皮萨诺（Gino & Pisano，2008）首次明确提出行为运作（behavioral operations）这一概念，洛赫和吴（Loch & Wu，2007）、卡特等（Carter et al.，2007）、卡齐科普洛斯和吉格伦泽（Katsikopoulos & Gigerenzer，2013）等学者则基于认知心理学和社会心理学的研究成果，从个体、群体及组织层面对如何开展行为运作、行为供应链等研究问题进行了系统性地阐述。现有研究主要包括考虑行为因素在运作管理中应用的定性研究（Bendoly et al.，2006；Croson et al.，2013；Fahimnia et al.，2019；刘咏梅等，2011；刘作义和查勇，2009）、考虑行为因素的供应链集中优化问题研究（Madadi et al.，2014；Sawik，2016；陶瑾等，2017）以及考虑行为因素的报童问题及库存问题（Kazaz & Webster，2015；Su et al.，2018；宏睿等，2015；曹兵兵等，2015；Kirshner & Ovchinnikov，2018）、定价策略（谭春桥等，2019；吴彦莉和胡劲松，2018）及供应链协调问题（Wu & Chen，2014；Cui & Zhang，2007）等。其中，以认知心理学为理论基础的行为因素主要有：有限理性（bounded rationality）（Simon，1972）、损失规避（loss aversion）（Hardie & Johnson，1993；Chen & Nasiry，2020）、风险态度（risk attitude）（Weber et al.，2002）、后悔规避（regret aversion）（Looms & Sugden，1982）、失望规避（disappointment aversion）（Bell，1985）、过度自信（over - confidence）（Moore & Healy，2008；Kirshner & Shao，2019）及锚定与不充分调整（anchoring and adjustment）（Epley，2006）等；以社会心理学为理论基础的行为因素主要以社会比较（social comparison）（Festinger，1954）、公平关切（fairness concern）（Cui & Zhang，2007；谭春桥等，2019；Fehr & Schmidt，1999）、互惠行为（reciprocity）（Fehr et al.，2000）及利他行为（altruism）（Schwartz，1977；范如国等，2019）等在内的社会偏好（social preference）（Newcomb & Bukowski，1984）为主。本节仅针对与本书研究密切相关的三个方面的研究：考虑社会比较的运营决策问题、考虑风险态度的运营决策问题以及考虑失望规避的运营决策问题进行文献综述。

2.4.1　基于社会比较的运营决策问题

费斯廷格（Festinger，1954）认为，个体存在一种评价自身观点、能力和行为的内驱力，首次提出社会比较这一概念，并指出作为人际互动过程无法避免、普遍存在的一类社会偏好，社会比较是影响人们判断、评价和行为的一种基本心理机制。在此基础上，学者们围绕社会比较的类型、动机、前因、效应及其作用等问题进行了较为深入的研究。从文献检索情况来看，关于社会比较的研究多集中在基础理论、心理健康、教育及组织行为等方面，研究方法多采用实证分析或情境实验。而通过构建数理模型，探讨考虑社会比较的运营决策问题仍处于起步阶段。学者们仅在报童问题、供应链绩效及炫耀性消费等研究主题下，针对考虑参与者社会比较行为的运营决策问题进行了研究。

洛赫和吴（Loch & Wu，2008）通过实验研究，探讨了供应链成员的社会偏好对供应链绩效的影响，并指出成员的互惠偏好会提高个体及供应链整体的绩效水平，而成员的社会比较倾向则会对个体及供应链整体的绩效产生不利影响。罗尔斯和苏（Roels & Su，2013）探讨了社会计划者如何借助个体的社会比较行为实现预期目标，通过构建个体效用函数刻画不同类型的社会比较，指出上行社会比较（behind - averse）会使最终结果呈聚集状态，而下行社会比较（ahead - seeking）则会导致最终结果出现分化现象。在罗尔斯和苏（Roels & Su，2013）研究的基础上，埃维等（Avcl et al.，2014）以两个零售商为研究对象，针对社会比较情境下的报童订货问题进行了研究，得出社会比较行为会使零售商的订货决策偏离报童问题最优解，且其订购量可能出现羊群效应或极化现象。吴正祥和李宝库（2019）研究了零售商具有社会比较行为的"一对一"型双渠道供应链均衡策略问题。李等（Li et al.，2019）结合数理模型与实验设计，研究了寡头环境下多零售商产量竞争的决策问题，分别构建了传统决策模型及考虑零售商有限理性与社会比较行为的行为决策模型，发现实验结果虽严重偏离传统纳什均衡策略，但与行为决策模型得到的均衡策略具有较好的拟合度。海达利（Heydari，2019）依据前景理论和社会比较理论，针对双边决策问题，构建了以最大化双边主体满意度为目标的优化模型。

除上述关注决策者社会比较行为的研究外，还有部分学者围绕消费者的社会比较行为，在炫耀性消费主题下，针对企业产品定价、产品线组合等相关决策问题展开了研究。阿马尔多斯和詹恩（Amaldoss & Jain, 2008）考虑了两类拥有不同社会地位的消费群体，针对不同群体间的社会比较行为，在构建消费者效用函数的基础上，研究了奢侈品企业的产品线设计及动态定价问题。拉奥和舍费尔（Rao & Schaefer, 2013）认为，消费者购买炫耀性产品的效用函数由两部分组成，分别为与产品质量相关的消费效用以及与群体内其他成员购买决策相关的社会效用。在此基础上，探讨了炫耀性产品的最优质量与定价决策问题。基于拉奥和舍费尔（Rao & Schaefer, 2013）构建的炫耀性消费效用函数，高等（Gao et al., 2016）针对仿制品企业的市场入侵策略及品牌企业的应对策略问题进行了研究。李（Li, 2019）同样在考虑消费者社会比较行为的基础上，分别在垄断情形和竞争情形下，探讨了品牌企业的产品线延伸策略，并指出垄断情形下，品牌企业应选择向下延伸策略；而在竞争情形下，品牌商则应选择向上延伸策略。

2.4.2　基于风险态度的运营决策问题

在快速变化的经济环境下，面对各种不确定性所带来的市场风险，多数决策者难以"完全理性"并以利润最大化为决策目标，而是会将对市场风险的考量纳入决策过程中。在此背景下，学者们针对考虑决策风险态度的运营决策问题展开了研究，主要涉及的风险测度工具有期望效用函数（utility function）（Agrawal & Seshadri, 2000；黄金波和李仲飞，2017）、均值－方差（mean－variance）（Martfnez & Simchi, 2006；聂佳佳等，2018）、风险价值（value at risk）（Wu & Olson, 2010；黄松等，2011）及条件风险值等（conditional value at risk）（Chen et al., 2009；叶强等，2011）。由于期望效用函数仍是基于理性人的假设，而均值－方差则是对称地处理收益与损失。虽然风险价值在金融风险领域中得到了广泛的应用，但 VaR 模型不满足次可加性条件且计算过于复杂。洛克费拉和乌里亚瑟夫（Rockafellar & Uryasev, 1999）在 VaR 模型的基础上，提出条件风险值 CVaR 这一风险度量准则。由于 $CVaR$ 满足一致性且易于计算，目前成为众多研究者主要采用的风险度量工具。本节主要针对以 $CVaR$ 风险度量准则为基础的运营决策问题进行文献综述。

陈等（Chen et al.，2009）以 $CVaR$ 为风险度量准则，研究了考虑风险规避行为的报童订货与定价联合决策问题。马等（Ma et al.，2012）以风险中性的制造商与风险规避的零售商所构成的供应链为研究对象，并采用 $CVaR$ 刻画零售商的风险规避行为，通过构建基于 Nash 谈判的批发价格契约，探讨了制造商最优批发价格、零售商最优订货数量及供应链利润分配问题。李绩才等（2012）在随机市场需求下，以 $CVaR$ 为风险度量准则，研究了风险规避零售商的最优广告投入与订货决策问题。张新鑫等（2015）以一个风险规避供应商和一个风险规避零售商组成的供应链为研究对象，以 $CVaR$ 为风险度量准则，在考虑顾客策略行为的情境下，构建了基于回购契约的供应链决策模型，并进一步分析了顾客策略行为、成员风险规避程度与供应链回购契约的交互影响。李等（Li et al.，2016）在考虑零售商具有风险规避的情形下，分别在集中决策与分散决策情形下，研究了由单一供应商与单一零售商所组成的双渠道供应链的定价决策问题。周等（Zhou et al.，2018）针对制造商和零售商均为风险规避决策者的情形，运用 $CVaR$ 风险度量准则，针对供应链成员合作广告及订购决策问题进行了研究，分别得出集中决策模式与分散决策模式下的供应链均衡策略。此外，针对农产品产出不确定性及订单农业的特点，叶飞等（2011）、林强和叶飞（2014）及叶飞和王吉璞（2017）在 $CVaR$ 风险度量准则下，研究了一类由风险规避农户和风险中性公司组成的"公司+农户"型农产品供应链的协调问题。

由于 $CVaR$ 只关注低于某个既定水平的收益，而忽略了高出该水平的收益分布情况，因此显得过于保守，只能用于刻画决策者风险规避的行为特征，而在实际经营过程中，多数决策者也常表现出风险追逐的行为特征。杰莫纳格和基施卡（Jammernegg & Kischka，2007）针对报童订购问题，综合考虑了零售商风险规避与风险追逐的行为特征，在 $CVaR$ 的基础上，提出了混合 $CVaR$（又称均值 $CVaR$）风险度量准则，通过权重因子刻画决策者不同类型的风险态度。在此基础上，杰莫纳格和基施卡（Jammernegg & Kischka，2009）在需求分布函数不确定的情形下，基于混合 $CVaR$ 风险度量准则，针对考虑决策者风险态度的库存鲁棒优化策略问题进行了研究。禹海波和王莹莉（2014）通过混合 $CVaR$ 刻画了决策者的风险态度，在不确定性需求的情形下，研究了零售商最优订购量决策，并探讨了零售商风险偏好系数对系统最优订购量及最优利润的影响。李星北和齐二石（2014）基于混合 $CVaR$ 准则，构建了考虑决策不同风险偏好的供应链创新投资决策模型，分别得到了供应商单独投资与供应链成员联合投资情形下的供应链均衡策略。邱若臻等（2015）以一个风险中性供应商与一个具有风险偏好零售商组成的供应链系统为研究对象，构建了基于混合 $CVaR$ 准则的供应链收入共享契约，得到考虑不同风险偏好下零售商的最优订购量，并验证了收益共享契约的有效性。谢等（Xie et al.，2018）基于混合 $CVaR$ 研究了考虑零售商不同风险态度的订购决策问题，并探讨了零售商风险态度如何影响批发价格契约、回购契约及收益共享契约对供应链的协调效果。崔等（Cui et al.，2019）则基于混合 $CVaR$ 准则构建混合整数规划目标函数，针对多阶段的最优投资组合策略问题进行了研究。

2.4.3　基于失望规避的运营决策问题

实验研究表明，个体在不确定环境下进行决策时，会将可能获得的实际收益与内心参考收益进行比较，并产生相应失望或欣喜的心理感知，而这种预期的心理感知又将对其决策产生重要影响。针对这一情形，贝尔（Bell，1985）首次提出了失望理论并构建了相应的效用函数来描述上述心理行为。随后，卢姆斯和苏格登（Loomes & Sugden，1986）、古尔（Gul，1991）分别从不同角度对失望理论进行了扩展研究。

吉尔和普劳斯（Gill & Prowse，2012）通过实验研究了竞争环境下个体失望规避行为对其努力水平决策的影响。研究表明，面对另一方较高的努力水平，失望规避程度较高的个体常会选择消极应对。于超和樊治平（2015）针对研发结果不确定情形下的新产品开发方案选择问题，提出了一种考虑决策者失望规避的决策分析方法。梁霞和姜艳萍（2016）针对应急管理问题，考虑到决策者失望规避及重视高风险低概率事件的心理，提出一种考虑失望规避和损失规避的应急方案选择方法。在此基础上，姜艳萍等（2019）进一步考虑了决策者的后悔心理和失望心理，提出一种新方法来解决具有混合多指标信息的应急方案选择问题。

在运作管理领域，国内外学者主要考虑了消费者的失望规避行为，针对产品两阶段动态定价问题进行了研究。柳和岑（Liu & Shum，2013）指出，面对产品销售期间价格变动或缺货的情形，策略型消费者会在尽力避免失望的前提下选择何时购买产品。考虑到策略型消费者的失望规避行为，分别在升价和降价两种价格机制情境下，探讨了零售商的动态定价决策问题。曹兵兵等（2016）基于失望理论构建描述零售商失望规避行为的效用函数，在此基础上，针对报童订货问题，研究了零售商最优定价与订货联合决策。随后，曹兵兵等（2019）进一步基于失望理论，探讨了零售商订货与广告联合决策问题。杜等（Du et al.，2019）在全渠道背景下，探讨了消费者失望规避行为对制造商渠道结构选择及供应链成员定价决策的影响。王等（Wang et al.，2019）则在柳和岑（Liu & Shum，2013）研究的基础上，进一步考虑了随机性的产品需求，针对零售商两阶段动态定价问题进行了扩展性研究。

2.5 ▶ 现有研究的贡献与不足

通过对考虑消费者绿色偏好的企业运营决策问题、考虑绿色创新的供应链运营决策与协调问题以及考虑行为因素的运营决策问题等方面研究成果的梳理分析，可以看出行为视角下的企业绿色运营与供应链协同绿色创新决策问题的相关研究已引起国内外学者的广泛关注，并取得了较为丰硕的研究成果，为本书的研究开展提供了坚实的理论指导及方法借鉴。本节将分别针对已有与本书密切相关研究的贡献、不足与为本书研究提供的启示三个方面进行详细地阐述。

2.5.1　已有研究成果的贡献

已有相关研究成果为开展行为视角下的企业绿色运营与供应链协同绿

色创新决策问题提供了丰富的现实背景、理论基础以及科学有效的研究思路与方法，其主要贡献体现在以下四个方面。

（1）阐释了消费者的绿色偏好和社会比较行为能够影响企业绿色运营及供应链协同绿色创新决策。已有研究成果表明，越来越多的消费者在购买产品时，开始关注产品的绿色度水平。消费者的绿色偏好行为对绿色产品的市场需求具有促进作用，并进一步影响企业绿色运营决策与绿色供应链决策（例如，朱庆华和窦一杰，2011；Raza & Faisal，2017；郑君君等，2018；Du et al.，2016；Liu et al.，2012；Guo et al.，2020；Ghosh & Shah，2015）。此外，相关研究表明，消费者的社会比较行为对其购买决策具有重要影响，并会进一步影响企业运营策略（例如，Loch & Wu，2008；Roels & Su，2013；Li et al.，2019；Iyer & Soberman，2016；曹二保等，2018；解芳等，2019）。这些相关研究成果为本书研究动机的提出及研究主题的确定提供了理论借鉴。

（2）指明了决策者的风险态度和失望规避行为能够影响企业及供应链的最优运营策略。已有研究成果表明，决策者的行为偏好对供应链最优均衡策略具有重要的影响，若忽视决策者的行为偏好，将导致理论模型的决策结果难以准确地描述决策者的实际决策行为。近几年，一些学者开始将决策者风险态度引入不确定环境下的企业及供应链运营决策问题（例如，Chen et al.，2009；Ma et al.，2012；Zhou et al.，2018；叶飞和王吉璞，2017；邱若臻等，2015；Cui et al.，2019）。此外，失望规避作为一种典型的心理行为，同样对不确定性环境下的企业及供应链决策问题产生重要影响（于超和樊治平，2015；Liu & Shum，2013；曹兵兵等，2019；Du et al.，2019；Wang et al.，2019）。这些研究成果为本书对决策者行为的刻画及效用函数的构建提供了理论依据与方法借鉴。

（3）明晰了供应链上下游企业协同进行绿色创新的合作方式及意义。已有研究表明，供应链上下游企业通过成本分担契约、收益共享契约及其他契约（例如，Raza et al.，2018；Guo et al.，2020；Ghosh & Shah，2012；Yenipazarli，2017；Hong & Guo，2019；周艳菊等，2020；Zhou et al.，2016；赵道致等，2016；徐春秋等，2016；Ghosh & Shah，2015）协同进行绿色创新能够有效地提高产品的绿色度水平，并有助于提高供应链各成员的绩效水平。这些相关研究成果指出了供应链成员协同进行绿色创新的方式及意义，为本书设计考虑绿色创新的供应链协调机制提供了有益的借鉴与参考。

（4）提供了构建与求解考虑行为因素的企业绿色运营与供应链协同绿色创新决策模型的理论指导和方法支撑。已有针对考虑消费绿色偏好的企业与供应链运营决策相关研究为刻画企业绿色创新投入对产品市场需求的影响，为进一步构建绿色产品需求函数提供了理论借鉴（Chen，2001；Yenipazarli & Vakharia，2015；Du et al.，2018；Liu et al.，2012；Zhu & He，2017）。已有运用微分博弈探讨供应链动态优化问题的相关研究为刻画绿色过程创新情形下的产品绿色度水平动态特征，并进一步构建并求解供应链协同绿色创新微分博弈模型提供的理论依据与方法支撑（Ouardighi et al.，2016；Wang et al.，2019；赵道致等，2016；朱桂菊和游达明，2017；叶同等，2017；张永明等，2018；Jørgensen et al.，2010）。已有考虑社会比较、风险态度及失望规避行为的相关研究为构建消费者及决策者效用函数提供了理论基础与方法借鉴（Li，2019；Zhou et al.，2018；叶飞和王吉璨，2017；禹海波和王莹莉，2014；邱若臻等，2015；Liu & Shum，2013；曹兵兵等，2019；Du et al.，2019；Wang et al.，2019；Iyer & Soberman，2016）。

2.5.2　已有研究成果的不足

虽然关于考虑消费者绿色偏好的企业运营决策问题、考虑绿色创新的供应链运营决策与协调问题以及考虑行为因素的运营决策问题的相关研究已经取得一些成果，但针对行为视角下的企业运营与供应链协同绿色创新决策问题的研究仍处于初步探讨阶段。对于研究问题的提炼、研究框架的设计、研究内容的确定及研究方法的选择等方面缺乏清晰的认知、逻辑架构较为零散，尚未形成系统的研究体系。已有研究成果的不足之处主要体现在以下五个方面。

（1）针对考虑消费者社会比较行为的企业绿色运营决策问题的研究尚待开展。已有研究成果在构建绿色产品需求函数时，绝大多数仅考虑了产品价格、产品绿色度水平及消费者绿色偏好等消费者外在动机及内在动机对产品需求的影响（朱庆华和窦一杰，2011；孟晓阁等，2016；Liu et al.，2012；Zhu & He，2017；Guo et al.，2020；周艳菊等，2020；Ghosh & Shah，2015）。事实上，由于人与生俱来的社会属性以及产品的象征性价值，他人的购买决策及社会地位等社会动机对消费者购买决策的影响更为显著，从而进一步影响绿色产品的市场需求。虽然已有一些探讨社会比较行为对绿色消费、慈善捐助等亲社会行为影响的实证研究（Schultz et al.，2007；Delmas & Lessem，2014；郑晓莹等，2015；Benartzi et al.，2017；贾彦忠，2019），但缺乏对考虑消费者社会比较行为的企业绿色运营决策问题的研究。

（2）针对不确定性环境下的绿色供应链运营决策与协调问题的研究有待深入探讨。已有研究成果中，大多是在确定环境下针对绿色供应链运营决策与协调问题进行分析（Ghosh & Shah，2012；Yenipazarli，2017；周艳菊等，2020；Dash Wu et al.，2019；赵道致等，2016；Taleizadeh et al.，2018）。现实中的消费者由于教育程度、生活理念、价值观念、年龄及地区差异等原因通常对绿色产品表现出不同的支付意愿，并会随着时间的推移而发生改变（Laroche，2001；Barber et al.，2014；Whitson et al.，2014；吴波，2014；严欢和王亚杰，2019；王财玉等，2019），故消费者的绿色偏好存在一定的不确定性。此外，绿色产品创新技术常存在较大风险（Tseng et al.，2013；Abdullah et al.，2016；王鸣华，2017），企业绿色产品创新投入对产品绿色度水平的提升同样存在一定的不确定性。然而，极少有文献在不确定环境下探讨绿色供应链的运营决策与协调问题。

（3）针对考虑决策者风险态度并以 $CVaR$ 为风险度量准则的绿色供应链运营决策与协调问题的研究有待深化。在已有的研究成果中，仅有少数研究在考虑参与主体行为因素下针对绿色供应链运营决策与协调问题进行研究，所涉及的行为因素主要为公平关切（石平等，2016；姜明君和陈东彦，2020；Zhou et al.，2016）、损失规避（周颖和刘芳，2015）、参照效应（Hong & Guo，2019；叶同等，2017；Liu & Chen，2019）、过度自信（Lu et al.，2015）、感知偏差（Lambertini et al.，2015；关志民等，2019），虽然有一些文献针对考虑决策者风险规避的绿色供应链运营决策问题进行了研究，但其多采用均值—方差理论度量决策者的风险规避水平（傅端香等，

2019；Xie et al. ，2015；张克勇等，2019）。事实上，由于均值－方差法是对称的处理损失与收益，并不能很好的刻画风险，而条件风险值（$CVaR$）作为一致性的风险度量准则，常被用于研究单周期报童问题及供应链协调问题等（Chen et al. ，2009；叶飞和王吉璨，2017；Zhou et al. ，2018）。然而，目前极少有文献以 $CVaR$ 为风险度量准则，探讨考虑决策者风险态度的绿色供应链运营决策与协调问题。

（4）针对考虑决策者失望规避行为的绿色供应链运营决策与协调问题的研究尚待开展。已有关于考虑失望规避行为的运营决策研究成果中，主要集中于探讨动态定价问题（Liu & Shum，2013；Wang et al. ，2019）、报童决策问题（曹兵兵等，2019）及供应链定价决策问题等（Du et al. ，2019），缺乏针对考虑决策失望规避行为的绿色供应链运营决策与协调问题的研究，且未考虑决策者失望规避行为对绿色供应链最优均衡策略及相关绩效水平的影响。

（5）针对考虑决策者行为因素的供应链协同绿色过程创新动态优化问题尚需系统化地研究。已有针对供应链协同绿色创新决策问题的研究成果中，多数研究对绿色产品创新与绿色过程创新的界定较为模糊，构建的多为短期静态优化模型（Bi et al. ，2016；Chen et al. ，2019；杨天剑和田建改，2019；Ghosh & Shah，2012；Yenipazarli，2017；周艳菊等，2020；Dash Wu et al. ，2019；Taleizadeh et al. ，2018；何华等，2016）。事实上，绿色过程创新是企业从事的一项持续性的长期活动，并且基于绿色过程创新的产品绿色度水平具有动态变化的特征。虽然一些学者借助微分博弈从长期、动态的角度对供应链协同绿色创新决策问题展开了研究（赵道致等，2016；Ouardighi et al. ，2016；Wang et al. ，2019；Yang & Xu，2019；徐春秋等，2016；朱桂菊和游达明，2017；张永明和楼高翔，2018），但极少有文献关注决策者的风险态度、失望规避等行为对供应链长期动态均衡结果的影响，缺乏针对考虑决策者行为因素的供应链协同绿色过程创新动态优化问题的研究。

2.5.3　已有研究成果对本书的启示

已有研究成果为开展考虑行为因素的企业绿色运营与供应链协同绿色

创新决策问题的研究奠定了坚实的理论基础，并提供了宝贵的研究启示，主要体现在以下五个方面。

（1）针对构建不同类型消费者购买普通产品与绿色产品的效用函数方面，可以借鉴考虑消费者异质绿色偏好的企业绿色运营决策问题中对消费者效用函数的刻画方式（Chen，2001；Yenipazarli & Vakharia，2015；杨海洪等，2017；Zhou，2018）。针对消费者社会比较行为的描述与刻画方面，可借鉴炫耀性消费或地位寻求等方面研究成果中对消费者社会比较行为的刻画方式（Rao & Schaefer，2013；Gao et al.，2016；Li，2019；Li et al.，2019；Iyer & Soberman，2016）。

（2）针对决策者风险态度的描述与刻画方面，可借鉴通过运用 *CVaR* 风险度量准则及混合 *CVaR* 风险度量准则来探讨运作管理问题的相关研究（Rockafellar & Uryasev，1999；Zhou et al.，2018；叶飞和王吉璞，2017；Jammernegg & Kischka，2007；禹海波和王莹莉，2014；李星北和齐二石，2014；Xie et al.，2018）。在供应链协同绿色创新问题的研究框架下，构建考虑供应链成员风险态度的效用函数。针对决策者失望规避行为的描述与刻画方面，可基于失望理论（Bell，1985；Loomes & Sugden，1986；Gul，1991），借鉴考虑决策者失望规避的决策问题的相关研究（于超和樊治平，2015；Liu & Shum，2013；梁霞和姜艳萍，2016；Du et al.，2019；Wang et al.，2019）。在供应链协同绿色创新问题的研究框架下，构建考虑供应链成员失望规避行为的效用函数。

（3）针对基于混合 *CVaR* 的供应链绿色产品创新——广告决策模型及考虑制造商失望规避的供应链绿色产品创新——定价决策模型的构建问题，可借鉴传统绿色供应链绿色创新——广告联合决策模型（Hong & Guo，2019；Zhou et al.，2016；徐春秋等，2016；游达明和朱桂菊，2016）、传统绿色供应链绿色创新与定价联合决策模型（Liu et al.，2012；石平等，2016；Zhu & He，2017；Zhang et al.，2018；Heydari et al.，2019）中对供应链成员利润函数的构建方式，在此基础上，基于不同行为因素的刻画方式，分别构建考虑决策者风险态度、考虑零售商失望规避行为的供应链协同绿色产品创新决策模型。

（4）针对基于 *CVaR* 的供应链协同绿色过程创新动态优化决策模型及考

虑决策失望规避的供应链协同绿色过程创新动态优化决策模型的构建问题，可借鉴供应链上下游成员长期广告合作、合作研发、合作减排决策研究中状态方程及利润现值函数的构建方式（Jørgensen et al.，2001；Ouardighi，2016；Kim & Sim，2016；Dai & Zhang，2017；Wang et al.，2019；赵道致等，2016；朱桂菊和游达明，2017；张永明等，2018），在此基础上，基于不同行为因素的刻画方式，分别构建考虑决策者风险规避、考虑决策者失望规避的供应链协同绿色过程创新动态优化模型，并依据微分博弈相关理论，运用反馈求解法（He et al.，2009）得到供应链的最优均衡策略。

（5）针对考虑决策者风险态度的供应链协同绿色创新协调机制及考虑决策者失望规避的供应链协同绿色创新协调机制的设计问题，可以运用成本分担契约（Yenipazarli，2017；Hong & Guo，2019；周艳菊等，2020；Wang et al.，2016；Zhou et al.，2016；Li et al.，2019；叶同等，2017）以及收益共享契约（Basiri & Heydari，2017；Song & Gao，2018；周艳菊等，2020；Yang & Chen，2018；Li et al.，2019；朱桂菊和游达明，2017）对供应链进行协调。

2.6　本章小结

本章围绕考虑消费者绿色偏好的企业运营决策问题、考虑绿色创新的供应链运营决策与协调问题以及考虑行为因素的运营决策问题三个方面的研究成果进行了综述，总结、分析了已有研究成果的贡献与不足，并进一步阐释了已有研究成果为本书带来的启示，为开展行为视角的企业绿色运营与供应链协同绿色创新决策问题研究提供了理论基础与方法借鉴。

第3章

相关概念、方法与理论基础

通过对关于企业绿色运营决策、绿色供应链运营决策与协调以及考虑行为因素的运营决策等问题的相关研究成果进行回顾、梳理和分析后，明确了考虑行为因素的企业绿色运营与供应链协同绿色创新决策问题的研究现状与趋势。在此基础上，本章将进一步针对本书研究所涉及的相关概念、方法与理论基础进行系统地阐释与说明，从而为开展本书的研究工作提供必要的理论依据与方法支撑。具体地，首先，阐述绿色运营管理、绿色创新、绿色供应链管理的概念与理论基础；其次，简要介绍行为运作管理的概念、兴起与发展，并对本书所涉及的行为因素的概念及刻画方式进行简要概述；最后，介绍本书所涉及的斯塔克尔伯格博弈与微分博弈相关概念，并对最优化理论、KKT 条件、动态规划等求解技术及方法进行概述。

3.1 ▶ 绿色运营管理、绿色创新与绿色供应链管理概述

3.1.1 绿色运营管理概述

20 世纪 90 年代初，为解决环境污染及能源危机等问题，一些发达国家开始把环境管理作为企业经营过程中的重要内容。企业的经营理念由产品导向到顾客导向发展到以人类社会的可持续发展为导向，并在此基础上提出了绿色运营的管理理念。进入 21 世纪，随着消费者对环境问题及人类可持续发展的关注，"绿色经济""绿色生活"等名词日渐成为流行风尚，一个企业的绿色运营管理能力逐渐成为其获取市场竞争优势的重要来源。

3.1.1.1　绿色运营管理的经济学理论基础

绿色运营管理涉及众多学科理论，以下主要对生态经济学、可持续发展经济学以及循环经济理论等绿色运营管理所涉及的经济学理论基础进行简要概述。

生态经济学是从经济学的角度研究生态系统和经济系统所构成的复合系统的结构、功能、行为及其规律性的学科，属于生态学与经济学的交叉学科。20 世纪 60 年代后期，美国经济学家肯尼斯·鲍尔丁首次提出"生态经济协调理论"，为生态经济学的发展奠定了思想雏形。20 世纪 80 年代初，以赫尔曼·戴利和罗伯特·科斯坦塔为代表的经济学者开始倡导建立国际生态合作研究体系。此后，各国学者围绕生态经济学的发展方向、研究方法及应用领域等问题展开了研究，掀起了生态经济学的研究热潮（Boulding，1966；Daly，1968；Costanza & Daly，1987）。生态经济学的主要研究任务是建立可持续发展的生态经济复合系统，为实现经济、生态和社会的可持续发展提供理论依据。

可持续发展经济学是 20 世纪中期逐渐形成的一门新兴的综合性、应用性较强的经济学科，是基于可持续发展理论，将人口、资源与环境三种因素综合起来，研究生态环境、人口发展、自然资源与经济发展相互之间辩证关系的一门经济学分支学科。可持续发展经济学主要是集成和发展了生态经济学等学科的相关理论，其总体任务是从经济学的角度研究建立可持续发展的经济系统、社会系统和生态系统的客观规律性，为实现经济、社会和生态的可持续发展提供理论依据（Daly，2001；任保平，2004）。

循环经济又称资源循环经济，强调把企业的经济活动组织成一个"资源－产品－再生资源"的反馈流程，其概念思想萌芽于博尔丁（Boulding，1966）提出的"宇宙飞船经济"，后由皮尔斯和特纳（Pearce & Turner，1990）正式提出。"循环经济"这一术语于 20 世纪末被系统地引入我国，在研究过程中，我国学者们分别从环境保护角度、资源利用角度、技术范式角度以及广义和狭义等不同角度对此进行了多种界定。目前，被普遍推行的为国家发改委提出的定义，即"循环经济"是一种以资源的高效和循环利用为核心，以"减量化、再利用、资源化"为原则，以低消耗、低排放、高效率为基本特征，符合可持续发展理念的经济增长模式，是对"大量生产、大量消费、大量废弃"的传统增长模式的根本变革。

3.1.1.2 绿色运营管理的定义与模式

绿色运营管理是由"绿色管理"演变而来，源于20世纪90年代初西方兴起绿色浪潮时将"绿色"一词引入企业的运营管理领域所产生的。德国学者霍芬贝克（Hopfenbeck，1990）出版的 *The Green Management Revolution：Lessons in Environmental Excellence* 是较早使用这一词汇的著作。此后，国内外学者针对绿色运营管理的概念及内容进行了界定，本书借鉴李会太（2007）的研究，将绿色运营管理的概念界定为"在消费者绿色偏好、社会环保舆论及政府规制与激励政策下，企业主动将环境保护与可持续发展理念融入企业产品设计、开发、生产、流通、促销等运营决策之中，使企业在整个产品生命周期中朝着低污染、低能耗、高资源利用率及高附加值的方向努力，通过提高产品在生产或使用过程中对环境的友好程度，满足消费者的绿色消费需求，获取绿色市场竞争优势，从而实现经济效益与环境效益有机统一的企业运营管理活动"[①]。

随着社会经济的发展，企业运营管理模式在经历了产品运营模式、质量运营模式、成本运营模式、服务运营模式几个阶段后，逐步进入了绿色运营模式阶段。所谓绿色运营模式就是指在实现经济社会可持续发展的前提下，整合企业内外部资源，形成一个完整、高效、具有核心竞争力的运行系统，并通过提供产品和服务在实现客户价值最大化的同时，使系统具有持续盈利能力的整体运营方案，具体如图3-1所示。

图3-1 绿色运营模式的定义

资料来源：曲峰庚，董宇鸿. 绿色运营战略 [M]. 北京：经济科学出版社，2012.

---

① 李会太."绿色"与绿色管理的概念界定 [J]. 生态经济，2007（4）：93-95.

　　绿色运营模式的核心原则为客户价值最大化、持续盈利、资源整合以及创新原则，主要涉及绿色设计、绿色采购、绿色制造、绿色营销、绿色消费、绿色物流和绿色回收中的部分业务，如图 3－2 所示。

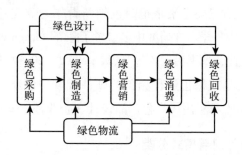

图 3－2　绿色运营模式涉及的环节及其相互关系

　　资料来源：曹东，吴晓波，周根贵. 制造企业绿色运营模式演化及政府作用分析 [J]. 科研管理，2013，34（1）：108－115.

3.1.2　绿色创新概述

3.1.2.1　绿色创新的定义

　　绿色创新（green innovation）也常被称为"可持续创新（sustainable innovation）""生态创新（eco－innovation）""环境创新（environmental innovation）"，国内学者也常采用"绿色研发""生态研发""低碳研发"等表述方式。尽管称谓不同，但这些表述方式均可用来描述那些既能创造价值又能减少负面环境影响的产品、流程或服务的开发过程。贝尔纳尔和卡默尔（Bernauer & Kammerer，2006）在分析环境规制对绿色创新影响的研究中，直接将绿色创新等同于环境创新和生态创新。希德里格等（Schiederig et al.，2012）通过文献计量等方式对四种定义进行对比，发现四种概念在很大程度上是同义的，可互换使用。毕克新等（2015）通过梳理相关文献指出，尤其是在经济管理等人文社科领域的国内学者，更倾向于使用绿色创新这一表述方式，而国外学者使用生态创新和环境创新者居多。

　　由于绿色创新是一个较为宽泛的概念，目前学术界尚未给出一个被大众广泛接受的统一定义。来自不同学科背景的学者们分别基于环境经济学、创新经济学、战略管理及产业组织等不同视角对绿色创新的概念进行了界定。张钢和张小军（2011）通过梳理、归纳国内外有关绿色创新的研究，指出目前关于绿色创新的定义主要可分为三类：第一类定义是把绿色创新看作旨在减少对环境不利影响的创新；第二类定义是把绿色创新看作引入环境绩效的创新；第三类定义是把绿色创新看作为顺应环境改善趋势的创新。综合来看，国内外学者在研究中多参考了陈等（Chen et al., 2006）对绿色创新的定义。因此，本书沿用陈等（Chen et al., 2006）的研究，将绿色创新定义为与绿色产品或绿色过程相关的硬件或软件创新，具体涉及防治污染、节能、废物回收与利用、绿色产品设计和企业环境管理技术等方面。

3.1.2.2　绿色创新模式分类

针对绿色创新模式的分类问题，国内外学者从不同视角和层面展开了研究。目前，常被采用的是基于企业创新实践视角，将绿色创新分为绿色产品创新、绿色过程创新以及绿色组织创新（Chen，2008；Triguero et al.，2013）。

绿色产品创新是指通过技术创新手段，使开发的产品在整个生命周期的过程中对环境的负面影响最小、资源利用率最高。绿色产品创新的环境影响源于其使用和处置，而不是生产。

绿色过程创新是指通过改善现有的生产工艺或流程，最大限度地减少有害材料的使用、有害气体与有害物质的排放、降低能源消耗及企业生产运营过程中对环境产生的负面影响。

绿色组织创新是指将绿色环保理念纳入企业组织形态和组织结构的设计当中，以实现组织对环境行为持续改进的目的。绿色组织创新能够保证企业制定或重新设计符合环境标准的内部流程，为企业实施绿色产品创新及绿色过程创新提供强有力的组织保证。

本书研究主要聚焦于供应链成员协同开展绿色产品创新与绿色过程创新两类实践活动。

3.1.3　绿色供应链管理概述

3.1.3.1　绿色供应链

绿色供应链（green supply chain，GSC）的概念最早由美国密歇根大学的研究制造协会在 1996 年进行的一项"环境负责制造（ERM）"的研究中首次提出，又称"环境供应链（environmentally supply chain，ESC）"或"环境意识供应链（environmentally conscious supply chain，ECSC）"，是一种以绿色制造理论和供应链管理技术为基础，涉及供应商、制造商、零售商和消费者，综合考虑环境影响和资源效率的现代管理模式（Handfield & Walton，1996）。汉菲尔德和尼科尔斯（Handfield & Nichols，1999）较为系统地对绿色供应链进行了定义，提出绿色供应链是以达到对环境影响最小、资源利用率最高为目的，包括从原材料到最终用户的，涉及商品、信息的流动及转移的所有相关活动。

　　我国学者于 2000 年逐渐开展关于绿色供应链的研究，对于绿色供应链的概念和内涵展开了不同角度的阐释（但斌和刘飞，2000；马祖军，2002；汪应洛等，2003；朱庆华，2003；王能民，2006）。其中，王能民（2006）提出，绿色供应链是指以资源最优配置、增进福利、实现与环境相容为目标，以代际公平和代内公平为原则，从资源开发到产品的消费过程中包括物料获取、加工、包装、仓储、运输、销售、使用到报废处理、回收等一系列活动的集合，是由供应商、制造商、销售商、零售商、消费者、环境、规制及文化等要素组成的系统，是物流、信息流、资金流、知识流等运动的集成。汪应洛等（2003）在参考有关供应链管理与可持续发展思想的基础上，建立了如图 3-3 所示的绿色供应链概念模型。该概念模型系统地反映了绿色供应链的结构、绿色供应链涵盖的活动内容以及绿色供应链各子系统之间的联系。

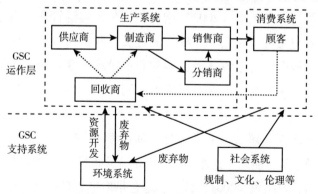

图 3-3　绿色供应链的概念模型

　　资料来源：汪应洛，王能民，孙林岩．绿色供应链管理的基本原理［J］．中国工程科学，2003，（11）：82-87.

3.1.3.2　绿色供应链管理

绿色供应链管理是对传统供应链管理的延伸。20世纪70年代，资源环境问题日益凸显，学者们开始提出在供应链管理中加入对环境因素的考量，但当时仅针对物流管理这一具体分支问题。1996年，随着美国密歇根州大学的研究制造协会正式提出"绿色供应链"这一概念，国内外学者围绕如何开展绿色供应链管理提出了自己的理解。

沃尔顿等（Walton et al.，1998）认为，绿色供应链管理就是将供应商加入到企业的环境战略中，其核心思想是将集成管理的思想应用到绿色供应链的领域中。兹西迪辛和西弗德（Zsidisin & Siferd，2001）提出绿色供应链管理是在环境可持续发展的基础上，在设计、采购、生产、分销、使用及回收再制造等业务流程中考虑环境因素，并在供应链成员间形成环保合作的伙伴关系，并强调绿色供应链不仅包括传统的生产活动，还包括与供应链相关的环境保护过程和绿色绩效评价过程。斯里瓦斯塔瓦（Srivastava，2007）在归纳、梳理已有研究的基础上，指出绿色供应链管理是将环境因素纳入供应链管理中，涉及原材料采购或生产、产品设计、生产过程、配送及废弃处理等环节。

国内学者方面，但斌和刘飞（2000）指出，绿色供应链管理更强调对产品整个生命周期的绿色运营和管理，并且在追求资源消耗和环境负向影响最小的同时，追求供应链运营成本最低，因此绿色供应链更具有系统性、实用性及集成性。马祖军（2002）指出，绿色供应链管理的概念及内涵仍在不断地发展与完善，尚无一个统一的定义，并指出绿色供应链管理是一种在整个供应链中综合考虑环境影响和资源效率的现代企业管理模式，它以供应链管理技术为基础，涉及供应商、制造商、零售商、物流商以及最终消费者等，其目标是使从原材料采购、产品生产、分销、仓储、运输、消费直至最终废弃处理的整个供应链管理过程中，对环境的负向影响尽可能小，资源效率尽可能高。此外，进一步提出了如图3-4所示的绿色供应链管理体系结构。朱庆华（2003）认为，绿色供应链管理是在供应链管理的过程中，强调环境影响，通过供应链成员间的技术合作与交流，不断提高产品在整个生命周期的综合效益，实现供应链与经济社会的协同、可持续发展。

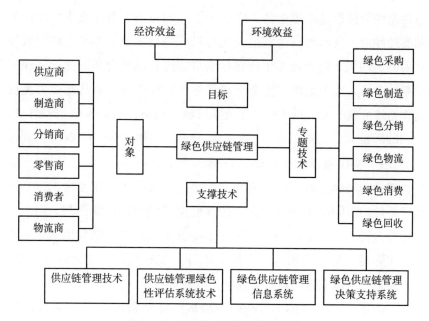

图 3 - 4 绿色供应链管理体系结构

资料来源：马祖军. 绿色供应链管理的集成特性和体系结构 [J]. 南开管理评论，2002，5 (6)：47 - 50.

基于上述分析，可以发现，虽然学者们对绿色供应链管理定义理解的侧重点不同，但基本上均体现了以下三个方面：（1）绿色供应链管理强调将环境因素纳入供应链管理的实践过程中；（2）绿色供应链管理强调供应链上下游成员的技术合作与交流，对供应链涉及的活动进行集成管理，使整条供应链在环境管理方面协调统一；（3）绿色供应链管理强调从产品设计至废弃回收全生命周期的环境管理。

3.2 ▶ 行为运作管理概述

3.2.1 行为运作管理的兴起与定义

运作管理是一个设计、管理和不断改善生产过程及其供应链，从而创造出具有竞争优势的产品或服务的管理过程。目前，关于运作管理的绝大多数规范性分析模型都建立在"完全理性"的经济人假定之上，即认为个体能够理性地、自利地以收益最大化为目标进行决策，并采用期望效用理论对不确定环境下的企业或供应链运营决策进行建模分析。然而，在实际运作系统中，人作为系统的重要组成部分，其行为偏好和认知能力无疑会对运作系统的执行及管理策略产生重要影响（Simon & Herbert，1950；Tversky & Kahneman，1974；Tversky & Kahneman，1986；Simon，2001；刘咏梅等，2011）。特沃斯基和卡尼曼（Tversky & Kahneman，1974，1986）基于认知心理学和实验心理学的研究成果，通过大量的实验研究指出，个体在不确定条件的实际决策严重偏离传统理性决策模型的预测结果。因此，基于"完全理性人"假定的研究成果并不能真实地反映复杂环境下企业或供应链的实际运营管理决策，只有从个体行为偏好和认知能力的角度出发，其研究成果才得以有效的指导实践（刘咏梅等，2011）。

吉诺和皮萨诺（Gino & Pisano，2008）首次明确提出行为运作管理（behavioral operations）这一概念。刘作仪和查勇（2009）将行为运作管理的概念引入国内，并提出了行为运作管理的定义与研究范式。参照吉诺和皮萨诺（Gino & Pisano，2008）的研究，刘作仪和查勇（2009）将行为运作管理定义为：行为运作管理是结合社会心理学和认知心理学的理论来研究运作管理的新方法，重点研究人的行为和认知对运作系统的设计、管理及改进产生影响的相关属性，并探讨这些属性与运作系统及进程间的相互作用。在行为运作管理研究主题下，学者们分别基于认知心理学与社会心理学，针对个人行为特征及组织行为特征两方面，运用实验研究、调查研究及数理建模等研究方法，通过构建模型或设计工具分析个体认知、社会规范与社会制度是如何影响系统运作、形成系统偏差，并探讨潜在可能的纠偏措施。

3.2.2 行为偏好特征

本节将针对本书所涉及的行为偏好特征进行简要地阐述与说明，具体为社会比较行为、风险态度以及失望规避行为。其中，社会比较行为属于社会心理学研究范畴，风险态度及失望规避行为属认知心理学研究范畴。

3.2.2.1　社会比较行为

社会比较（social comparison）的概念是由社会心理学家费斯廷格（Festinger，1954）率先提出的，又被称为"经典社会比较理论"，该理论指出个体存在一种评价自己观点和能力的内驱力，这种通过与周围他人进行比较而定义自身社会特征（地位、能力、智力等）的过程，即为社会比较。沙赫特和斯坦利（Schachter & Stanley，1951）在经典社会比较理论的基础上，进一步将社会比较的维度拓展到情绪领域，认为当个体处于一种新的、模糊的而又无法用生理、经验等线索判断自己的情绪状态时，可能会通过社会比较来评判自己的情绪。随着研究的不断深入，克鲁格兰斯基和梅斯莱斯（Kruglanski & Mayseless，1990）指出，社会比较的维度非常宽泛，与个体、自我相关的能力、地位、观念、成绩、状态等各方面均可作为社会比较的内容与维度。邢淑芬和俞国良（2005）指出，社会比较就是将自己的处境和地位（包括观点、能力等）与他人进行比较的过程。

根据社会比较的方向性，可将其分为上行比较、下行比较和平行比较，上行比较指个体选择与在某方面比自己表现优异的他人进行比较；下行比较指个体选择与在某方面不如自己或表现比自己差的他人进行比较；平行比较则指个体选择在某方面与自己相似或相近的人进行比较。个体在与不同参照群体产生人际互动时，可能会体验到上行比较、下行比较及平行比较不同的社会比较过程。布恩克等（Buunk et al.，1990）指出，无论是上行比较还是下行比较，均会令个体产生正向或负向的心理效应。具体而言，个体的社会比较行为可能产生两种社会比较效应，即对比效应或同化效应。对比效应是指个体在进行下行比较时会感受到优越感，从而为其带来积极的情感；而在进行上行比较时，会由于与参照对象间的差距而感到自卑，进而产生消极情感。与对比效应相反，个体在进行上行比较时会提高自我评价，而在下行比较时则会降低自我评价的社会比较效应被称作同化效应。需要说明的是，仅在某些特定情境下，个体的社会比较行为会产生同化效应，而对比效应则是明确存在的，且独立于个体与被比较者之间的关系（Wheeler & Miyake，1992）。

需要指明的是，本书考虑社会比较行为所带来的社会比较效应为较为普遍的对比效应。也就是说，社会比较作为人际互动过程中无法避免、广泛存在的一种行为偏好，会使个体不自觉地将自身的行为表现、能力及地位等与周围的同伴进行比较，且个体社会比较行为所产生的心理效用对最终产出结果具有重要的影响（Roels & Su，2013）。也就是说，个体在进行决策前，会充分考虑决策结果为其带来的社会比较效应，表现出优势寻求（ahead seeking）与劣势规避（behind averse）的心理行为特征。具体而言，受地位寻求或同伴压力的驱动，若个体在人际互动过程中发现自身行为表现、能力及地位等优于他人时，会获得正向的心理效用；反之，若发现自身行为表现、能力及地位等落后于他人时，则会感受负向的心理效用。

3.2.2.2　风险态度与度量

风险态度的概念最早应用于金融学领域，用来描述投资者投资行为对风险的喜恶程度，其后风险态度的概念逐渐应用于其他不同领域。从广义的角度上讲，风险强调的是结果的不确定性，也就是个体预期能够达到的目标与实际发生结果间的偏离程度。而个体对风险所表现出来的应对态度即为风险态度，即个体在无法掌控的不确定环境下所选择的一种心智状态。具体而言，个体面对风险时，可能呈现出三种风险态度：风险规避（risk aversion）、风险中性（risk neutral）与风险追逐（risk taking）（袁典，2016）。

风险规避型是指面对确定收益和与之期望收益相同的不确定收益时，决策者更倾向于避免可能发生的损失，选择确定收益。也就是说，风险规避型决策者会通过放弃可能获得的高收益来避免潜在的损失。

风险中性型是相对于风险规避和风险追逐的概念，指决策者在不确定环境下，既不会通过主动的追逐风险来追求高收益，也不会通过主动的规避风险来避免损失。风险中性型决策者的唯一决策准则就是期望收益最大化。

风险追逐型是指面对确定收益和与之期望收益相同的不确定收益时，决策者更倾向于追求可能获得的高收益，选择不确定收益。也就是说，风险追逐型决策者会为了潜在可获得的高收益去主动承担可能发生损失的风险。

基于传统金融学理论的研究认为，市场中所有的决策者都是理性的，他们对潜在的收益有理性的预期，并会尽可能的规避风险，决策者间的差异性主要体现在对风险规避程度的不同。为了更加直观地刻画决策者的风险规避程度，学者们提出并采用了各种风险度量方法。例如，方差（var - variance）（Markowitz，1952）、期望效用函数（utility function）（Agrawal & Seshadri，2000）、均值 - 方差（mean - variance）（Martfnez & Simchi，2006）以及风险价值法等（value at risk）（Acerbi，2001）。

　　需要指出的是，在上述风险度量工具中，期望效用函数是基于理性人在风险条件下的决策行为，而均值 - 方差则是对称地处理收益与损失。虽然 VaR 在金融领域研究中得到了广泛的应用，但 VaR 模型未满足齐次可加性条件，不是一致性风险度量准则且计算过程较为复杂。为此，洛克费拉和乌里亚瑟夫（Rockafellar & Uryasev，1999）提出了一致性风险度量准则——条件风险值（$CVaR$）。$CVaR$ 是基于 VaR 发展起来的，其度量了低于相应 VaR 水平的期望收益。相较于 VaR，$CVaR$ 满足二阶随机占优，具有单调性、正齐次性、次可加性以及平移不变性等，因此在金融领域外的其他领域中亦得到广泛的应用。具体而言，$CVaR$ 作为一致性的风险度量准则，其度量了低于分位数 η 的平均收益，即：

$$CVaR(\Pi(x,y)) = E(\Pi(x,y) \mid \Pi(x,y) \leqslant q_\eta(y))$$

$$-\frac{1}{\eta} \int_{\Pi(x,y) \leqslant q_\eta} \Pi(x,y) f(y) dy \qquad (3.1)$$

其中，$q_\eta(y) = \sup\{v \mid Pr(\pi(x,y) \leqslant v) \leqslant \eta\}$。

　　由于 $CVaR$ 只关注低于某一置信水平的利润分布情况，而忽略了高于该水平的情形，因而显得过于保守，常用于刻画决策者风险规避的行为特征。但部分决策者在实际决策中也常呈现出风险追逐的行为特征。杰莫纳格和基施卡（Jammernegg & Kischka，2007）综合考虑了报童问题中决策者的风险态度（风险规避、风险中性、风险追逐），同时关注了低于和高于分位数的平均收益，提出了混合 $CVaR$ 风险度量准则，通过权重因子 α' 刻画决策者不同的风险态度，具体定义如下：

$$CVaR_\eta^{mix}(\Pi) = \alpha' E(\Pi \mid \Pi \leqslant q_\eta) + (1 - \alpha') E(\Pi \mid \Pi \geqslant q_\eta)$$

$$= \alpha' CVaR_\eta^l(\Pi) + (1 - \alpha') CVaR_\eta^h(\Pi), \eta \in (0,1) \qquad (3.2)$$

3.2.2.3　失望规避

失望规避是由贝尔（Bell，1985）在失望理论中最先提出的，用来描述现实结果偏离预期结果时个体的心理感知状态。具体而言，当个体在不确定环境下进行决策时，会将可能获得的实际收益值与内心期望收益值进行比较，若可能获得的实际收益值低于内心期望收益值，个体会感到失望；反之，若可能获得的实际收益值高于内心期望收益值，个体则会感到欣喜。在决策过程中，个体会对这种潜在失望或欣喜有所预期，并且这种预期的心理感知会对决策产生重要影响。

为了描述个体失望规避的心理行为，贝尔（Bell，1985）在失望理论中提出了一个由价值函数和心理效用函数组成的效用函数。在贝尔（Bell，1985）研究的基础上，卢姆斯（Loomes，1988）进一步通过实验证明，个体在不确定环境下进行决策时会受到失望规避行为的影响。随后，吉尔和普劳斯（Gill & Prowse，2012）、茵曼等（Inman et al.，1997）、德尔基和亚历山德拉（Delquié & Alessandra，2006）等学者们在一定程度上对个体的失望规避行为及其效用函数进行了扩展研究。

需要指明的是，在决策者失望规避行为特征的刻画上，本书沿用贝尔（Bell，1985）在失望理论中提出的效用函数。具体而言，若某一决策会使决策者以 p 的概率获得收益 x，或以 $1-p$ 的概率获得收益 y。那么这一决策为具有失望规避行为偏好决策者带来的总效用为：

$$U = \begin{cases} x + e\{x - [xp + y(1-p)]\}, & p \\ y - d\{[xp + y(1-p)] - y\}, & 1-p \end{cases} \tag{3.3}$$

其中，e 表示决策者的欣喜感知系数；d 表示决策者的失望感知系数。对式（3.3）进行化简后，可进一步得到：

$$U = px + (1-p)y - kp(1-p)(x-y) \tag{3.4}$$

这里，$k = d - e > 0$ 为决策者的失望规避系数，用来描述决策者对于负偏差引起失望的感知往往大于等量正偏差而产生欣喜的失望规避行为。

3.3 ▶ 博弈论与求解技术

3.3.1　博弈论

博弈论（game theory）又被称为对策论，是指研究多个个体或团队之间如何利用相关方的策略，选择或调整自身对应策略的学科，是在具有斗争性或竞争性的互动局势下，研究人们策略行为的数学理论和方法。博弈论属于现代数学的一个分支，也是运筹学的重要组成部分，并在经济学、军事战略、国家关系、生物学、计算机科学等其他领域中得到了广泛的应用。1944 年，冯 – 诺依曼和摩根斯特恩（Von Neumann & Morgenstern，1944）共同著作的 *Theory of Games and Economic Behavior* 将博弈论系统应用于经济领域，奠定了在经济学及其社会科学中应用博弈论的基础。

一个完整的博弈需要由参与人（player）、策略（strategy）、支付（pay-off）、信息（information）及均衡（equilibrium）五个方面的内容组成。具体地，在一个博弈中有 i 个参与人，令 s_i 表示参与人 i 所选择的策略，$S_i = \{s_i\}$ 则为参与人 i 所有可选择策略的集合，也称为参与人 i 的策略空间。若一个由 n 个参与人参与的博弈，当每个参与人均在完全信息或非完全信息条件下，同时或先后进行了策略选择，则可得到一组关于此博弈的策略组合 $S = \{s_1, s_2, s_3, \cdots, s_i, s_{i+1}, \cdots, s_n\}$，并且每个参与人获得相应的支付 $u_1, u_2, u_3, u_i, \cdots, u_n$。需要注意的是，参与人 i 在博弈中获得的支付 u_i 不仅与自身的策略选择 s_i 密切相关，同样也依赖于博弈中其他参与人 $-i$ 的策略选择 s_{-i}。即 u_i 是一个关于所有参与人策略选择的函数 $u_i = u_i(s_1, s_2, \cdots, s_i, \cdots, s_n)$。在所有的策略组合中，存在一个或多个特殊的策略组合可使博弈达到均衡状态。所谓均衡状态就是指，博弈中任意一个参与人单方面地改变自身策略选择均不能提高其支付水平，这个使博弈达到均衡状态的策略组合可表示为 $S^* = \{s_1^*, s_2^*, s_3^*, \cdots, s_i^*, s_{i+1}^*, \cdots, s_n^*\}$，且总是有：

$$u_i(s_1^*, s_2^*, \cdots, s_i^*, \cdots, s_n^*) \geq u_i(s_1^*, s_2^*, \cdots, s_i, \cdots, s_n^*) \tag{3.5}$$

也就是说，参与人 i 选择策略 s_i^* 可为其带来最高的支付水平 u_i^*，即 s_i^*

为参与人 i 的最优策略选择。

依据不同标准，博弈有多种分类方式。例如，依据博弈各方参与人是否达成具有约束力的合作协议，博弈可分为合作博弈与非合作博弈；依据参与人行动的先后顺序，博弈可分为静态博弈与动态博弈；依据参与人对相关方的信息获得程度，可分为完全信息博弈与不完全信息博弈。本书主要运用两种动态博弈模型：斯塔克尔伯格博弈与微分博弈研究考虑行为因素的企业绿色运营与供应链协同绿色创新决策问题。

3.3.1.1 斯塔克尔伯格博弈模型

斯塔克尔伯格博弈（stackelberg game）是由德国经济学家赫尔曼·冯·斯塔克尔伯格（H. Von Stackelberg）提出的一种反映企业间行动次序的产量领导模型。具体地，斯塔克尔伯格博弈的参与人为两个市场地位不对称的生产企业，在双方进行产量决策时，具有市场优势的企业率先进行决策，通常称率先进行决策的企业为博弈的领导者（leader）；随后，处于相对弱势的企业观察到领导者的产量决策后，进行自身产量决策，通常称为追随者（follower）。需要注意的是，斯塔克尔伯格博弈是一个完全信息博弈，领导者在进行产量决策时，充分了解追随者对此的反应函数，即博弈的领导者会预期到自身决策会如何影响追随者的决策。因此，斯塔克尔伯格博弈的基本思想就是博弈双方均是根据对方可能选择的策略来选择自己的策略，从而保证在对方选择的策略下实现自身利益最大化。

Stackelberg 博弈是一个两阶段的完全信息动态博弈，一般通过逆向归纳法（backward induction）对其进行求解。具体地，假设在一个 Stackelberg 博弈中，领导企业率先进行产量决策 q_1；追随者在观察到 q_1 后，进行自身产量决策 q_2；两企业的收益分别为 $u_1(q_1, q_2)$、$u_2(q_1, q_2)$，运用逆向归纳法求解上述 Stackelberg 博弈的过程步骤如下所示。

（1）首先考虑追随者面临的决策问题，即如何在已知 q_1 的情形下，以最大化自身收益为决策准则，选择自身产量 q_2，即 $\underset{q_2}{\mathrm{Max}}\, u_2(q_1, q_2)$。若追随者的最优化问题存在唯一最优解，则此最优解则为追随者关于领导者决策的最优反应函数，用 $q_2 = R_2(q_1)$ 表示。

（2）领导者进行决策时，能够预期到追随者对其每个决策的反应，并基于追随者的最优反应函数 $R_2(q_1)$ 进行产量决策 q_1，即 $\underset{q_1}{\mathrm{Max}}\,u_1(q_1,R(q_1))$。此时，若领导者的最优化问题存在唯一最优解 q_1^*，则 q_1^* 即为领导者最优均衡策略。

（3）将领导者的最优均衡策略 q_1^* 代入追随者的最优反应函数中 $q_2 = R_2(q_1)$，即可得到追随者的最优均衡策略 $q_2^* = R_2(q_1^*)$。至此，可求得博弈的最优均衡策略为 (q_1^*, q_2^*)。

3.3.1.2　微分博弈模型

微分博弈（differential game）又称为微分对策，是基于运筹学和最优控制理论，用于解决双方或多方参与者在连续时间内进行的竞争、对抗或合作问题的一种数学工具，从而使各方参与者获得随时间演变的均衡策略。微分博弈同斯塔克尔伯格博弈一样属于动态博弈。不同的是，斯塔克尔伯格博弈为有限策略的离散型动态博弈，而微分博弈则属于无限策略的连续动态博弈。下面给出微分博弈的定义：若离散型动态博弈每个阶段的时差均收缩至最小时限，那么博弈便成为一个具有连续时间的动态博弈，一个具有连续时间的无限动态博弈即为微分博弈。

一般地，在一个 n 人的微分博弈 $\Gamma(x_0, T-t_0)$ 中，其中，x_0 为博弈的初始状态，t_0 为博弈的起始时间，T 为博弈的结束时间，每个参与者 $i \in N = \{1,2,3,\cdots,n\}$ 在 t 时刻选择的策略为 $s_i(t)$，那么参与者 i 的目标函数或支付函数可表示为：

$$\underset{s_i}{\mathrm{Max}} \int_{t_0}^{T} G_i[t,x(t),s_1(t),s_2(t),\cdots,s_n(t)]dt + Q_i[x(T)] \qquad (3.6)$$

其中，$x(t)$ 为状态变量，$s_i(t) \in \{s_1(t),s_2(t),\cdots,s_n(t)\}$ 为控制变量，亦为各参与者在 t 时刻所选择的策略，$G_i[t,x(t),s_1(t),s_2(t),\cdots,s_n(t)]$ 为参与者 i 在 t 时刻的支付水平，$\int_{t_0}^{T} G_i[t,x(t),s_1(t),s_2(t),\cdots,s_n(t)]dt$ 为参与者 i 的积分型性能指标，$Q_i[x(T)]$ 为参与者 i 的终值型性能指标。

与其他博弈一样，微分博弈也可分为合作微分博弈与非合作微分博弈，以下定义非合作博弈的均衡策略。对于 n 个参与者的非合作微分博弈，若以 $S_{-i}^*(t) = \{s_1^*(t),s_2^*(t),\cdots,s_i(t),\cdots,s_n^*(t)\}$ 表示除参与者 i 外，其他参与者均选择最优策略的策略组合，那么对于任意 $s_i(t)$，总是满足：

$$\int_{t_0}^{T} G_i[t,x(t),S^*(t)]dt + Q_i[x(T)] \geqslant \int_{t_0}^{T} G_i[t,x(t),S^*_{-i}(t)]dt + Q_i[x(T)]$$

$$(3.7)$$

这里，策略集合 $S^*(t) = \{s_1^*(t), s_2^*(t), \cdots, s_i^*(t), \cdots, s_n^*(t)\}$ 即称为此微分博弈的最优均衡策略。

3.3.2　动态规划技术

事实上，通过构建微分博弈模型描述实际经济管理问题的主要目的是寻找能够使系统实现最优化的均衡策略。目前，求解微分博弈的主要方法有动态规划技术、最优控制技术、随机控制技术等。以下简要介绍本书求解微分博弈问题所运用的技术方法——动态规划技术。

动态规划技术是由美国数学家理查德－贝尔（Richard Bell）在研究多阶段决策优化问题时提出的一种全新的技术方法，主要是通过将多阶段问题转成一系列的单阶段问题，并利用各阶段间的关系逐一进行求解。动态规划技术主要是通过构建非线性偏微分方程，即汉密尔顿－雅克比－贝尔曼方程（Hamilton－Jacobi－Bellman，HJB）来求解动态优化问题的。以下简要阐述如何运用动态规划技术解决动态最优化问题。考虑一个单阶段动态优化问题：

$$\underset{s_i}{\text{Max}} \int_{t_0}^{T} e^{-rt} G[t,x(t),s(t)]dt + Q[x(T)]$$

$$\dot{x}(t) = f[t,x(t),s(t)] \qquad (3.8)$$

其中，$x(t)$ 为状态变量，$\dot{x}(t)$ 为状态方程，即 $x(t)$ 的动态变化趋势；$s(t)$ 为决策者的决策变量，即控制变量；$G[t,x(t),s(t)]$ 为决策者的收益函数；r 表示时间折扣因子。具体求解步骤如下：

步骤 1：针对上述动态优化问题，构建汉密尔顿－雅克比－贝尔曼方程（Hamilton－Jacobi－Bellman，HJB）。若存在一个连续且可微的函数 $V(t,x)$ 满足：

$$-V'[t,x(t)] = \text{Max}\{e^{-rt}G[t,x(t),s(t)] + V'[t,x(t)]f[t,x(t),s(t)]\}$$

$$(3.9)$$

其边界条件为 $V(T,x) = Q[x(T)]$，上述方程即为 HJB 方程。那么，$V[t,x(t)]$ 则表示决策者在时间段 $[t,T]$ 内的累积收益现值，称为价值函数，具体表达式为：

$$V[t,x(t)] = \int_{t_0}^{T} e^{-rt}G[t,x(t),s(t)]dt \qquad (3.10)$$

步骤 2：针对所构建的 HJB 方程，求关于决策变量的一阶最优条件，并得到唯一最优解 $s^*(t,x) = \phi(t,x)$，即：

$$\phi(t,x) = \text{Arg}\,\underset{s(t)}{\text{Max}}\{e^{-rt}G[t,x(t),s(t)] + V'[t,x(t)]f[t,x(t),s(t)]\}$$

$$(3.11)$$

步骤 3：将步骤 2 得到的 $s^*(t,x) = \phi(t,x)$ 代入 HJB 方程中，并分析价值函数 $V[t,x(t)]$ 的具体表达形式。一般地，在微分博弈问题中，$V[t,x(t)]$ 通常是关于 $x(t)$ 的一次或二次函数，例如 $V[t,x(t)] = A(t)x(t) + B(t)x(t)$，$V[t,x(t)] = A(t)x^2(t) + B(t)x(t) + C(x)$ 等形式。再进一步推测 $s^*(t,x) = \phi(t,x)$ 的具体形式。

步骤 4：将 $s^*(t,x) = \phi(t,x)$ 及 $V[t,x(t)]$ 的具体形式代入 HJB 方程中，整理方程并对比方程两边的系数，最终得到该动态优化问题的最优策略。

现实中，许多随时间或空间变化而变化的经济管理问题，例如，证券投资、资源开采、广告投入、技术研发及库存等问题均可以通过构建 HJB 方程的方法进行求解。

3.3.3　最优化问题与 KKT 条件

无论是实际生活中的决策问题还是各种工程、生产管理等社会经济中的决策问题，人们总是希望在有限的资源条件下，用尽可能小的代价，最大化其自身收益，这种问题常常称为最优化问题。转化为数学语言，最优化问题就是研究目标函数在给定约束条件下的最大值（最小值）的数学问题，其基本形式如下：

$$\text{Max } f(x) \text{ 或 Min } f(x)$$
$$\text{s. t.} \quad g_i(x) < 0, i = 1, 2, \cdots, n,$$
$$h_j(x) = 0, j = 1, 2, \cdots, m,$$
$$x \in \Omega \subset R^n$$

其中，$f(x)$ 为目标函数；$g_i(x) < 0, i = 1, 2, \cdots, n$ 为不等式的约束条件；$h_j(x) < 0, i = 1, 2, \cdots, m$ 为等式约束条件。

根据约束条件的类型，最优化问题可能存在三种情况：无约束条件、等式约束条件及不等式约束条件。无约束条件的最优化问题是其中最为简单的一种情况，具体可通过求目标函数关于变量的一阶及二阶导数，并根据海塞矩阵及最优化一阶条件得到其最优解；对于等式约束条件的最优化问题，通常采用消元法或拉格朗日法进行求解；而对于解决不等式约束条件的最优化问题，通常采用库恩－塔克（karush kuhn tucker，KKT）条件。由于 KKT 条件是对拉格朗日法的一种泛化，以下仅针对 KKT 条件进行简要阐述。

库恩－塔克（KKT）条件是在满足一定约束条件下，一个非线性规划问题存在最优解的充分必要条件，是一个广义化拉格朗日乘子法的求解方法。具体地，考虑一个不等式约束优化问题：

$$\text{Min } f(x)$$
$$\text{s. t.} \quad g_i(x) < 0, i = 1, 2, \cdots, n$$
$$h_j(x) = 0, j = 1, 2, \cdots, m$$

首先，定义不等式约束下的拉格朗日函数 $L(x, \lambda, \mu)$

$$L(x, \lambda, \mu) = f(x) + \sum_{i=1}^{n} \mu_i g_i(x) + \sum_{j=1}^{m} \lambda_j h_j(x) \qquad (3.12)$$

其中，$f(x)$ 为原目标函数；$g_i(x)$ 为第 i 个不等式约束，μ_i 为其对应的约束系数；$h_j(x)$ 为第 j 个等式约束；λ_j 为其对应的约束系数。

若要求解上述最优化问题，必须满足下述条件：

$$\left. \frac{\partial L(x, \lambda, \mu)}{\partial x} \right|_{x=x^*} = 0 \qquad (3.13)$$

$$\lambda_j \neq 0 \qquad (3.14)$$

$$\mu_i \geq 0 \qquad (3.15)$$

$$\mu_i g_i(x^*) = 0 \qquad\qquad (3.16)$$

$$h_j(x^*) = 0 \qquad\qquad (3.17)$$

$$g_i(x^*) \leqslant 0 \qquad\qquad (3.18)$$

上述条件就是 KKT 条件，其中式（3.13）是取拉格朗日函数极值的一个必要条件；式（3.14）是对拉格朗日系数的约束条件；式（3.15）是对不等式系数的约束条件；式（3.16）是互补松弛条件；式（3.17）、式（3.18）是原约束条件。对于一般问题而言，KKT 条件是求解最优解的必要条件，当原问题是凸优化问题的时候，KKT 条件也是充分条件。

3.4 ▶ 本章小结

　　本章对考虑行为因素的企业运营与供应链协同绿色创新决策问题的相关概念、方法与理论基础进行了阐述。首先，阐述绿色运营管理、绿色创新、绿色供应链管理的概念与理论基础；其次，简要介绍行为运作管理的兴起与定义，并对本书所涉及的行为因素的概念及刻画方式进行系统地描述；最后，介绍本书所涉及的斯塔克尔伯格博弈与微分博弈相关概念，并对动态规划、最优化理论与 KKT 条件等求解技术及方法进行概述。本章总结的相关概念、理论与方法为深入研究考虑行为因素的企业运营与供应链协同绿色创新决策问题提供了必要的理论基础及方法支撑。

第4章

考虑消费者社会比较
行为的绿色产品市场
进入与定价决策问题

消费者作为市场的终端，其行为偏好将直接影响市场中产品的实际销量，是企业制订生产经营计划时需要考虑的重要因素。因此，在分析消费者行为偏好的基础上，充分挖掘消费者行为偏好对产品市场需求的影响，有针对性地制定经营策略是企业获取利润的重要途径。近年来，随着消费者环境意识的提升，逐渐形成了"绿色消费"的社会风尚。面对愈发普遍的绿色消费行为以及绿色产品广阔的市场前景，各制造企业纷纷考虑实施绿色运营策略、推出绿色产品以期在激烈的市场竞争中占据一席之地。然而，由于普通产品与绿色产品间的相互替代性，使绿色产品市场进入不可避免地蚕食普通产品的市场份额。在此背景下，明晰绿色产品进入市场的边界条件并针对两类产品制定合理的价格成为制造商面临的重要问题。

目前，针对绿色产品生产及定价决策问题的研究，多将产品绿色度水平以及消费者绿色偏好看作是影响市场需求的主要因素。然而，由于绿色产品的亲社会属性赋予其独特的"象征性"价值，购买绿色产品在一定程度上代表着个体有意愿且有能力对环境及社会负责，能够在一定程度上展示消费者素质、品位及社会地位，是消费者展示自身态度、获取社会认同与尊重、提升社会声誉的重要手段（Roland Bénabou，2006；周培勤，2012；Sexton & Sexton，2014）。而人与生俱来的社会属性使其具有一定的社会比较行为倾向，使消费者在人际互动过程中会不自觉地将自身购买行为与他人购买行为进行比较，并由此产生正向或负向的心理效用。这意味着，除产品特性、产品价格及消费者绿色偏好外，消费者的社会比较行为同样对其最终购买决策具有重要的影响。

通过对关于绿色消费影响因素以及绿色产品生产及定价决策问题的相关研究成果进行回顾，可以发现：（1）已有针对绿色产品生产及定价决策问题的研究，大多仅考虑了消费者绿色偏好、产品绿色度水平等内在动机及外在动机，而忽略了消费者社会动机对绿色产品市场需求的影响；（2）消费者的社会比较行为是其购买绿色产品的主要社会动机，对绿色产品的市场需求具有显著影响；（3）极少有文献考虑消费者的社会比较行为，并探讨其对绿色产品市场进入及企业定价决策的影响。

基于以往文献对消费者社会比较行为的刻画方式以及绿色消费效用函数的构建方法，并进一步针对现有相关研究的局限性，本章综合考虑影响消费者购买行为的内在动机、外在动机与社会动机，构建了消费者购买普通产品与绿色产品的效用函数，并以此为基础分别在垄断市场和竞争市场下，针对考虑消费者社会比较行为的绿色产品市场进入与定价决策问题展开研究。

4.1 ▶ 问题描述、符号定义和基本假设

4.1.1　问题描述

面对一个由两类消费群体：传统消费者（traditional consumer）和绿色消费者（green consumer）共同组成的消费市场，制造企业计划在生产普通产品（brown product）的基础上，向市场提供对环境更加友好的绿色产品（green product）。在消费者市场中，传统消费者只关注产品的性价比，而绿色消费者除关注产品性价比外，同样关注产品对环境的友好程度。此外，由于绿色产品所具有的亲社会属性，无论传统消费者还是绿色消费者均会将购买绿色产品作为表达自身价值观、获取社会认同、展现社会地位的重要途径。因此，消费者在进行购买决策时，会充分考虑当下消费行为在未来人际互动过程中为其带来的社会地位效用。具体而言，在倡导绿色消费的浪潮下，受根植于内心的社会比较倾向的影响，消费者会不自觉地对比自身消费行为与他人消费行为对环境带来的负面影响，当消费者发现自身

消费行为对环境的损害程度小于他人时，会获得一种优越感并感知相应的正向效用，反之，则会感到挫败并感知相应的负向效用。因此，制造商在制定绿色运营策略时，应充分探究消费者社会比较行为对两类产品潜在市场需求的影响，明晰绿色产品市场进入的边界条件，并针对两类产品制定相应的定价策略。

基于上述问题，本章主要就如下内容展开讨论：（1）如何捕捉并刻画消费者的社会比较行为；如何针对不同类型的消费者构建考虑消费者社会比较行为的消费者效用函数？（2）如何分析不同类型消费者的购买决策，并构建不同类型产品的市场需求函数？（3）针对消费者表现出的社会比较行为，如何分别在垄断市场及竞争市场下构建绿色产品市场进入与定价决策模型？（4）针对消费者表现出的社会比较行为，垄断市场下的制造商向市场提供绿色产品的边界条件是什么，制造商应选择何种定价策略？（5）针对消费者表现出的社会比较行为，竞争市场下，传统制造商能否遏制绿色制造商进入市场，其边界条件是什么？（6）针对消费者表现出的社会比较行为，竞争市场下，若绿色产品得以进入市场，传统制造商及绿色制造商应如何选择最优定价策略？（7）消费者社会比较程度对制造商定价决策有何影响？（8）在消费者存在社会比较行为的情形下，向市场提供绿色产品是否总是对环境具有正向影响？

4.1.2　符号定义

为解决上述问题，首先对本章所涉及数学符号的定义作详细说明，具体如表4-1所示。

表4-1　　　　　　　　　　　　符号说明

决策变量	定义
p_b^M	垄断市场下，普通产品的销售价格
p_g^M	垄断市场下，绿色产品的销售价格
p_b^C	竞争市场下，普通产品的销售价格
p_g^C	竞争市场下，绿色产品的销售价格

续表

参数	定义
v_i	消费者对产品功能属性的支付意愿，$v_i \sim U[0,1]$，$i \in \{t, g\}$
λ	消费者社会比较行为的程度，$0 \leq \lambda \leq 1$
α	绿色消费者对绿色产品的溢价水平，$\alpha > 0$
β	绿色消费者在整个市场中所占的比例，$0 \leq \beta \leq 1$
c	制造商生产单位绿色产品所支付的额外成本，$c > 0$
τ	绿色产品在生命周期内对环境的损害程度，$0 < \tau < 1$
$\kappa, \upsilon, \vartheta$	拉格朗日乘子

函数	定义
$P(\cdot)$	消费者产生人际互动的概率函数。特别地，与不购买产品的传统消费者产生人际互动的概率函数为 $P(n_t)$、与购买普通产品的传统消费者产生人际互动的概率函数为 $P(b_t)$、与购买绿色产品的传统消费者产生人际互动的概率函数为 $P(g_t)$；与不购买产品的绿色消费者产生人际互动的概率函数为 $P(n_g)$、与购买普通产品的绿色消费者产生人际互动的概率函数为 $P(b_g)$、与购买绿色产品的绿色消费者产生人际互动的概率函数为 $P(g_g)$
U	消费者效用函数。特别地，传统消费者不购买产品时的效用函数为 U_{tn}、购买普通产品时的效用函数为 U_{tb}、购买绿色产品时的效用函数为 U_{tb}；绿色消费者不购买产品时的效用函数为 U_{gn}、购买普通产品时的效用函数为 U_{gb}、购买绿色产品时的效用函数为 U_{gg}
D_b	普通产品的总销售量，具体为普通产品在传统消费者群体中的销售量 D_{tb} 与普通产品在绿色消费者群体中的销售量 D_{gb} 之和。特别地，垄断市场下，普通产品总销量为 D_b^M；竞争市场下，普通产品总销量为 D_b^C
D_g	绿色产品的总销售量，具体为绿色产品在传统消费者群体中的销售量 D_{tg} 与绿色产品在绿色消费者群体中的销售量 D_{gg} 之和。特别地，垄断市场下，绿色产品总销量为 D_g^M；竞争市场下，绿色产品总销量为 D_g^C
D^B	基准模型下，制造商的市场总销售量
D^M	垄断市场下，制造商的市场总销售量，具体为 D_b^M 与 D_g^M 之和
v_{t1}	传统消费者不购买产品与购买普通产品的效用无差别点
v_{t2}	传统消费者购买普通产品与购买绿色产品的效用无差别点
v_{g1}	绿色消费者不购买产品与购买普通产品的效用无差别点
v_{g2}	绿色消费者购买普通产品与购买绿色产品的效用无差别点

函数	定义
Θ	消费者的支付意愿区间。特别地，传统消费者购买普通产品的支付意愿区间为 Θ_{tb}、购买绿色产品的支付意愿区间为 Θ_{tg}、不购买产品的支付意愿区间为 Θ_{tn}；绿色消费者购买普通产品的支付意愿区间为 Θ_{gb}、购买绿色产品的支付意愿区间为 Θ_{gg}、不购买产品的支付意愿区间为 Θ_{gn}
Π^B	基准模型下，制造商的利润函数
Π^M	垄断市场下，制造商的利润函数
Π_b^C	竞争市场下，传统制造商的利润函数
Π_g^C	竞争市场下，绿色制造商的利润函数
EI^B	基准模型下，生产运营活动对环境的总影响程度
EI^M	垄断市场下，生产运营活动对环境的总影响程度
EI^C	竞争市场下，生产运营活动对环境的总影响程度

最优值	定义
p_b^{B*}	基准模型下，普通产品最优销售价格
p_b^{M*}	垄断市场下，普通产品最优销售价格
p_g^{M*}	垄断市场下，绿色产品最优销售价格
p_b^{C*}	竞争市场下，普通产品最优销售价格
p_g^{C*}	竞争市场下，绿色产品最优销售价格
D^{B*}	基准模型下，产品最优总销售量
D_b^{M*}	垄断市场下，普通产品最优总销售量
D_g^{M*}	垄断市场下，绿色产品最优总销售量
D^{M*}	垄断市场下，制造商产品最优总销售量，具体为 D_b^{M*} 与 D_g^{M*} 之和
D_b^{C*}	竞争市场下，普通产品最优总销售量
D_g^{C*}	竞争市场下，绿色产品最优总销售量
Π^{B*}	基准模型下，制造商最优利润函数
Π^{M*}	垄断市场下，制造商最优利润函数
Π_b^{C*}	竞争市场下，传统制造商最优利润函数
Π_g^{C*}	竞争市场下，绿色制造商最优利润函数

4.1.3 基本假设

（1）假设由传统消费者与绿色消费者共同组成的消费市场的潜在需求

为 1，其中绿色消费者所占比例为 $\beta(0 \leqslant \beta \leqslant 1)$。

（2）假设单位普通产品在整个生命周期过程中对环境带来的损害程度为 1，制造商可通过绿色创新等技术手段向市场提供生命周期内对环境损害程度为 $\tau(0 \leqslant \tau < 1)$ 的绿色产品，其中 $1 - \tau$ 可看作相较于普通产品，绿色产品对环境的友好程度。

（3）消费者对产品功能属性的支付意愿为 $v_i, i \in \{t, g\}$，由于各消费者对产品功能性需求的迫切程度不同，借鉴已有多数研究的处理方法，假设 v_i 在 $[0,1]$ 上服从均匀分布。

（4）借鉴伊耶尔和苏伯曼（Iyer & Soberman，2016）对人际互动过程的处理方式，假设消费者在消费市场中会随机且等概率地与其他消费者相遇并产生互动行为。

（5）考虑到相较于普通产品，绿色产品的研发过程及生产工艺相对复杂，假设 c 为制造商生产单位绿色产品所需支付的额外成本。为便于技术处理且不失一般性，将普通产品的单位生产成本简化为 0，此时，绿色产品的单位生产成本为 c。

（6）市场中的所有信息均为共同知识，即消费者及制造商在完全信息条件下进行各自决策。

4.2 垄断市场下考虑消费者社会比较行为的绿色产品市场进入与定价决策

在垄断市场下，若制造商同时生产普通产品与绿色产品，那么两产品间的相互替代性易引发竞食效应（cannibalization effect）。因此，制造商是否选择通过开发绿色产品来争取绿色产品市场份额、如何进行产品定价实现有效的市场区隔决策问题成为亟待解决的现实问题。为此，本节主要在垄断市场下，构建考虑社会比较行为的绿色产品市场进入与定价决策模型，明晰绿色产品市场进入的边界条件，分析消费者社会比较行为对制造商定价决策及市场均衡结果的影响，并进一步探讨绿色产品市场进入对环境的影响。

4.2.1　消费者效用函数的构建

面对市场中存在的普通产品和绿色产品，消费者会对产品特性、价格以及购买产品所带来的附加效用进行综合考量，并以总效用最大化作为其购买决策的准则。在社会比较情境下，消费者总效用函数主要包括两部分：消费效用（consumption utility）和社会地位效用（status utility）。

1. 消费效用

消费效用主要指购买产品后的消费者剩余所带来的效用，具体为消费者对产品的支付意愿与产品价格间的差值。由于消费者的异质性，相同产品为不同消费者所带来的消费效用并不相同。如前文所述，市场中存在两类消费者：传统消费者和绿色消费者。当同时面对普通产品和绿色产品时，传统消费者仅关注产品的性能和价格，并不在意产品的环保属性。故传统消费者购买普通产品及购买绿色产品所获得的消费效用为 $v_t - p_j$，$j \in \{b,g\}$。而绿色消费者在关注产品性能及价格的同时，还关注产品对环境的友好程度，并愿意为绿色产品支付一定的溢价。因此，绿色消费者购买普通产品所获得的消费效用为 $v_g - p_b$；而购买绿色产品所获得的消费效用为 $(1 + \alpha)v_g - p_g$，其中 α 为绿色消费者对绿色产品的溢价水平。此外，若消费者选择不购买任何产品，则其所获得的消费效用为 0。

2. 社会地位效用

在倡导绿色消费的大背景下，受社会比较倾向的驱使，个体在人际互动过程中，会不自觉地比较自身消费行为与他人消费行为对环境带来的不利影响，由比较结果感知到的心理效用被称为社会地位效用。社会地位效用的大小主要取决于三个方面：（1）与其他选择不同消费行为的消费者产生人际互动的概率；（2）人际互动时，自身消费行为与他人消费行为对环境损害程度间差异的大小；（3）消费者自身社会比较程度的高低。

为明确问题且不失一般性，首先考虑制造商同时向市场提供普通产品与绿色产品的情形。面对市场中存在的普通产品与绿色产品，消费者可能发生三种消费行为：不购买产品、购买普通产品及购买绿色产品。假设 v_{i1}，

$i \in \{t,g\}$ 为 i 类消费者不购买产品与购买普通产品的效用无差别点；v_{i2}, $i \in \{t,g\}$ 为 i 类消费者购买普通产品与购买绿色产品的效用无差别点。根据阈值购买策略（threshold purchasing policy）可知，支付意愿 $v_i \in [0,v_{i1}]$ 的消费者选择不进行购买产品；支付意愿 $v_i \in [v_{i1},v_{i2}]$ 的消费者会选择购买普通产品；支付意愿 $v_i \in [v_{i2},1]$ 的消费者会选择购买绿色产品。借鉴伊耶尔和苏伯曼（Iyer & Soberman, 2016）对随机人际互动过程的描述可知，在社会人际互动的过程中，任意消费者与不购买产品的传统消费者产生互动的概率为 $P(n_t) = (1-\beta)v_{t1}$、与购买普通产品的传统消费者产生互动的概率为 $P(b_t) = (1-\beta)(v_{t2}-v_{t1})$、与购买绿色产品的传统消费者产生互动的概率为 $P(g_t) = (1-\beta)(1-v_{t2})$。同理，在社会人际互动的过程中，任意消费者与不购买产品的绿色消费者产生互动的概率为 $P(n_g) = \beta v_{g1}$；与购买普通产品的绿色消费者产生互动的概率为 $P(b_g) = \beta(v_{g2}-v_{g1})$；与购买绿色产品的绿色消费者产生互动的概率为 $P(g_g) = \beta(1-v_{g2})$。

同时，在人际互动过程中，消费者会将自身消费行为与他人消费行为对环境损害程度进行比较。相较于他人而言，若发现自身消费行为对环境损害程度较小时，则会产生优越感并获得正向的社会地位效用；反之，若发现自身消费行为对环境带来较大的损害时，则会因感到落后于他人而遭受负向的社会地位效用。具体而言，当购买普通产品的消费者（消费行为对环境的损害程度为 1）与不购买任何产品的消费者（消费行为对环境的损害程度为 0）产生人际互动时，则会遭受 $-\lambda \times (1-0)$ 的社会地位效用；而与购买绿色产品消费者（消费行为对环境的损害程度为 τ）产生人际互动时，则会遭到 $-\lambda \times (1-\tau)$ 的社会地位效用。同理，购买绿色产品的消费者与不购买任何产品的消费者、与购买普通产品的消费者产生人际互动所遭受或获得的社会地位效用分别为 $-\lambda \times \tau$ 和 $\lambda \times (1-\tau)$；不购买产品的消费者与购买普通产品的消费者、购买绿色产品的消费者产生人际互动时所获得的社会地位效用分别为 $\lambda \times 1$ 和 $\lambda \times \tau$。

综合消费效用与社会地位效用，表 4-2 给出了 $i(i \in \{t,g\})$ 类消费者购买普通产品、绿色产品或不购买产品所获得的总效用函数 $U_{ij}(i \in \{t,g\}, j \in \{b,g,n\})$。

表4-2   消费者总效用函数

类别	传统消费者	绿色消费者
不购买产品	$U_{tn} = \lambda[P(b_t) + P(b_g)] + \lambda\tau[P(g_t) + P(g_g)]$	$U_{gn} = \lambda[P(b_t) + P(b_g)] + \lambda\tau[P(g_t) + P(g_g)]$
购买普通产品	$U_{tb} = v_t - p_b - \lambda[P(n_t) + P(n_g)] - \lambda(1-\tau)[P(g_t) + P(g_g)]$	$U_{gb} = v_g - p_b - \lambda[P(n_t) + P(n_g)] - \lambda(1-\tau)[P(g_t) + P(g_g)]$
购买绿色产品	$U_{tg} = v_t - p_g - \lambda\tau[P(n_t) + P(n_g)] + \lambda(1-\tau)[P(b_t) + P(b_g)]$	$U_{gg} = (1+\alpha)v_g - p_g - \lambda\tau[P(n_t) + P(n_g)] + \lambda(1-\tau)[P(b_t) + P(b_g)]$

4.2.2 市场需求函数的构建

消费者以预期总效用最大化为决策准则选择消费行为，根据表4-2中的内容，可知传统消费者购买普通产品的意愿区间为：

$$\Theta_{tb} = \{v_t : U_{tb} \geqslant \text{Max}\{U_{tn}, U_{tg}\} \text{ 且 } U_{tb} \geqslant 0\} \quad (4.1)$$

传统消费者购买绿色产品的支付意愿区间为：

$$\Theta_{tg} = \{v_t : U_{tg} \geqslant \text{Max}\{U_{tn}, U_{tb}\} \text{ 且 } U_{tg} \geqslant 0\} \quad (4.2)$$

传统消费者不购买产品的支付意愿区间为：

$$\Theta_{tn} = \{v_t : U_{tn} \geqslant \text{Max}\{U_{tb}, U_{tg}\} \text{ 且 } U_{tn} \geqslant 0\} \quad (4.3)$$

同理，绿色消费者购买普通产品的支付意愿区间为：

$$\Theta_{gb} = \{v_g : U_{gb} \geqslant \text{Max}\{U_{gn}, U_{gg}\} \text{ 且 } U_{gb} \geqslant 0\} \quad (4.4)$$

绿色消费者购买绿色产品的支付意愿区间为：

$$\Theta_{gg} = \{v_g : U_{gg} \geqslant \text{Max}\{U_{gn}, U_{gb}\} \text{ 且 } U_{gg} \geqslant 0\} \quad (4.5)$$

绿色消费者不购买产品的支付意愿区间为：

$$\Theta_{gn} = \{v_g : U_{gn} \geqslant \text{Max}\{U_{gb}, U_{gg}\} \text{ 且 } U_{gn} \geqslant 0\} \quad (4.6)$$

需要进一步说明的是，由式（4.1）与式（4.4）计算可得，当消费者社会比较程度 $\lambda > \dfrac{p_g - p_b}{1 - \tau}$ 时，Θ_{tb} 和 Θ_{gb} 均为空集。这表明，当消费者的社会比较程度足够高时，无论消费者对产品功能属性支付意愿的高低，传统消费者与绿色消费者均不会选择购买普通产品，其市场需求为 0。此时，普通产品将被驱逐出消费市场。上述结论与已有实证研究的检验结果相符，即消费者的社会比较行为可在一定程度上促进绿色消费。同时，也进一步表明了企业实施绿色运营，通过绿色创新开发绿色产品的现实性与必要性。

为不失一般性，本节主要探讨 $\lambda \leqslant \dfrac{p_g - p_b}{1 - \tau}$ 情形下，制造商的绿色产品市场进入与产品线定价决策问题。

根据式（4.1）～式（4.3）可知，在 $\lambda \leqslant \dfrac{p_g - p_b}{1 - \tau}$ 情形下，Θ_{tg} 为空集，即绿色产品在传统消费者群体中的销售量为 0，通过进一步计算可得传统消费者不购买任何产品与购买普通产品的效用无差别点 $v_{t1} = p_b + \lambda$，即 $\Theta_{gb} = \{v_t \in [v_{t1}, 1]\}$。因此，传统消费者群体中普通产品及绿色产品的销售量分别为：

$$D_{tb} = (1 - \beta) \int_{p_b + \lambda}^{1} f(v_t) dv_t = (1 - \beta)(1 - p_b - \lambda) \tag{4.7}$$

$$D_{tg} = 0 \tag{4.8}$$

同理，根据式（4.4）～式（4.6）计算可知，绿色消费群体中普通产品及绿色产品的市场需求存在如下情形。

（1）当 $p_g \leqslant (1 + \alpha) p_b + (1 - \tau + \alpha) \lambda$ 时，绿色消费者购买普通产品的支付意愿区间 Θ_{gb} 为空集，即普通产品在绿色消费者群体中的销售量为 0；绿色消费者购买绿色产品的支付意愿区间 $\Theta_{gg} = \left\{v_g \in \left[\dfrac{p_g + \tau \lambda}{1 + \alpha}, 1\right]\right\}$。此种情形下，绿色消费群体中普通产品及绿色产品的销售量分别为：

$$D_{gb} = 0 \tag{4.9}$$

$$D_{gg} = \beta \int_{\frac{p_g + \tau \lambda}{1 + \alpha}}^{1} f(v_g) dv_g = \beta \left(1 - \dfrac{p_g + \tau \lambda}{1 + \alpha}\right) \tag{4.10}$$

（2）当 $(1 + \alpha) p_b + (1 - \tau + \alpha) \lambda < p_g \leqslant \alpha + p_b + (1 - \tau) \lambda$ 时，绿色消费者购买普通产品与购买绿色产品的支付意愿区间分别为 $\Theta_{gb} = \left\{v_g \in \left[p_b + \lambda, \dfrac{p_g - p_b - (1 - \tau) \lambda}{\alpha}\right]\right\}$，$\Theta_{gg} = \left\{v_g \in \left[\dfrac{p_g - p_b - (1 - \tau) \lambda}{\alpha}, 1\right]\right\}$。此种情形下，绿色消费群体中普通产品及绿色产品的销售量分别为：

$$D_{gb} = \beta \int_{p_b+\lambda}^{\frac{p_g-p_b-(1-\tau)\lambda}{\alpha}} f(v_g) dv_g = \beta \left[\frac{p_g - p_b - (1-\tau)\lambda}{\alpha} - p_b - \lambda \right]$$

$$(4.11)$$

$$D_{gg} = \beta \int_{\frac{p_g-p_b-(1-\tau)\lambda}{\alpha}}^{1} f(v_g) dv_g = \beta \left[1 - \frac{p_g - p_b - (1-\tau)\lambda}{\alpha} \right] \quad (4.12)$$

（3）当 $p_g > \alpha + p_b + (1-\tau)\lambda$ 时，有 Θ_{gg} 为空集，即当绿色产品价格过高时，绿色消费者也不会购买绿色产品，其销售量为0；绿色消费者购买普通产品的支付意愿区间为 $\Theta_{gb} = \{v_g \in [p_b + \lambda, 1]\}$。此种情形下，绿色消费群体中普通产品及绿色产品的销售量分别为：

$$D_{gb} = \beta \int_{p_b+\lambda}^{1} f(v_g) dv_g = \beta(1 - p_b - \lambda) \quad (4.13)$$

$$D_{gg} = 0 \quad (4.14)$$

基于上述分析，可得到如下命题。

命题4.1：垄断市场下，考虑消费者社会比较行为的普通产品总销售量 D_b 及绿色产品总销售量 D_g 分别为：

$$D_b = \begin{cases} (1-\beta)(1-p_b-\lambda), & p_g \leqslant (1+\alpha)p_b + (1-\tau+\alpha)\lambda \\ (1-\beta)(1-p_b-\lambda) + \\ \beta\left[\frac{p_g-p_b-(1-\tau)\lambda}{\alpha} - p_b - \lambda\right], & (1+\alpha)p_b + (1-\tau+\alpha)\lambda < p_g \leqslant \alpha + p_b + (1-\tau)\lambda \\ 1-p_b-\lambda, & p_g > \alpha + p_b + (1-\tau)\lambda \end{cases}$$

$$(4.15)$$

$$D_g = \begin{cases} \beta\left(1 - \frac{p_g + \tau\lambda}{1+\alpha}\right), & p_g \leqslant (1+\alpha)p_b + (1-\tau+\alpha)\lambda \\ \beta\left[1 - \frac{p_g-p_b-(1-\tau)\lambda}{\alpha}\right], & (1+\alpha)p_b + (1-\tau+\alpha)\lambda < p_g \leqslant \alpha + p_b + (1-\tau)\lambda \\ 0, & p_g > \alpha + p_b + (1-\tau)\lambda \end{cases}$$

$$(4.16)$$

命题4.1表明，制造商可采取不同的定价策略：低价策略或高价策略向市场提供绿色产品，且不同定价策略会产生不同的市场需求情形。由前面的分析可知，当普通产品与绿色产品共存于市场时，传统消费者不会选择购买绿色产品，其中支付意愿满足 Θ_{tb} 条件的传统消费者选择购买普通产品，剩余传统消费者则会放弃购买。而绿色消费者的购买决策则与制造商所采取的定价策略息息相关。

若制造商针对绿色产品采取低价策略，即 $p_g \leqslant (1+\alpha)p_b + (1-\tau+\alpha)\lambda$ 时，绿色消费者不会选择购买普通产品，其中支付意愿满足 Θ_{gg} 条件的绿色消费者选择购买绿色产品，其余绿色消费者则会放弃购买。可以发现，此时普通产品的市场总销量全部源自于传统消费者，而绿色产品的市场总销量全部源自于绿色消费者。这表明，制造商以低价策略向市场提供绿色产品能够有效地将传统消费者与绿色消费者进行市场区隔，实现区隔效应（segmentation effect）。

若制造商针对绿色产品采取高价策略，即 $(1+\alpha)p_b + (1-\tau+\alpha)\lambda < p_g \leqslant \alpha + p_b + (1-\tau)\lambda$ 时，则会有部分绿色消费者选择购买普通产品。具体而言，支付意愿满足 Θ_{gb} 条件的绿色消费者选择购买普通产品，支付意愿满足 Θ_{gg} 条件的绿色消费者选择购买绿色产品，余下绿色消费者则放弃购买。可以发现，高价策略下普通产品的市场总销量部分来自传统消费者，另一部分来自绿色消费者。这表明，以高价策略向市场提供绿色产品虽然可使制造商攫取较高绿色产品的单位利润，但同时也蚕食了绿色产品的市场，引发竞食效应（cannibalization effect）。同时，由命题 4.1 可知当 $p_g > \alpha + p_b + (1-\tau)\lambda$ 时，即便是具有较高社会比较程度的绿色消费者同样会放弃购买绿色产品，此时绿色产品的市场总需求将为零，即 $p_g = \alpha + p_b + (1-\tau)\lambda$ 是绿色产品市场进入的最高价格边界。

4.2.3　垄断市场下绿色产品市场进入与定价决策模型构建及求解

本节将重点阐述垄断市场下考虑消费者社会比较行为的制造商绿色产品市场进入与定价决策模型的构建及求解问题。

在实际经营中，制造商常以新产品能否有效提高自身收益水平作为其生产决策的主要依据。因此，本节首先构建制造商仅生产普通产品时的决策模型，并以此作为制造商是否决定实施绿色运营、生产绿色产品的基准模型。

根据消费者选择理论，在制造商仅生产普通产品的情形下，仅当消费者总效用 $U_{ib} \geq U_{in}, i \in \{t, g\}$ 时，其会选择购买普通产品；否则，放弃购买。此时，产品总销售量为 $D^B = (1-\beta)\int_{p_b+\lambda}^1 f(v_t)dv_t + \beta\int_{p_b+\lambda}^1 f(v_g)dv_g = 1 - p_b - \lambda$ 。因此，制造商的决策目标函数可写为：

$$\underset{p_b}{\text{Max}}\Pi^B = p_b(1 - p_b - \lambda) \tag{4.17}$$

求解上述最优化问题，易得如下命题与推论。

命题 4.2：垄断市场下，当制造商仅生产普通产品时，考虑消费者社会比较行为的最优定价策略为 $p_b^* = \dfrac{1}{2}(1-\lambda)$ 。此时，市场最优销售量为 $D^{B*} = \dfrac{1}{2}(1-\lambda)$ 、制造商最优利润为 $\Pi^{B*} = \dfrac{1}{4}(1-\lambda)^2$ 。

推论 4.1：在制造商仅生产普通产品的情形下，产品最优销量、制造商最优利润均与消费者社会比较程度负相关。

证明 4.1：$\dfrac{\partial D^{B*}}{\partial \lambda} = -\dfrac{1}{2} < 0, \dfrac{\partial \Pi^{B*}}{\partial \lambda} = -\dfrac{1}{2}(1-\lambda) < 0$ ，故推论 4.1 得证。

推论 4.1 表明，在制造商仅生产普通产品时，产品最优销售量及制造商最优利润均随着 λ 的增高而降低。这是由于在市场仅存在普通产品时，消费者选购产品意味着其会在未来人际互动中感知到负向的社会地位效用。因此，社会比较程度越高的消费者，其购买普通产品的意愿越低，从而导致整体市场需求及制造商利润下滑。上述推论在某种程度上解释了制造商实施绿色运营、开展绿色产品生产活动的根本市场动因。

此外，借鉴已有文献关于产品对环境产生影响的量化方式，在制造商仅生产普通产品的情形下，环境受到影响的程度可被表示为：产品总销量 × 单位产品在生命周期内对环境的影响程度，即 $EI^{B*} = D^{B*} \times 1 = \dfrac{1}{2}(1-\lambda)$ 。

进一步地，考虑制造商同时生产普通产品和绿色产品的情形，根据 4.1 节中的问题描述、符号定义及基本假设，此时制造商面临的决策问题可表示为：

$$\underset{p_b, p_g}{\text{Max}}\Pi^M = p_b D_b + (p_g - c)D_g \tag{4.18}$$

$$\text{s. t.} \quad D_b > 0, D_g > 0 \tag{4.19}$$

由命题 4.1 可知，两产品各自的市场销售量与制造商对绿色产品所采取的定价策略密切相关，下面分别针对不同定价策略，给出具体分析。

（1）若制造商采取低价策略推出绿色产品，即 $p_g \leqslant (1+\alpha)p_b + (1-\tau+\alpha)\lambda$。当制造商以较低价格向市场提供绿色产品时，普通产品和绿色产品的市场销售量分别为 $D_b = (1-\beta)(1-p_b-\lambda)$、$D_g = \beta\left(1-\dfrac{p_g+\tau\lambda}{1+\alpha}\right)$。此时，制造商的决策问题为：

$$\underset{p_b,p_g}{\mathrm{Max}}\Pi^M = p_b(1-\beta)(1-p_b-\lambda) + (p_g-c)\beta\left(1-\frac{p_g+\tau\lambda}{1+\alpha}\right) \qquad (4.20)$$

$$\text{s. t.}\quad p_g \leqslant (1+\alpha)p_b + (1-\tau+\alpha)\lambda \qquad (4.21)$$

命题 4.3：垄断市场下，当制造商同时生产普通产品与绿色产品时，若制造商采取低价策略向市场提供绿色产品，则普通产品与绿色产品的最优均衡价格 (p_b^{ML*}, p_g^{ML*}) 为：

$$(p_b^{ML*}, p_g^{ML*}) =$$

$$\begin{cases} \left[\dfrac{1}{2}(1-\lambda), \dfrac{1}{2}(1+\alpha+c-\tau\lambda)\right], & c \leqslant \lambda(1+\alpha-\tau) \\[4mm] \left(\begin{array}{l} \dfrac{(1-\lambda)}{2} + \dfrac{\beta[c-\lambda(1+\alpha-\tau)]}{2(1+\alpha\beta)}, \\[3mm] \dfrac{(1+c+a-\lambda\tau)}{2} - \dfrac{(1-\beta)[c-\lambda(1+\alpha-\tau)]}{2(1+\alpha\beta)} \end{array}\right), & c > \lambda(1+\alpha-\tau) \end{cases}$$

证明：求 Π^M 关于 p_b 和 p_g 的 Hessian 矩阵 H^M，有 $H^M = \begin{bmatrix} -2(1+\beta) & 0 \\ 0 & -\dfrac{2\beta}{1+\alpha} \end{bmatrix}$，

易得其一阶、二阶顺序主子式分别为 $|H_1^M| = -2(1+\beta) < 0$，$|H_2^M| = \dfrac{4\beta(1+\beta)}{1+\alpha} > 0$，故 H^M 为负定的，Π^M 存在极大值。作 Lagrangean 函数，有：

$$L_1^M(p_b, p_g, \kappa) = p_b(1-\beta)(1-p_b-\lambda) + (p_g-c)\beta\left(1-\frac{p_g+\tau\lambda}{1+\alpha}\right)$$

$$-\kappa\{p_g - [(1+\alpha)p_b + (1-\tau+\alpha)\lambda]\}$$

其 Karush – Kuhn – Tucker（KKT）条件为：

$$\begin{cases} \dfrac{\partial L_1^M}{\partial p_b} = (1-\beta)(1-2p_b-\lambda) + \kappa(1+\alpha) = 0, \\[3mm] \dfrac{\partial L_1^M}{\partial p_g} = \dfrac{(1+\alpha+c-\lambda\tau-2p_g)}{1+\alpha} - \kappa = 0, \\[3mm] \kappa\{p_g - [(1+\alpha)p_b + (1-\tau+\alpha)\lambda]\} = 0, \\[3mm] \kappa \geqslant 0 \end{cases}$$

情形 1：若 $\kappa > 0$ 时，根据上述 KKT 条件，可得：

$$p_b^{ML*} = \frac{(1+\lambda)}{2} + \frac{\beta[c - \lambda(1+\alpha-\tau)]}{2(1+\alpha\beta)} \tag{4.22}$$

$$p_g^{ML*} = \frac{(1+c+a-\lambda\tau)}{2} - \frac{(1-\beta)[c - \lambda(1+\alpha-\tau)]}{2(1+\alpha\beta)} \tag{4.23}$$

$$\kappa^* = \frac{\beta(1-\beta)[c - \lambda(1+\alpha-\tau)]}{(1+\alpha)(1+\alpha\beta)} \tag{4.24}$$

根据非负条件 $\kappa > 0$，进一步可得满足此情形的条件为 $c > \lambda(1+\alpha-\tau)$。

情形 2：若 $\kappa = 0$ 时，根据上述 KKT 条件，可得：

$$p_b^{ML*} = \frac{1}{2}(1-\lambda) \tag{4.25}$$

$$p_g^{ML*} = \frac{1}{2}(1+\alpha+c-\tau\lambda) \tag{4.26}$$

根据约束条件式（4.21），即 $p_g \leqslant (1+\alpha)p_b + (1-\tau+\alpha)\lambda$，可得满足此情形的条件为 $c \leqslant \lambda(1+\alpha-\tau)$。

故命题 4.3 得证。

（2）若制造商采取高价策略推出绿色产品，即 $(1+\alpha)p_b + (1-\tau+\alpha)\lambda < p_g \leqslant \alpha + p_b + (1-\tau)\lambda$，普通产品和绿色产品的市场销售量分别为 $D_b = (1-\beta)(1-p_b-\lambda) + \beta\left[\dfrac{p_g - p_b - (1-\tau)\lambda}{\alpha} - p_b - \lambda\right]$，$D_g = \beta\left[1 - \dfrac{p_g - p_b - (1-\tau)\lambda}{\alpha}\right]$。此时，制造商面对的决策问题为：

$$\operatorname*{Max}_{p_b,p_g} \Pi^M = p_b\left\{(1-\beta)(1-p_b-\lambda) + \beta\left[\frac{p_g - p_b - (1-\tau)\lambda}{\alpha} - p_b - \lambda\right]\right\}$$

$$+ (p_g - c)\beta\left[1 - \frac{p_g - p_b - (1-\tau)\lambda}{\alpha}\right] \tag{4.27}$$

s. t.　$(1+\alpha)p_b + (1-\tau+\alpha)\lambda < p_g \leqslant \alpha + p_b + (1-\tau)\lambda$　　　(4.28)

命题 4.4：垄断市场下，当制造商同时生产普通产品与绿色产品时，若制造商采取高价策略向市场提供绿色产品，则普通产品与绿色产品的最优均衡价格 (p_b^{MH*}, p_g^{MH*}) 为：

$$(p_b^{MH*}, p_g^{MH*}) =$$

$$\begin{cases} \left(\begin{aligned} &\frac{(1-\lambda)}{2} + \frac{\beta[c-\lambda(1+\alpha-\tau)]}{2(1+\alpha\beta)}, \\ &\frac{(1+c+a-\lambda\tau)}{2} - \frac{(1-\beta)[c-\lambda(1+\alpha-\tau)]}{2(1+\alpha\beta)} \end{aligned} \right), & c < \lambda(1+\alpha-\tau) \\ \left[\frac{1}{2}(1-\lambda), \frac{1}{2}(1+\alpha+c-\tau\lambda) \right], & \lambda(1+\alpha-\tau) \leqslant c < \alpha+\lambda(1-\tau) \end{cases}$$

证明 4.2：与命题 4.3 证明过程类似，关于 Π^M 的 Hessian 矩阵 H^M 为负定的，Π^M 存在最大值。作 Lagrangean 函数，有：

$$L_2^M(p_b, p_g, \kappa_1, \kappa_2)$$

$$= p_b \left(\begin{aligned} &(1-\beta)(1-p_b-\lambda) + \beta\left[\frac{p_g-p_b-(1-\tau)\lambda}{\alpha} - p_b - \lambda \right] \\ &+ (p_g-c)\beta\left[1 - \frac{p_g-p_b-(1-\tau)\lambda}{\alpha} \right] \end{aligned} \right)$$

$$- \kappa_1\{ p_g - [\alpha+p_b+(1-\tau)\lambda] \} - \kappa_2[(1+\alpha)p_b+(1-\tau+\alpha)\lambda - p_g]$$

其 Karush-Kuhn-Tucker（KKT）条件为：

$$\begin{cases} \dfrac{\partial L_2^M}{\partial p_b} = (1-\beta-\lambda) - 2p_b + \dfrac{\beta[2(p_g-p_b)-(c+\lambda-\lambda\tau)]}{\alpha} + \kappa_1 - \kappa_2(1+\alpha) = 0 \\[2mm] \dfrac{\partial L_2^M}{\partial p_g} = \dfrac{\beta[2(p_g-p_b)-(c+\lambda-\lambda\tau)]}{\alpha} + \kappa_1 - \kappa_2 = 0 \\[2mm] \kappa_1\{ p_g - [\alpha+p_b+(1-\tau)\lambda] \} = 0 \\[2mm] \kappa_2[(1+\alpha)p_b+(1-\tau+\alpha)\lambda - p_g] = 0 \\[2mm] \kappa_1 \geqslant 0 \\[2mm] \kappa_2 \geqslant 0 \end{cases}$$

情形 1：若 $\kappa_1 = 0$，$\kappa_2 > 0$ 时，根据上述 KKT 条件，可得：

$$p_b^{MH*} = \frac{(1+\lambda)}{2} + \frac{\beta[c-\lambda(1+\alpha-\tau)]}{2(1+\alpha\beta)}$$　　　(4.29)

$$p_g^{MH*} = \frac{(1+c+a-\lambda\tau)}{2} - \frac{(1-\beta)\left[c-\lambda(1+\alpha-\tau)\right]}{2(1+\alpha\beta)} \tag{4.30}$$

$$\kappa_2^* = \frac{\beta\left[-c+\lambda(1+\alpha-\tau)\right]}{\alpha(1+\alpha\beta)} \tag{4.31}$$

根据非负条件 $\kappa_2 > 0$，进一步可得满足此情形的条件为 $c < \lambda(1+\alpha-\tau)$。

情形 2：若 $\kappa_1 > 0$，$\kappa_2 = 0$ 时，根据上述 KKT 条件，可得：

$$p_b^{MH*} = \frac{(1+\lambda)}{2} \tag{4.32}$$

$$p_g^{MH*} = \frac{(1+2a+\lambda-2\lambda\tau)}{2} \tag{4.33}$$

$$\kappa_1^* = \frac{\beta\left[c-\alpha-\lambda(1-\tau)\right]}{\alpha} \tag{4.34}$$

根据非负条件 $\kappa_1 > 0$，进一步可得满足此情形的条件为 $c > \alpha + \lambda(1-\tau)$。但需要注意的是，将式（4.32）与式（4.33）代入式（4.16）中对应条件下的绿色产品总销量，有 $D_g = 0$，即在此种情形下，绿色产品的市场销量为零，与主约束 $D_g > 0$ 相矛盾，故舍去。

情形 3：若 $\kappa_1 = 0$，$\kappa_2 = 0$ 时，根据上述 KKT 条件，可得：

$$p_b^{MH*} = \frac{1}{2}(1-\lambda) \tag{4.35}$$

$$p_g^{MH*} = \frac{1}{2}(1+\alpha+c-\tau\lambda) \tag{4.36}$$

根据约束条件式（4.28），即式 $(1+\alpha)p_b + (1-\tau+\alpha)\lambda < p_g \leqslant \alpha + p_b + (1-\tau)\lambda$，可得满足此情形的条件为 $\lambda(1+\alpha-\tau) \leqslant c < \alpha + \lambda(1-\tau)$。

故命题 4.4 得证。

通过对命题 4.3 和命题 4.4 进一步分析后，可得如下推论。

推论 4.2：垄断市场下，存在一个阈值 $\hat{C}_1^M = \alpha + \lambda(1-\tau)$，当且仅当 $c < \hat{C}_1^M$ 时，制造商才会同时向市场提供普通产品和绿色产品；否则，制造商仍保持原状，仅提供普通产品。

证明 4.3：由命题 4.4 证明过程可知，若制造商采取高价策略提供绿色产品，当 $c \geqslant \hat{C}_1^M$ 时，最优均衡策略下的绿色产品销量为零。显然，高价策略下制造商仅在 $c < \hat{C}_1^M$ 时才会向市场提供绿色产品；同时，若制造商采取

低价策略提供绿色产品，由于总有 $\hat{C}_1^M \geq \lambda(1+\alpha-\tau)$，故由命题 4.3 可知，当 $c \geq \hat{C}_1^M \geq \lambda(1+\alpha-\tau)$ 时，其最优均衡价格为式（4.22）及式（4.23）所示。将式（4.22）和式（4.23）代入制造商利润函数式（4.20）中，可得：

$$\Pi^{ML^*} = \frac{\{1-\lambda-\beta[c-\alpha-\lambda(1-\tau)]\}^2}{4(1+\alpha\beta)}，易得 \Pi^{ML^*} < \Pi^{B^*}。也就是说，当 c >$$

$\hat{C}_1^M$ 时，虽然制造商采取低价策略会使绿色产品拥有一定的市场销量，但相较于仅生产普通产品，同时生产普通产品和绿色产品并不能为制造商带来更高的收益。显然，此时制造商同样不会选择生产绿色产品。故推论 4.2 得证。

推论 4.3：垄断市场下，当制造商同时提供普通产品和绿色产品时，存在一个阈值 $\hat{C}_2^M = \lambda(1+\alpha-\tau)$，当 $c < \hat{C}_2^M$ 时，采取低价策略能为制造商赢得更高的利润；反之，当 $\hat{C}_2^M \leq c \leq \hat{C}_1^M$ 时，采取高价策略能为制造商赢得更高的利润。

证明 4.4：命题 4.3 与命题 4.4 给出了不同价格策略下的最优均衡价格，将上述最优均衡价格分别代入不同价格策略所对应的制造商利润函数中，可得：

当 $c < \hat{C}_2^M$ 时，$\Pi^{MH^*} - \Pi^{ML^*} = -\dfrac{\beta(1-\beta)[c-\lambda(1+\alpha-\tau)]^2}{4(1+\alpha)(1+\alpha\beta)} < 0$，

当 $c \geq \hat{C}_2^M$ 时，$\Pi^{MH^*} - \Pi^{ML^*} = \dfrac{\beta(1-\beta)[c-\lambda(1+\alpha-\tau)]^2}{4(1+\alpha)(1+\alpha\beta)} > 0$。

故推论 4.3 得证。

推论 4.2 及推论 4.3 表明，绿色产品的单位生产成本 c、消费者社会比较程度 λ、绿色消费者对绿色产品的溢价水平 α 以及绿色产品在生命周期内对环境的损害程度 τ 将直接影响制造商关于绿色产品市场进入与定价决策的制定。当 $c < \hat{C}_2^M$ 时，制造商可制定一个较低的绿色产品市场进入价格，以吸引更多的绿色消费者购买绿色产品，扩大绿色产品市场的占有率；当 $\hat{C}_2^M \leq c \leq \hat{C}_1^M$ 时，由于单位生产成本的增加，制造商通过制定较高的绿色产品价格，最大限度地攫取绿色产品的单位利润，以提高自身收益水平。而当 $c \geq \hat{C}_1^M$ 时，向市场提供绿色产品并不能为制造商赢得更多收益，甚至可能会出现绿色产品市场销量为零的情况，故此时制造商将不会选择生产绿色产品，

而是仅向市场提供普通产品。

值得注意的是，制造商选择低价策略提供绿色产品时制定的最优均衡价格与选择高价策略提供绿色产品时制定的最优均衡价格具有相同的解析表达式。然而，由于不同价格策略下 c 的可行性区间不同，故即使相同解析式仍导致不同的产品销量与制造商利润。

基于上述分析，可总结得出垄断市场下，考虑消费者社会比较行为的制造商最优定价策略及市场均衡结果，如命题 4.5 所示。

命题 4.5：垄断市场下，考虑消费者社会比较行为的制造商最优定价策略及市场均衡结果如下所示。

（1）普通产品和绿色产品的最优销售价格分别为：

$$p_b^{M*} = \frac{1}{2}(1 - \lambda) \tag{4.37}$$

$$p_g^{M*} = \begin{cases} \frac{1}{2}(1 + \alpha + c - \tau\lambda), & c < \hat{C}_1^M \\ \backslash, & c \geqslant \hat{C}_1^M \end{cases} \tag{4.38}$$

（2）普通产品和绿色产品的最优销售量分别为：

$$D_b^{M*} = \begin{cases} \frac{1}{2}(1-\beta)(1-\lambda), & c < \hat{C}_2^M \\ \frac{1}{2}\left\{(1-\lambda) - \dfrac{\beta[\alpha + (1-\tau)\lambda - c]}{\alpha}\right\}, & \hat{C}_2^M \leqslant c < \hat{C}_1^M \\ \frac{1}{2}(1-\lambda), & c \geqslant \hat{C}_1^M \end{cases} \tag{4.39}$$

$$D_g^{M*} = \begin{cases} \dfrac{\beta}{2}\left[1 - \dfrac{c + \tau\lambda}{(1+\alpha)}\right], & c < \hat{C}_2^M \\ \dfrac{\beta[\alpha + (1-\tau)\lambda - c]}{2\alpha}, & \hat{C}_2^M \leqslant c < \hat{C}_1^M \\ 0, & c \geqslant \hat{C}_1^M \end{cases} \tag{4.40}$$

（3）制造商的最优市场总销量为：

$$D^{M*} = \begin{cases} \dfrac{1}{2}\left\{1 - \lambda + \dfrac{\beta[(1+\alpha-\tau)\lambda - c]}{(1+\alpha)}\right\}, & c < \hat{C}_2^M \\ \dfrac{1}{2}(1-\lambda), & c \geqslant \hat{C}_2^M \end{cases} \tag{4.41}$$

（4）制造商最优利润为：

$$\Pi^{M^*} = \begin{cases} \dfrac{1}{4}\left[\dfrac{\beta(1+\alpha-c-\tau\lambda)^2}{(1+\alpha)} + (1-\beta)(1-\lambda)^2\right], & c < \hat{C}_2^M \\[4mm] \dfrac{\beta[\alpha-c+(1-\tau)\lambda]^2}{4\alpha} + \dfrac{(1-\lambda)^2}{4}, & \hat{C}_2^M \leqslant c < \hat{C}_1^M \\[4mm] \Pi^{B^*} = \dfrac{(1-\lambda)^2}{4}, & c \geqslant \hat{C}_1^M \end{cases}$$

$$(4.42)$$

命题 4.5 表明，制造商向市场提供绿色产品并不会改变普通产品的价格，并且绿色产品的价格与市场中绿色消费者所占比例 β 无关。同时，分析制造商产品总销量可得出如下推论。

推论 4.4：垄断市场下，当 $c \leqslant \hat{C}_2^M$ 时，有 $D^{M^*} > D^{B^*}$；否则，制造商市场总销售量保持不变，即 $D^{M^*} = D^{B^*}$。

证明 4.5：根据命题 4.2 和命题 4.5，有：

$$D^{M^*} - D^{B^*} = \begin{cases} \dfrac{1}{2}\left\{\dfrac{\beta[(1+\alpha-\tau)\lambda-c]}{(1+\alpha)}\right\} > 0, & c < \hat{C}_2^M \\[4mm] 0, & c \geqslant \hat{C}_2^M \end{cases}$$

故推论 4.2 得证。

由推论 4.2 可知，当 $c < \hat{C}_2^M$ 时，有 $D^{M^*} > D^{B^*}$，表明制造商生产并采取低价策略向市场提供绿色产品能够吸引更多的潜在消费者购买绿色产品，进而提高制造商的总体市场渗透率；当 $\hat{C}_2^M \leqslant c < \hat{C}_1^M$ 时，制造商生产并采取高价策略向市场提供绿色产品，此种情形下，由于绿色产品价格较高，仅有部分愿意为绿色产品支付较高溢价的消费者会从购买普通产品转向购买绿色产品，而剩余消费者仍保持原有的购买决策不变，即购买普通产品或放弃购买，故此时制造商产品的市场总销量保持不变；而当 $c \geqslant \hat{C}_1^M$ 时，制造商放弃提供绿色产品，仅向市场提供普通产品。因此，当 $c \geqslant \hat{C}_2^M$ 时，有 $D^{M^*} = D^{B^*} = \dfrac{1}{2}(1-\lambda)$。但需要说明的是，虽然制造商采取高价策略向市场提供绿色产品并不能提高制造商产品的总体销量，但由于绿色产品具有较高

的溢价水平，故使制造商整体收益水平得到了显著的提升，仍有 $\Pi^{M*} > \Pi^{B*}$。

此外，根据式（4.39）与式（4.40），易得垄断市场下制造商生产活动对环境的影响，可表示为：

$$EI^{M*} = D_b^{M*} + \tau D_g^{M*}$$

$$= \begin{cases} \dfrac{1}{2}\left\{ (1-\beta)(1-\lambda) + \tau\beta\left[1 - \dfrac{c+\tau\lambda}{(1+\alpha)} \right] \right\}, & c < \hat{C}_2^M \\ \dfrac{1}{2\alpha}\left\{ \alpha(1-\lambda) + \beta(1-\tau)\left[c - \alpha - \lambda(1-\tau) \right] \right\}, & \hat{C}_2^M \leqslant c < \hat{C}_1^M \\ EI^{B*} = \dfrac{1}{2}(1-\lambda), & c \geqslant \hat{C}_1^M \end{cases} \quad (4.43)$$

4.2.4　参数分析

4.2.4.1　消费者社会比较行为参数分析

推论 4.5：垄断市场下，普通产品和绿色产品各自最优销售量 D_b^{M*}、D_g^{M*} 与消费者社会比较程度 λ 间的关系如下所示。

（1）当 $c < \hat{C}_2^M$ 时，普通产品及绿色产品的最优销售量 D_b^{M*}、D_g^{M*} 与消费者社会比较程度 λ 负相关；

（2）当 $\hat{C}_2^M \leqslant c < \hat{C}_1^M$ 时，普通产品的最优销售量 D_b^{M*} 与消费者社会比较程度 λ 负相关，而绿色产品的最优销售量 D_g^{M*} 与消费者社会比较程度 λ 正相关。

证明 4.6：由命题 4.5 可得，当 $c < \hat{C}_2^M$ 时，有 $\dfrac{\partial D_b^{M*}}{\partial\lambda} = -\dfrac{(1-\beta)(1-\beta+\beta\tau)}{2+\alpha\beta} < 0$，

$\dfrac{\partial D_g^{M*}}{\partial\lambda} = -\dfrac{\beta(1-\beta+\beta\tau)}{2+\alpha\beta} < 0$。故此种情形下，$D_b^{M*}$、$D_g^{M*}$ 均与 λ 负相关；

当 $\hat{C}_2^M \leqslant c < \hat{C}_1^M$ 时，有 $\dfrac{\partial D_b^{M*}}{\partial\lambda} = -\dfrac{\alpha+\beta(1-\tau)}{2\alpha} < 0$，$\dfrac{\partial D_g^{M*}}{\partial\lambda} = \dfrac{\beta(1-\tau)}{2\alpha} > 0$。

因此，此种情形下，D_b^{M*} 与 λ 负相关，D_g^{M*} 与 λ 正相关。推论 4.5 得证。

推论 4.5 表明，当绿色产品生产成本较低（$c < \hat{C}_2^M$）时，普通产品和绿色产品的销售量均随消费者社会比较程度的增加而降低；当绿色产品生产

成本较高（$\hat{C}_2^M \leqslant c < \hat{C}_1^M$）时，随着消费者社会比较程度的增加，普通产品的销售量随之降低，而绿色产品的销售量随之增加。这可解释为，由命题 4.1 与推论 4.3 可知，当 $c < \hat{C}_2^M$ 时，制造商采取能够完全区隔两消费群体的低价策略，在此种情形下，传统消费者的选择集为购买普通产品或放弃购买，绿色消费者的选择集为购买绿色产品或放弃购买，而 λ 的增加会降低消费者购买产品的社会地位效用，因此传统（绿色）消费者购买普通（绿色）产品的意愿均随 λ 的增加而降低。当 $\hat{C}_2^M \leqslant c < \hat{C}_1^M$ 时，制造商采取高价策略向市场提供绿色产品，此种情形下，传统消费者的选择集仍为购买普通产品或放弃购买，而绿色消费者的选择集则为购买普通产品、购买绿色产品或放弃购买。同样，λ 的增加降低了消费者购买产品的社会地位效用，在此种情形下，传统消费者购买普通产品的意愿降低，而对于绿色消费者，虽有部分绿色消费者选择放弃购买，但原本选择购买普通产品的绿色消费者会转向购买绿色产品。因此，当 $\hat{C}_2^M \leqslant c < \hat{C}_1^M$ 时，普通产品的销量随 λ 的增加而降低，绿色产品的销售量随 λ 的增加而增加。

推论 4.6：垄断市场下，若令 $\psi = \dfrac{D_g^{M*}}{D^{M*}}$ 表示绿色产品的销售量比重，那么其与消费者社会比较程度 λ 具有如下关系。

（1）当 $c < \hat{C}_2^M$ 时，绿色产品的销售比重 ψ 与消费者社会比较程度 λ 无关；

（2）当 $\hat{C}_2^M \leqslant c < \hat{C}_1^M$ 时，绿色产品的销售比重 ψ 与消费者社会比较程度 λ 正相关。

证明 4.7：由命题 4.5 可得，当 $c < \hat{C}_2^M$ 时，有 $\dfrac{D_g^{M*}}{D^{M*}} = \beta$，故易知 ψ 与 λ 无关；当 $\hat{C}_2^M \leqslant c < \hat{C}_1^M$ 时，由 $c < \hat{C}_1^M = \alpha + \lambda(1-\tau)$ 及 $\lambda \leqslant 1$，可知 $c < \alpha + \lambda(1-\tau) < \alpha + 1 - \tau$，故可知有 $\dfrac{\partial(D_g^{M*}/D^{M*})}{\partial \lambda} = \dfrac{\beta(1 + \alpha - \tau - c)}{\alpha(1-\lambda)^2} > 0$，因此，$\psi$ 与 λ 正相关。推论 4.6 得证。

推论 4.6 表明，当 $c < \hat{C}_2^M$ 时，绿色产品的销售量比重与消费者社会比较

程度无关；当 $\hat{C}_2^M \leqslant c < \hat{C}_1^M$ 时，绿色产品的销售量比重随消费者社会比较程度的增加而增加。结合推论 4.4，进一步可知，若制造商同时生产普通产品和绿色产品，采取低价策略能够扩大制造商的产品总销量，提高其总体市场渗透率；采取高价策略则能够使制造商在消费者社会比较程度较高的情形下，拥有较高的绿色产品销售比重。

推论 4.7：垄断市场下，消费者社会比较程度 λ 越高，制造商选择向市场提供绿色产品的可能性越大。

证明 4.8：由推论 4.2 可知，在原有普通产品的基础上，制造商选择实施绿色运营，生产绿色产品的条件为 $c < \hat{C}_1^M$。易得 $\dfrac{\partial \hat{C}_1^M}{\partial \lambda} = 1 - \tau > 0$，即 $\hat{C}_1^M$ 为 λ 的增函数，故 $c < \hat{C}_1^M$ 的可行区间随 λ 的增大而增大。故推论 4.7 得证。

推论 4.8：垄断市场下，当制造商选择同时向市场提供普通产品和绿色产品时，随着消费者社会比较程度 λ 的增加，制造商选择低价策略的可能性越来越大，选择高价策略的可能性越来越小。

证明 4.9：由推论 4.3 可知，当 $c < \hat{C}_2^M$ 时，制造商采取低价策略；当 $\hat{C}_2^M \leqslant c \leqslant \hat{C}_1^M$ 时，制造商采取高价策略。分别对 $\hat{C}_2^M$、$\hat{C}_1^M - \hat{C}_2^M$ 求关于 λ 的一阶导数，易得 $\dfrac{\partial \hat{C}_2^M}{\partial \lambda} = 1 + \alpha - \tau > 0$，$\dfrac{\partial(\hat{C}_1^M - \hat{C}_2^M)}{\partial \lambda} = -\alpha < 0$。由此可知，选择低价策略的可行区间随 λ 的增加而增大，而选择高价策略的可行区间随 λ 的增加而缩小。故推论 4.8 得证。

由推论 4.7 和推论 4.8 可知，市场中消费者的社会比较程度越高，制造商向市场提供绿色产品的动力越大，并且，消费者以较低价格买到绿色产品的可能性也越大。这也进一步表明，消费者的社会比较行为能有效激励制造商生产绿色产品，扩大绿色产品的市场份额。

推论 4.9：垄断市场下，制造商的生产活动对环境产生的影响 EI 与消费者社会比较程度 λ 具有如下关系。

（1）EI 与 λ 负相关；

（2）存在一个阈值 $\hat{\lambda}^M = \dfrac{(1+\alpha)(1-\tau) + c\tau}{1 + \alpha - \tau^2}$，仅当 $\lambda < \hat{\lambda}^M$ 时，制造商

向市场提供绿色产品能够减缓对环境产生的影响程度，即 $EI^{M*} < EI^{B*}$；而当 $\lambda \in [\hat{\lambda}^M, 1]$ 时，制造商向市场提供绿色产品反而加剧了对环境的影响程度，即 $EI^{M*} > EI^{B*}$。

证明 4.10：（1）由式（4.42）可知，当 $c < \hat{C}_2^M$ 时，有 $\dfrac{\partial EI^{M*}}{\partial \lambda} = -\dfrac{1}{2}$ $\left[(1-\beta) + \dfrac{\beta\tau^2}{1+\alpha} \right] < 0$；当 $\hat{C}_2^M \leqslant c < \hat{C}_1^M$ 时，有 $\dfrac{\partial EI^{M*}}{\partial \lambda} = -\dfrac{\alpha + \beta(1-\tau)^2}{2\alpha} < 0$；当 $c \geqslant \hat{C}_1^M$ 时，有 $\dfrac{\partial EI^{B*}}{\partial \lambda} = -\dfrac{1}{2} < 0$。

（2）同样，由式（4.42）可知，

当 $\hat{C}_2^M \leqslant c < \hat{C}_1^M$ 时，有 $EI^{M*} - EI^{B*} = -\dfrac{\beta(1-\tau)[\alpha + \lambda(1-\tau) - c]}{2\alpha}$，容易发现，此种情形下 $EI^{M*} - EI^{B*} < 0$ 恒成立；

当 $c < \hat{C}_2^M$ 时，有 $EI^{M*} - EI^{B*} = \dfrac{\beta[\tau(1 + \alpha - \lambda\tau - c) - (1-\lambda)(1+\alpha)]}{2(1+\alpha)}$，

进一步对分子解析式进行判别可得，若 $\lambda < \hat{\lambda}^M$，则 $EI^{M*} - EI^{B*} < 0$；反之，若 $\lambda \in [\hat{\lambda}^M, 1]$，则 $EI^{M*} - EI^{B*} \geqslant 0$。故推论 4.9 得证。

推论 4.9 表明，消费者社会比较程度越高，制造商在最优策略下所进行的生产活动对环境影响程度越低，进一步说明了消费者社会比较行为在一定程度上对绿色发展具有积极的推动作用。此外，与传统认知不同，推论 4.9 指出制造商向市场提供绿色产品对环境并不总是有益的，当消费者社会比较程度过高时，在原有普通产品的基础上提供绿色产品反而会加剧环境问题。这是由于当 λ 较高时，制造商倾向于采取以较低的价格向市场提供绿色产品。此时，虽然有部分绿色消费者会从购买普通产品转向购买绿色产品，减少了单位产品对环境的影响程度，但同时也存在着一部分绿色消费者从原先的不购买产品转向购买绿色产品，从而加大了对环境的影响程度。并且，此类消费者数量随 λ 的增加而增多，从而导致制造商生产活动对环境产生的总影响反而大于仅提供普通产品情形下的对应值。

4.2.4.2　消费市场绿色度相关参数分析

本小节主要通过两个维度衡量消费市场的绿色程度：一是市场中绿色

消费者对绿色产品的溢价水平 α，二是市场中绿色消费者所占的比例 β。下面主要对消费者市场绿色度与产品销售量间的关系展开分析。

推论 4.10：垄断市场下，普通产品销售量 D_b^{M*}、绿色产品销售量 D_g^{M*} 及制造商产品总销量 D^{M*} 与市场中消费者对绿色产品的溢价水平 α 具有如下关系。

（1）当 $c < \hat{C}_2^M$ 时，D_b^{M*} 与 α 无关、D_g^{M*} 与 α 正相关、D^{M*} 与 α 正相关；

（2）当 $\hat{C}_2^M \leqslant c < \hat{C}_1^M$ 时，D_b^{M*} 与 α 负相关、D_g^{M*} 与 α 正相关、D^{M*} 与 α 无关。

证明 4.11：由式（4.39）~式（4.41）可知：

（1）当 $c < \hat{C}_2^M$ 时，有 $\dfrac{\partial D_b^{M*}}{\partial \alpha} = 0$，$\dfrac{\partial D_g^{M*}}{\partial \alpha} = \dfrac{\beta(c + \lambda\tau)}{2(1+\alpha)^2} > 0$，$\dfrac{\partial D^{M*}}{\partial \alpha} = \dfrac{\beta(c + \lambda\tau)}{2(1+\alpha)^2} > 0$；

（2）当 $\hat{C}_2^M \leqslant c < \hat{C}_1^M$ 时，由约束条件 $c > \alpha\lambda + \lambda(1-\tau)$ 可知，$c - \lambda(1-\tau) > 0$ 恒成立。因此，有 $\dfrac{\partial D_b^{M*}}{\partial \alpha} = -\dfrac{\beta(c - \lambda(1-\tau))}{2\alpha^2} < 0$，$\dfrac{\partial D_g^{M*}}{\partial \alpha} = \dfrac{\beta[c - \lambda(1-\tau)]}{2\alpha^2} > 0$，$\dfrac{\partial D^{M*}}{\partial \alpha} = 0$；故推论 4.10 得证。

推论 4.10 表明了在低价策略下，普通产品最优销售量 D_b^{M*} 与消费者对绿色产品的溢价程度 α 无关。这是因为，由命题 4.1 可知，低价策略能够实现普通消费者与绿色消费者的有效区隔，即普通产品的销售量均来自普通消费者，绿色产品的销售量均来自绿色消费者。那么，在低价策略情形下，D_b^{M*} 不会受 α 的影响；而 α 越高，绿色消费者购买绿色产品的意愿越高，因此 D_g^{M*} 随 α 的增高而增大，从而两产品总销售量 D^{M*} 也随 α 的增高而增大；同理，由命题 4.1 可知，在高价策略下，普通产品的销售量不仅来自普通消费者，还有一部分绿色消费者同样会选择购买普通产品，但随着 α 的增加，那些原本购买普通产品的绿色消费者会逐渐转向购买绿色产品。因此，在高价策略情形下，D_b^{M*} 随 α 的增高而减少，而 D_g^{M*} 随 α 的增高而增加。此外，由于 α 的增高或降低仅改变了绿色消费者对于产品类别的选择，因此两产品市场的总销售量与 α 无关。

推论 4.11：垄断市场下，普通产品销售量 D_b^{M*}、绿色产品销售量 D_g^{M*} 及制造商产品总销量 D^{M*} 与市场中绿色消费者比例具有如下关系。

（1）当 $c < \hat{C}_2^M$ 时，D_b^{M*} 与 β 负相关、D_g^{M*} 与 β 正相关、D^{M*} 与 β 正相关；

（2）当 $\hat{C}_2^M \leqslant c < \hat{C}_1^M$ 时，D_b^{M*} 与 β 负相关、D_g^{M*} 与 β 正相关、D^{M*} 与 β 无关。

证明 4.12：由式（4.39）～式（4.41）可知：

（1）当 $c < \hat{C}_2^M$ 时，由 $c < \hat{C}_2^M$ 及 $\lambda < 1$，易得 $(1 + \alpha - \lambda\tau) > \lambda(1 + \alpha - \tau) - c > 0$，故有 $\dfrac{\partial D_b^{M*}}{\partial \beta} = -\dfrac{1}{2}(1 - \lambda) < 0$，$\dfrac{\partial D_g^{M*}}{\partial \beta} = \dfrac{(1 + \alpha - \lambda\tau) - c}{2 + 2\alpha} > 0$，$\dfrac{\partial D^{M*}}{\partial \beta} = \dfrac{\lambda(1 + \alpha - \tau) - c}{2(1 + \alpha)} > 0$；

（2）当 $\hat{C}_2^M \leqslant c < \hat{C}_1^M$ 时，由 $c < \hat{C}_1^M = \alpha + \lambda(1 - \tau)$，可得 $\dfrac{\partial D_b^{M*}}{\partial \beta} = \dfrac{c - [\alpha + \lambda(1 - \tau)]}{2\alpha} < 0$，$\dfrac{\partial D_g^{M*}}{\partial \beta} = \dfrac{[\alpha + \lambda(1 - \tau)] - c}{2\alpha} > 0$，$\dfrac{\partial D^{M*}}{\partial \beta} = 0$；故推论 4.11 得证。

推论 4.11 表明，扩大市场中绿色消费者的比例 β 是提高绿色产品销售量的有效途径，并且在低价策略下，两产品总销售量 D^{M*} 也随 β 的增大而增加，从而提高了制造商的整体市场渗透率。然而，在高价策略下，两产品市场的总销量 D^{M*} 并不会受到 β 的影响，β 的高低仅会影响普通产品和绿色产品在总销售量中所占的比例。

4.2.5　数值分析

为更加直观地展现垄断市场下消费者社会比较行为与其他市场参数对制造商运营策略及其环境的影响，本小节将通过数值仿真做进一步分析，并得出一些重要结论。依据曹二保等（2018）、洪等（Hong et al.，2018）最优策略条件下的约束条件，令 $\alpha = 0.3$，$\beta = 0.4$，$\tau = 0.7$。

图 4-1 显示了垄断市场下，制造商最优生产与定价策略的选择情况，

旨在进一步分析推论4.2和推论4.3中的结论。其中，当消费者社会比较程度 λ 与绿色产品生产成本 c 落入区域 I 时，制造商不会选择生产绿色产品，仍保持原状，仅向市场提供普通产品；当消费者社会比较程度 λ 与绿色产品生产成本 c 落入区域 II 时，制造商会在保持普通产品价格不变的基础上，采取高价策略向市场提供绿色产品；而当消费者社会比较程度 λ 与绿色产品生产成本 c 落入区域 III 时，制造商会在保持普通产品价格不变的基础上，采取低价策略向市场提供绿色产品。可以发现，随着消费者社会比较程度 λ 的增高，单位绿色成本 c 在区域 I 中的可行域逐渐缩小，表明制造商生产绿色产品的可能性随 λ 的增高而增大；同时，随着 λ 的增高，单位绿色成本 c 在区域 II 中的可行域逐渐缩小而区域 III 中的可行域逐渐增大，表明消费者社会比较程度越高，制造商越愿意以低价策略向市场提供绿色产品，从而扩大绿色产品的市场销售比重。

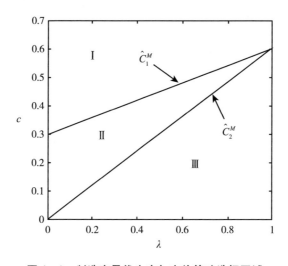

图 4 - 1 制造商最优生产与定价策略选择区域

为表述方便，令 $\Delta\Pi = \Pi^{M^*} - \Pi^{B^*}$ 表示相较于仅生产普通产品，垄断市场下的制造商同时生产普通产品与绿色产品为其带来的利润增量。图 4 - 2 描述了垄断市场下，$\Delta\Pi$ 随消费者社会比较程度 λ 的变化关系。由图 4 - 2 可知，当 λ 较低时（区域 I），制造商选择仅生产普通产品，并不会向市场提供绿色产品，故区域 I 部分的利润增量 $\Delta\Pi$ 为零。当消费者社会比较程度 λ 处于中等水平（区域 II）时，$\Delta\Pi$ 随 λ 的增高而增加；而当消费者社会比

较程度 λ 较高时（区域Ⅲ），$\Delta\Pi$ 随 λ 的增高呈先增加后减小的趋势。

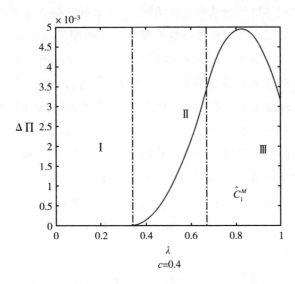

图 4 - 2　$\Delta\Pi$ 随消费者社会比较程度 λ 的变化情况

　　由推论 4.1 可知，当制造商仅生产普通产品时，普通产品的销售量及制造商利润均随 λ 的增高而减少。同时，由推论 4.5 可知，若制造商采取高价策略向市场提供绿色产品（区域Ⅱ），随着 λ 的增高，普通产品的销售量降低而绿色产品的销售量增加，并且，由推论 4.4 可知，此时在固定 λ 水平下，制造商两产品的市场总销量与仅提供普通产品情形下的对应值相同，由于绿色产品能够为制造商带来更高的单位利润，故在区域Ⅱ部分，$\Delta\Pi$ 随 λ 的增高而增加；若制造商采取低价策略向市场提供绿色产品（区域Ⅲ），由推论 4.4 可知，在固定 λ 水平下，原本选择购买普通产品以及部分未选择消费的绿色消费者均会购买绿色产品，此时制造商两产品的市场总销量高于仅生产普通产品情形下的对应值。另根据命题 4.5 不难发现，普通产品和绿色产品的最优价格均随 λ 的增高而降低，即两产品为制造商带来的单位利润均随 λ 的增高而减少，且绿色产品的单位利润对 λ 的变化更为敏感。此时，随着 λ 的增高，绿色产品的单位利润由原先高于普通产品的单位利润逐渐变为低于普通产品的单位利润。因此，在区域Ⅲ部分，随着 λ 的增高，$\Delta\Pi$ 呈先增加后减小的趋势，但制造商同时向市场提供普通产品与绿色产品时的收益始终高于仅提供普通产品情形下的对应值。

　　图 4 - 3 显示了垄断市场下，制造商经营活动对环境的影响程度 EI 随消

费者社会比较程度 λ 的变化情况，其中 EI^{B^*} 为基准模型下，即制造商仅生产普通产品时对环境的影响程度。由图4-3可知，随着 λ 的增高，制造商的经营活动对环境的影响程度逐渐降低。需要说明的是，由前文分析可知，当 λ 较低时，制造商生产绿色产品并不能为其带来额外的收益，此种情形下制造商仅生产普通产品，故有 $EI^{M^*} = EI^{B^*}$。随后，进一步分析制造商提供绿色产品对环境带来的影响，对比图4-3中的 EI^{B^*} 与 EI^{M^*} 可以发现，当处于 λ 中等程度时，相较于仅生产普通产品，制造商同时向市场提供普通产品与绿色产品能够降低对环境的影响程度，且 EI^{B^*} 与 EI^{M^*} 间的差距随 λ 的增加呈先增加后减少的趋势；但值得注意的是，制造商向市场提供绿色产品对环境并不总是有利的，当 λ 较高时（ $\lambda > \hat{\lambda}^M$ ），能够发现，相较于仅生产普通产品，制造商同时生产普通产品与绿色产品反而会加剧对环境的负面影响。这是因为，当 λ 较高时，若市场不存在绿色产品，仅提供普通产品，那么由于较高的 λ 会导致消费者获得较低的社会效用，故大部分消费者会选择放弃购买产品；而当市场提供绿色产品时，存在一部分对绿色产品溢价较高的绿色消费者，会从原本放弃购买产品转变为购买绿色产品，且由推论4.4可知，此时制造商产品的市场总销量高于仅提供普通产品情形下的对应值，因此，提供绿色产品反而加重了环境的负担。

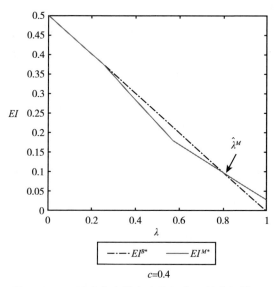

图4-3 EI 随消费者社会比较程度 λ 的变化情况

　　图 4 - 4 和图 4 - 5 分别揭示了消费者市场参数 α、β 对制造商收益水平及环境影响的变化趋势。图 4 - 4 描述了 $\lambda = 0.6$ 时，垄断市场下制造商最优收益随 α、β 的变化情况。由图 4 - 4 可知，市场中绿色消费者比例 β 越高，绿色消费者对绿色产品的溢价程度 α 越高，制造商的最优收益 Π^{M*} 越高，并且制造商向市场提供绿色产品为其带来的利润增值随 α、β 的增高而增高。

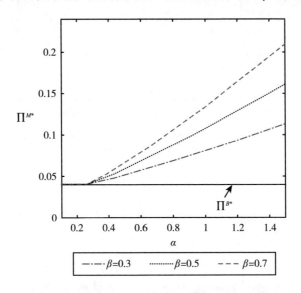

图 4 - 4　不同 β 情形下 Π^{M*} 随 α 的变化情况

　　图 4 - 5 描述了 $\lambda = 0.6$ 时，垄断市场下制造商实施最优策略对环境的影响程度 EI^{M*} 随 α、β 的变化情况。由图 4 - 5 可知，EI^{M*} 随 α 的增加呈先下降后上升的趋势，并且当 α 超过一定程度（$\alpha > \hat{\alpha}^{M}$）时，制造商向市场提供绿色产品反而会加剧对环境的影响，有 $EI^{M*} > EI^{B*}$。此外，绿色消费者比例 β 对 EI^{M*} 的影响与 α 密切相关，当 $\alpha \leqslant \hat{\alpha}^{M}$ 时，EI^{M*} 随 β 的增大而降低；当 $\alpha > \hat{\alpha}^{M}$ 时，EI^{M*} 随 β 的增大而增高。

　　图 4 - 5 表明，当消费市场绿色程度过高时，制造商提供绿色产品反而会加剧生产消费对环境的负向外部效应。这是由于当市场不存在绿色产品时，部分绿色消费者会选择不进行消费，而当市场存在绿色产品时，α 越高，绿色消费者购买绿色产品的意愿越强，虽然会使 EI^{M*} 在一开始呈下降的趋势，但随着市场产品总销量的增加，生产消费活动对环境的总影响也随之增加，并且绿色消费者比例 β 越高，上述现象越明显。

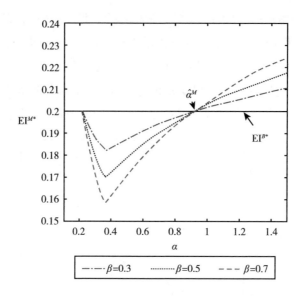

图 4-5　不同 β 情形下 EI^{M*} 随 α 的变化情况

综合图 4-4 及图 4-5 可以发现，从经济效益的角度来看，在向市场提供绿色产品时，制造商应尽可能地提高消费者市场的绿色程度，从而提高自身的收益水平；然而，一味地提高消费者市场的绿色程度，可能会加剧生产消费活动对环境带来的负向外部效应，意味着从环境保护的角度出发，降低消费者市场绿色程度或不提供绿色产品反而是更好的选择。

4.2.6　管理启示

为进一步明确本节针对垄断市场下考虑消费者社会比较行为的绿色产品市场进入与定价决策研究对拟开展绿色运营制造商管理实践的指导与借鉴作用，以下根据本节提出的命题、推论及算例分析中得到的重要研究结果，给出本节的管理启示，具体包括如下四个方面。

（1）制造商的绿色产品市场进入和定价决策与消费者社会比较行为及消费市场绿色程度（例如，绿色产品的溢价水平、绿色消费者比例）是密切相关的。在进行具体生产与定价决策之前，制造商应开展详尽的市场调研活动，获取消费者社会比较程度及消费市场绿色程度等相关信息。

（2）消费者社会比较程度及绿色产品的溢价水平越高，制造商选择同时生产普通产品和绿色产品这一生产策略的概率越大。因此，制造商可从突出产品绿色属性、加强绿色产品宣发、增强社会公众环境意识等方面加大开发绿色产品并提高自身收益的可能性。

（3）考虑到消费者的社会比较行为，若制造商同时向市场提供普通产品与绿色产品，那么当消费者社会比较程度较高时，制造商应选择低价策略向市场提供绿色产品；当消费者社会比较程度较低时，制造商应选择高价策略向市场提供绿色产品。

（4）绝大多数情况下，向市场提供绿色产品可降低生产消费活动对环境的影响，然而当消费者社会比较程度较高或消费市场绿色程度较高时，提供绿色产品反而加剧了环境的负向外部效应。虽然，通过必要的营销手段或舆论引导提高消费市场绿色程度能有效提高制造商的经济效益，但从环境效益的角度出发，一味地追求高绿色产品溢价水平和高绿色消费者比例并不一定是有利的。

4.3　竞争市场下考虑消费者社会比较行为的绿色产品市场进入与定价决策

在 4.2 节的基础上，本节进一步分析竞争市场下考虑消费者社会比较行为的绿色产品市场进入与定价决策问题。以一个生产普通产品（brown product）的传统制造商（brown manufacturer）和一个生产绿色产品（green product）的绿色制造商（green manufacturer）为研究对象，基于市场实际情况与已有研究，令传统制造商为在位者，绿色制造商为潜在进入者。在消费者存在社会比较行为倾向的情形下，通过构建传统制造商为领导者、绿色制造商为追随者的 Stackelberg 博弈模型，分析竞争市场下绿色产品进入市场的边界条件及两制造商的最优定价策略，并探讨消费者社会比较行为对各制造商定价决策及各市场均衡结果的影响。

4.3.1　市场需求函数的构建

考虑由两类消费群体：传统消费者（traditional consumer）和绿色消费

者（green consumer）共同组成的消费市场。与垄断环境下相同，面对市场中同时存在的普通产品（brown product）与绿色产品（green product），消费者综合考量各消费行为可能为其带来的消费效用（consumption utility）和社会地位效用（status utility），并以总效用最大化作为其购买决策准则。消费者效用函数及其购买决策分析过程与4.2节类似，故在此不再赘述。由前文分析可知，在考虑消费者社会比较行为下，普通产品总销售量 D_b 及绿色产品总销售量 D_g 分别为：

$$D_b = \begin{cases} (1-\beta)(1-p_b-\lambda), & p_g < (1+\alpha)p_b + (1-\tau+\alpha)\lambda, \\ (1-\beta)(1-p_b-\lambda) + & \\ \beta\left[\dfrac{p_g-p_b-(1-\tau)\lambda}{\alpha} - p_b - \lambda\right], & (1+\alpha)p_b + (1-\tau+\alpha)\lambda \leq p_g < \alpha + p_b + (1-\tau)\lambda, \\ 1-p_b-\lambda, & p_g \geq \alpha + p_b + (1-\tau)\lambda \end{cases}$$

$$(4.44)$$

$$D_g = \begin{cases} \beta\left(1-\dfrac{p_g+\tau\lambda}{1+\alpha}\right), & p_g < (1+\alpha)p_b + (1-\tau+\alpha)\lambda, \\ \beta\left[1-\dfrac{p_g-p_b-(1-\tau)\lambda}{\alpha}\right], & (1+\alpha)p_b + (1-\tau+\alpha)\lambda \leq p_g < \alpha + p_b + (1-\tau)\lambda, \\ 0, & p_g \geq \alpha + p_b + (1-\tau)\lambda \end{cases}$$

$$(4.45)$$

4.3.2 竞争市场下绿色产品市场进入与定价决策模型构建与求解

本节主要探讨竞争市场下考虑消费者社会比较行为的绿色产品市场进入与定价决策模型构建与求解问题。在竞争市场下，传统制造商和绿色制造商的博弈过程如下：（1）传统制造商作为在位者，在面对绿色产品潜在进入威胁的情形下，率先决定普通产品的市场价格 p_b^C；（2）作为潜在进入者的绿色制造商，在观察到 p_b^C 后，综合消费者及市场信息决定是否向市场提供绿色产品。若绿色制造商进入市场，则决策绿色产品的市场进入价格 p_g^C；若绿色制造商不进入市场，那么 p_b^C 则为传统制造商所设置的垄断价格。

4.3.2.1　遏制绿色产品进入消费市场

首先，考虑绿色产品被遏制进入市场的情形。由式（4.46）可知，当满足条件 $p_g \geq \alpha + p_b + (1-\tau)\lambda$ 时，绿色产品的市场需求为零。由于绿色产品的最低销售价格为其生产成本 c。因此，若传统制造商将普通产品价格定为 $p_b \leq c - \alpha - (1-\tau)\lambda$，那么绿色制造商将不会进入市场，传统制造商可实现市场垄断。此种情形下，传统制造商的决策问题可表示为：

$$\underset{p_b}{\text{Max}}\Pi_b^C = p_b(1 - p_b - \lambda) \tag{4.46}$$

$$\text{s. t.}\quad p_b \leq c - \alpha - (1-\tau)\lambda \tag{4.47}$$

求解上述最优化问题，可得如下命题：

命题 4.6：竞争市场下，考虑消费者社会比较行为，若传统制造以价格 p_b^{CD*} 向市场提供普通产品，则能够有效遏制绿色制造商进入市场，其中：

$$p_b^{CD*} = \begin{cases} p_b^{CD1*} = c - \alpha - \lambda(1-\tau), & c < \hat{C}_1^C \\ p_b^{CD2*} = \dfrac{1-\lambda}{2}, & c \geq \hat{C}_1^C \end{cases} \tag{4.48}$$

其中，$\hat{C}_1^C = \dfrac{1 + 2\alpha + \lambda - 2\lambda\tau}{2}$。

证明 4.13：证明过程与命题 4.3 过程类似，在此不做赘述。

命题 4.6 给出了传统制造商为遏制绿色产品市场进入的最优定价策略。命题 4.6 表明，若绿色产品生产成本 $c \geq \hat{C}_1^C$，绿色制造商受生产成本限制，不会选择进入市场与传统制造商竞争。此时，传统制造商不需付出额外的努力即可垄断市场，决策模型退化为 4.2 节中的基准模型；若绿色产品生产成本 $c < \hat{C}_1^C$，绿色制造商向市场提供绿色产品存在一定的盈利空间。此种情形下，传统制造商若想阻止绿色制造商进入市场，可将普通产品的市场价格降为 $c - \alpha - \lambda(1-\tau)$。此时，绿色产品只有以低于成本的价格进行销售时才会产生销量，进而有效遏制了绿色产品进入消费市场。根据命题 4.6 可进一步得出传统制造商遏制绿色产品市场进入时的最优利润 Π_b^{CD*} 及对环境的影响程度 EI^{CD*} 分别为：

$$\Pi_b^{CD^*} = \begin{cases} [c - \alpha - \lambda(1-\tau)](1-c+\alpha-\lambda\tau), & c < \hat{C}_1^c \\ \dfrac{(1-\lambda)^2}{4}, & c \geq \hat{C}_1^c \end{cases} \quad (4.49)$$

$$EI^{CD^*} = \begin{cases} 1 - c + \alpha - \lambda\tau, & c < \hat{C}_1^c \\ \dfrac{1-\lambda}{2}, & c \geq \hat{C}_1^c \end{cases} \quad (4.50)$$

4.3.2.2 允许绿色产品进入消费市场

若传统制造商将普通产品价格设定为 $p_b > c - \alpha - (1-\tau)\lambda$，则绿色产品存在一定的市场空间。此时，普通产品和绿色产品共存于消费市场。依据式（4.45）可知，当 $(1+\alpha)p_b + (1-\tau+\alpha)\lambda \leq p_g < \alpha + p_b + (1-\tau)\lambda$ 时，传统制造商未完全放弃绿色消费者市场，在最优定价策略下，除传统消费者外，还存在部分绿色消费者选择购买普通产品；当 $p_g < (1+\alpha)p_b + (1-\tau+\alpha)\lambda$ 时，传统制造商完全放弃绿色消费者市场，在最优定价策略下，将不会有绿色消费者选择购买普通产品，普通产品的销售量全部来自传统消费者群体。下面分别针对上述两种情形，探讨在普通产品价格给定时，绿色制造商关于绿色产品定价决策的最优反应策略。

命题 4.7： 竞争市场下，考虑消费者社会比较行为，在给定普通产品市场价格 p_b 下，绿色产品市场进入价格 p_g 的最优反应函数为：

$$p_g^{C^*}(p_b) = \begin{cases} \dfrac{1}{2}[c + \alpha + \lambda(1-\tau) + p_b], & [c - \alpha - \lambda(1-\tau)] < p_b \leq \dfrac{c+\alpha-\lambda(1+2\alpha-\tau)}{(1+2\alpha)} \\ \lambda(1+\alpha-\tau) + (1+\alpha)p_b, & \dfrac{c+\alpha-\lambda(1+2\alpha-\tau)}{(1+2\alpha)} < p_b < \dfrac{1+c+\alpha-\lambda(2+2\alpha-\tau)}{2(1+\alpha)} \\ \dfrac{1}{2}(1+c+\alpha-\lambda\tau), & p_b \geq \dfrac{1+c+\alpha-\lambda(2+2\alpha-\tau)}{2(1+\alpha)} \end{cases}$$

$$(4.51)$$

证明 4.14： 由式（4.44）和式（4.45）可知：

（1）当普通产品和绿色产品共存于市场时，若传统制造商未完全放弃绿色消费者市场，即 $(1+\alpha)p_b + (1-\tau+\alpha)\lambda \leq p_g < \alpha + p_b + (1-\tau)\lambda$ 时，则仍有部分绿色消费者选择购买普通产品。此时绿色产品的销售量为 $D_g = $

$\beta\Big[1-\dfrac{p_g-p_b-(1-\tau)\lambda}{\alpha}\Big]$。此种情境下，绿色制造商面临的决策问题为：

$$\underset{p_g}{\mathrm{Max}}\Pi_g^C = (p_g-c)\beta\Big[1-\frac{p_g-p_b-(1-\tau)\lambda}{\alpha}\Big] \tag{4.52}$$

$$\text{s. t.}\quad (1+\alpha)p_b+(1-\tau+\alpha)\lambda \leqslant p_g < \alpha+p_b+(1-\tau)\lambda \tag{4.53}$$

与前文证明类似，作 Lagrangean 函数，有：

$$L_{g1}^C(p_g,\upsilon_1,\upsilon_2) = (p_g-c)\beta\Big[1-\frac{p_g-p_b-(1-\tau)\lambda}{\alpha}\Big]-\upsilon_1\big[(1+\alpha)p_b$$

$$+(1-\tau+\alpha)\lambda-p_g\big]-\upsilon_2\big[p_g-\alpha+p_b+(1-\tau)\lambda\big]$$

其 Karush – Kuhn – Tucker（KKT）条件为：

$$\begin{cases} \dfrac{\partial L_{g1}^C}{\partial p_g}=\dfrac{\beta(c+\alpha+\lambda-\lambda\tau)-\beta(2p_g-p_b)}{\alpha}+\upsilon_1-\upsilon_2=0 \\[2mm] \upsilon_1\big[(1+\alpha)p_b+(1-\tau+\alpha)\lambda-p_g\big]=0 \\[2mm] \upsilon_2\big[p_g-\alpha+p_b+(1-\tau)\lambda\big]=0 \\[2mm] \upsilon_1\geqslant0 \\[2mm] \upsilon_2\geqslant0 \end{cases}$$

情形 1：$\upsilon_1=0$，$\upsilon_2>0$，根据上述 KKT 条件，可得：

$$p_g^{C1*}(p_b)=\alpha+\lambda(1-\tau)+p_b \tag{4.54}$$

$$\upsilon_2^*=\frac{\beta\big[c-\alpha-\lambda(1-\tau)-p_b\big]}{\alpha} \tag{4.55}$$

值得注意的是，根据非负条件 $\upsilon_2>0$，易得满足此情形的条件为 $p_b<c-\alpha-\lambda(1-\tau)$。而由命题 4.7 可知，当 $p_b<c-\alpha-\lambda(1-\tau)$ 时，绿色产品被阻隔在市场外，故舍去。

情形 2：$\upsilon_1>0$，$\upsilon_2=0$，根据上述 KKT 条件，可得：

$$p_g^{C2*}(p_b)=\lambda(1+\alpha-\tau)+(1+\alpha)p_b \tag{4.56}$$

$$\upsilon_2^*=\frac{\beta\big[\lambda(1+2\alpha-\tau)-c-\alpha+(1+2\alpha)p_b\big]}{\alpha} \tag{4.57}$$

根据非负条件 $\upsilon_1>0$，可得满足此情形的条件为 $p_b>\dfrac{c+\alpha-\lambda(1+2\alpha-\tau)}{(1+2\alpha)}$。

情形3：$v_1 = 0$，$v_2 = 0$，根据上述 KKT 条件，可得：

$$p_g^{C3*}(p_b) = \frac{1}{2}[c + \alpha + \lambda(1-\tau) + p_b] \tag{4.58}$$

根据约束条件式（4.53），可得满足此情形的条件为 $[c - \alpha - \lambda(1-\tau)] <$

$p_b \leq \dfrac{c + \alpha - \lambda(1 + 2\alpha - \tau)}{(1 + 2\alpha)}$。

（2）类似地，当普通产品和绿色产品共存于市场时，若传统制造商完全放弃绿色消费者市场，即 $p_g \leq (1+\alpha)p_b + (1-\tau+\alpha)\lambda$。此种情形下，绿色消费者将不会再选择购买普通产品，绿色产品的销售量为 $D_g = \beta\left(1 - \dfrac{p_g + \tau\lambda}{1+\alpha}\right)$。此时，绿色制造商面对的决策问题为：

$$\underset{p_g}{\text{Max}}\Pi_g^C = (p_g - c)\beta\left(1 - \frac{p_g + \tau\lambda}{1+\alpha}\right) \tag{4.59}$$

$$\text{s.t.} \quad p_g \leq (1+\alpha)p_b + (1-\tau+\alpha)\lambda \tag{4.60}$$

作 Lagrangean 函数，有：

$$L_{g2}^C(p_g, v_3) = (p_g - c)\beta\left(1 - \frac{p_g + \tau\lambda}{1+\alpha}\right) - v_3[p_g - (1+\alpha)p_b + (1-\tau+\alpha)\lambda]$$

其 Karush – Kuhn – Tucker（KKT）条件为：

$$\begin{cases} \dfrac{\partial L_{g2}^C}{\partial p_g} = \dfrac{\beta(1+c+\alpha-\lambda\tau) - 2\beta p_g}{1+\alpha} - v_3 = 0 \\[2mm] v_3[p_g - (1+\alpha)p_b + (1-\tau+\alpha)\lambda] = 0 \\[2mm] v_3 \geq 0 \end{cases}$$

情形4：$v_3 > 0$，根据上述 KKT 条件，可得：

$$p_g^{C4*}(p_b) = p_g^{C2*}(p_b) = \lambda(1+\alpha-\tau) + (1+\alpha)p_b \tag{4.61}$$

$$v_3^* = \frac{\beta[1 + c + \alpha - \lambda(2+2\alpha-\tau) - 2(1+\alpha)p_b]}{1+\alpha} \tag{4.62}$$

根据非负条件 $v_3 > 0$，可得满足此情形的条件为 $p_b < \dfrac{1+c+\alpha-\lambda(2+2\alpha-\tau)}{2(1+\alpha)}$。

情形5：$v_3 = 0$，根据上述 KKT 条件，可得：

$$p_g^{C5*}(p_b) = \frac{1}{2}(1 + c + \alpha - \lambda\tau) \tag{4.63}$$

根据约束条件式（4.60），可得满足此情形的条件为 $p_b \geqslant$ $\dfrac{1 + c + \alpha - \lambda(2 + 2\alpha - \tau)}{2(1 + \alpha)}$。

综合分析上述情形，发现有 $p_g^{C4*}(p_b) = p_g^{C2*}(p_b)$，故可总结得出绿色制造商最优反应函数，如命题 4.7 所示。

命题 4.7 给出了面对普通产品的市场销售价格 p_b，绿色制造商向市场提供绿色产品时所制定的最优定价策略 $p_g^{C*}(p_b)$。传统制造商基于对绿色制造商最优反应 $p_g^{C*}(p_b)$ 的预期，决策普通产品最优销售价格 p_b^{C*}。

依据命题 4.7 可知，在面对绿色产品市场进入威胁时，传统制造商可针对普通产品采取三种定价策略：（1）以传统消费者和绿色消费者为销售目标群体，并制定一个远低于绿色产品的价格，从而吸引大部分绿色消费者购买普通产品（L 策略）；（2）以传统消费者和绿色消费者为销售目标群体，并制定一个适当低于绿色产品的价格，从而吸引一小部分绿色消费者购买普通产品（M 策略）；（3）放弃绿色消费者群体，仅以传统消费者为销售目标群体，并制定一个略低于绿色产品的价格，从而最大限度地攫取传统消费者的剩余价值（H 策略）。下面分别针对上述三种定价策略给出具体分析。

（1）当 $[c - \alpha - \lambda(1 - \tau)] < p_b \leqslant \dfrac{c + \alpha - \lambda(1 + 2\alpha - \tau)}{(1 + 2\alpha)}$ 时，即传统制造商选择拟以远低于绿色产品的价格销售普通产品（L 策略）。在此种情形下，除传统消费者外，还存在大部分绿色消费者购买普通产品，普通产品的销售量为 $D_b = (1 - \beta)(1 - p_b - \lambda) + \beta\left[\dfrac{p_g - p_b - (1 - \tau)\lambda}{\alpha} - p_b - \lambda\right]$。同时，由命题 4.7 及式（4.44）、式（4.45）可知，此时绿色制造商的最优反应函数为 $p_g^{C*}(p_b) = \dfrac{1}{2}[c + \alpha + \lambda(1 - \tau) + p_b]$。因此，在这种定价策略下，传统制造商的决策问题可表示为：

$$\underset{p_b}{\text{Max}}\Pi_b^C = p_b\left\{(1 - \beta)(1 - p_b - \lambda) + \beta\left[\dfrac{p_g^{C*}(p_b) - p_b - (1 - \tau)\lambda}{\alpha} - p_b - \lambda\right]\right\}$$

$$\tag{4.64}$$

$$\text{s. t.} \quad [c - \alpha - \lambda(1 - \tau)] < p_b \leqslant \dfrac{c + \alpha - \lambda(1 + 2\alpha - \tau)}{(1 + 2\alpha)} \tag{4.65}$$

求解上述最优化问题，可得到命题 4.8。

命题 4.8：面对绿色产品市场进入威胁时，若传统制造商选择以远低于绿色产品的价格销售普通产品，则普通产品的最优销售价格 p_b^{CL*} 为：

$$p_b^{CL*} = \begin{cases} p_b^{CL1*} = \dfrac{c + \alpha - 2\alpha\lambda - \lambda(1-\tau)}{1 + 2\alpha}, & c < \hat{C}_2^c \\[3mm] p_b^{CL2*} = \dfrac{\alpha(2 - \beta - 2\lambda) + \beta[c - \lambda(1-\tau)]}{2(2\alpha + \beta)}, & \hat{C}_2^c \leq c < \hat{C}_3^c \end{cases} \quad (4.66)$$

其中，$\hat{C}_2^c = \dfrac{2\alpha - \alpha\beta(3 + 2\alpha)}{4\alpha - 2\alpha\beta + \beta} + \dfrac{2\alpha\lambda(1 - 2\tau + 2\alpha)}{4\alpha - 2\alpha\beta + \beta} + \dfrac{\beta[2\alpha(1-\tau) + 1 - \tau]}{4\alpha - 2\alpha\beta + \beta}$，

$\hat{C}_3^c = \alpha - \lambda\tau + \dfrac{2\alpha(1 + \lambda) + \beta\lambda}{4\alpha + \beta}$。

证明 4.15：与前面类似，作 Lagrangean 函数，有：

$$L_{b1}^C(p_b, \vartheta_1, \vartheta_2) =$$

$$p_b\left\{(1-\beta)(1 - p_b - \lambda) + \beta\left[\dfrac{p_g^{C*}(p_b) - p_b - (1-\tau)\lambda}{\alpha} - p_b - \lambda\right]\right\}$$

$$- \vartheta_1\left\{[c - \alpha - \lambda(1-\tau)] - p_b\right\} - \vartheta_2\left[p_b - \dfrac{c + \alpha - \lambda(1 + 2\alpha - \tau)}{(1 + 2\alpha)}\right]$$

其 Karush – Kuhn – Tucker（KKT）条件为：

$$\begin{cases} \dfrac{\partial L_{b1}^C}{\partial p_b} = \dfrac{2\alpha(1-\lambda) + \beta(c - \alpha - \lambda + \lambda\tau) - 2(2\alpha + \beta)p_b}{2\alpha} + \vartheta_1 - \vartheta_2 = 0 \\[3mm] \vartheta_1\left\{[c - \alpha - \lambda(1-\tau)] - p_b\right\} = 0 \\[3mm] \vartheta_2\left[p_b - \dfrac{c + \alpha - \lambda(1 + 2\alpha - \tau)}{(1 + 2\alpha)}\right] = 0 \\[3mm] \vartheta_1 \geq 0 \\[2mm] \vartheta_2 \geq 0 \end{cases}$$

情形 1：$\vartheta_1 > 0$，$\vartheta_2 = 0$，根据上述 *KKT* 条件，求解可得此种情形下有 $p_b^{C*} = c - \alpha - \lambda(1-\tau)$。需要指明的是，由命题 4.6 可知，当 $p_b = c - \alpha - \lambda(1-\tau)$ 时，绿色产品的市场销量为零，此时绿色制造商不会选择进入市场，故舍去。

情形 2：$\vartheta_1 = 0$，$\vartheta_2 > 0$，根据上述 KKT 条件，可得：

$$p_b^{CL1*} = \dfrac{c + \alpha - 2\alpha\lambda - \lambda(1-\tau)}{1 + 2\alpha} \quad (4.67)$$

$$\vartheta_2^* = \frac{(1-\beta+\beta\lambda)-(2-\beta)(c+\lambda\tau)}{1+2\alpha} - \frac{(\beta-2\lambda)}{2} - \frac{\beta[c-\lambda(1-\tau)]}{2\alpha(1+2\alpha)}$$

(4.68)

根据非负条件 $\upsilon_2 > 0$，可得满足此种情形的条件为 $c < \hat{C}_2^c$，其中，$\hat{C}_2^c = $
$\frac{2\alpha-\alpha\beta(3+2\alpha)}{4\alpha-2\alpha\beta+\beta} + \frac{2\alpha\lambda(1-2\tau+2\alpha)}{4\alpha-2\alpha\beta+\beta} + \frac{\beta\lambda[2\alpha(1-\tau)+1-\tau]}{4\alpha-2\alpha\beta+\beta}$。

情形 3：$\vartheta_1 = 0$，$\vartheta_2 = 0$，根据上述 KKT 条件，可得：

$$p_b^{Cl2*} = \frac{\alpha(2-\beta-2\lambda)+\beta[c-\lambda(1-\tau)]}{2(2\alpha+\beta)}$$

(4.69)

由约束条件式（4.65），可得满足此种情形的条件为 $\hat{C}_2^c \leq c < \hat{C}_3^c$，其中
$\hat{C}_3^c = \alpha - \lambda\tau + \frac{2\alpha(1+\lambda)+\beta\lambda}{4\alpha+\beta}$。故命题 4.8 得证。

将命题 4.8 中所得结论代入对应条件下的绿色制造商最优反应函数以及
传统制造商与绿色制造商各自的利润函数后，可进一步得到如下命题。

命题 4.9：竞争市场下，考虑消费者的社会比较行为，若传统制造商选
择以 p_b^{CL*} 销售普通产品，那么绿色产品最优定价策略 p_g^{CL*}、传统制造商最
优收益 Π_b^{CL*} 及绿色制造商的最优收益 Π_g^{CL*} 分别为：

$$p_g^{CL*} = \begin{cases} \dfrac{\alpha(1+\alpha+c-\lambda\tau)+c}{1+2\alpha}, & c < \hat{C}_2^c \\[3mm] \dfrac{2(\alpha+c)+\lambda(1-\tau)}{4} + \dfrac{2\alpha(1-\lambda\tau)+\beta(c-\alpha)}{4(2\alpha+\beta)}, & \hat{C}_2^c \leq c < \hat{C}_3^c \end{cases}$$

(4.70)

$$\Pi_b^{CL*} = \begin{cases} \dfrac{(1-\beta)[c+\alpha-\lambda(1-\tau)-2\alpha\lambda](1+\alpha-c-\lambda\tau)}{(1+2\alpha)^2}, & c < \hat{C}_2^c \\[3mm] \dfrac{[\beta(c-\lambda(1-\tau))+\alpha[2(1-\lambda)-\beta]]^2}{8\alpha(2\alpha+\beta)}, & \hat{C}_2^c \leq c < \hat{C}_3^c \end{cases}$$

(4.71)

$$\Pi_g^{CL*} = \begin{cases} \dfrac{\alpha\beta(1+\alpha-c-\lambda\tau)^2}{(1+2\alpha)^2}, & c < \hat{C}_2^c \\[3mm] \dfrac{\beta\{4\alpha^2-(4\alpha+\beta)[c-\lambda(1-\tau)]+\alpha[2(1-\lambda)+\beta]\}^2}{16\alpha(2\alpha+\beta)^2}, & \hat{C}_2^c \leq c < \hat{C}_3^c \end{cases}$$

(4.72)

(2) 当 $\dfrac{c+\alpha-\lambda(1+2\alpha-\tau)}{(1+2\alpha)}<p_b<\dfrac{1+c+\alpha-\lambda(2+2\alpha-\tau)}{2(1+\alpha)}$ 时，即传统制造商拟以一个适当低于绿色产品的价格销售普通产品（M策略）。在此种情形下，除传统消费者购买普通产品外，仍有小部分绿色消费者选择购买普通产品。此时，普通产品的销售量为 $D_b=(1-\beta)(1-p_b-\lambda)+\beta\Big[\dfrac{p_g-p_b-(1-\tau)\lambda}{\alpha}-p_b-\lambda\Big]$。

同时，由命题4.7及式（4.44）、式（4.45）可知，绿色制造商最优反应函数为 $p_g^{C*}(p_b)=\lambda(1+\alpha-\tau)+(1+\alpha)p_b$。因此，此种定价策略下，传统制造商面对的决策问题为：

$$\operatorname*{Max}_{p_b}\Pi_b^C=p_b\Big\{(1-\beta)(1-p_b-\lambda)+\beta\Big[\frac{p_g^{C*}(p_b)-p_b-(1-\tau)\lambda}{\alpha}-p_b-\lambda\Big]\Big\}$$

(4.73)

$$\text{s. t. }\quad \frac{c+\alpha-\lambda(1+2\alpha-\tau)}{(1+2\alpha)}<p_b<\frac{1+c+\alpha-\lambda(2+2\alpha-\tau)}{2(1+\alpha)}\quad (4.74)$$

求解上述最优化问题，可得到如下命题。

命题4.10：面对绿色产品市场进入威胁时，若传统制造商选择以一个适当低于绿色产品的价格销售普通产品，则普通产品的最优销售价格 p_b^{CM*} 为：

$$p_b^{CM*}=\begin{cases}p_b^{CM1*}=\dfrac{1+c+\alpha-2\alpha\lambda-2\lambda+\lambda\tau}{2+2\alpha}, & c<\hat{C}_4^C\\[2mm] p_b^{CM2*}=\dfrac{1-\lambda}{2}, & \hat{C}_4^C\leqslant c<\hat{C}_1^C \\[2mm] p_b^{CM3*}=\dfrac{c+\alpha-2\alpha\lambda-\lambda(1-\tau)}{1+2\alpha} & c\geqslant\hat{C}_1^C\end{cases}\quad (4.75)$$

其中，$\hat{C}_4^C=\lambda(1+\alpha-\tau)$。

证明4.16：同样地，作 Lagrangean 函数，有：

$$L_{b2}^C(p_b,\vartheta_3,\vartheta_4)$$

$$=p_b\Big\{(1-\beta)(1-p_b-\lambda)+\beta\Big[\frac{p_g^{C*}(p_b)-p_b-(1-\tau)\lambda}{\alpha}-p_b-\lambda\Big]\Big\}$$

$$-\vartheta_3\Big[\frac{c+\alpha-\lambda(1+2\alpha-\tau)}{(1+2\alpha)}-p_b\Big]-\vartheta_4\Big[p_b-\frac{1+c+\alpha-\lambda(2+2\alpha-\tau)}{2(1+\alpha)}\Big]$$

(4.76)

其 Karush – Kuhn – Tucker（KKT）条件为：

$$\begin{cases} \dfrac{\partial L_{b2}^{C}}{\partial p_b} = -(1-\beta)p_b + (1-\beta)(1-\lambda-p_b) + \vartheta_3 - \vartheta_4 = 0 \\[3mm] \vartheta_3\left[\dfrac{c+\alpha-\lambda(1+2\alpha-\tau)}{(1+2\alpha)} - p_b\right] = 0 \\[3mm] \vartheta_4\left[p_b - \dfrac{1+c+\alpha-\lambda(2+2\alpha-\tau)}{2(1+\alpha)}\right] = 0 \\[3mm] \vartheta_3 \geqslant 0 \\[2mm] \vartheta_4 \geqslant 0 \end{cases}$$

情形 1：$\vartheta_3 = 0$，$\vartheta_4 > 0$，根据上述 KKT 条件，可得：

$$p_b^{CM1*} = \frac{1+c+\alpha-2\alpha\lambda-2\lambda+\lambda\tau}{2+2\alpha} \tag{4.77}$$

$$\vartheta_4^* = \frac{(-1+\beta)[c-\lambda(1+\alpha-\tau)]}{1+\alpha} \tag{4.78}$$

根据非负条件 $\upsilon_4 > 0$，可得满足此情形的条件为 $c < \hat{C}_4^C$，其中 $\hat{C}_4^C = \lambda(1+\alpha-\tau)$。

情形 2：$\vartheta_3 = 0$，$\vartheta_4 = 0$，根据上述 KKT 条件，可得：

$$p_b^{CM2*} = \frac{1-\lambda}{2} \tag{4.79}$$

根据约束条件式（4.74），可得满足此情形的条件为 $\hat{C}_4^C < c < \hat{C}_1^C$。

情形 3：$\vartheta_3 > 0$，$\vartheta_4 = 0$，根据上述 KKT 条件，可得：

$$p_b^{CM3*} = \frac{c+\alpha-2\alpha\lambda-\lambda(1-\tau)}{1+2\alpha} \tag{4.80}$$

$$\vartheta_3^* = \frac{(-1+\beta)(1-2c+\lambda+2\alpha\lambda-2\lambda\tau)}{1+2\alpha} \tag{4.81}$$

根据非负条件 $\upsilon_3 > 0$，可得满足此情形的条件为 $c > \hat{C}_1^C$。故命题 4.10 得证。

将命题 4.10 中所得结论代入对应条件下的绿色制造商最优反应函数以及传统制造商与绿色制造商各自的利润函数后，可进一步得到如下命题。

命题 4.11：竞争市场下，考虑消费者的社会比较行为，若传统制造商

选择以 p_b^{CM*} 销售普通产品, 那么绿色产品的最优定价策略 p_g^{CM*}、传统制造商的最优收益 Π_b^{CM*} 及绿色制造商的最优收益 Π_g^{CM*} 分别为:

$$p_g^{CM*} = \begin{cases} \dfrac{1+c+\alpha-\lambda\tau}{2}, & c < \hat{C}_4^c \\[3mm] \dfrac{(1+\alpha)(1+\lambda)-2\lambda\tau}{2}, & \hat{C}_4^c \leqslant c < \hat{C}_1^c \\[3mm] \dfrac{c+\alpha+\alpha(c+\alpha-\lambda\tau)}{1+2\alpha}, & c \geqslant \hat{C}_1^c \end{cases} \quad (4.82)$$

$$\Pi_b^{CM*} = \begin{cases} \dfrac{(1-\beta)(1-c+\alpha-\lambda\tau)[1+c+\alpha-2\alpha\lambda-\lambda(2-\tau)]}{4(1+\alpha)^2}, & c < \hat{C}_4^c \\[3mm] \dfrac{(1-\beta)(1-\lambda)^2}{4}, & \hat{C}_4^c \leqslant c < \hat{C}_1^c \\[3mm] \dfrac{(1-\beta)(1-c+\alpha-\lambda\tau)[c+\alpha-2\alpha\lambda-\lambda(1-\tau)]}{(1+2\alpha)^2}, & c \geqslant \hat{C}_1^c \end{cases}$$

$$(4.83)$$

$$\Pi_g^{CM*} = \begin{cases} \dfrac{\beta(1-c+\alpha-\lambda\tau)^2}{4(1+\alpha)}, & c < \hat{C}_4^c \\[3mm] \dfrac{\beta(1-\lambda)^2}{4}, & \hat{C}_4^c \leqslant c < \hat{C}_1^c \\[3mm] \dfrac{\alpha\beta(1-c+\alpha-\lambda\tau)^2}{(1+2\alpha)^2}, & c \geqslant \hat{C}_1^c \end{cases} \quad (4.84)$$

(3) 当 $p_b \geqslant \dfrac{1+c+\alpha-\lambda(2+2\alpha-\tau)}{2(1+\alpha)}$ 时, 即传统制造商以一个略低于绿色产品的价格销售普通产品 (H 策略)。在此定价策略下, 传统制造商放弃绿色消费者群体, 仅针对传统消费者销售普通产品。此时, 普通产品的销量为 $D_b = (1-\beta)(1-p_b-\lambda)$。同时, 由命题 4.7 及式 (4.44) 和式 (4.45) 可知, 此时绿色制造商的最优反应函数为 $p_g^{C*}(p_b) = \dfrac{1}{2}(1+c+\alpha-\lambda\tau)$。因此, 传统制造商的决策问题可表示为:

$$\operatorname*{Max}_{p_b} \Pi_b^C = p_b(1-\beta)(1-p_b-\lambda) \quad (4.85)$$

$$\text{s. t.} \quad p_b \geqslant \dfrac{1+c+\alpha-\lambda(2+2\alpha-\tau)}{2(1+\alpha)} \quad (4.86)$$

求解上述最优化问题，可得到如下命题。

命题 4.12：面对绿色产品的市场进入威胁时，若传统制造商选择以略低于绿色产品的价格销售普通产品，则普通产品的最优销售价格 p_b^{CH*} 为：

$$p_b^{CH*} = \begin{cases} p_b^{CH1*} = \dfrac{(1+c+\alpha)-2\lambda(1+\alpha)+\lambda\tau}{2+2\alpha}, & c > \hat{C}_4^c \\[4mm] p_b^{CH2*} = \dfrac{1-\lambda}{2}, & c \leqslant \hat{C}_4^c \end{cases} \tag{4.87}$$

证明 4.17：作 Lagrangean 函数，有：

$$L_{b3}^{C}(p_b,\vartheta_5) = p_b(1-\beta)(1-p_b-\lambda) - \vartheta_5\left[\frac{1+c+\alpha-\lambda(2+2\alpha-\tau)}{2(1+\alpha)}-p_b\right]$$

其 Karush – Kuhn – Tucker（KKT）条件为：

$$\begin{cases} \dfrac{\partial L_{b3}^C}{\partial p_g} = 1-\lambda-\beta(1-\lambda)-2(1-\beta)p_b+\upsilon_5 = 0 \\[4mm] \upsilon_5\left[\dfrac{1+c+\alpha-\lambda(2+2\alpha-\tau)}{2(1+\alpha)}-p_b\right] = 0 \\[4mm] \upsilon_5 \geqslant 0 \end{cases}$$

情形 1：$\vartheta_5 > 0$，根据上述 KKT 条件，可得：

$$p_b^{CH1*} = \frac{(1+c+\alpha)-2\lambda(1+\alpha)+\lambda\tau}{2+2\alpha} \tag{4.88}$$

$$\upsilon_5^* = \frac{(1-\beta)\left[c-\lambda(1+\alpha-\tau)\right]}{1+\alpha} \tag{4.89}$$

根据非负条件 $\upsilon_3 > 0$，可得满足此情形的条件为 $c > \hat{C}_4^c = \lambda(1+\alpha-\tau)$。

情形 2：$\vartheta_5 = 0$，根据上述 KKT 条件，可得：

$$p_b^{CH2*} = \frac{1-\lambda}{2}$$

根据约束条件式（4.86），可得满足此情形的条件为 $c \leqslant \hat{C}_4^c$。故命题 4.12 得证。

将命题 4.12 中所得结论代入对应条件下的绿色制造商最优反应函数以及传统制造商与绿色制造商各自的利润函数后，可进一步得到如下命题。

命题 4.13：竞争市场下，考虑消费者的社会比较行为，若传统制造商选择以 p_b^{CH*} 销售普通产品，那么绿色制造商关于绿色产品的最优定价策略 p_g^{CH*}、传统制造商最优收益 Π_b^{CH*} 及绿色制造商的最优收益 Π_g^{CH*} 分别为：

$$p_g^{CH*} = \frac{(1+c+\alpha-\lambda\tau)}{2} \qquad (4.90)$$

$$\Pi_b^{CH*} = \begin{cases} \dfrac{(1-\beta)(1-c+\alpha-\lambda\tau)[1+c+\alpha-2\lambda(1+\alpha)+\lambda\tau]}{4(1+\alpha)^2}, & c > \hat{C}_4^c \\[4mm] \dfrac{(1-\beta)(1-\lambda)^2}{4}, & c \leqslant \hat{C}_4^c \end{cases}$$

$$\qquad (4.91)$$

$$\Pi_g^{CH*} = \frac{\beta(1-c+\alpha-\lambda\tau)^2}{4(1+\alpha)} \qquad (4.92)$$

可以发现，当传统制造商选择以略低于绿色产品的价格 p_b^{CH*} 销售普通产品时，绿色制造商针对绿色产品的最优定价策略不会受到普通产品市场价格的影响。这是因为，在此种情形下，传统制造商不再将绿色消费者作为销售目标群体，而是仅专注于传统消费者市场。因此，普通产品的销售价格不会对绿色制造商的定价决策产生影响。

4.3.3 最优定价策略选择

推论 4.12：竞争市场下，考虑消费者社会比较行为的普通产品最优定价策略 p_b^{c*} 为：

（1）当 $c \geqslant \hat{C}_1^c$ 时，传统制造商选择以垄断价格 p_b^{CD2*} 销售普通产品，从而遏制绿色产品进入市场；

（2）当 $\hat{\Lambda}_1 < c < \hat{C}_1^c$ 时，传统制造商选择以价格 p_b^{Cl2*} 销售普通产品，从而吸引大部分绿色消费者购买普通产品；

（3）当 $\hat{C}_4^c < c \leqslant \hat{\Lambda}_1$ 时，传统制造商选择以价格 p_b^{CM2*} 销售普通产品，从而争取一小部分绿色消费者购买普通产品；

（4）当 $c \leqslant \hat{C}_4^c$ 时，传统制造商选择以价格 p_b^{CH2*} 销售普通产品，此时传统制造商放弃绿色消费者市场并选择以高价销售产品，从而最大限度地攫取传统消费者的剩余价值。其中，$\hat{\Lambda}_1 = \alpha + \lambda(1-\tau) + \dfrac{\sqrt{2\alpha(1-\beta)(2\alpha+\beta)(1-\lambda)^2} - 2\alpha(1-\lambda)}{\beta}$。

需要进一步指明的是，依据命题 4.6、命题 4.10 及命题 4.12 可以发现，p_b^{CD2*}、p_b^{CM2*} 和 p_b^{CH2*} 具有相同的解析表达式，故传统制造商针对普通产品的最优策略可被表示为：

$$
p_b^{C*} = \begin{cases} \dfrac{\alpha(2-2\lambda+\beta) + \beta[c-\lambda(1-\tau)]}{2(2\alpha+\beta)}, & \hat{\Lambda}_1 < c < \hat{C}_1^c \\[3mm] \dfrac{1-\lambda}{2}, & c \leqslant \hat{\Lambda}_1 \text{ 或 } c \geqslant \hat{C}_1^c \end{cases}
\tag{4.93}
$$

证明 4.18：通过分析容易得到 $\hat{C}_1^c$、$\hat{C}_2^c$、$\hat{C}_3^c$、$\hat{C}_4^c$ 存在如下关系：当 $\beta \leqslant \dfrac{2}{2\alpha+3}$ 时，有 $\hat{C}_4^c < \hat{C}_2^c < \hat{C}_1^c < \hat{C}_3^c$；当 $\beta > \dfrac{2}{2\alpha+3}$ 时，有 $\hat{C}_2^c < \hat{C}_4^c < \hat{C}_1^c < \hat{C}_3^c$；需指出的是，在上述两种情形下，传统制造商最终选择的最优定价策略具有一致性，以下仅以 $\beta \leqslant \dfrac{2}{2\alpha+3}$ 的情形为例进行具体阐释。

（1）综合命题 4.6、命题 4.8、命题 4.10 及命题 4.12 可知：

① 当 $c > \hat{C}_3^c$ 时，传统制造商进行普通产品定价决策时，可选择的策略集合为 $\{p_b^{CD2*}, p_b^{CH1*}, p_b^{CM3*}\}$。

首先，比较 $\Pi_b^{CM*}(p_b^{CM3*})$ 与 $\Pi_b^{CH*}(p_b^{CH1*})$ 有，

$\Pi_b^{CM*}(p_b^{CM3*}) - \Pi_b^{CH*}(p_b^{CH1*}) =$

$$
\dfrac{(1-\beta)(1-c+\alpha-\lambda\tau)\{(4\alpha+3)(c+\lambda\tau) - (1+\alpha)[1+(1+2\alpha)2\lambda]\}}{4(1+\alpha)^2(1+2\alpha)^2},
$$

令 $f_1(c) = (4\alpha+3)(c+\lambda\tau) - (1+\alpha)[1+(1+2\alpha)2\lambda]$，并对 $f_1(c)$ 求关于 c 的一阶导数，有 $\dfrac{\partial f_1(c)}{\partial c} = 4\alpha+3 > 0$，可知 $f_1(c)$ 为单调增函数。进一步将 $c = \hat{C}_3^c$ 代入 $f_1(c)$ 中，有 $f_1(\hat{C}_3^c) = \dfrac{(1-\lambda)[4\alpha^2(4+\beta+4\alpha^2) + 2\alpha(1+\beta)]}{4\alpha+\beta} > 0$。

由此可知，在 $c > \hat{C}_3^c$ 区间上，恒有 $f_1(c) > 0$。此外，由前文假设条件及相关约束可知，$(1-\beta) > 0$，$(1-c+\alpha-\lambda\tau) > 0$。因此，$f_1(c) > 0 \Leftrightarrow \Pi_b^{CM*}(p_b^{CM3*}) > \Pi_b^{CH*}(p_b^{CH1*})$。

其次，比较 $\Pi_b^{CM^*}(p_b^{CM3^*})$ 与 $\Pi_b^{CD^*}(p_b^{CD2^*})$ 有：

$$\Pi_b^{CD^*}(p_b^{CD2^*}) - \Pi_b^{CM^*}(p_b^{CM3^*})$$

$$= \frac{(1-\lambda)^2(1+2\alpha)^2 + (1-\beta)[c+\alpha(1-\lambda)-\lambda\hat{C}_4^c](1-c+\alpha-\lambda\tau)}{4(1+2\alpha)^2}$$

令 $f_2(c) = (1-\lambda)^2(1+2\alpha)^2 + (1-\beta)[c+\alpha(1-\lambda)-\lambda\hat{C}_4^c](1-c+\alpha-\lambda\tau)$，并对 $f_2(c)$ 求关于 c 的一阶导函数，有 $\frac{\partial f_2(c)}{\partial c} = 4(1-\beta)(2c-2\hat{C}_1^c)$，由 $c > \hat{C}_3^c > \hat{C}_1^c$ 可知，$\frac{\partial f_2(c)}{\partial c} > 0$，故可得 $f_2(c)$ 为单调增函数。进一步将 $c = \hat{C}_3^c$ 代入 $f_2(c)$ 中，有 $f_2(\hat{C}_3^c) = \frac{(1-\lambda)^2[32\alpha^3(2\alpha+3\beta)+(1+4\alpha+52\alpha^2+8\alpha\beta)\beta^2]}{(4\alpha+\beta)^2} > 0$。由此可知，在 $c > \hat{C}_3^c$ 区间上，恒有 $f_2(c) > 0 \Leftrightarrow \Pi_b^{CD^*}(p_b^{CD2^*}) > \Pi_b^{CM^*}(p_b^{CM3^*})$。

基于上述分析可知，当 $c > \hat{C}_3^c$ 时，传统制造商可选策略所对应的最优收益存在如下关系：$\Pi_b^{CD^*}(p_b^{CD2^*}) > \Pi_b^{CM^*}(p_b^{CM3^*}) > \Pi_b^{CH^*}(p_b^{CH1^*})$，此时传统制造商以价格 $p_b^{CD2^*}$ 销售普通产品，从而遏制绿色产品市场的进入。

② 类似地，当 $\hat{C}_1^c \leq c < \hat{C}_3^c$ 时，传统制造商进行普通产品定价决策时，可选择的策略集合为 $\{p_b^{CD2^*}, p_b^{CH1^*}, p_b^{CM3^*}, p_b^{CI2^*}\}$。

首先，比较 $\Pi_b^{CM^*}(p_b^{CM3^*})$ 与 $\Pi_b^{CH^*}(p_b^{CH1^*})$，由上文分析可知，$f_1(c)$ 为增函数，进一步将 $c = \hat{C}_1^c$ 代入 $f_1(c)$ 中，有 $f_1(\hat{C}_1^c) = \frac{(1+2\alpha)(1-\lambda)}{2} > 0$。由此可知，在区间 $\hat{C}_1^c \leq c < \hat{C}_3^c$ 上，恒有 $f_1(c) > 0 \Leftrightarrow \Pi_b^{CM^*}(p_b^{CM3^*}) > \Pi_b^{CH^*}(p_b^{CH1^*})$。

其次，比较 $\Pi_b^{CM^*}(p_b^{CM3^*})$ 与 $\Pi_b^{CD^*}(p_b^{CD2^*})$，由上面分析可知，$f_2(c)$ 为增函数，进一步将 $c = \hat{C}_1^c$ 代入 $f_2(c)$ 中，有 $f_2(\hat{C}_1^c) = \beta(1+2\alpha)^2(1-\lambda)^2 > 0$。由此可知，在 $\hat{C}_1^c \leq c < \hat{C}_3^c$ 区间上，恒有 $f_2(c) > 0 \Leftrightarrow \Pi_b^{CD^*}(p_b^{CD2^*}) > \Pi_b^{CM^*}(p_b^{CM3^*})$。

最后，比较 $\Pi_b^{CL^*}(p_b^{CI2^*})$ 与 $\Pi_b^{CD^*}(p_b^{CD2^*})$，令 $f_3(c) = \Pi_b^{CL^*}(p_b^{CI2^*}) - \Pi_b^{CD^*}(p_b^{CD2^*})$，并对 $f_3(c)$ 求关于 c 的一阶导函数，有 $\frac{\partial f_3(c)}{\partial c} = \frac{-\beta[2\alpha(1-\lambda)+(c-\alpha+\lambda\tau-\lambda)]}{4\alpha(2\alpha+\beta)}$，

由 $c \geqslant \hat{C}_1^c \Rightarrow c - \alpha + \lambda\tau - \lambda > 0$，故可知 $\dfrac{\partial f_3(c)}{\partial c} < 0$，$f_3(c)$ 为单调减函数。进一

步将 $c = \hat{C}_1^c$ 代入 $f_3(c)$ 中，有 $f_3(\hat{C}_1^c) = \dfrac{\beta^2(1-\lambda)^2}{4(4\alpha+\beta)} > 0$。由此可知，在区间

$\hat{C}_1^c \leqslant c < \hat{C}_3^c$ 上，恒有 $f_3(c) > 0 \Leftrightarrow \Pi_b^{CD*}(p_b^{CD2*}) > \Pi_b^{CM*}(p_b^{CI2*})$。

　　基于上述分析可知，当 $\hat{C}_1^c \leqslant c < \hat{C}_3^c$ 时，传统制造商可选策略所对应

的最优收益存在如下关系：$\Pi_b^{CD*}(p_b^{CD2*}) > \Pi_b^{CM*}(p_b^{CM3*}) > \Pi_b^{CH*}(p_b^{CH1*})$

且 $\Pi_b^{CD*}(p_b^{CD2*}) > \Pi_b^{CM*}(p_b^{CI2*})$，此时，传统制造商选择以价格 p_b^{CD2*} 销售普

通产品，从而遏制绿色制造商进入市场。

　　综合情形 $c > \hat{C}_3^c$ 与 $\hat{C}_1^c \leqslant c < \hat{C}_3^c$，可得当 $c \geqslant \hat{C}_1^c$ 时，传统制造商最优定价

策略为 p_b^{CD2*}。

　　(2) 综合命题 4.6、命题 4.8、命题 4.10 及命题 4.12 可知：

　　① 当 $\hat{C}_2^c < c < \hat{C}_1^c$ 时，传统制造商进行普通产品定价决策时，可选择的

策略集合为 $\{p_b^{CD1*}, p_b^{CI2*}, p_b^{CM2*}, p_b^{CH1*}\}$。

　　首先，比较 $\Pi_b^{CD*}(p_b^{CD1*})$ 与 $\Pi_b^{CH*}(p_b^{CH1*})$ 有：

$$\Pi_b^{CH*}(p_b^{CH1*}) - \Pi_b^{CD*}(p_b^{CD1*}) =$$

$$\frac{1}{4(1+\alpha)^2}[c - (1+\alpha+\lambda\tau)]$$

$$\left\{ 4[c - \alpha - \lambda(1-\tau)] - \frac{(1-\beta)[1+c+\alpha+\lambda\tau-2\lambda(1+\alpha)]}{(1+\alpha)^2} \right\}$$

　　令 $f_4(c) = 4[c - \alpha - \lambda(1-\tau)] - \dfrac{(1-\beta)[1+c+\alpha+\lambda\tau-2\lambda(1+\alpha)]}{(1+\alpha)^2}$

并对 $f_4(c)$ 求关于 c 的一阶导函数有 $\dfrac{\partial f_4(c)}{\partial c} = 4 - \dfrac{1-\beta}{(1+\alpha)^2}$，由于 $\dfrac{1-\beta}{(1+\alpha)^2} < 1$

易知 $\dfrac{\partial f_4(c)}{\partial c} > 0$。故 $f_4(c)$ 为单调增函数。进一步将 $c = \hat{C}_1^c$ 代入 $f_4(c)$ 中，有

$f_4(\hat{C}_1^c) < 0$，故在区间 $\hat{C}_2^c < c < \hat{C}_1^c$ 上，恒有 $f_4(c) < 0$。另由于 $c < \hat{C}_1^c = \dfrac{1+\lambda}{2} +$

$\alpha\lambda - \lambda\tau$，可得 $c - [\alpha + \lambda(1-\tau)] < 0$。由此可知，当 $\hat{C}_1^c < c < \hat{C}_2^c$ 时，Π_b^{CH*}

$(p_b^{CH1*}) - \Pi_b^{CD*}(p_b^{CD1*}) > 0$ 恒成立。

其次，比较 $\Pi_b^{CH*}(p_b^{CH1*})$ 与 $\Pi_b^{CM*}(p_b^{CM2*})$，易得：

$$\Pi_b^{CM*}(p_b^{CM2*}) - \Pi_b^{CH*}(p_b^{CH1*}) = \frac{(1-\beta)[c-\lambda(1-\alpha-\tau)]^2}{4(1+\alpha)^2} > 0 \text{ 恒成立。类}$$

似地，比较 $\Pi_b^{CH*}(p_b^{CH1*})$ 与 $\Pi_b^{CL*}(p_b^{Cl2*})$，易得 $\Pi_b^{CL*}(p_b^{Cl2*}) > \Pi_b^{CH*}(p_b^{CH1*})$ 恒

成立。由前述结果可知，当 $\hat{C}_2^c < c < \hat{C}_1^c$ 时，有 $\Pi_b^{CH*}(p_b^{CH1*}) - \Pi_b^{CD*}(p_b^{CD1*}) >$

0，故进一步可得 $\Pi_b^{CM*}(p_b^{CM2*}) > \Pi_b^{CH*}(p_b^{CH1*}) > \Pi_b^{CD*}(p_b^{CD1*})$，且 $\Pi_b^{CL*}(p_b^{Cl2*}) >$

$\Pi_b^{CH*}(p_b^{CH1*}) > \Pi_b^{CD*}(p_b^{CD1*})$。

最后，比较 $\Pi_b^{CL*}(p_b^{Cl2*})$ 与 $\Pi_b^{CM*}(p_b^{CM2*})$ 有：

$$\Pi_b^{CL*}(p_b^{Cl2*}) - \Pi_b^{CM*}(p_b^{CM2*}) =$$

$$\frac{1}{8}\left(\frac{\{\alpha(2-2\lambda-\beta)+\beta[c-\lambda(1-\tau)]\}^2}{\alpha(2\alpha+\beta)} - 2(1-\beta)(1-\lambda)^2\right)$$

通过进一步计算可得，存在 $\hat{\Lambda}_1 = \alpha + \lambda(1-\tau) + \dfrac{\sqrt{2\alpha(1-\beta)(2\alpha+\beta)(1-\lambda)^2}}{\beta}$

$-\dfrac{2\alpha(1-\lambda)}{\beta}$，使得：若 $c > \hat{\Lambda}_1$，则有 $\Pi_b^{CL*}(p_b^{Cl2*}) - \Pi_b^{CM*}(p_b^{CM2*}) > 0$；若 $c \leqslant$

$\hat{\Lambda}_1$，则有 $\Pi_b^{CL*}(p_b^{Cl2*}) - \Pi_b^{CM*}(p_b^{CM2*}) \leqslant 0$。

基于上述分析可知，当 $\hat{C}_2^c < c < \hat{C}_1^c$ 时，传统制造商可选策略所对应的

最优收益存在如下关系：

若 $\hat{C}_2^c < c \leqslant \hat{\Lambda}_1$，则有 $\Pi_b^{CM*}(p_b^{CM2*}) \geqslant \Pi_b^{CL*}(p_b^{Cl2*}) > \Pi_b^{CH*}(p_b^{CH1*}) > \Pi_b^{CD*}$

(p_b^{CD1*})；若 $\hat{\Lambda}_1 < c < \hat{C}_1^c$，则有 $\Pi_b^{CL*}(p_b^{Cl2*}) > \Pi_b^{CM*}(p_b^{CM2*}) > \Pi_b^{CH*}(p_b^{CH1*}) >$

$\Pi_b^{CD*}(p_b^{CD1*})$；

② 类似地，当 $\hat{C}_4^c < c < \hat{C}_2^c$ 时，传统制造商进行普通产品定价决策时，

可选择的策略集合为 $\{p_b^{CD1*}, p_b^{CH1*}, p_b^{CM2*}, p_b^{CL1*}\}$。

首先，比较 $\Pi_b^{CD*}(p_b^{CD1*})$ 与 $\Pi_b^{CH*}(p_b^{CH1*})$，由上面分析可知，$f_4(c)$ 为单

调增函数。进一步将 $c = \hat{C}_2^c$ 代入 $f_4(c)$ 中，有 $f_4(\hat{C}_2^c) < 0$，即在区间 $\hat{C}_4^c < c <$

$\hat{C}_2^c$ 上，有 $f_4(c) < 0 \Leftrightarrow \Pi_b^{CH*}(p_b^{CH1*}) > \Pi_b^{CD*}(p_b^{CD1*})$。

其次，比较 $\Pi_b^{CH*}(p_b^{CH1*})$ 与 $\Pi_b^{CM*}(p_b^{CM2*})$，由上面分析可知，恒有：

$$\Pi_b^{CM*}(p_b^{CM2*}) - \Pi_b^{CH*}(p_b^{CH1*}) = \frac{(1-\beta)[c - \lambda(1-\alpha-\tau)]^2}{4(1+\alpha)^2} < 0$$

最后，比较 $\Pi_b^{CL*}(p_b^{CL1*})$ 与 $\Pi_b^{CM*}(p_b^{CM2*})$，有：

$$\Pi_b^{CM*}(p_b^{CM2*}) - \Pi_b^{CL*}(p_b^{CL1*}) = \frac{(1-\beta)[1+\lambda-2(c-\alpha\lambda+\lambda\tau)]^2}{4(1+2\alpha)^2} > 0 \text{ 恒成立。}$$

基于上述分析可知，当 $\hat{C}_4^C < c < \hat{C}_2^C$ 时，传统制造商可选策略所对应的最优收益存在如下关系：$\Pi_b^{CM*}(p_b^{CM2*}) > \Pi_b^{CH*}(p_b^{CH1*}) > \Pi_b^{CD*}(p_b^{CD1*})$，且 $\Pi_b^{CM*}(p_b^{CM2*}) \geqslant \Pi_b^{CL*}(p_b^{CL1*})$。

综合情形 $\hat{C}_2^C < c < \hat{C}_1^C$ 及情形 $\hat{C}_4^C < c < \hat{C}_2^C$，可得当 $\hat{\Lambda}_1 < c < \hat{C}_1^C$ 时，传统制造商在以远低于绿色产品的价格 p_b^{CL2*} 销售普通产品时的收益最高；当 $\hat{C}_4^C < c \leqslant \hat{\Lambda}_1$ 时，传统制造商以适当低于绿色产品的价格 p_b^{CM2*} 销售普通产品时所获得的收益最高。

（3）综合命题 4.6、命题 4.8、命题 4.10 及命题 4.12 可知：

当 $c \leqslant \hat{C}_4^C$ 时，传统制造商进行普通产品定价决策时，可选择的策略集合为 $\{p_b^{CD1*}, p_b^{CL1*}, p_b^{CM1*}, p_b^{CH2*}\}$。

首先，可以发现当 $c \leqslant \hat{C}_4^C$ 时，恒有 $\Pi_b^{CD*}(p_b^{CD1*}) = [c - \hat{C}_4^C - \alpha(1-\lambda)](\hat{C}_4^C - c) < 0$。

其次，比较 $\Pi_b^{CM*}(p_b^{CM1*})$ 和 $\Pi_b^{CL*}(p_b^{CL1*})$，恒有：

$$\Pi_b^{CM*}(p_b^{CM1*}) - \Pi_b^{CL*}(p_b^{CL1*}) =$$

$$\frac{(1-\beta)[\alpha(1-\lambda)+(\hat{C}_4^C-c)][(1-\lambda)(1+\alpha)+(4\alpha+3)(\hat{C}_4^C-c)]}{4(1+\alpha)^2(1+2\alpha)^2} > 0$$

最后，比较 $\Pi_b^{CM*}(p_b^{CM1*})$ 和 $\Pi_b^{CH*}(p_b^{CH2*})$，恒有：

$$\Pi_b^{CH*}(p_b^{CH2*}) - \Pi_b^{CM*}(p_b^{CM1*}) = \frac{(1-\beta)(\hat{C}_4^C-c)^2}{4(1+\alpha)^2} > 0$$

基于上述分析可知，当 $c \leqslant \hat{C}_4^C$ 时，传统制造商可选策略所对应的最优收益存在如下关系：$\Pi_b^{CH*}(p_b^{CH2*}) > \Pi_b^{CM*}(p_b^{CM1*}) > \Pi_b^{CL*}(p_b^{CL1*}) > \Pi_b^{CD*}(p_b^{CD1*})$。即当 $c \leqslant \hat{C}_4^C$ 时，传统制造商放弃绿色消费者群体并选择以略低于绿色产品的

价格 $p_b^{CH2\,*}$ 销售普通产品为其带来的收益最高。

至此，推论 4.12 得证。

将推论 4.12 所得结论代入绿色制造商最优反应函数式（4.51）中，可得到如下推论。

推论 4.13：竞争市场下，考虑消费者社会比较行为的绿色产品最优定价策略 $p_g^{C\,*}$ 为：

（1）当 $c \geqslant \hat{C}_1^c$ 时，绿色制造商被遏制进入消费市场；

（2）当 $\hat{\Lambda}_1 < c < \hat{C}_1^c$ 时，绿色制造商选择以价格 $p_g^{CI2\,*}$ 销售绿色产品；

（3）当 $\hat{C}_4^c < c \leqslant \hat{\Lambda}_1$ 时，绿色制造商选择以价格 $p_g^{CM2\,*}$ 销售绿色产品；

（4）当 $c \leqslant \hat{C}_4^c$ 时，绿色制造商选择以价格 $p_g^{CH2\,*}$ 销售绿色产品。即：

$$
p_g^{C\,*} = \begin{cases}
\backslash & c \geqslant \hat{C}_1^c \\
\dfrac{2(\alpha+c) + \lambda(1-\tau)}{4} + \dfrac{2\alpha(1-\lambda\tau) + \beta(c-\alpha)}{4(2\alpha+\beta)}, & \hat{\Lambda}_1 < c < \hat{C}_1^c \\
\dfrac{(1+\lambda)(1+\alpha) - 2\lambda\tau}{2}, & \hat{C}_4^c < c \leqslant \hat{\Lambda}_1 \\
\dfrac{1+c+\alpha-\lambda\tau}{2}, & c \leqslant \hat{C}_4^c
\end{cases}
\tag{4.94}
$$

进一步地，依据推论 4.12、推论 4.13 及命题 4.6，易得到竞争市场下，考虑消费者社会比较行为的市场最优均衡结果，如推论 4.14 所示。

推论 4.14：竞争市场下，考虑消费者社会比较行为的普通产品最优市场销售量 $D_b^{C\,*}$ 与绿色产品最优市场销售量 $D_g^{C\,*}$ 分别为：

$$
D_b^{C\,*} = \begin{cases}
\dfrac{1-\lambda}{2}, & c \geqslant \hat{C}_1^c \\
\dfrac{1-\lambda}{2} - \dfrac{\beta[\alpha-c+\lambda(1-\tau)]}{4\alpha}, & \hat{\Lambda}_1 < c < \hat{C}_1^c \\
\dfrac{(1-\beta)(1-\lambda)}{2}, & c \leqslant \hat{\Lambda}_1
\end{cases}
\tag{4.95}
$$

$$D_g^{C*} = \begin{cases} 0, & c \geqslant \hat{C}_1^c \\[2mm] \dfrac{\beta(4\alpha+\beta)\left[\alpha-c+\lambda(1-\tau)\right]}{4\alpha(2\alpha+\beta)} + \dfrac{\beta(1-\lambda)}{2(2\alpha+\beta)}, & \hat{\Lambda}_1 < c < \hat{C}_1^c \\[2mm] \dfrac{\beta(1-\lambda)}{2}, & \hat{C}_4^c < c \leqslant \hat{\Lambda}_1 \\[2mm] \dfrac{\beta(1-c+\alpha-\lambda\tau)}{2(1+\alpha)}, & c \leqslant \hat{C}_4^c \end{cases}$$

$$(4.96)$$

此外，依据式（4.50）及式（4.95）、式（4.96），进一步可得最优策略下，传统制造商与绿色制造商生产经营活动对环境产生的总影响 EI^{C*} 为：

$$EI^{C*} = D_b^{C*} + \tau D_g^{C*}$$

$$= \begin{cases} \dfrac{1-\lambda}{2}, & c \geqslant \hat{C}_1^c \\[2mm] \dfrac{1-\lambda}{2} + \dfrac{\tau(4\alpha+\beta)\left[\alpha-c+\lambda(1-\tau)\right]}{4\alpha(2\alpha+\beta)} \\[2mm] + \dfrac{\beta\left[c-\lambda(1-\tau)-\alpha\right]}{4\alpha} + \dfrac{\tau(1-\lambda)}{2(2\alpha+\beta)}, & \hat{\Lambda}_1 < c < \hat{C}_1^c \\[2mm] \dfrac{(1-\lambda)(1-\beta+\beta\tau)}{2}, & \hat{C}_4^c < c \leqslant \hat{\Lambda}_1 \\[2mm] \dfrac{(1-\lambda)(1-\beta)}{2} + \dfrac{\beta\tau(1+\alpha-\lambda\tau-c)}{2(1+\alpha)}, & c \leqslant \hat{C}_4^c \end{cases}$$

$$(4.97)$$

4.3.4　参数分析

4.3.4.1　消费者社会比较行为参数分析

推论 4.15：竞争市场下，传统制造商针对普通产品的最优定价策略 p_b^{C*} 与消费者社会比较行为程度 λ 负相关。

证明 4.19：由推论 4.12 可知，当 $c \geqslant \hat{C}_1^c$ 或 $c \leqslant \hat{\Lambda}$ 时，有 $\dfrac{\partial p_g^{C*}}{\partial \lambda} = -\dfrac{1}{2} < 0$；

当 $\hat{\Lambda}_1 < c < \hat{C}_1^c$ 时，有 $\dfrac{\partial p_g^{C*}}{\partial \lambda} = -\dfrac{2\alpha+\beta(1-\tau)}{4\alpha+2\beta} < 0$，故可知，$p_b^{C*}$ 随 λ 的增加而降低。

推论 4.16：竞争市场下，绿色制造商针对绿色产品的最优定价策略 p_g^{C*} 与消费者社会比较行为程度 λ 具有如下关系：

(1) 当 $\hat{\Lambda}_1 < c < \hat{C}_1^C$ 时，若 $\beta > \dfrac{2\alpha(2\tau-1)}{(1-\tau)}$，则 p_g^{C*} 与 λ 正相关；若 $\beta \leqslant \dfrac{2\alpha(2\tau-1)}{(1-\tau)}$，则 p_g^{C*} 与 λ 负相关；

(2) 当 $\hat{C}_4^C < c \leqslant \hat{\Lambda}_1$ 时，若 $\alpha > 2\tau-1$，则 p_g^{C*} 与 λ 正相关；若 $\alpha \leqslant 2\tau-1$，则 p_g^{C*} 与 λ 负相关；

(3) 当 $c \leqslant \hat{C}_4^C$ 时，p_g^{C*} 与 λ 负相关。

证明 4.20：由推论 4.13 可知：

(1) 当 $\hat{\Lambda}_1 < c < \hat{C}_1^C$ 时，有 $\dfrac{\partial p_g^{C*}}{\partial \lambda} = \dfrac{\beta(1-\tau)-2\alpha(2\tau-1)}{8\alpha+4\beta}$。易得：当 $\beta > \dfrac{2\alpha(2\tau-1)}{(1-\tau)}$ 时，有 $\dfrac{\partial p_g^{C*}}{\partial \lambda} > 0$，即 p_g^{C*} 随 λ 的增高而增高；当 $\beta \leqslant \dfrac{2\alpha(2\tau-1)}{(1-\tau)}$ 时，有 $\dfrac{\partial p_g^{C*}}{\partial \lambda} \leqslant 0$，即 p_g^{C*} 随 λ 的增高而降低；

(2) 当 $\hat{C}_4^C < c \leqslant \hat{\Lambda}_1$ 时，有 $\dfrac{\partial p_g^{C*}}{\partial \lambda} = \dfrac{(1-2\tau+\alpha)}{2}$。易得：当 $\alpha > 2\tau-1$ 时，有 $\dfrac{\partial p_g^{C*}}{\partial \lambda} > 0$，即 p_g^{C*} 随 λ 的增高而增高；当 $\alpha \leqslant 2\tau-1$ 时，有 $\dfrac{\partial p_g^{C*}}{\partial \lambda} \leqslant 0$，即 p_g^{C*} 随 λ 的增高而降低；

(3) 当 $c \leqslant \hat{C}_4^C$ 时，有 $\dfrac{\partial p_g^{C*}}{\partial \lambda} = \dfrac{-\tau}{2} < 0$。即 p_g^{C*} 随 λ 的增高而降低。

推论 4.15 及推论 4.16 阐述了两制造商最优定价策略与消费者社会比较程度 λ 间的变化关系。可以发现，p_b^{C*} 始终随 λ 的增高而降低；当 c 较低（$c \leqslant \hat{C}_4^C$）时，p_g^{C*} 同样随 λ 的增高而降低；而当 c 高于一定水平（$c > \hat{C}_4^C$）时，p_g^{C*} 与 λ 间的关系与绿色消费者比例 β 及其愿意为绿色产品支付的溢价水平 α 密切相关。

推论 4.17：竞争市场下，普通产品最优市场销售量 D_b^{C*} 与消费者社会比较行为程度 λ 负相关。

根据式（4.95）易得：

当 $c \geq \hat{C}_1^c$ 时，有 $\frac{\partial D_b^{c*}}{\partial \lambda} = -\frac{1}{2} < 0$；当 $\hat{\Lambda}_1 < c < \hat{C}_1^c$ 时，有 $\frac{\partial D_b^{c*}}{\partial \lambda} =$

$-\frac{2\alpha + \beta(1-\tau)}{4\alpha} < 0$；当 $c \leq \hat{\Lambda}_1$ 时，有 $\frac{\partial D_b^{c*}}{\partial \lambda} = -\frac{1-\beta}{2} < 0$。故推论 4.17 得证。

推论 4.18：竞争市场下，绿色产品最优市场销售量 D_g^{c*} 与消费者社会比较行为程度 λ 具有如下关系：

（1）当 $\hat{\Lambda}_1 < c < \hat{C}_1^c$ 时，若 $\beta > \frac{2\alpha(2\tau-1)}{1-\tau}$，则 D_g^{c*} 与 λ 正相关；若 $\beta \leq$

$\frac{2\alpha(2\tau-1)}{1-\tau}$，则 D_g^{c*} 与 λ 负相关；

（2）当 $c \leq \hat{\Lambda}_1$ 时，D_g^{c*} 与 λ 负相关。

证明：由式（4.96）可知：

（1）当 $\hat{\Lambda}_1 < c < \hat{C}_1^c$ 时，有 $\frac{\partial D_g^{c*}}{\partial \lambda} = \frac{\beta[\beta(1-\tau) - 2\alpha(2\tau-1)]}{4\alpha}$。易得 $\beta >$

$\frac{2\alpha(2\tau-1)}{1-\tau}$ 时，有 $\frac{\partial D_g^{c*}}{\partial \lambda} > 0$，$D_g^{c*}$ 与 λ 正相关；反之亦然。

（2）当 $\hat{C}_4^c < c \leq \hat{\Lambda}_1$ 时，有 $\frac{\partial D_g^{c*}}{\partial \lambda} = -\frac{\beta}{2} < 0$；当 $c \leq \hat{C}_4^c$ 时，有 $\frac{\partial D_g^{c*}}{\partial \lambda} =$

$-\frac{\beta\tau}{2(1+\alpha)} < 0$。由此可得 $c \leq \hat{\Lambda}_1$ 时，D_g^{c*} 与 λ 负相关。推论 4.18 得证。

推论 4.17 和推论 4.18 阐释了竞争市场下，消费者社会比较行为对普通产品及绿色产品最优销售量的影响。由推论 4.15 与推论 4.16 可知，当绿色产品生产成本低于一定水平（$c \leq \hat{\Lambda}_1$）时，普通产品和绿色产品的销售量均随消费者社会比较程度的增加而降低；当绿色产品的生产成本高于一定水平（$\hat{\Lambda}_1 < c < \hat{C}_1^c$）时，普通产品的销售量仍随消费者社会比较程度的增加而降低；而绿色产品的销售量随社会比较程度的变化与绿色消费者比例 β 密切相关，若 β 较高，则绿色产品的销售量随消费者社会比较程度的增加而增加；若 β 较低，则绿色产品的销售量随消费者社会比较程度的增加而降低。

这可解释为，无论普通产品还是绿色产品均会对环境产生一定的影响，故 λ 的增加降低了消费者购买产品的社会地位效用，从而直接影响消费者的购买决策。具体表现为，随着 λ 的增加，由选择购买到放弃购买普通产品的传统消费者数量增加、由选择购买到放弃购买普通产品的绿色消费者数量增加、由选择购买普通产品转向购买绿色产品的绿色消费者数量增加、由选择购买到放弃购买绿色产品的绿色消费者数量增加。由此可知，D_b^{C*} 始终随 λ 的增加而降低。而 D_g^{C*} 与 λ 间的关系与由选择购买普通产品转向购买绿色产品的绿色消费者数量密切相关。由于当 $c \leq \hat{\Lambda}_1$ 时，没有或仅有一小部分绿色消费者购买普通产品，因此随着 λ 的增加，转向购买绿色产品的绿色消费者数量远小于放弃购买绿色产品的绿色消费者数量，故此时 D_g^{C*} 随 λ 的增加而降低；而当 $\hat{\Lambda}_1 < c < \hat{C}_1^c$ 时，较大部分的绿色消费者选择购买普通产品，且绿色消费者比例 β 越高，随着 λ 的增加，转向购买绿色产品的绿色消费者数量越多。因此，当 β 较高时，D_g^{C*} 与 λ 正相关；若 β 较低时，D_g^{C*} 与 λ 负相关。

推论 4.19：竞争市场下，若令 $\psi = \dfrac{D_g^{C*}}{D^{C*}}$ 表示绿色产品的市场占有率，那么其与消费者社会比较程度 λ 具有如下关系：

(1) 当 $\hat{C}_4^c < c \leq \hat{\Lambda}_1$ 时，ψ 与 λ 无关；

(2) 当 $c \leq \hat{C}_4^c$ 或 $\hat{\Lambda}_1 < c < \hat{C}_1^c$ 时，ψ 与 λ 正相关。

证明 4.21：由推论 4.14 可知，当 $c \geq \hat{C}_1^c$ 时，绿色产品的市场销量为零，故仅在 $c < \hat{C}_1^c$ 情形下，分析 ψ 与 λ 间的关系。

(1) 当 $\hat{C}_4^c < c \leq \hat{\Lambda}_1$ 时，有 $\dfrac{D_g^{C*}}{D^{C*}} = \beta$，故此时 ψ 与 λ 无关；

(2) 当 $c \leq \hat{C}_4^c$ 时，有 $\dfrac{\partial(D_g^{C*}/D^{C*})}{\partial\lambda} = \dfrac{\beta(1+\alpha)(1-\beta)(1+\alpha-\tau-c)}{[(\alpha+1)(1-\lambda+\beta\lambda)-\beta(c+\lambda\tau)]^2}$,

此外，由 $c \leq \hat{C}_4^c < \hat{C}_1^c$，可得 $c < 1+(\alpha-\tau)$，故可知此时 $\dfrac{\partial(D_g^{C*}/D^{C*})}{\partial\lambda} > 0$；

当 $\hat{\Lambda}_1 < c < \hat{C}_1^c$ 时，有 $\dfrac{\partial(D_g^{C*}/D^{C*})}{\partial\lambda} = \dfrac{\beta(2\alpha+\beta)^2(1+\alpha-\tau-c)}{\alpha\{2\alpha(1-\lambda)+\beta[2+\alpha-\lambda(1+\tau)-c]\}^2}$;

此外，由 $\hat{\Lambda}_1 < c < \hat{C}_1^c$ 及 $\lambda \leq 1$，可得 $c < 1+\lambda(\alpha-\tau)-\dfrac{1-\lambda}{2} < 1+(\alpha-\tau)$，故可知此时 $\dfrac{\partial(D_g^{C*}/D^{C*})}{\partial\lambda} > 0$。

推论 4.19 表明，当绿色制造商向市场提供绿色产品时，若 c 较低或较高，那么绿色制造商可通过提高产品辨识度、营造社会舆论导向等手段提高消费者社会比较程度，从而扩大绿色产品的市场占有率；而若 c 处于中等水平，由于最优定价策略下，绿色产品的市场占有率 ψ 与 λ 无关，仅与绿色消费者比例 β 相关，故此时绿色制造商应着力培养消费者的绿色意识，提高市场中绿色消费者的比例，从而扩大绿色产品的市场占有率。

推论 4.20：竞争市场下，消费者社会比较程度 λ 越高，传统制造商放弃绿色消费者市场的可能性越大，传统制造商与绿色制造商间的竞争越小。

证明：由推论 4.12 可知，传统制造商放弃绿色消费者市场的边界条件为 $c \leqslant \hat{C}_4^c$，对 $\hat{C}_4^c$ 求关于 λ 的一阶导函数有 $\dfrac{\partial \hat{C}_4^c}{\partial \lambda} = 1 - \tau + \alpha > 0$，即 $\hat{C}_4^c$ 为关于 λ 的增函数，故 $c \leqslant \hat{C}_4^c$ 的可行区间随 λ 的增高而增大，推论 4.20 得证。

推论 4.20 表明，竞争市场下，消费者社会比较程度 λ 越高，传统制造商放弃绿色消费者市场的概率越高。这可解释为，当绿色产品进入市场时，传统制造商可通过降低普通产品的销售价格来争取部分绿色消费者，在此种定价策略下，λ 越高，普通产品的价格越低。然而，随着 λ 的增加，传统制造商选择放弃绿色消费者市场并制定一个较高的普通产品价格，能够最大限度地攫取传统消费者剩余价值，反而为传统制造商赢得更高的收益。因此，λ 越高，传统制造商放弃绿色消费者市场的概率越高。

4.3.4.2　消费市场绿色度相关参数分析

本节通过两个维度衡量消费市场的绿色程度：一是市场中绿色消费者对绿色产品的溢价水平 α，二是市场中绿色消费者所占的比例 β。下面主要对消费者市场绿色程度与两制造商最优定价策略间的关系展开分析。

推论 4.21：竞争市场下，传统制造商针对普通产品的最优定价策略 p_b^{c*} 分别与绿色消费者所占比例 β 及绿色产品的溢价水平 α 具有如下关系：

(1) 当 $c \geqslant \hat{C}_1^c$ 或 $c \leqslant \hat{\Lambda}_1$ 时，p_b^{c*} 与 β、α 均无关；

(2) 当 $\hat{\Lambda}_1 < c < \hat{C}_1^c$ 时，p_b^{c*} 与 β 负相关；

(3) 当 $\hat{\Lambda}_1 < c < \hat{C}_1^c$ 时，若 $\beta > 2(1 - c - \lambda\tau)$，则 p_b^{c*} 与 α 负相关；若 $\beta \leqslant$

$2(1-c-\lambda\tau)$，则 p_b^{C*} 与 α 正相关。

证明 4.22：由推论 4.12 可知：

(1) 当 $c \geqslant \hat{C}_1^c$ 或 $c \leqslant \hat{\Lambda}_1$ 时，有 $p_g^{C*} = \frac{1}{2}(1-\lambda)$，易知其与 β、α 均无关；

(2) 当 $\hat{\Lambda}_1 < c < \hat{C}_1^c$ 时，有 $\frac{\partial p_b^{C*}}{\partial \beta} = \frac{\alpha[c-(1-\lambda\tau+\alpha)]}{(2\alpha+\beta)^2}$，由 $c < \hat{C}_1^c$ 容易得出 $c < \frac{1}{2} - \lambda\tau + \lambda\left(\alpha+\frac{1}{2}\right) < 1 - \lambda\tau + \alpha$，故 $\frac{\partial p_b^{C*}}{\partial \beta} < 0$；

(3) 当 $\hat{\Lambda}_1 < c < \hat{C}_1^c$ 时，有 $\frac{\partial p_b^{C*}}{\partial \alpha} = -\frac{\beta[\beta-2(1-c-\lambda\tau)]}{2(2\alpha+\beta)^2}$，故可知：$p_b^{C*}$ 随 λ 的增高而降低。易得 $\beta > 2(1-c-\lambda\tau)$ 时，有 $\frac{\partial p_b^{C*}}{\partial \alpha} < 0$，反之亦然。

故推论 4.21 得证。

推论 4.22：竞争市场下，绿色制造商针对绿色产品的最优定价策略 p_g^{C*} 与绿色消费者所占比例 β 及绿色产品的溢价水平 α 分别具有如下关系：

(1) 当 $\hat{\Lambda}_1 < c < \hat{C}_1^c$ 时，p_g^{C*} 与 β 负相关，与 α 正相关；

(2) 当 $c \leqslant \hat{\Lambda}_1$ 时，p_g^{C*} 与 β 无关，与 α 正相关。

证明 4.23：由推论 4.13 可知：

(1) 当 $\hat{\Lambda}_1 < c < \hat{C}_1^c$ 时，有 $\frac{\partial p_g^{C*}}{\partial \beta} = \frac{\alpha[c-(1-\lambda\tau+\alpha)]}{2(2\alpha+\beta)^2}$，$\frac{\partial p_g^{C*}}{\partial \alpha} = \frac{8\alpha(\alpha+\beta)+\beta^2+2\beta[(1-\lambda\tau)-c]}{4(2\alpha+\beta)^2}$。

另外，由 $c < \hat{C}_1^c$ 容易得出 $c < \frac{1}{2} - \lambda\tau + \lambda\left(\alpha+\frac{1}{2}\right) < 1 - \lambda\tau + \alpha < 1 - \lambda\tau$，故可知 $\frac{\partial p_g^{C*}}{\partial \beta} < 0$，$\frac{\partial p_g^{C*}}{\partial \alpha} > 0$。

(2) 当 $\hat{C}_4^c < c \leqslant \hat{\Lambda}_1$ 时，$\frac{\partial p_g^{C*}}{\partial \beta} = 0$，$\frac{\partial p_g^{C*}}{\partial \alpha} = \frac{1+\lambda}{2} > 0$；当 $c \leqslant \hat{C}_4^c$ 时，$\frac{\partial p_g^{C*}}{\partial \beta} = 0$，$\frac{\partial p_g^{C*}}{\partial \alpha} = \frac{1}{2} > 0$，故当 $c \leqslant \hat{\Lambda}_1$ 时，p_g^{C*} 与 β 无关，随 α 的增高而增高。

故推论 4.22 得证。

4.3.5　数值分析

为更加直观的展现竞争市场下，消费者社会比较行为与消费市场绿色程度相关参数对市场均衡结果以及对环境产生的影响，本节将通过数值仿真做进一步分析，并得出一些重要结论。

4.3.5.1　消费者社会比较行为参数的数值分析

本小节主要探讨消费者社会比较行为参数 λ 对市场均衡结果及环境的影响。依据曹二保等（2018）、阿格拉瓦尔和贝罗斯（Agrawal & Bellos，2017）相关约束条件，令 $\alpha = 0.3$，$\beta = 0.4$，$\tau = 0.7$。

图 4 - 6 阐述了竞争市场下，面对绿色产品市场进入威胁时，传统制造商的最优定价策略选择区域。其中，当消费者社会比较程度 λ 与绿色产品生产成本 c 落入区域 I 时，传统制造商选择以垄断价格销售普通产品，从而遏制绿色制造商向市场提供绿色产品；当 λ 与 c 落入区域 II 时，传统制造商允许绿色制造商进入市场，但以远低于绿色产品的价格销售普通产品，从而吸引大部分绿色消费者购买普通产品；当 λ 与 c 落入区域 III 时，传统制造商允许绿色制造商进入市场，但以适当低于绿色产品的价格销售普通产品，从而争取一小部分绿色消费者；当 λ 与 c 落入区域 IV 时，传统制造商允许绿

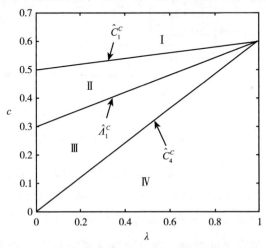

图 4 - 6　传统制造商最优定价策略选择区域

色制造商进入市场，并放弃绿色消费者市场，以略低于绿色产品的价格销售普通产品，从而最大限度地攫取普通消费者的剩余价值。

根据图 4-6 可知，随着消费者社会比较程度 λ 的增高，单位绿色成本 c 在区域 I 中的可行域逐渐缩小，表明绿色产品进入市场的可能性随 λ 的增高而增大；同时，可以发现，随着消费者社会比较程度 λ 的增高，单位绿色成本 c 在区域 II 及 III 中的可行域逐渐缩小，而在区域 IV 中的可行域逐渐增大，表明当允许绿色制造商进入市场时，λ 越高，传统制造商越容易放弃绿色消费者市场。由此可知，较高的 λ 有利于绿色制造商市场进入并争取绿色消费者市场份额。

此外，观察图 4-6 可以发现，当 $c=0.4$ 时，绿色制造商在 $\lambda \in [0,1]$ 区间均得以实现市场进入。故令 $c=0.4$，进一步分析竞争市场下，消费者社会比较行为对传统制造商利润、绿色制造商利润及对环境的影响情况，如图 4-7 所示。

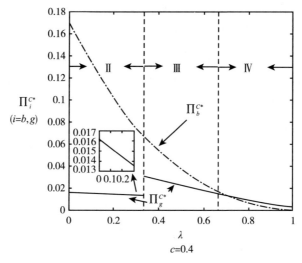

图 4-7　Π_i^{C*} $(i=b,g)$ 随消费者社会比较程度 λ 的变化情况

由图 4-7 可以看出，传统制造商利润 Π_b^{C*} 随 λ 的增高而降低，这是由于，根据推论 4.15 及推论 4.16 可知，普通产品的最优销售价格及最优销售量均随 λ 的增高而降低，显然，随着 λ 的增高，Π_b^{C*} 会呈现下降的趋势。同时可以发现，随着 λ 的增高，绿色制造商利润 Π_g^{C*} 呈先下降、后小幅度跳跃上升、再继续下降的趋势。这可解释为，根据推论 4.12 可知，在区域

Ⅲ及区域Ⅳ情形下，普通产品的最优销售价格高于区域Ⅱ情形下的对应值，故当传统制造商从区域Ⅱ下的最优定价策略过渡到区域Ⅲ下的最优定价策略时，绿色消费者中购买普通产品的消费者数量降低而购买绿色产品的消费者数量增加，因此 Π_g^{C*} 在区域Ⅱ及区域Ⅲ间会出现跳跃上升的情形。然而，由于 λ 的增高降低了消费者购买产品时的社会地位效用，导致其购买意愿下降，从而影响绿色制造商的利润，因此在不同定价策略区间下，Π_g^{C*} 随 λ 的增高而降低。此外，由图 4 - 7 进一步可知，随着 λ 的增高，传统制造商与绿色制造商利润间的差距逐渐缩小。

图 4 - 8 描述了竞争市场下，制造商经营活动对环境影响程度 EI^{C*} 随消费者社会比较程度 λ 的变化情况。由图 4 - 8 可知，EI^{C*} 随 λ 的增加而降低。这是由于 λ 增加的同时降低了消费者对普通产品及绿色产品的购买意愿，导致两产品的总销量下降，从而降低了对环境的损害程度 EI^{C*}。此外，为探究绿色产品市场进入对环境带来的影响，以 4.2 节基准模型下的 EI^{B*} 为标杆，即不存在绿色产品市场进入威胁的情形，并对 EI^{C*} 与 EI^{B*} 两者间的关系进行对比分析。

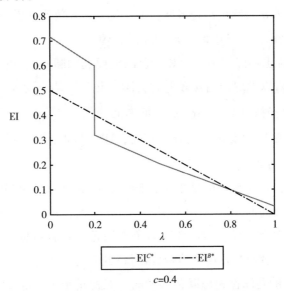

图 4 - 8　EI 随消费者社会比较程度 λ 的变化情况

可以发现，当 λ 较低或较高时，绿色产品进入市场反而加剧了对环境的损害程度，即 $EI^{C*} > EI^{B*}$；而当 λ 处于中等水平时，绿色产品进入市场能够减缓对环境的损害程度，即 $EI^{C^*} \leqslant EI^{B^*}$。这可解释为，相较于不存在绿色产品市场进入威胁，在面对绿色产品市场进入威胁时，若 λ 处于较低水平，传统制造商会降低普通产品的销售价格，此时，仅有小部分绿色消费者购买绿色产品，且由于普通产品价格较低使普通产品的销售量显著增加，故有 $EI^{C^*} > EI^{B^*}$；若 λ 处于中等水平，传统制造商仍维持原价销售普通产品，此时，由于部分绿色消费者转向购买绿色产品，从而降低了对环境的总体损害程度；当 λ 处于较高水平时，若绿色产品未进入市场，则普通产品市场销量极低甚至为零，而在绿色产品进入市场的情形下，由于仍有小部分绿色消费者购买绿色产品，导致两产品市场的总销量增加，反而加剧了对环境的损害程度。图 4-8 表明，消费者社会比较行为有助于减缓制造企业经营活动对环境带来的不利影响，λ 越高，其对环境的影响程度越低；此外，绿色产品进入市场对环境并不总是有益的，当 λ 较低或较高时，反而加剧了对环境的损害程度。

4.3.5.2　消费者市场绿色度相关参数的数值分析

本节主要对反映消费者市场绿色程度的两个参数：绿色消费者对绿色产品的溢价水平 α 及绿色消费者所占的比例 β 展开数值分析。依据以往文献及相关约束条件，令 $c = 0.55$，$\tau = 0.7$，$\lambda = 0.5$。

图 4-9 描述了传统制造商和绿色制造商利润随 α、β 的变化情况。由图 4-9（a）可以发现，当 α 较低时，$\Pi_b^{C^*}$ 及 $\Pi_g^{C^*}$ 均不受 α、β 的影响；当 α 处于中等水平时，$\Pi_b^{C^*}$ 随 α、β 的增高而降低，$\Pi_g^{C^*}$ 随 α 的增高而增高、随 β 的增高呈多样性变化；当 α 较高时，$\Pi_b^{C^*}$ 与 α 无关、随 β 的增高而降低，$\Pi_g^{C^*}$ 随 α、β 的增高而增高。

这是因为，在 α 较低的情形下，传统制造商可通过遏制绿色制造商市场实现垄断，故此时 $\Pi_b^{C^*}$ 及 $\Pi_g^{C^*}$ 均与 α、β 无关；在 α 处于中等水平的情形下，传统制造商与绿色制造商同时争夺绿色消费者市场，此时购买普通产品的绿色消费者数量及传统消费者数量均随 α、β 的增高而降低，因此传统制造商 $\Pi_b^{C^*}$ 的利润也相应降低。同时，在此情形下，随着 α 的增高，绿色消费者对绿色产品的购买意愿相应增加，故 $\Pi_g^{C^*}$ 也随之增加。同时，随着 α 的增高，β 越低，传统制造商越容易放弃绿色消费者市场，此时，绿色制造商利润出现跳跃式增加，故在 α 处于中等水平的情形下，$\Pi_g^{C^*}$ 随着 α

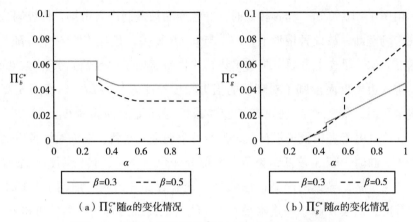

（a）Π_b^{C*} 随 α 的变化情况　　　　（b）Π_g^{C*} 随 α 的变化情况

图 4 – 9　不同 β 情形下 Π_i^{C*}（$i = b, g$）随 α 的变化情况

的增高而增高、随 β 的增高呈多样性变化；而在 α 较高的情形下，传统制造商放弃绿色消费者市场，仅针对传统消费者提供普通产品，且 β 越高，传统消费者数量越少，绿色消费者数量越多。故此时，Π_b^{C*} 不受 α 的影响，但随 β 的增高而降低。而 Π_g^{C*} 随 α、β 的增高而增高。

　　图 4 – 10 描述了竞争市场下，两制造商经营活动对环境的总影响程度 EI^{C*} 随 α、β 的变化情况。此外，为探究绿色产品市场进入对环境带来的影响，以 4.2 节基准模型下的 EI^{B*} 为标杆，即不存在绿色产品进入市场威胁的情形，并对 EI^{C*} 与 EI^{B*} 两者间的关系进行对比分析。

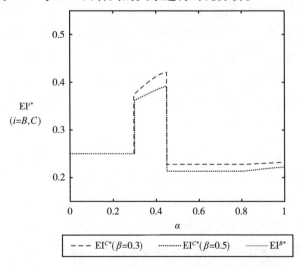

图 4 – 10　不同 β 情形下 EI^{C*} 随 α 的变化情况

由图 4 – 10 可知，当 α 较低时，绿色产品被遏制进入市场，传统制造可实现市场垄断，故此种情形下，EI^{C^*} 与 α、β 无关，且与 EI^{B^*} 持平；随着 α 的增加，EI^{C^*} 呈先上升后下降的趋势，并且当 α 处于中等偏低水平时，绿色产品进入市场反而加剧了对环境的损害程度，即 $EI^{C^*} > EI^{B^*}$。而当 α 高于一定水平时，绿色产品进入市场能够减缓对环境的损害程度，即 $EI^{C^*} \leqslant EI^{B^*}$。这是由于，相较于不存在绿色产品市场进入威胁，在面对绿色产品市场进入威胁时，若 α 较低，为争夺大部分绿色消费者，传统制造商会降低普通产品价格，导致两产品市场的总销量显著提升，从而加剧了对环境的影响程度；而当 α 高于一定水平时，传统制造商维持普通产品的价格不变，甚至可能放弃绿色消费者群体，此时，由于部分绿色消费者转向购买绿色产品，从而降低了对环境的总体损害程度；同时，由图 4 – 10 可以发现，市场中绿色消费者所占比例 β 越高，市场均衡策略下对环境的总损害程度 EI^{C^*} 越低。

4.3.6　管理启示

为进一步明确本节针对竞争市场下考虑消费者社会比较行为的企业绿色产品市场进入与定价决策研究对制造商管理实践的指导与借鉴作用，根据本节提出的命题、推论及算例分析中得到的重要研究结果，给出本节的管理启示，具体包括以下六个方面。

（1）竞争市场下，传统制造商可通过调控普通产品的销售价格达到遏制绿色产品市场进入的目的，实现市场垄断。然而，当消费者社会比较程度或消费市场绿色程度（例如，绿色产品的溢价水平、绿色消费者比例）较高时，传统制造商一味地阻遏绿色产品市场进入反而降低了自身的收益水平。因此，面对绿色产品市场进入威胁时，传统制造商应在充分进行市场调研的基础上，谨慎地选择是否遏制绿色产品进入市场。

（2）绿色消费者对绿色产品的溢价水平越高、绿色产品对环境的损害程度越低，绿色产品越容易进入市场。因此，绿色制造商可通过广告宣传、消费者教育等方式提高绿色消费者对绿色产品的溢价水平，以及从加大绿色创新投入和降低绿色产品对环境的损害程度这两方面入手，提高绿色产品进入市场的可能性。

（3）在绿色产品得以进入市场的情形下，传统制造商针对普通产品可采取远低于绿色产品价格、适当低于绿色产品价格及略低于绿色产品价格三种不同的定价策略，传统制造商应充分考量消费者社会比较程度、市场绿色程度、绿色产品绿色度及其生产成本的综合影响，选择最优定价策略，实现自身收益最大化。

（4）消费者社会比较程度越高、绿色消费者对绿色产品的溢价水平越高以及绿色产品对环境的损害程度越低，传统制造商越容易放弃绿色消费者市场，仅专注于传统消费者市场。因此，绿色制造商可从以上三个方面入手，减缓与传统制造商的直接竞争。

（5）绿色制造商作为竞争者进入市场不一定总是导致传统制造商的产品销售量下降，当市场中消费者社会比较程度较低或对绿色产品溢价水平较低时，绿色制造商向市场提供绿色产品反而增加了传统制造商普通产品的销售量，在某种程度上，实现了双赢的局面。

（6）绝大多数情况下，绿色制造商进入市场并向市场提供绿色产品可降低生产消费活动对环境的负面影响。然而，当消费者社会比较程度较低或较高时，又或是绿色消费者对绿色产品溢价水平较低时，在最优市场均衡策略下，绿色产品的进入反而加剧了对环境的负向影响。因此，无论是传统制造商还是绿色制造商，不能仅以经济效益最大化作为决策目标准则，在制定产品定价策略时仍需兼顾环境效益。

4.4 ▶ 本章小结

本章考虑了消费者社会比较行为对其产品购买决策的影响，分别构建了垄断市场与竞争市场下的绿色产品市场进入与定价决策模型，得到了不同市场结构下绿色产品的市场进入边界条件及制造商的最优定价策略，探讨了消费者社会比较程度及市场绿色程度等相关参数对最优策略及市场均衡结果的影响。同时，进一步分析了在消费者存在社会比较行为的情形下，绿色产品市场进入对环境产生的影响。

研究结果表明，在垄断市场和竞争市场下，消费者社会比较程度均对绿色产品市场进入及最优定价策略具有重要影响。具体而言：（1）在垄断市场环境下，消费者社会比较程度越高，绿色产品市场进入的可能性越大；基于消费者社会比较程度的高低，垄断制造商可采取高价策略或低价策略向市场提供绿色产品；随着消费者社会比较程度的增加，垄断制造商选择以低价策略销售绿色产品的可能性越大。（2）在竞争市场环境下，传统制造商可基于消费者社会比较程度的高低采取四种定价策略，即制定垄断价格遏制绿色产品市场进入、允许绿色产品市场进入并选择以远低于绿色产品的价格提供普通产品、允许绿色产品市场进入并选择以适当低于绿色产品的价格提供普通产品以及允许绿色产品市场进入并选择以略低于绿色产品的价格提供普通产品；消费者社会比较程度越高，传统制造商放弃绿色消费者市场，仅专注于普通消费者市场的可能性也越大。（3）无论在垄断市场还是竞争市场下，普通产品与绿色产品的市场销量均与消费者社会比较程度、绿色消费者比例及其对绿色产品的溢价水平密切相关，并呈多样性变化；虽然，绝大多数情形下向市场提供绿色产品会减少生产消费过程对环境产生的负向影响，但在消费者社会比较程度过高或某些条件下，绿色产品市场进入反而加剧了环境负担。

　　本章的研究成果与已有考虑绿色产品市场进入与定价决策的研究结果相比，描述了消费者社会比较行为对其购买决策的影响，从新的角度构建了绿色产品市场进入与定价决策模型，能够较好地反映消费者社会动机对制造商绿色运营相关决策问题及市场均衡结果的影响。

第5章

考虑决策者风险态度的供应链协同绿色创新决策与协调问题

近年来，绿色创新作为企业推出绿色产品、提高环境绩效、实施绿色运营的重要战略工具得到了学术界和实业界的关注，其主要包括绿色产品创新和绿色过程创新。前者指企业通过产品研发（R&D）向市场提供更绿色、更环保的原材料或产成品，以增加产品在使用过程中对环境的友好程度；后者则指企业通过改善生产流程、革新生产工艺等方式提高资源利用率、减少有害物质排放等方式降低企业在生产过程中对环境产生的影响。通过实施绿色创新，企业能够在一定程度上降低自身的环境管理成本和道德风险，树立良好的企业形象，以赢得持续性竞争优势。供应链成员合作进行绿色创新可有效缓解资金压力、降低投资风险并发挥协同效应，故成为企业实施绿色创新所采取的较为普遍的一种运作方式，而有效的创新成本分担及合作剩余利润分配方案是供应链成员参与协同绿色创新的前提。因此，如何开展供应链协同绿色创新并设计行之有效的协调机制是摆在供应链各节点企业面前亟待解决的问题。

同时，需注意的是，现实中消费者由于教育程度、生活理念、价值观念等原因通常对绿色产品表现出不同的支付意愿（Laroche et al.，2001；Barber et al.，2014）。当面对消费者绿色偏好不确定性所带来的市场风险时，供应链成员不再将追求利润最大化作为决策的唯一标准，而将对市场风险所引发的利润波动考量纳入决策过程中。因此，在消费者绿色偏好具有不确定性的情形下，探讨考虑决策者风险态度的供应链协同绿色创新决策及协调问题具有一定的现实意义。

通过对考虑决策者风险态度的供应链运营决策与协调问题以及供应链绿色创新决策与协调问题的相关研究成果进行回顾，可以发现：（1）多数文献均将消费者绿色偏好设为一个固定的水平，极少有文献在消费者绿色偏好具有不确定性的情形下，针对供应链协同绿色创新决策与协调问题展开研究；（2）多数文献假定决策者为"风险中性"的，极少有文献考虑了决策者的风险态度，针对供应链协同绿色创新决策与协调问题进行研究；（3）对于绿色过程创新具有持续性且动态变化的特征，极少有文献在动态架构下，探讨考虑决策风险态度的供应链协同绿色创新动态优化与协调问题。

针对以往研究的局限性，本章针对消费者绿色偏好具有不确定性的情形，以 *CVaR* 为风险度量准则，构建考虑决策者风险态度的供应链协同绿色创新决策模型，设计可使供应链成员绩效实现帕累托改进的协调机制，并进一步分析决策者风险态度对绿色创新决策及供应链绩效的影响。根据不同的绿色创新类型、参与主体以及决策问题，本章研究内容主要包括两个部分：（1）基于混合 *CVaR* 的供应链绿色产品创新——广告决策与协调研究；（2）基于 *CVaR* 准则的供应链协同绿色过程创新动态优化与协调研究。

5.1 基于混合 *CVaR* 的供应链绿色产品创新——广告决策与协调研究

5.1.1 问题描述、符号定义和基本假设

5.1.1.1 问题描述

考虑由单个制造商与单个零售商构成两级的绿色供应链，制造商通过绿色产品创新提高产品的绿色度水平，零售商在需求端销售绿色产品并运用广告宣传的方式向消费者传递产品绿色信息。同时，为激励零售商积极宣传产品绿色信息，制造商承诺以一定比例分担零售商的广告成本。此外，由于消费者对产品内在品质、属性信息的主观感知是影响消费者购买决策的重要因素（孙剑等，2010）。因此，真正作用于产品需求的并不是产品本

身的绿色度，而是消费者所感知到的产品绿色程度。

　　本节在消费者绿色偏好具有不确定性，制造商和零售商具有不同的风险态度的情形下，通过构建基于混合 *CVaR* 准则的绿色供应链双层风险决策模型，主要探讨如下问题：（1）制造商绿色产品创新及零售商广告宣传如何影响绿色产品的市场需求？（2）如何刻画供应链成员的风险态度，并以此构建供应链成员效用函数？（3）如何在消费者绿色偏好具有不确定性情形下，构建基于混合 *CVaR* 的供应链绿色产品创新——广告决策模型？（4）决策者不同风险态度对供应链最优策略及成员绩效水平有何影响？（5）分散决策和集中决策下，供应链的最优策略及绩效水平有何区别？（6）如何设计供应链协调机制，使供应链成员效用实现帕累托改善？

5.1.1.2　符号定义

　　为解决上述问题，首先对本章所涉及数学符号的定义作详细说明，具体如表 5 – 1 所示。

表 5 – 1　　　　　　　　　　　　　数字符号说明

决策变量	定义
e_0	产品绿色度水平
a	广告宣传水平
ϕ	协调前，制造商的广告成本分担率，即制造商分担零售商广告宣传成本的比例，$0 < \phi < 1$
ϕ_m	协调机制下，制造商分担零售商的广告宣传成本比例，$0 < \phi_m < 1$
ϕ_r	协调机制下，零售商分担制造商的绿色创新成本比例，$0 < \phi_r < 1$
Z	协调机制下，供应链成员间的转移支付
参数	定义
θ	市场需求总潜量
λ	消费者绿色偏好系数，$\lambda \in [A, B]$
b	需求对价格的敏感系数
ρ_m	制造商边际利润
ρ_r	零售商边际利润
c	产品的单位生产成本
e	消费者关于产品绿色度的先验信息，其服从 $N(e_0, \sigma_0^2)$ 的正态分布
σ_0^2	消费者对产品绿色度先验信息的不确定性程度
ε	随机干扰值，其服从 $N \sim (0, \sigma_\varepsilon^2)$ 的正态分布
$\hat{e}$	消费者关于产品绿色度的后验信息

续表

参数	定义
γ	广告损耗率，$\gamma \in [0,1]$
k_g	绿色产品创新成本系数
k_a	广告宣传成本系数
η	决策者的置信水平，特别地，η_r 为零售商的置信水平，η_m 为制造商的置信水平 $0 < \eta_i < 1$，$i(r, m)$
α'	权重系数，刻画了决策者在规避风险和追求高额利润间的权衡情况，$0 \leqslant \alpha' \leqslant 1$
函数	定义
$G(\lambda)$	关于 λ 的分布函数
$g(\lambda)$	关于 λ 的密度函数
$F(\hat{e})$	关于 $\hat{e}$ 的分布函数
$f(\hat{e})$	关于 $\hat{e}$ 的密度函数
D	市场需求函数
I_g	制造商绿色产品创新成本
I_a	零售商广告宣传成本
$h(\alpha)$	决策者风险态度函数。特别地，当决策者风险规避时，有 $0 \leqslant h(\alpha) < 1$；当决策者风险追逐时，有 $h(\alpha) > 1$；当决策者风险中性时，有 $h(\alpha) = 1$
Π_m	制造商利润函数
Π_r	零售商利润函数
$U_r(\Pi_r)$	零售商效用函数
$U_m(\Pi_m)$	制造商效用函数
最优值	定义
e_0^{d*}	分散决策下，产品最优绿色度水平
ϕ^{d*}	分散决策下，制造商最优广告成本分担比例
a^{d*}	分散决策下，最优广告宣传水平
$U_m(\Pi_m)^{d*}$	分散决策下，制造商最优效用
$U_r(\Pi_r)^{d*}$	分散决策下，零售商最优效用
e_0^{c*}	集中决策下，产品最优绿色度水平
a^{c*}	集中决策下，零售商最优广告宣传水平
$U(\Pi_c)^{c*}$	集中决策下，供应链最优总效用
e_0^{dc*}	协调机制下，产品最优绿色度水平
a^{dc*}	协调机制下，最优广告宣传水平
ϕ_m^*	协调机制下，制造商最优广告成本分担比例
ϕ_r^*	协调机制下，零售商最优绿色产品创新成本分担比例
$U_m(\Pi_m)^{dc*}$	协调机制下，制造商最优效用
$U_r(\Pi_r)^{dc*}$	协调机制下，零售商最优效用

5.1.1.3　基本假设

（1）产品的市场需求为与价格负相关且与产品绿色度正相关的线性函数，根据刘等（Liu et al.，2012）对绿色产品需求的刻画，假设市场需求函数为：

$$D = \theta - b(\rho_m + \rho_r + c) + \lambda e_0$$

（2）本书采用信号干扰模型描述消费者接受处理信息以形成产品绿色度的感知过程。假设消费者在面对绿色度为 e_0 的绿色产品时，首先会形成一个关于产品绿色度的先验信息 e，其服从 $N(e_0, \sigma_0^2)$ 的正态分布。当零售商通过广告宣传产品的绿色信息后，消费者可观察到一个信号 $S = e + a + \varepsilon$。接收信号 S 后，消费者会重新形成一个关于产品绿色度的后验信息 $\hat{e}$，根据贝叶斯更新定理（ČENCOV，1982）可得 $\hat{e} \sim N(e_1, \sigma_1^2)$，且 $e_1 = e_0 + \dfrac{\sigma_0^2(E(S) - \hat{a} - e_0)}{\sigma_0^2 + \sigma_\varepsilon^2}$，$\sigma_1^2 = \dfrac{\sigma_0^2 + \sigma_\varepsilon^2}{\sigma_0^2 \sigma_\varepsilon^2}$。其中 $\hat{a} = a(1 - \gamma)$ 为实际作用于消费者的广告效用。从 e_1 的表达式可以看出，消费者对产品绿色度的不确定性程度（σ_0^2）越小或噪声（σ_ε^2）越大，消费者更新信息的水平越低。

综合假设 1 和假设 2，并不失一般性的假设 $b = 1$，可得绿色产品的需求函数最终可表示为：

$$D = \theta - (\rho_m + \rho_r + c) + \lambda \hat{e} \tag{5.1}$$

（3）考虑到不同消费者对绿色产品的购买意愿不同，假设 λ 为区间 $[A, B]$ 上非负、连续的随机变量，其分布函数与密度函数分别为 $G(\lambda)$、$g(\lambda)$。考虑到市场中消费者绿色偏好小于 λ 的概率随 λ 递增但边际递减，即 $G(\lambda) > 0$，$G''(\lambda) < 0$，且 $G(\lambda)$ 满足 $G(A) = 0$、$G(B) = 1$，因此假设消费者绿色偏好的分布函数为 $G(\lambda) = \dfrac{B}{B - A}\left(1 - \dfrac{A}{\lambda}\right)$。

（4）假设消费者关于产品绿色度的后验信息 $\hat{e}$ 与其绿色消费偏好 λ 为两个相互独立的随机变量。同时，令 $F(\hat{e})$、$f(\hat{e})$ 分别表示 $\hat{e}$ 的分布函数与密度函数。

（5）制造商绿色产品创新成本为 $I_g = \dfrac{1}{2}k_g e_0^2$，零售商广告宣传成本为 $I_a = \dfrac{1}{2}k_a a^2$。

（6）制造商与零售商信息对称，所有信息均为双方共同知识。

基于问题描述与基本假设，制造商与零售商的随机利润函数可表示为：

$$\Pi_m = \rho_m D - \frac{1}{2}k_g e_0^2 - \frac{1}{2}\phi k_a a^2 \tag{5.2}$$

$$\Pi_r = \rho_r D - \frac{1}{2}(1-\phi)k_a a^2 \tag{5.3}$$

5.1.2 效用函数的构建

5.1.2.1 风险度量准则

$CVaR$ 作为一致性的风险度量准则，其度量了低于分位数 η 的平均收益，具体可表示为：

$$CVaR(\Pi(x,y)) = E(\Pi(x,y)|\Pi(x,y) \leqslant q_\eta(y))$$
$$- \frac{1}{\eta}\int_{\Pi(x,y)\leqslant q_\eta} \Pi(x,y)f(y)\,dy$$

其中，$q_\eta(y) = sup\{v\,|Pr(\pi(x,y)\leqslant v)\leqslant\eta\}$。

洛克费拉和乌里亚瑟夫（Rockafellar & Uryasev, 1999）通过证明得到一个关于 $CVaR$ 的等价定义，即：

$$CVaR_\eta(\Pi) = Max\left\{v - \frac{1}{\eta}E\left[(v-\Pi)\right]^+\right\} \tag{5.4}$$

由于 $CVaR$ 只关注低于某一置信水平的利润分布情况，忽略了高于该水平的情形，因而显得过于保守，常用于刻画决策者风险规避的行为特征。然而，部分决策者在实际决策中也常表现出风险追逐的行为特征。杰莫纳格和基施卡（Jammernegg & Kischka, 2007）在 $CVaR$ 的基础上提出一个可以反映决策者不同风险态度的风险度量准则——混合 $CVaR$，其同时考虑了低于和高于给定置信水平两种情形下的利润分布情况，具体定义如下：

$$CVaR_\eta^{mix}(\Pi) = \alpha'E(\Pi|\Pi\leqslant q_\eta) + (1-\alpha')E(\Pi|\Pi\geqslant q_\eta)$$
$$= \alpha'CVaR_\eta^l(\Pi) + (1-\alpha')CVaR_\eta^h(\Pi), \eta\in(0,1)$$

$$\tag{5.5}$$

其中：

$$CVaR_\eta^l(\Pi) = \underset{v \in R}{Max}\left\{ v - \frac{1}{\eta}E\left[(v - \Pi)\right]^+ \right\}, \eta \in (0,1)$$

$$CVaR_\eta^h(\Pi) = \underset{v \in R}{Min}\left\{ v + \frac{1}{1-\eta}E\left[(\Pi - v)\right]^+ \right\}, \eta \in (0,1)$$

这里，$0 < \eta < 1$ 为决策者的置信水平，$0 \leqslant \alpha' \leqslant 1$ 为权重系数，刻画了决策者在规避风险和追求高额利润间的权衡情况。

5.1.2.2　决策者效用函数的构建

性质 5.1：若以混合 $CVaR$ 为风险度量准则，那么决策者在不确定情形下的效用函数可表示为：

$$U(\Pi) = CVaR_\eta^{mix}(\Pi) = h(\alpha)E(\Pi) + (1 - h(\alpha))CVaR_\eta^l(\Pi) \quad (5.6)$$

其中，$\alpha = \dfrac{\alpha'}{\eta}$，$h(\alpha) = \dfrac{1 - \alpha\eta}{1 - \eta}$。

证明 5.1：式（5.5）中的混合 $CVaR$ 表达式可进一步变形为：

$$(1 - \eta)CVaR_\eta^{mix}(\Pi) = (1 - \eta)\alpha'E(\Pi|\Pi \leqslant q_\eta) + (1 - \eta)(1 - \alpha')E(\Pi|\Pi \geqslant q_\eta)$$
$$+ \eta(1 - \alpha')E(\Pi|\Pi \leqslant q_\eta) - \eta(1 - \alpha')E(\Pi|\Pi \leqslant q_\eta)$$

根据 $E(\Pi) = \eta E(\Pi|\Pi \leqslant q_\eta) + (1 - \eta)E(\Pi|\Pi \geqslant q_\eta)$，可将上式化简为：

$$U(\Pi) = CVaR_\eta^{mix}(\Pi) = \frac{(1 - \alpha')}{(1 - \eta)}E(\Pi) + \frac{(\alpha' - \eta)}{(1 - \eta)}E(\Pi|\Pi \leqslant q_\eta)$$
$$= h(\alpha)E(\Pi) + (1 - h(\alpha))CVaR_\eta^l(\Pi)$$

性质 5.1 得证。

这里，$h(\alpha)$ 刻画了决策者的风险态度。当 $1 < \alpha \leqslant \dfrac{1}{\eta}$ 时，可知 $0 \leqslant h(\alpha) < 1$，此时反映了决策者为风险规避的；当 $0 \leqslant \alpha < 1$ 时，可知 $h(\alpha) > 1$，此时反映了决策者为风险追逐的；当 $\alpha = 1$ 时，可知 $h(\alpha) = 1$，此时 $U(\Pi) = E(\Pi)$ 反映了决策者为风险中性的。

在此基础上，针对供应链绿色产品创新——广告决策问题，可进一步得到混合 $CVaR$ 准则下零售商与制造商的效用函数。

命题 5.1：混合 $CVaR$ 准则下，零售商效用函数 $U(\Pi_r)$ 与制造商效用函

数 $U(\Pi_m)$ 可分别表示为：

$$U(\Pi_r) = h(\alpha_r)E(\Pi_r) + [1 - h(\alpha_r)]CVaR_{\eta_r}^l(\Pi_r)$$

$$= \rho_r[\theta - (\rho_m + \rho_r + c) + h(\alpha_r)(e_0 + \sigma\gamma a)(\bar{\lambda} - T_r)$$

$$+ (e_0 + \sigma\gamma a)T_r] - \frac{1}{2}(1 - \phi)k_a a^2 \tag{5.7}$$

$$U(\Pi_m) = h(\alpha_m)E(\Pi_m) + [1 - h(\alpha_m)]CVaR_{\eta_m}^l(\Pi_m)$$

$$= \rho_m[\theta - (\rho_m + \rho_r + c) + h(\alpha_m)(e_0 + \sigma\gamma a)(\bar{\lambda} - T_m)$$

$$+ (e_0 + \sigma\gamma a)T_m] - \frac{1}{2}\phi k_a a^2 - \frac{1}{2}k_g e_0^2 \tag{5.8}$$

其中，$T_r = \frac{1}{\eta_r}\int_A^{G^{-1}(\eta_r)}\lambda dG(\lambda)$，$T_m = \frac{1}{\eta_m}\int_A^{G^{-1}(\eta_m)}\lambda dG(\lambda)$，$\sigma = \frac{\sigma_0^2}{\sigma_\varepsilon^2 + \sigma_0^2}$ 为消费

者先验信息不确定性占整体不确定性的比例；$\gamma = 1 - \frac{\hat{a}}{a}$，$\bar{\lambda} = E(\lambda)$ 表示市

场需求对绿色度敏感系数的均值。

证明 5.2： 根据 $CVaR$ 一般化定义，可定义一个关于零售商利润的函数 $R_r(v_r, a)$：

$$R_r(v_r, a) = CVaR_{\eta_r}^l(\pi_r) = v_r - \frac{1}{\eta_r}E(\text{Max}\{(v_r - \Pi_r), 0\}) \tag{5.9}$$

其中，η_r 为零售商的置信水平。

将零售商随机利润函数式（5.3）代入式（5.7）中，可得：

$$R_r(v_r, a) = v_r - \frac{1}{\eta_r}E\left(\text{Max}\left\{v_r - \rho_r D + \frac{1}{2}(1 - \phi)k_a a^2, 0\right\}\right)$$

$$= v_r - \frac{1}{\eta_r}E(\{v_r - \rho_r[\theta - (\rho_m + \rho_r + c) + \lambda\hat{e}] + \frac{1}{2}(1 - \phi)k_a a^2\}^+)$$

因 λ 与 $\hat{e}$ 为两个相互独立的随机变量，上式可进一步写为：

$$R_r(v_r, a) = v_r - \frac{1}{\eta_r}\int_{-\infty}^{\infty}\int_A^B(\{v_r - \rho_r[\theta - (\rho_m + \rho_r + c) + \lambda\hat{e}]$$

$$+ \frac{1}{2}(1 - \phi)k_a a^2\}^+)g(\lambda)f(\hat{e})d\lambda d\hat{e}$$

那么，对于任意给定的 a，容易证明：

（1）当 $v_r < \rho_r[\theta - (\rho_m + \rho_r + c) + \lambda \hat{e}] - \frac{1}{2}(1 - \phi)k_a a^2$ 时，$R_r(v_r, a) = v_r$。此时，有 $\dfrac{\partial R_r(v_r, a)}{\partial v_r} = 1 > 0$。故当 $v_r < \rho_r[\theta - (\rho_m + \rho_r + c) + \lambda \hat{e}] - \frac{1}{2}(1 - \phi)k_a a^2$ 时，$R_r(v_r, a)$ 是关于 v_r 的增函数。

（2）当 $v_r \geqslant \rho_r[\theta - (\rho_m + \rho_r + c) + \lambda \hat{e}] - \frac{1}{2}(1 - \phi)k_a a^2$ 时，有：

$$R_r(v_r, a) = v_r - \frac{1}{\eta_r}\iint_D \{v_r - \rho_r[\theta - (\rho_m + \rho_r + c) + \lambda \hat{e}]$$
$$+ \frac{1}{2}(1 - \phi)k_a a^2\} g(\lambda)f(\hat{e})d\lambda d\hat{e}$$

其中，$D \in -\infty \leqslant \hat{e} \leqslant \infty$，$A < \lambda \leqslant t(v_r, a)\hat{e}^{-1}$；$t(v_r, a) = \dfrac{v_r + \frac{1}{2}(1 - \phi)k_a a^2}{\rho_r} - [\theta - (\rho_m + \rho_r + c)]$。

若定义函数：

$$H_r(v_r, a) = \frac{1}{\eta_r}\int_{-\infty}^{\infty}\int_A^{t(v_r, a)\hat{e}^{-1}} \{v_r - \rho_r[\theta - (\rho_m + \rho_r + c) + \lambda \hat{e}]$$
$$+ \frac{1}{2}(1 - \phi)k_a a^2\} g(\lambda)f(\hat{e})d\lambda d\hat{e}$$

有 $R_r(v_r, a) = v_r - H_r(v_r, a)$。

根据双重积分求导公式，对 $H_r(v_r, a)$ 求关于 v_r 的一阶偏导数可得：

$$\frac{\partial H_r(v_r, a)}{\partial v_r} = \frac{1}{\eta_r}\{\lim_{x \to \infty}\frac{\partial x}{\partial v_r}\int_A^{t(v_r, a)\hat{e}^{-1}} \{v_r - \rho_r[\theta - (\rho_m + \rho_r + c) + \lambda x]$$
$$+ \frac{1}{2}(1 - \phi)k_a a^2\}f(x)g(\lambda)d\lambda$$
$$- \lim_{y \to -\infty}\frac{\partial y}{\partial v_r}\int_A^{t(v_r, a)\hat{e}^{-1}} \{v_r - \rho_r[\theta - (\rho_m + \rho_r + c) + \lambda y]$$
$$+ \frac{1}{2}(1 - \phi)k_a a^2\}f(y)g(\lambda)d\lambda$$
$$+ \frac{\partial(t(v_r, a))}{\partial v_r}\int_{-\infty}^{\infty} \{v_r - \rho_r[\theta - (\rho_m + \rho_r + c) + t(v_r, a)\hat{e}]$$
$$+ \frac{1}{2}(1 - \phi)k_a a^2\}g(t(v_r, a))f(\hat{e})d\hat{e}$$

$$- \frac{\partial A}{\partial v_r} \int_{-\infty}^{\infty} \{ v_r - \rho_r [\theta - (\rho_m + \rho_r + c) + A\hat{e}]$$

$$+ \frac{1}{2}(1 - \phi) k_a a^2 \} g(A) f(\hat{e}) d\hat{e}$$

$$+ \int_{-\infty}^{\infty} \int_{A}^{t(v_r, a)\hat{e}^{-1}} \frac{\partial(\{ v_r - \rho_r[\theta - (\rho_m + \rho_r + c) + \lambda\hat{e}] + \frac{1}{2}(1 - \phi) k_a a^2 \} f(\hat{e}) g(\lambda))}{\partial v_r} d\lambda d\hat{e} \}$$

$$= \frac{1}{\eta_r} \{ 0 - 0 + \frac{\partial [t(v_r, a)]}{\partial v_r} \int_{-\infty}^{\infty} 0 \, d\hat{e} - 0$$

$$+ \int_{-\infty}^{\infty} \int_{A}^{t(v_r, a)\hat{e}^{-1}} 1 f(\hat{e}) g(\lambda) d\hat{e} d\lambda \}$$

$$= \frac{1}{\eta_r} \int_{-\infty}^{\infty} f(\hat{e}) d\hat{e} \int_{A}^{t(v_r, a)\hat{e}^{-1}} g(\lambda) d\lambda = \frac{1}{\eta_r} \int_{-\infty}^{\infty} G[t(v_r, a)\hat{e}^{-1}] f(\hat{e}) d\hat{e}$$

$$= \frac{1}{\eta_r} \int_{-\infty}^{\infty} \frac{B}{B - A} [1 - \frac{A\hat{e}}{t(v_r, a)}] f(\hat{e}) d\hat{e}$$

$$= \frac{1}{\eta_r} G[t(v_r, a) e_1^{-1}]$$

由此可得，当 $v_r \geqslant \rho_r[\theta - (\rho_m + \rho_r + c) + \lambda \hat{e}] - \frac{1}{2}(1 - \phi) k_a a^2$ 时，有：

$$\frac{\partial R_r(v_r, a)}{\partial v_r} = 1 - \frac{1}{\eta_r} \frac{\partial H_r(v_r, a)}{\partial v_r} = 1 - \frac{1}{\eta_r} G[t(v_r, a) e_1^{-1}],$$

$$\frac{\partial^2 R_r(v_r, a)}{\partial v_r^2} = = -\frac{1}{\eta_r} g[t(v_r, a) e_1^{-1}] \frac{\partial t(v_r, a)}{\partial v_r} = -\frac{1}{e_1 \rho_r \eta_r} g[t(v_r, a) e_1^{-1}] < 0,$$

同时，由 $\lim\limits_{\substack{v_r \to (\rho_r(\theta - (\rho_m + \rho_r + c) \\ + \lambda\hat{e}) - \frac{1}{2}(1 - \phi) k_a a^2)^{-}}} R_r(v_r, a) = \lim\limits_{\substack{v_r \to (\rho_r(\theta - (\rho_m + \rho_r + c) \\ + \lambda\hat{e}) - \frac{1}{2}(1 - \phi) k_a a^2)^{+}}} R_r(v_r, a) = v_r$ 可知，

$R_r(v_r, a)$ 在 $v_r = \rho_r[\theta - (\rho_m + \rho_r + c) + \lambda \hat{e}] - \frac{1}{2}(1 - \phi) k_a a^2$ 处连续。因此，存

在 $v_r^* \in [\rho_r[\theta - (\rho_m + \rho_r + c) + \lambda \hat{e}] - \frac{1}{2}(1 - \phi) k_a a^2, \infty]$ 使 $R_r(v_r, a)$ 取得最大

值。根据一阶最优条件 $\frac{\partial R_r(v_r, a)}{\partial v_r} = 1 - \frac{1}{\eta_r} G[t(v_r, a) e_1^{-1}] = 0$，可得：

$$v_r^* = \rho_r[e_1 G^{-1}(\eta_r) + \theta - (\rho_m + \rho_r + c)] - \frac{1}{2}(1 - \phi) k_a a^2 \qquad (5.10)$$

将式 (5.10) 代入式 (5.9) 可得：

$$CVaR_{\eta_r}^l(\pi_r) = R_r(v_r^*, a) = \rho_r\big[\theta - (\rho_m + \rho_r + c) + e_1 T_r\big] - \frac{1}{2}(1-\phi)k_a a^2$$

$$(5.11)$$

其中，$T_r = \frac{1}{\eta_r}\int_A^{G^{-1}(\eta_r)}\lambda dG(\lambda)$，综合式（5.6）及式（5.1）可得混合 $CVaR$ 准则下的零售商效用函数。制造商效用函数证明过程与之类似，故不再赘述。

5.1.3　基于混合 $CVaR$ 的供应链绿色产品创新——广告决策模型构建与求解

5.1.3.1　分散决策

分散决策下，制造商与零售商进行以制造商为领导者的 Stackelberg 博弈，具体过程为：首先，制造商通过绿色产品创新决定产品的绿色度水平以及愿意为零售商分担的广告成本比例；其次，零售商根据制造商制定的策略决定绿色产品的广告宣传水平。

在消费者绿色偏好具有不确定性的情形下，制造商与零售商均以效用最大化为决策目标。根据 5.1.2.2 小节，可知在混合 $CVaR$ 风险度量准则下，制造商与零售商的决策目标函数可分别表示为：

$$\operatorname*{Max}_{e_0,\phi} U_m(\Pi_m) = \rho_m\big[\theta - (\rho_m + \rho_r + c) + h(\alpha_m)(e_0 + \sigma\gamma a)(\bar{\lambda} - T_m)$$

$$+ (e_0 + \sigma\gamma a)T_m\big] - \frac{1}{2}\phi k_a a^2 - \frac{1}{2}k_g e_0^2 \qquad (5.12)$$

$$\operatorname*{Max}_a U_r(\Pi_r) = \rho_r\big[\theta - (\rho_m + \rho_r + c) + h(\alpha_r)(e_0 + \sigma\gamma a)(\bar{\lambda} - T_r)$$

$$+ (e_0 + \sigma\gamma a)T_r\big] - \frac{1}{2}(1-\phi)k_a a^2 \qquad (5.13)$$

采用逆向求解法对上述博弈问题进行求解。依据给定的产品绿色度水平和制造商的广告成本分担率计算零售商最优广告宣传水平的最优反应函数，可得到如下命题。

命题 5.2：分散决策下，当制造商策略 (e_0, ϕ) 给定时，混合 $CVaR$ 风险准则下零售商广告宣传水平的最优反应函数为：

$$a\left(e_0,\phi\right)^{d*} = \frac{\rho_r\sigma\gamma\left[T_r + h(\alpha_r)\left(\bar{\lambda} - T_r\right)\right]}{(1-\phi)k_a} \tag{5.14}$$

证明 5.3：对式（5.13）求关于 a 的一阶偏导数并令其为零，有：

$$\frac{\partial U(\Pi_r)}{\partial a} = -a(1-\phi)k_a + \gamma\sigma\rho_r\left[T_r + h(\alpha_r)\left(\bar{\lambda} - T_r\right)\right] = 0$$

求解上式，即可得式（5.14），命题 5.2 得证。

将零售商最优反应函数代入制造商决策目标函数，并依据一阶最优化条件进行求解，可得到如下命题。

命题 5.3：分散决策下，基于混合 $CVaR$ 风险度量准则的最优产品绿色度水平 e_0^{d*} 及制造商最优广告成本比例 ϕ^{d*} 分别为：

$$e_0^{d*} = \frac{\rho_m\left[T_m + h(\alpha_m)\left(\bar{\lambda} - T_m\right)\right]}{k_g} \tag{5.15}$$

$$\phi^{d*} = \begin{cases} \dfrac{2\rho_m Y_m - \rho_r Y_r}{2\rho_m Y_m + \rho_r Y_r}, & \dfrac{\rho_m}{\rho_r} > \dfrac{Y_r}{2Y_m} \\[2mm] 0, & \dfrac{\rho_m}{\rho_r} \leq \dfrac{Y_r}{2Y_m} \end{cases} \tag{5.16}$$

其中，$Y_m = \left[T_m + h(\alpha_m)\left(\bar{\lambda} - T_m\right)\right]$，$Y_r = \left[T_r + h(\alpha_r)\left(\bar{\lambda} - T_r\right)\right]$。

证明 5.4：将零售商最优反应函数式（5.14）代入制造商决策目标函数式（5.12）中，并求其关于的 e_0，ϕ 的 Hessian 矩阵，有：

$$H = \begin{bmatrix} -k_g & 0 \\ 0 & -\dfrac{(\gamma\sigma)^2\rho_r\left[T_r + h(\alpha_r)\left(\bar{\lambda} - T_r\right)\right]}{k_a\left(1-\phi\right)^4}\left\{2\rho_m(1-\phi)\right. \\ & \left.\left[T_m + h(\alpha_m)\left(\bar{\lambda} - T_m\right)\right] + (2+\phi)\rho_r\left(T_r + h(\alpha_r)\left(\bar{\lambda} - T_r\right)\right)\right\} \end{bmatrix}$$

根据上述 Hessian 矩阵，可知其一阶顺序主子式 $|H_1| = -k_g < 0$，二阶顺序主子式 $|H_2| = \dfrac{\partial^2 CVaR_{\eta_m}^{mix}(\pi_m)}{\partial e_0^2} \times \dfrac{\partial^2 CVaR_{\eta_m}^{mix}(\pi_m)}{\partial \phi^2} > 0$。由此可知，矩阵 H

为负定矩阵，存在关于 e_0、ϕ 的最优值使制造商效用实现最大化。

对制造商效用函数求关于 e_0、ϕ 的一阶偏导数并令其为零，有：

$$
\begin{cases}
\dfrac{\partial U_m(\Pi_m)}{\partial e_0} = -e_0 k_g + \rho_m \left[T_m + h(\alpha_r)(\bar{\lambda} - T_r) \right] = 0 \\[3mm]
\dfrac{\partial U_m(\Pi_m)}{\partial \phi} = \dfrac{(\gamma\sigma)^2 \rho_r \left[T_r + h(\alpha_r)(\bar{\lambda} - T_r) \right]}{2k_a(1-\phi)^3} \{ 2\rho_m(1-\phi)\left[T_m + h(\alpha_m)(\bar{\lambda} - T_m) \right] \\[3mm]
\qquad\qquad - (1+\phi)\rho_r \left[T_r + h(\alpha_r)(\bar{\lambda} - T_r) \right] \} = 0
\end{cases}
$$

求解上述方程式，即可得到最优解 e_0^{d*} 和 ϕ^{d*}，具体如式（5.15）、式（5.16）所示，命题 5.3 得证。

命题 5.3 表明，在分散决策下，当且仅当制造商的边际利润 $\rho_m > \dfrac{\rho_r Y_r}{2Y_m}$ 时，制造商才会选择以一定比例分担零售商的广告成本；当零售商的边际利润为 $\rho_r = 0$ 时，制造商所分担零售商的广告成本比例 $\phi^{d*} = 1$。此时，无论零售商表现为何种风险态度，制造商均会承担零售商全部的广告费用。

将命题 5.3 中制造商的最优策略分别代入零售商最优反应函数、制造商效用函数及零售商效用函数中，可进一步得到如下命题。

命题 5.4：分散决策下，基于混合 $CVaR$ 风险度量准则的零售商最优广告宣传水平、制造商最优效用以及零售商最优效用分别为：

$$
a^{d*} =
\begin{cases}
\dfrac{\sigma\gamma(2\rho_m Y_m + \rho_r Y_r)}{2k_a}, & \dfrac{\rho_m}{\rho_r} > \dfrac{Y_r}{2Y_m} \\[4mm]
\dfrac{\sigma\gamma\rho_r Y_r}{k_a}, & \dfrac{\rho_m}{\rho_r} \leqslant \dfrac{Y_r}{2Y_m}
\end{cases}
\tag{5.17}
$$

$$
U_m(\Pi_m)^{d*} =
\begin{cases}
\dfrac{(\sigma\gamma)^2(2\rho_m Y_m - \rho_r Y_r)^2}{8k_a} + \dfrac{\rho_m^2 Y_m^2}{2k_g} & \dfrac{\rho_m}{\rho_r} > \dfrac{Y_r}{2Y_m} \\[2mm]
\qquad - \rho_m(\rho_m + \rho_r + c - \theta), & \\[3mm]
\dfrac{(\sigma\gamma)^2 \rho_r \rho_m Y_r Y_m}{k_a} + \dfrac{\rho_m^2 Y_m^2}{2k_g} & \dfrac{\rho_m}{\rho_r} \leqslant \dfrac{Y_r}{2Y_m} \\[2mm]
\qquad - \rho_m(\rho_m + \rho_r + c - \theta), &
\end{cases}
\tag{5.18}
$$

$$U_r(\Pi_r)^{d*} = \begin{cases} \dfrac{(\sigma\gamma)^2\rho_r Y_r(2\rho_m Y_m+\rho_r Y_r)}{4k_a} + \\ \dfrac{\rho_r\rho_m Y_r Y_m}{k_g} - \rho_r(\rho_m+\rho_r+c-\theta), & \dfrac{\rho_m}{\rho_r} > \dfrac{Y_r}{2Y_m} \\[2ex] \dfrac{(\sigma\gamma)^2\rho_r^2 Y_r^2}{2k_a} + \dfrac{\rho_r\rho_m Y_r Y_m}{k_g} \\ - \rho_r(\rho_m+\rho_r+c-\theta), & \dfrac{\rho_m}{\rho_r} \leqslant \dfrac{Y_r}{2Y_m} \end{cases} \tag{5.19}$$

证明 5.5：将式（5.15）、式（5.16）分别代入式（5.14）、式（5.7）及式（5.8），即可得命题 5.4 中结论。

5.1.3.2 集中决策

集中决策下，制造商与零售商决策过程为合作博弈，即双方以供应链整体效用最大化为决策目标，共同决策产品绿色度水平及广告宣传水平。

根据 5.1.2 小节中制造商与零售商的效用函数，集中决策下的决策问题可表示为：

$$\underset{e_0,a}{\mathrm{Max}}(U(\Pi_c)) = \mathrm{Max}(U_r(\Pi_r) + U_m(\Pi_m)) \tag{5.20}$$

命题 5.5：集中决策下，基于混合 $CVaR$ 风险度量准则的产品最优绿色度水平 e_0^{c*}、最优广告宣传水平 a^{c*} 以及供应链最优效用函数 $U(\Pi_c)^{c*}$ 分别为：

$$e_0^{c*} = \frac{(\rho_m Y_m + \rho_r Y_r)}{k_g} \tag{5.21}$$

$$a^{c*} = \frac{\sigma\gamma(\rho_m Y_m + \rho_r Y_r)}{k_a} \tag{5.22}$$

$$U(\Pi_c)^{c*} = \frac{(\sigma\gamma)^2(\rho_m Y_m + \rho_r Y_r)^2}{2k_a} + \frac{(\rho_m Y_m + \rho_r Y_r)^2}{2k_g}$$
$$- (\rho_m+\rho_r)(\rho_m+\rho_r+c-\theta) \tag{5.23}$$

证明 5.6：对式（5.20）求其关于 e_0、a 的 Hessian 矩阵，有 $H^c = \begin{bmatrix} -k_g & 0 \\ 0 & -k_a \end{bmatrix}$，易知其一阶顺序主子式 $|H_1^c| = -k_g < 0$，二阶顺序主子式

$|H_2^c| = k_g k_a > 0$，即 H^c 为负定矩阵。因此，$U(\Pi_c)$ 存在最大值。对式 (5.20) 求关于 e_0、a 的一阶偏导数并令其为零，有：

$$
\begin{cases}
\dfrac{\partial U(\Pi_c)}{\partial e_0} = -e_0 k_g + \rho_m \big[T_m + h(\alpha_m)(\bar{\lambda} - T_m) \big] + \rho_r \big[T_r + h(\alpha_r)(\bar{\lambda} - T_r) \big] = 0 \\[3mm]
\dfrac{\partial U(\Pi_c)}{\partial a} = -a k_a + \gamma \sigma \Big\{ \rho_m \big[T_m + h(\alpha_m)(\bar{\lambda} - T_m) \big] + \rho_r \big[T_r + h(\alpha_r)(\bar{\lambda} - T_r) \big] \Big\} = 0
\end{cases}
$$

求解上述方程组，可得到 e_0^{c*} 及 a^{c*}。将所得 e_0^{c*}、a^{c*} 代入式 (5.20) 中，即可进一步得到集中决策下，基于混合 $CVaR$ 风险度量准则的供应链最优效用函数 $U(\Pi_c)^{c*}$，命题 5.5 得证。

5.1.4　参数分析

5.1.4.1　风险态度对最优结果的影响

推论 5.1：分散决策下，在制造商策略 (e_0, ϕ) 给定时，风险追逐零售商的广告宣传水平大于风险中性零售商的广告宣传水平大于风险规避零售商的广告宣传水平，即：

$$
a(e_0, \phi)^{d*} \big|_{h(\alpha_r) > 1} > a(e_0, \phi)^{d*} \big|_{h(\alpha_r) = 1} > a(e_0, \phi)^{d*} \big|_{h(\alpha_r) < 1}
$$

证明 5.7：对式 (5.14) 求关于 $h(\alpha_r)$ 的一阶偏导数易得：

$$
\frac{\partial a(e_0, \phi)^{d*}}{\partial h(\alpha_r)} = \frac{\sigma \gamma \rho_r (\bar{\lambda} - T_r)}{(1 - \phi) k_a} > 0
$$

即零售商的广告宣传水平与 $h(\alpha_r)$ 正相关，又由于 $h(\alpha_r) > 1$、$h(\alpha_r) = 1$、$h(\alpha_r) < 1$ 分别对应零售商风险追逐、风险中性以及风险规避的行为特征，故易得推论 5.1 中的结论。

推论 5.1 表明，在给定制造商策略 $(e_0, \phi)^{d*}$ 时，零售商越不害怕风险，其对绿色产品的宣传水平越高；相反，若零售商持风险规避的态度，在消费者绿色偏好存在不确定性时，其并不会对绿色产品进行过多的广告宣传，这也与现实情况相吻合。

推论 5.2：分散决策下，风险追逐制造商对绿色产品创新的投入水平大于风险中性制造商对绿色产品创新的投入水平大于风险规避制造商对绿色产品创新的投入水平，即：

$$e_0^{d^*}\big|_{h(\alpha_m)>1} > e_0^{d^*}\big|_{h(\alpha_m)=1} > e_0^{d^*}\big|_{h(\alpha_m)<1}$$

证明 5.8：证明过程与推论 5.1 类似，故在此不做赘述。

推论 5.3：分散决策下，若制造商选择参与分担零售的广告成本，则：

（1）当制造商风险态度一定时，制造商对风险规避零售商的广告成本分担比例大于对风险中性零售商的广告成本分担比例大于对风险追逐零售商的广告成本分担比例。即 $\phi^{d^*}\big|_{h(\alpha_r)<1} > \phi^{d^*}\big|_{h(\alpha_r)=1} > \phi^{d^*}\big|_{h(\alpha_r)>1}$。

（2）当零售商风险态度一定时，风险追逐制造商对零售商的广告成本分担比例大于风险中性制造商对零售商的广告成本分担比例大于风险规避制造商对零售商的广告成本分担比例。即 $\phi^{d^*}\big|_{h(\alpha_m)>1} > \phi^{d^*}\big|_{h(\alpha_m)=1} > \phi^{d^*}\big|_{h(\alpha_m)<1}$。

证明 5.9：对式（5.16）分别求关于 $h(\alpha_r)$、$h(\alpha_m)$ 的一阶偏导数可得：

$$\frac{\partial \phi^{d^*}}{\partial h(\alpha_r)} = -\frac{4\rho_m\rho_r(\bar{\lambda}-T_r)[T_m+h(\alpha_m)(\bar{\lambda}-T_m)]}{\{2\rho_m[T_m+h(\alpha_m)(\bar{\lambda}-T_m)]+\rho_r[T_r+h(\alpha_r)(\bar{\lambda}-T_r)]\}^2} < 0$$

$$\frac{\partial \phi^{d^*}}{\partial h(\alpha_m)} = \frac{4\rho_m\rho_r(\bar{\lambda}-T_m)[T_r+h(\alpha_r)(\bar{\lambda}-T_r)]}{\{2\rho_m[T_m+h(\alpha_m)(\bar{\lambda}-T_m)]+\rho_r[T_r+h(\alpha_r)(\bar{\lambda}-T_r)]\}^2} > 0$$

由此可知，ϕ^{d^*} 与 $h(\alpha_r)$ 成反比、与 $h(\alpha_m)$ 成正比。又因为 $h(\alpha_i)<1$、$h(\alpha_i)=1$、$h(\alpha_i)>1(i=r,m)$ 分别对应决策者风险规避、风险中性以及风险追逐的情形，易得推论 5.3 中的结论。

推论 5.3 表明了决策者不同的风险态度会影响制造商对零售商的最优广告成本分担比例 ϕ^{d^*}。即制造商越追逐风险、零售商越规避风险时，制造商所分担的成本比例 ϕ^{d^*} 越大；相反，若制造商越规避风险、零售商越追逐风险，则制造商所分担的成本比例 ϕ^{d^*} 越小。这是因为，为防止风险规避决策者过于保守的决策行为，更不害怕风险的一方会选择承担更多的市场风险，以激励另一方作出相对较优的决策。

5.1.4.2 其他参数对最优结果的影响

推论 5.4：分散决策下，在制造商策略 (e_0,ϕ) 给定时，零售商的最优广

告宣传水平 $a(e_0,\phi)^{d*}$ 与零售商边际利润 ρ_r 正相关；与制造商对广告成本的分担比例 ϕ 正相关；与零售商单位宣传成本 k_a 负相关。

证明 5.10：对式（5.14）分别求关于 ρ_r、ϕ、k_a 的一阶偏导数，可得：

$$\frac{\partial a(e_0,\phi)^{d*}}{\partial \rho_r} = \frac{\sigma\gamma[T_r + h(\alpha_r)(\bar{\lambda} - T_r)]}{(1-\phi)k_a},$$

$$\frac{\partial a(e_0,\phi)^{d*}}{\partial \phi} = \frac{\rho_r\sigma\gamma[T_r + h(\alpha_r)(\bar{\lambda} - T_r)]}{(1-\phi)^2 k_a},$$

$$\frac{\partial a(e_0,\phi)^{d*}}{\partial k_a} = -\frac{\rho_r\sigma\gamma[T_r + h(\alpha_r)(\bar{\lambda} - T_r)]}{(1-\phi)k_a^2}。$$

同时，当 $\eta_r = 1$ 时，可知 $T_r = \int_A^B \lambda dG(\lambda) = E(\lambda) = \bar{\lambda}$。因此，当 $\eta_r \in (0,$ 1)时，总有 $0 < T_r < \bar{\lambda}$。故 $\frac{\partial a(e_0,\phi)^{d*}}{\partial \rho_r} > 0$，$\frac{\partial a(e_0,\phi)^{d*}}{\partial \phi} > 0$，$\frac{\partial a(e_0,\phi)^{d*}}{\partial k_a} < 0$。推论 5.4 得证。

推论 5.4 说明了较高的单位宣传成本会使零售商降低广告宣传水平，而制造商通过分担其广告成本对零售商提高广告宣传水平具有积极作用；零售商的广告宣传水平与其边际利润正相关表明了零售商具有进行广告宣传的内在动力。

推论 5.5：分散决策下，在制造商策略 (e_0,ϕ) 给定时，零售商的最优广告宣传水平 $a(e_0,\phi)^{d*}$ 与需求对产品绿色度的敏感系数均值 $\bar{\lambda}$ 正相关；与消费者先验信息对产品绿色度的不确定性程度 σ 正相关。

证明 5.11：对式（5.14）分别求关于 $\bar{\lambda}$、σ 的一阶偏导数，可得：

$$\frac{\partial a(e_0,\phi)^{d*}}{\partial \bar{\lambda}} = \frac{\rho_r\sigma\gamma h(\alpha_r)}{(1-\phi)k_a} > 0, \quad \frac{\partial a(e_0,\phi)^{d*}}{\partial \sigma} = \frac{\rho_r\gamma[T_r + h(\alpha_r)(\bar{\lambda} - T_r)]}{(1-\phi)k_a} >$$

0，故推论 5.5 得证。

推论 5.5 表明，市场中消费者对绿色产品的支付意愿越强、消费者对产品绿色度先验信息的不确定性程度越高，零售商的广告宣传水平越高。

推论 5.6：分散决策下，产品最优绿色度 e_0^{d*} 与制造商边际利润 ρ_m 正相关，与制造商绿色产品创新单位成本 k_g 负相关，与需求对产品绿色度的敏感系数均值 $\bar{\lambda}$ 正相关。

证明 5.12： 对式（5.15）分别求关于 ρ_m、k_g、$\bar{\lambda}$ 的一阶偏导数，可得：

$$\frac{\partial e_0^{d*}}{\partial \rho_m} = \frac{\left[T_m + h(\alpha_m)(\bar{\lambda} - T_m)\right]}{k_g},$$

$$\frac{\partial e_0^{d*}}{\partial k_g} = -\frac{\rho_m\left[T_m + h(\alpha_m)(\bar{\lambda} - T_m)\right]}{k_g^2}, \quad \frac{\partial e_0^{d*}}{\partial \bar{\lambda}} = \frac{\rho_m h(\alpha_m)}{k_g}.$$

同时，当 $\eta_m = 1$ 时，有 $T_m = \int_A^B \lambda dG(\lambda) = E(\lambda) = \bar{\lambda}$。因此，当 $\eta_m \in (0,1)$ 时，总有 $0 < T_m < \bar{\lambda}$。故 $\frac{\partial e_0^{d*}}{\partial \rho_m} > 0$，$\frac{\partial e_0^{d*}}{\partial k_g} < 0$，$\frac{\partial e_0^{d*}}{\partial \bar{\lambda}} > 0$。推论 5.6 得证。

由推论 5.6 可知，制造商的边际利润与产品绿色度密切正相关，表明制造商同样存在内在的动力进行绿色创新提高产品绿色度，进而增加企业收益。并且，绿色创新的单位成本越低、市场中消费者对绿色产品的平均支付意愿越强，制造商进行绿色创新的积极性就越高。

推论 5.7： 分散决策下，制造商分担零售商广告成本的最优比例 ϕ^{d*} 与自身边际收益 ρ_m 正相关，与零售商边际收益 ρ_r 负相关。

证明 5.13： 在 $\frac{\rho_m}{\rho_r} > \frac{Y_r}{2Y_m}$ 的情形下，对式（5.16）分别求关于 ρ_m、ρ_r 的一阶偏导数，有：

$$\frac{\partial \phi^{d*}}{\partial \rho_m} = \frac{4\rho_r\left[T_r + h(\alpha_r)(\bar{\lambda} - T_r)\right]\left[T_m + h(\alpha_m)(\bar{\lambda} - T_m)\right]}{\left\{2\rho_m\left[T_m + h(\alpha_m)(\bar{\lambda} - T_m)\right] + \rho_r\left[T_r + h(\alpha_r)(\bar{\lambda} - T_r)\right]\right\}^2} > 0,$$

$$\frac{\partial \phi^{d*}}{\partial \rho_r} = -\frac{4\rho_m\left[T_r + h(\alpha_r)(\bar{\lambda} - T_r)\right]\left[T_m + h(\alpha_m)(\bar{\lambda} - T_m)\right]}{\left\{2\rho_m\left[T_m + h(\alpha_m)(\bar{\lambda} - T_m)\right] + \rho_r\left[T_r + h(\alpha_r)(\bar{\lambda} - T_r)\right]\right\}^2} < 0,$$

推论 5.7 得证。

推论 5.7 说明了制造商对广告成本的最优分担比例 ϕ^* 与双方边际利润的关系。零售商的边际利润越低，而制造商的边际利润越高，制造商愿意为零售商分担的广告成本比例就越大。也就是说，收益较高的一方愿意承担更多的风险。

5.1.5　分散决策与集中决策下最优结果的比较

推论 5.8：分散决策下的产品绿色度 e_0^{d*} 及广告宣传水平 a^{d*} 均小于集中决策下的产品绿色度 e_0^{c*} 及广告宣传水平 a^{c*}。

证明 5.14：由命题 5.3 与命题 5.5，易得：

$$e_0^{c*} - e_0^{d*} = \frac{(\rho_m Y_m + \rho_r Y_r)}{k_g} - \frac{\rho_m Y_m}{k_g} = \frac{\rho_r Y_r}{k_g} > 0$$

即分散决策下的产品绿色度总是低于集中决策下的产品绿色度。

由命题 5.4 与命题 5.5，易得：

当 $\dfrac{\rho_m}{\rho_r} > \dfrac{Y_r}{2Y_m}$ 时，$\dfrac{a^{c*}}{a^{d*}} = \dfrac{\sigma\gamma(\rho_m Y_m + \rho_r Y_r)}{k_a} \times \dfrac{2k_a}{\sigma\gamma(2\rho_m Y_m + \rho_r Y_r)} =$

$\dfrac{2\rho_m Y_m + 2\rho_r Y_r}{2\rho_m Y_m + \rho_r Y_r} > 1$；

当 $\dfrac{\rho_m}{\rho_r} \leqslant \dfrac{Y_r}{2Y_m}$ 时，$\dfrac{a^{c*}}{a^{d*}} = \dfrac{\sigma\gamma(\rho_m Y_m + \rho_r Y_r)}{k_a} \times \dfrac{k_a}{\sigma\gamma\rho_r Y_r} = \dfrac{\rho_m Y_m + \rho_r Y_r}{\rho_r Y_r} > 1$。

即分散决策下，无论制造商是否分担零售商的广告成本，零售商的广告宣传水平总是低于集中决策下的广告宣传水平。故推论 5.8 得证。

推论 5.9：分散决策下，制造商最优效用与零售商最优效用之和总是小于集中决策下的系统最优总效用，即 $U(\Pi_c)^{c*} > U(\Pi_r)^{d*} + U(\Pi_m)^{d*}$。

证明 5.15：由命题 5.4 与命题 5.5，易得：

当 $\dfrac{\rho_m}{\rho_r} > \dfrac{Y_r}{2Y_m}$ 时，$U(\Pi_c)^{c*} - (U_r(\Pi_r)^{d*} + U_m(\Pi_m)^{d*}) = \dfrac{\rho_r^2 Y_r^2}{2}\Big[\dfrac{(\sigma\gamma)^2}{4K_a} +$

$\dfrac{1}{k_g}\Big] > 0$；

当 $\dfrac{\rho_m}{\rho_r} \leqslant \dfrac{Y_r}{2Y_m}$ 时，$U(\Pi_c)^{c*} - (U_r(\Pi_r)^{d*} + U_m(\Pi_m)^{d*}) = \dfrac{(\sigma\gamma)^2 \rho_m^2 Y_m^2}{2K_a} +$

$\dfrac{\rho_r^2 Y_r^2}{2k_g} > 0$。

即分散决策下，无论制造商是否分担零售商的广告成本，供应链系统的最优总效用总是小于集中决策下供应链系统的最优总效用，故推论 5.9 得证。

由上述分析可知，分散决策下制造商对产品的绿色创新力度以及零售商的广告宣传水平均低于集中决策下系统的最优解，拉低了供应链整体的绩效水平。为此，进一步设计一个基于风险补偿的双向成本分担机制，使供应链成员结成利益共同体，实现供应链协调。

5.1.6 基于风险补偿的双向成本分担契约

为协调主从博弈结构下的分散供应链，激励供应链成员积极进行绿色产品创新——广告投入，从而提高供应链的整体绩效水平，本小节提出基于风险补偿的双向成本分担契约。

在基于风险补偿的双向成本分担协调机制下，制造商愿意为零售商分担一定比例的广告宣传成本，记为 ϕ_m；零售商也愿意为制造商分担一定比例的绿色产品创新成本，记为 ϕ_r。同时，供应链中承担较小风险的成员还需向承担较大风险的一方提供一定的转移支付 Z 作为风险补偿。那么，在协调机制 (ϕ_m, ϕ_r, Z) 下，双方的随机利润函数分别为：

$$\Pi_m = \rho_m D - \frac{1}{2}(1-\phi_r)k_g e_0^2 - \frac{1}{2}\phi_m k_a a^2 - Z \tag{5.24}$$

$$\Pi_r = \rho_r D - \frac{1}{2}(1-\phi_m)k_a a^2 - \frac{1}{2}\phi_r k_g e_0^2 + Z \tag{5.25}$$

当 $Z > 0$ 时，表明供应链中零售商承担较大的风险，此时制造商会给予零售商一定的风险补偿，如广告补贴、进店费、铺货费等；而 $Z < 0$ 时，表明供应链中制造商承担较大的风险，此时零售商会给予制造商一定的风险补偿，如特许经营费、加盟费等。

根据式（5.24）、式（5.25）以及性质 5.1，可进一步得到，在协调机制 (ϕ_m, ϕ_r, Z) 下，基于混合 CVaR 风险准则的制造商及零售商决策目标函数分别为：

$$Max(U_m(\Pi_m)^{dc}) = Max\{\rho_m[\theta - (\rho_m + \rho_r + c) + (e_0 + \sigma\gamma a)T_m$$

$$+ h(\alpha_m)(e_0 + \sigma\gamma a)(\bar{\lambda} - T_m)] - \frac{1}{2}(1 - \phi_r)k_g e_0^2$$

$$- \frac{1}{2}\phi_m k_a a^2 - Z\} \tag{5.26}$$

$$Max(U_r(\Pi_r)^{dc}) = Max\{\rho_r[\theta - (\rho_m + \rho_r + c) + (e_0 + \sigma\gamma a)T_r$$

$$+ h(\alpha_r)(e_0 + \sigma\gamma a)(\bar{\lambda} - T_r)] - \frac{1}{2}(1 - \phi_m)k_a a^2$$

$$- \frac{1}{2}\phi_r k_g e_0^2 + Z\} \tag{5.27}$$

命题 5.6：在契约协调机制（ϕ_m、ϕ_r、Z）下，若成本分担比例 ϕ_m、ϕ_r 分别满足：

$$\phi_m^* = \frac{\rho_m Y_m}{\rho_m Y_m + \rho_r Y_r} \tag{5.28}$$

$$\phi_r^* = \frac{\rho_r Y_r}{\rho_m Y_m + \rho_r Y_r} \tag{5.29}$$

则分散决策下的供应链最优总效用等于集中决策下供应链最优总效用，即 $U(\Pi_c)^{c^*} = U_r(\Pi_r)^{dc^*} + U_m(\Pi_m)^{dc^*}$，此时可实现供应链协调。

证明 5.16：在双向成本分担契约机制（ϕ_m，ϕ_r，Z）下，制造商与零售商仍进行以制造商为主的 Stackelberg 博弈。求解过程与无契约协调时类似。对式（5.26）及式（5.27）逆向求解可得到此时的产品绿色度 $e_0^{dc^*}$ 及广告宣传水平 a^{dc^*} 分别为 $e_0^{dc^*} = \frac{\rho_m Y_m}{(1 - \phi_m)k_g}$，$a^{dc^*} = \frac{\sigma\gamma\rho_r Y_r}{(1 - \phi_r)k_a}$。若要实现供应链协调，须使双方在协调机制下的决策集等于集中决策下的决策集，即 $e_0^{dc^*} = e_0^{c^*}$，$a^{dc^*} = a^{c^*}$。求解上述方程组，即可得到命题 5.6 中 ϕ_m^*、ϕ_r^* 的表达式。故命题 5.6 得证。

推论 5.10：（1）若令 $\rho = \frac{\rho_m}{\rho_r}$ 表示制造商边际利润与零售商边际利润之比，则 ϕ_m^* 与 ρ 成正比，ϕ_r^* 与 ρ 成反比；

（2）ϕ_m^* 与 $h(\alpha_m)$ 正相关，与 $h(\alpha_r)$ 负相关；

（3）ϕ_r^* 与 $h(\alpha_r)$ 正相关，与 $h(\alpha_m)$ 负相关。

证明 5.17：（1）分别对式（5.28）及式（5.29）求关于 ρ 的一阶偏导数，有：

$$\frac{\partial \phi_m^*}{\partial \rho} = \frac{Y_r Y_m}{(\rho Y_m + Y_r)^2} > 0, \frac{\partial \phi_r^*}{\partial \rho} = -\frac{Y_r Y_m}{(\rho Y_m + Y_r)^2} < 0;$$

（2）对式（5.28）分别求关于 $h(\alpha_m)$、$h(\alpha_r)$ 的一阶偏导数，有：

$$\frac{\partial \phi_m^*}{\partial h(\alpha_m)} = \frac{(\bar{\lambda} - T_m)\rho_m\rho_r Y_r}{(Y_r + \rho_r Y_r)^2} > 0, \frac{\partial \phi_m^*}{\partial h(\alpha_r)} = -\frac{(\bar{\lambda} - T_r)\rho_m\rho_r Y_m}{(\rho_r Y_r + \rho_m Y_m)^2} < 0;$$

（3）对式（5.29）分别求关于 $h(\alpha_m)$、$h(\alpha_r)$ 的一阶偏导数，有：

$$\frac{\partial \phi_r^*}{\partial h(\alpha_m)} = -\frac{(\bar{\lambda} - T_m)\rho_m\rho_r Y_r}{(\rho_r Y_r + \rho_m Y_m)^2} < 0, \frac{\partial \phi_r^*}{\partial h(\alpha_r)} = \frac{(\bar{\lambda} - T_r)\rho_m\rho_r Y_m}{(Y_m + \rho_r Y_r)^2} > 0 \text{。推论}$$

5.10 得证。

推论 5.10 表明，若供应链成员自身的边际利润越高、自身越不害怕风险或者对方越害怕风险，那么其愿意为对方分担的成本比例越高，反之，供应链成员自身的边际利润越低、自身越害怕风险或对方越不害怕风险，则其愿意为对方分担的成本比例越低。

命题 5.6 中给出了实现供应链协调的必要条件，但当且仅当协调后制造商与零售商的效用函数最优值均不低于协调前的效用函数最优值时，双方才有参与协调的动力。因此，还需进一步探讨转移支付 Z 的合理区间，以保证双方在混合 $CVaR$ 准则下的效用值均能实现帕累托改善。

命题 5.7：在双向成本分担契约机制 (ϕ_m, ϕ_r, Z) 下，当转移支付 Z 满足 $Z \in [Z_{\text{Min}}, Z_{\text{Max}}]$ 时，双方的最优效用均能得到帕累托改善，此时均具有参与供应链协调的动力，可以实现供应链的完美协调。其中：

$$Z_{\text{Min}} = \frac{\rho_r Y_r \rho_m Y_m}{2k_g} - \frac{(\sigma\gamma)^2 \rho_r^2 Y_r^2}{4k_a} - \frac{\rho_r^2 Y_r^2}{2k_g}, Z_{\text{Max}} = \frac{\rho_r Y_r \rho_m Y_m}{2k_g} - \frac{(\sigma\gamma)^2 \rho_r^2 Y_r^2}{8k_a}。$$

证明 5.18：制造商和零售商参与协调的约束条件为：协调后双方的最优效用函数值均能实现帕累托改善，即需满足不等式组 $\begin{cases} U_m(\Pi_m)^{dc*} \geq U_m(\Pi_m)^{d*} \\ U_r(\Pi_r)^{dc*} \geq U_r(\Pi_r)^{d*} \end{cases}$。

求解制造商参与协调的约束条件可得到转移支付 Z 的上确界 Z_{Max}，求解零售商参与协调的约束条件可得到转移支付 Z 的下确界 Z_{Min}。同时可验证

$Z_{\text{Max}} - Z_{\text{Min}} = \dfrac{(\sigma\gamma)^2 \rho_r^2 Y_r^2}{8k_a} + \dfrac{\rho_r^2 Y_r^2}{2k_g} > 0$，进一步保证了 $\left[Z_{\text{Min}}, Z_{\text{Max}} \right]$ 为非空区间，故命题 5.7 得证。

5.1.7　数值分析

本节将通过数值分析进一步探讨在混合 *CVaR* 风险度量准则下，供应链成员的风险态度对供应链绩效及相关决策的影响，并验证所设计协调机制的有效性。借鉴刘等（Liu et al.，2012）、张新鑫等（2015）、阿卜杜拉等（Abdullah et al.，2016）对参数的取值情况，假设 $\rho_m = 15$，$\rho_r = 10$，$c = 5$，$\theta = 30$，$k_g = 2$，$k_a = 1$，$\gamma = 0.5$，$\sigma_\varepsilon^2 = 5$，$\sigma_0^2 = 5$，$A = 1$，$B = 2$。

图 5-1 描述了分散决策下供应链效率与成员风险态度间的关系。由图 5-1 可知，无论制造商和零售商持有何种风险态度，分散决策下的供应链效率总是小于 1，进一步说明了进行供应链协调的必要性。同时可以看到协调前的分散系统中，风险追逐制造商与风险规避零售商所组成的供应链效率最高，而风险规避制造商与风险追逐零售商所组成的供应链效率最低，其具有更大的效率提升空间。与多数仅考虑供应链单层风险研究中所得到的：下层决策者风险规避行为会降低供应链整体效率的结论不同，当考虑供应链双层风险时，零售商适当的风险规避行为对提高供应链效率具有积

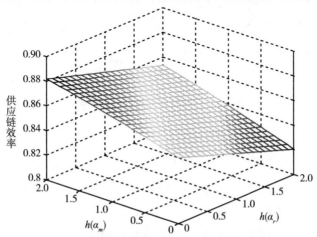

图 5-1　成员风险态度对供应链效率的影响

极作用。尤其是在面对风险规避制造商时，若零售商过于追逐风险，对绿色度较低的产品进行过多的广告宣传并不会对需求产生较大影响，反而会加重自身的广告成本负担，从而降低了供应链的整体效率。

图 5-2 描述了当制造商及零售商风险态度确定$[h(a_m)=0.8, h(a_r)=0.8]$时，在协调机制(ϕ_m^*, ϕ_r^*, Z)下，制造商与零售商的效用值增量与转移支付 Z 间的关系。可以发现当 $Z=5.02$ 时，协调后零售商效用值增量为 0，即制造商抽走了协调后系统的全部效用值增量；当 $Z=16.88$ 时，协调后制造商的效用值增量为 0，即零售商抽走了协调后系统的全部效用值增量。因此可得，当转移支付 $Z \in [5.02, 16.88]$ 时，制造商与零售商的效用值均得到了帕累托改善，此时可实现供应链的完美协调。实际经营中，转移支付 Z 的具体数值由供应链成员协商得到，其取决于双方各自的议价能力。

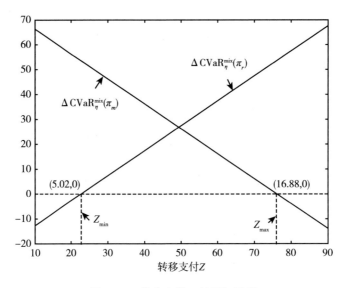

图 5-2 转移支付 Z 的可行区间

图 5-3 与图 5-4 分别描述了转移支付 $Z=10$ 时，在混合 $CVaR$ 准则下，制造商与零售商最优效用在供应链协调前后随成员风险态度的变化情况。可以看到，无论供应链成员呈何种风险态度，协调后成员的最优效用均大于协调前成员的最优效用，进一步验证了所设计协调机制的有效性。同时，由图 5-3、图 5-4 可知，协调机制对制造商效用的改善情况在风险追逐制造商与风险追逐零售商所组成的供应链中最为显著。而对零售商效

用的改善情况则在风险规避制造商与风险追逐零售商所构成的供应链中最
为显著。

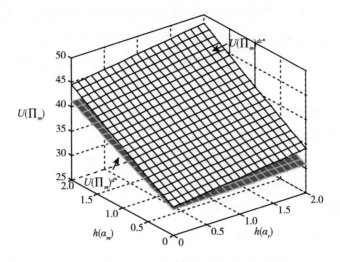

图 5 – 3　协调前后 $U_m(\Pi_m)$ 随供应链成员风险态度的变化情况

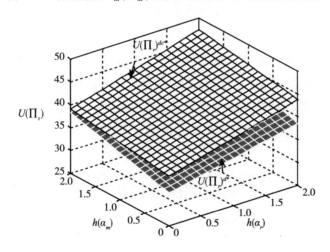

图 5 – 4　协调前后 $U_r(\Pi_r)$ 随供应链成员风险态度的变化情况

5.1.8　管理启示

为进一步明确本节针对基于混合 *CVaR* 的供应链绿色产品创新——广告
决策与协调问题所得到研究结果对管理实践的指导作用，以下根据本节提出的命题、推论及数值分析得到的结果，给出管理启示，具体从以下五个方面阐述。

（1）当制造商边际利润占供应链总边际利润比例较高时，作为供应链的领导者，制造商应主动分担一定比例的广告宣传成本，激励零售商提升自身的广告宣传水平，从而扩大绿色产品的市场需求，提高供应链的整体绩效水平。

（2）对于制造商而言，适当的风险追逐行为有利于提升产品的绿色度水平，并有效提升供应链效率。

（3）零售商的追逐风险行为不仅会导致自身效用受损，还会降低制造商及供应链整体的绩效水平。因此，零售商应适当规避风险，并进行适度的广告宣传。

（4）无论制造商和零售商表现为何种风险态度，基于风险补偿的双向成本分担契约均能够有效实现供应链协调。特别地，当制造商面对风险追逐零售商时，使用基于风险补偿的双向成本分担契约能够显著地提升供应链效率。

（5）为发展绿色经济，政府应从降低技术壁垒、营造良好的市场环境等方面降低制造商的绿色创新单位成本和零售商的广告宣传单位成本，并通过教育推广等手段提高消费者的绿色认知水平，以此对供应链绿色产品创新——广告投入起到积极的推动作用。

5.2 基于 *CVaR* 准则的供应链协同绿色过程创新动态优化与协调研究

5.2.1 问题描述、符号定义和基本假设

5.2.1.1 问题描述

考虑由单个制造商与单个供应商构成的两级绿色供应链，供应链成员通过绿色过程创新降低产品生产过程中的能源消耗及污染物排放，并通过

生态标签（eco‑labeling）或第三方认证等方式向消费者传递产品的绿色信息。面对消费者绿色偏好的不确定性，制造商和供应商均表现出风险规避的行为特征。产品最终的绿色度水平由制造商和供应商的绿色过程创新水平共同决定，为激励供应商积极进行绿色过程创新，作为领导者的制造商将承诺分担供应商一部分的绿色过程创新成本，以寻求双方长期的合作绿色过程创新活动。

在 5.1 节的基础上，本节主要针对供应链成员绿色过程创新决策问题，在考虑消费者绿色偏好具有不确定性、供应链成员具有风险规避行为以及产品绿色度水平具有动态变化特征的基础上，构建基于 $CVaR$ 风险度量准则的供应链协同绿色过程创新动态优化模型，借助微分博弈的理论与方法，主要探讨如下问题：（1）制造商与供应商的绿色过程创新活动如何影响产品的绿色度水平，并进一步影响绿色产品的市场需求？（2）如何刻画产品绿色度水平的动态变化特征？（3）如何刻画决策者的风险规避行为，并构建相应的效用函数？（4）如何在消费者绿色偏好具有不确定性、产品绿色度水平具有动态变化特征的情形下，构建基于 $CVaR$ 准则的供应链协同绿色过程创新动态优化模型？（5）决策者的风险规避行为对供应链最优运营策略及其绩效水平有何影响？（6）分散决策和集中决策下，供应链的最优运营策略及绩效有何区别？（7）如何设计供应链协调机制，使供应链成员的效用实现帕累托改善？

5.2.1.2　符号定义

为解决上述问题，首先对本章所涉及数学符号的定义作详细说明，具体如表 5 – 2 所示。

表 5 – 2　　　　　　　　　　　　符号说明

决策变量	定义
$I_m(t)$	t 时刻制造商绿色过程创新水平，$I_m(t) \geqslant 0$
$I_s(t)$	t 时刻供应商绿色过程创新水平，$I_s(t) \geqslant 0$
$\phi(t)$	t 时刻制造商分担供应商绿色过程创新成本比例，$\phi(t) \in [0,1]$
$\phi_m(t)$	协调机制下，t 时刻制造商分担供应商绿色过程创新成本比例，$\phi_m(t) \in [0,1]$
$\phi_s(t)$	协调机制下，t 时刻供应商分担制造商绿色过程创新成本比例，$\phi_s(t) \in [0,1]$

参数	定义
τ_0	产品的初始绿色度水平
α	制造商绿色过程创新效率，即制造商绿色过程创新对产品绿色度水平的影响程度，$\alpha > 0$
β	供应商绿色过程创新效率，即供应商绿色过程创新对产品绿色度水平的影响程度，$\beta > 0$
γ	产品绿色水平的自然衰减率，$\gamma > 0$
k_m	制造商绿色过程创新成本系数，$k_m > 0$
k_s	供应商绿色过程创新成本系数，$k_s > 0$
ρ_m	制造商边际利润，$\rho_m > 0$
ρ_s	供应商边际利润，$\rho_s > 0$
λ	消费者的绿色偏好系数，$\lambda \in [A, B]$
r	贴现率，$r > 0$
η_m	制造商风险规避程度，$\eta_m \in (0, 1]$，特别地，η_m 越小意味着制造商风险规避程度越高
η_s	供应商风险规避程度，$\eta_s \in (0, 1]$，特别地，η_r 越小意味着制造商风险规避程度越高
函数	定义
$\tau(t)$	t 时刻产品的绿色度水平
c_m	制造商绿色过程创新成本函数
c_s	供应商绿色过程创新成本函数
$G(\lambda)$	λ 的分布函数
$g(\lambda)$	λ 的密度函数
$U_m(\Pi_m)$	制造商效用函数
$U_s(\Pi_s)$	供应商效用函数
J_m^D	分散决策下，制造商的效用现值函数
J_s^D	分散决策下，供应商的效用现值函数
J_{sc}^D	分散决策下，供应链整体的效用现值函数
J_{sc}^C	集中决策下，供应链整体的效用现值函数
J_m^{CC}	协调机制下，制造商的效用现值函数
J_s^{CC}	协调机制下，供应商的效用现值函数
$V_s^D(t)$	分散决策下，t 时刻供应商的效用最优值函数
$V_m^D(t)$	分散决策下，t 时刻制造商的效用最优值函数

函数	定义
$V_{sc}^D(t)$	分散决策下，t 时刻供应链整体的效用最优值函数
$V_{sc}^C(t)$	集中决策下，t 时刻供应链整体的效用最优值函数
最优值	定义
I_m^{D*}	分散决策下，制造商最优绿色过程创新努力水平
I_s^{D*}	分散决策下，供应商最优绿色过程创新努力水平
I_m^{C*}	集中决策下，制造商最优绿色过程创新努力水平
I_s^{C*}	集中决策下，供应商最优绿色过程创新努力水平
I_m^{CC*}	协调机制下，制造商最优绿色过程创新努力水平
I_s^{CC*}	协调机制下，供应商最优绿色过程创新努力水平
ϕ^{D*}	分散决策下，制造商对供应商绿色过程创新成本最优分担率
$\tau(t)^{D*}$	分散决策下，产品绿色度最优轨迹
$\bar{\tau}^{D*}$	分散决策下，系统稳定时，产品最优绿色度水平
$\tau(t)^{C*}$	集中决策下，产品绿色度最优轨迹
$\bar{\tau}^{C*}$	集中决策下，系统稳定时，产品最优绿色度水平
J_m^{D*}	分散决策下，制造商最优效用现值
J_s^{D*}	分散决策下，供应商最优效用现值
J_{sc}^{D*}	分散决策下，供应链整体最优效用现值
J_{sc}^{C*}	集中决策下，供应链整体最优效用现值
J_m^{CC*}	协调机制下，制造商最优效用现值
J_s^{CC*}	协调机制下，供应商最优效用现值

5.2.1.3　基本假设

（1）产品最终绿色度水平与制造商及供应商的绿色过程创新努力水平正相关，但随着时间的推移，生产设备老化及技术水平滞后等因素会使产品绿色度水平存在一个自然衰减的情况。因此，产品绿色度水平随时间的变化可表示为：

$$\dot{\tau}(t) = \alpha I_m(t) + \beta I_s(t) - \gamma \tau(t)$$
$$\tau(0) = \tau_0 \tag{5.30}$$

（2）假设制造商与供应商绿色过程创新成本函数为各自绿色过程创新

努力水平的二次函数（叶同等，2017；Ghosh & Shah，2015），具体为 $c_m = \frac{1}{2}k_m I_m(t)^2, c_s = \frac{1}{2}k_s I_s(t)^2$。此外，由于绿色过程创新属于一次性科研投入，不会影响产品的单位生产成本，故可将制造商及供应商的生产成本视为常数，为方便起见，将其简化为 0。

（3）参考刘等（Liu et al.，2012）对绿色产品需求的刻画，假设产品需求与 t 时刻产品绿色度水平呈线性关系，即：

$$D[\tau(t)] = a - b(\rho_s + \rho_m) + \lambda\tau(t) \tag{5.31}$$

（4）假设市场中消费者的绿色偏好具有一定不确定性，绿色偏好系数 $\lambda \in [A, B]$ 为非负、连续的随机变量，其分布函数与密度函数分别为 $G(\lambda)$、$g(\lambda)$。λ 值越大，表明消费者对绿色产品的消费偏好越强，绿色过程创新促进市场需求的效果越明显。

（5）制造商通过分担供应商的绿色过程创新成本能有效激励供应商进行绿色过程创新，记 $\phi(t) \in [0, 1]$ 为 t 时刻制造商承诺分担供应商的绿色过程创新成本比例。

（6）假设在无限时间范围内，风险规避制造商和风险规避供应商均以 $CVaR$ 为风险度量准则，以各自效用最大化作为决策目标。

（7）制造商与供应商信息对称，所有信息均为双方共同知识，且双方在任意时刻具有相同的贴现因子 $r > 0$。

5.2.2 效用函数的构建

5.2.2.1 风险度量准则

$CVaR$ 作为一致性的风险度量准则，其度量了低于分位数 η 的平均收益，具体可表示为 $CVaR[\Pi(x, y)] = E[\Pi(x, y)|\Pi(x, y) \leq q_\eta(y)] - \frac{1}{\eta}\int_{\Pi(x, y) \leq q_\eta}\Pi(x, y)f(y)dy$，其中，$q_\eta(y) = sup\{v|Pr(\pi(x, y) \leq v) \leq \eta\}$。

洛克费拉和乌里亚瑟夫（Rockafellar & Uryasev，1999）通过证明得到一个关于 $CVaR$ 的等价定义，即：

$$CVaR_\eta(\Pi) = Max\left\{ v - \frac{1}{\eta}E\left[(v - \Pi)\right]^+ \right\} \tag{5.32}$$

其中，η 可表示决策者的风险规避水平，其越小说明决策者的风险规避程度越高。

5.2.2.2　决策者效用函数的构建

依据 5.2.1 小节中的问题描述及基本假设，针对供应链协同绿色过程创新问题，制造商与供应商的随机利润函数可表示为：

$$\Pi_m(t) = \rho_m\left[a - b(\rho_s + \rho_m) + \tau(t)\lambda\right] - \frac{1}{2}k_m I_m^2(t) - \frac{1}{2}\phi(t)k_s I_s^2(t) \tag{5.33}$$

$$\Pi_s(t) = \rho_s\left[a - b(\rho_s + \rho_m) + \tau(t)\lambda\right] - \frac{1}{2}\left[1 - \phi(t)\right]k_s I_s^2(t) \tag{5.34}$$

依据式（5.32），进一步可得 $CVaR$ 准则下制造商及供应商的效用函数。

命题 5.8：$CVaR$ 风险准则下，风险规避制造商的效用函数与风险规避供应商的效用函数可分别表示为：

$$U_m(t) = \rho_m\left[a - b(\rho_s + \rho_m) + \tau(t)T_m\right] - \frac{1}{2}k_m I_m^2(t) - \frac{1}{2}\phi(t)k_s I_s^2(t) \tag{5.35}$$

$$U_s(t) = \rho_s\left[a - b(\rho_s + \rho_m) + \tau(t)T_s\right] - \frac{1}{2}\left[1 - \phi(t)\right]k_s I_s^2(t) \tag{5.36}$$

其中，$T_i = \dfrac{1}{\eta_i}\displaystyle\int_A^{G^{-1}(\eta_i)}\lambda dG(\lambda)\ (i = s, m)$。

证明 5.19：根据 $CVaR$ 等价定义式（5.32）及供应商随机利润函数式（5.34），可将供应商效用函数定义为一个关于供应商利润的随机函数，即：

$$U_s(t) = R_s(v_s, I_s(t)) = v_s - \frac{1}{\eta_s}E(\max\{v_s - \Pi_s(\lambda), 0\}) \tag{5.37}$$

其中，置信水平 $\eta_s \in (0, 1]$ 刻画了供应商的风险规避程度，η_s 越小表示供应商的风险规避程度越高，$\eta_s = 1$ 时表示供应商为风险中性；v_s 为供应商在置信水平 η_s 下的 VaR 值。

将供应商随机利润函数式（5.34）代入式（5.37）中，可得：

$$R_s(v_s, I_s(t)) = v_s - \frac{1}{\eta_s} \int_A^B \{v_s - \rho_s [a - b(\rho_s + \rho_m) + \tau(t)\lambda]$$

$$+ \frac{1}{2}(1 - \phi(t))k_s I_s^2(t), 0\}^+ dG(\lambda)$$

对于给定的 v_s、$I_s(t)$ 容易证明。

（1）当 $v_s \leqslant \rho_s [a - b(\rho_s + \rho_m) + \tau(t)\lambda] - \frac{1}{2}(1 - \phi(t))k_s I_s^2(t)$ 时，有

$R_s(v_s, I_s(t)) = v_s$。此时，$\dfrac{\partial R_s(v_s, I_s(t))}{\partial v_s} = 1 > 0$。

（2）当 $v_s > \rho_s [a - b(\rho_s + \rho_m) + \tau(t)\lambda] - \frac{1}{2}(1 - \phi(t))k_s I_s^2(t)$ 时，有：

$$R_s(v_s, I_s(t)) = v_s - \frac{1}{\eta_s} \int_A^{\frac{v_s - \rho_s[a - b(\rho_s + \rho_m)] + \frac{1}{2}(1 - \phi(t))k_s I_s^2(t)}{\tau(t)\rho_s}} \{v_s - \rho_s [a - b(\rho_s + \rho_m)$$

$$+ \tau(t)\lambda] + \frac{1}{2}(1 - \phi(t))k_s I_s^2(t) \} dG(\lambda) \qquad (5.38)$$

对式（5.38）求关于 v_s 的一阶偏导数，有：

$$\frac{\partial R_s(v_s, I_s(t))}{\partial v_s} = 1 - \frac{1}{\eta_s} G\left(\frac{v_s - \rho_s [a - b(\rho_s + \rho_m)] + \frac{1}{2}(1 - \phi(t))k_s I_s^2(t)}{\tau(t)\rho_s} \right),$$

注意到有，$\dfrac{\partial R_s(v_s, I_s(t))}{\partial v_s} \bigg|_{v_s = \rho_s[a - b(\rho_s + \rho_m) + \tau(t)\lambda] - \frac{1}{2}(1 - \phi(t))k_s I_s^2(t)} = 1 - \dfrac{1}{\eta_s} G(\lambda)$。

情形 1：当 $1 - \frac{1}{\eta_s} G(\lambda) > 0$，即 $\lambda < G^{-1}(\eta_s)$ 时，若存在 v_s^* 使 $R_s(v_s, I_s(t))$ 取得最大值，则 v_s^* 应满足一阶最优条件 $\dfrac{\partial R_s(v_s, I_s(t))}{\partial v_s} = 0$，求解可得：

$$v_s^* = \rho_s [a - b(\rho_s + \rho_m) + \tau(t)G^{-1}(\eta_s)] - \frac{1}{2}(1 - \phi(t))k_s I_s^2(t)$$

情形 2：当 $1 - \frac{1}{\eta_s} G(\lambda) \leqslant 0$，即 $\lambda \geqslant G^{-1}(\eta_s)$ 时，根据一阶最优条件可知，当 $1 - \frac{1}{\eta_s} G(\lambda) = 0$ 时，$R_s(v_s, I_s(t))$ 可取得最大值。此时，$\lambda = G^{-1}(\eta_s)$，$v_s^* = \rho_s [a - b(\rho_s + \rho_m) + \tau(t)\lambda] - \frac{1}{2}(1 - \phi(t))k_s I_s^2(t)$。

综合上述情形，可得到使 $R_s(v_s, I_s(t))$ 最大值的 v_s^* 为：

$$v_s^* = \rho_s [a - b(\rho_s + \rho_m) + \tau(t) G^{-1}(\eta_s)] - \frac{1}{2}(1 - \phi(t)) k_s I_s^2(t) \quad (5.39)$$

将式（5.39）代入式（5.37），整理可得，基于 $CVaR$ 准则的供应商效用函数表示为：

$$U_s(t) = \rho_s [a - b(\rho_s + \rho_m) + \tau(t) T_s] - \frac{1}{2}(1 - \phi(t)) k_s I_s^2(t)$$

同理，$CVaR$ 准则下制造商效用函数表示为：

$$U_m(t) = \rho_m [a - b(\rho_s + \rho_m) + \tau(t) T_m] - \frac{1}{2} k_m I_m^2(t) - \frac{1}{2} \phi(t) k_s I_s^2(t)$$

证明过程与供应商效用函数类似，故在此不做赘述，命题 5.8 得证。

5.2.3　基于 *CVaR* 的供应链协同绿色动态优化模型构建与求解

5.2.3.1　分散决策

分散决策下，制造商与供应商组成两阶段主从微分博弈，其决策顺序为：制造商作为领导者首先选择最优绿色过程创新水平 $I_m(t)$ 及对供应商的绿色过程创新成本分担率 $\phi(t)$。随后，作为追随者的供应商在此基础上决定自身的最优绿色过程创新努力水平 $I_s(t)$。制造商与供应商均为风险规避决策者，双方的目标为在无限区间内寻求使自身效用现值最大化。因此，制造商和供应商的决策目标函数可分别表示为：

$$\underset{I_m(t),\phi(t)}{\text{Max}} J_m^D = \int_0^\infty e^{-rt} \{ \rho_m [a - b(\rho_s + \rho_m) + \tau(t) T_m]$$

$$- \frac{1}{2} k_m I_m^2(t) - \frac{1}{2} \phi(t) k_s I_s^2(t) \} dt \quad (5.40)$$

$$\underset{I_s(t)}{\text{Max}} J_s^D = \int_0^\infty e^{-rt} \{ \rho_s [a - b(\rho_s + \rho_m) + \tau(t) T_s]$$

$$- \frac{1}{2}(1 - \phi(t)) k_s I_s^2(t) \} dt \quad (5.41)$$

式（5.40）、式（5.41）与式（5.30）共同定义了一个双人微分博弈问题，本书借鉴何等（He et al.，2009）中对该类问题的求解方法，假设模型中的参数均为与时间无关的常数，利用反馈求解法得到其静态反馈均衡策略（为简化书写，下文求解过程中省略 t）。

命题 5.9：分散决策下，基于 $CVaR$ 准则的制造商最优绿色过程创新水平 I_m^{D*}、供应商最优绿色过程创新水平 I_s^{D*} 及制造商对供应商绿色过程创新成本的最优分担率 ϕ^{D*} 分别为：

$$I_m^{D*} = \frac{\alpha T_m \rho_m}{(\gamma + r) k_m} \tag{5.42}$$

$$I_s^{D*} = \begin{cases} \dfrac{\beta(2T_m\rho_m + T_s\rho_s)}{2(\gamma + r)k_s}, & \dfrac{T_m\rho_m}{T_s\rho_s} > \dfrac{1}{2} \\[3mm] \dfrac{\beta T_s\rho_s}{(\gamma + r)k_s}, & \dfrac{T_m\rho_m}{T_s\rho_s} \leqslant \dfrac{1}{2} \end{cases} \tag{5.43}$$

$$\phi^{D*} = \begin{cases} \dfrac{2T_m\rho_m - T_s\rho_s}{2T_m\rho_m + T_s\rho_s}, & \dfrac{T_m\rho_m}{T_s\rho_s} > \dfrac{1}{2} \\[3mm] 0, & \dfrac{T_m\rho_m}{T_s\rho_s} \leqslant \dfrac{1}{2} \end{cases} \tag{5.44}$$

证明 5.20：根据逆向归纳法求解，记 t 时刻后，供应商长期效用最优值函数为 $V_s^D(\tau)$，根据最优控制理论，$V_s^D(\tau)$ 对任意 $\tau \geqslant 0$ 都需满足哈密顿－雅可比－贝尔曼方程（HJB 方程），即：

$$rV_s^D(\tau) = \underset{I_s}{\mathrm{Max}}\left\{\rho_s\left[a - b(\rho_s + \rho_m) + \tau T_s\right] - \frac{1}{2}(1 - \phi)k_s I_s^2 \right.$$
$$\left. + V_s^{D'}(\alpha I_m + \beta I_s - \gamma\tau)\right\} \tag{5.45}$$

对式（5.45）右侧求关于 I_s 的一阶最优化条件，有 $-(1 - \phi)I_s k_s + \beta V_s^{D'} = 0$，可得：

$$I_s = \frac{\beta V_s^{D'}}{(1 - \phi)k_s} \tag{5.46}$$

同理，记 t 时刻后，制造商长期效用最优值函数为 $V_m^D(\tau)$，根据最优控制理论，$V_m^D(\tau)$ 对任意 $\tau \geqslant 0$ 都需满足 HJB 方程，即：

$$rV_m^D(\tau) = \mathrm{Max}\left\{\rho_m\left[a - b(\rho_s + \rho_m) + \tau T_m\right] - \frac{1}{2}k_m I_m^2 - \frac{1}{2}\phi k_s I_s^2 \right.$$
$$\left. + V_m^{D'}(\alpha I_m + \beta I_s - \gamma\tau)\right\} \tag{5.47}$$

将式 (5.46) 代入式 (5.47) 并对其右侧求关于 I_m、ϕ 的一阶最优化条件, 有:

$$-I_m k_m + \alpha V_m^{D'} = 0, \frac{\beta^2 V_m^{D'} V_s^{D'}}{(1-\phi)^2 k_s} - \frac{\beta^2 (V_s^{D'})^2}{2(1-\phi)^2 k_s} - \frac{\phi \beta^2 (V_s^{D'})^2}{(1-\phi)^3 k_s} = 0$$

求解上述方程可得:

$$I_m = \frac{\alpha V_m^{D'}}{k_m} \tag{5.48}$$

$$\phi = \begin{cases} \dfrac{2V_m^{D'} - V_s^{D'}}{2V_m^{D'} + V_s^{D'}}, & \dfrac{V_m^{D'}}{V_s^{D'}} > \dfrac{1}{2} \\[4mm] 0, & \dfrac{V_m^{D'}}{V_s^{D'}} \leqslant \dfrac{1}{2} \end{cases} \tag{5.49}$$

将式 (5.48)、式 (5.49) 代入式 (5.46), 可得:

$$I_s = \begin{cases} \dfrac{\beta(2V_m^{D'} + V_s^{D'})}{2k_s}, & \dfrac{V_m^{D'}}{V_s^{D'}} > \dfrac{1}{2} \\[4mm] \dfrac{\beta V_s^{D'}}{k_s}, & \dfrac{V_m^{D'}}{V_s^{D'}} \leqslant \dfrac{1}{2} \end{cases} \tag{5.50}$$

进一步地, 将式 (5.48) ~式 (5.50) 分别代入式 (5.35) 和式 (5.37), 整理可得:

$$rV_s^D(\tau) =$$

$$\begin{cases} (-\gamma V_s^{D'} + T_s \rho_s)\tau + \dfrac{\alpha^2 V_m^{D'} V_s^{D'}}{k_m} + \dfrac{\beta^2 V_s^{D'}(2V_m^{D'} + V_s^{D'})}{4k_s} + \rho_s[a - b(\rho_s + \rho_m)], & \dfrac{V_m^{D'}}{V_s^{D'}} > \dfrac{1}{2} \\[4mm] (-\gamma V_s^{D'} + T_s \rho_s)\tau + \dfrac{\alpha^2 V_m^{D'} V_s^{D'}}{k_m} + \dfrac{\beta^2 (V_s^{D'})^2}{2k_s} + \rho_s[a - b(\rho_s + \rho_m)], & \dfrac{V_m^{D'}}{V_s^{D'}} \leqslant \dfrac{1}{2} \end{cases} \tag{5.51}$$

$$rV_m^D(\tau) =$$

$$\begin{cases} (-\gamma V_m^{D'} + T_m \rho_m)\tau + \dfrac{\alpha^2 (V_m^{D'})^2}{2k_m} + \dfrac{\beta^2 V_m^{D'}(V_m^{D'} + V_s^{D'})}{2k_s} + \dfrac{\beta^2 (V_s^{D'})^2}{8k_s} + \rho_m[a - b(\rho_s + \rho_m)], & \dfrac{V_m^{D'}}{V_s^{D'}} > \dfrac{1}{2} \\[4mm] (-\gamma V_m^{D'} + T_m \rho_m)\tau + \dfrac{\alpha^2 (V_m^{D'})^2}{2k_m} + \dfrac{\beta^2 V_s^{D'} V_m^{D'}}{2k_s} + \rho_m[a - b(\rho_s + \rho_m)], & \dfrac{V_m^{D'}}{V_s^{D'}} \leqslant \dfrac{1}{2} \end{cases} \tag{5.52}$$

情形 1: 当 $\dfrac{V_m^{D'}}{V_s^{D'}} > \dfrac{1}{2}$ 时, 根据式 (5.51)、式 (5.52) 的阶数特点, 可

推测效用最优值函数 $V_s^D(\tau)$、$V_m^D(\tau)$ 关于 $\tau(t)$ 的线性解析式分别具有如下形式：

$$\begin{cases} V_s^D(\tau) = s_1\tau(t) + s_2 \\ V_m^D(\tau) = m_1\tau(t) + m_2 \end{cases} \tag{5.53}$$

其中，s_1、s_2、m_1、m_2 为常数。

将式（5.53）及 $V_s^{D'} = \dfrac{\partial V_s^D(t)}{\partial \tau(t)} = s_1$，$V_m^{D'} = \dfrac{\partial V_m^D(t)}{\partial \tau(t)} = m_1$ 分别代入式（5.51）与式（5.52）中，整理并对比两式同类项系数，可得到关于 s_1、s_2 以及 m_1、m_2 的约束方程组：

$$\begin{cases} rs_1 = -\gamma V_s^{D'} + T_s\rho_s \\ rs_2 = \dfrac{\alpha^2 V_m^{D'} V_s^{D'}}{k_m} + \dfrac{\beta^2 V_s^{D'}(2V_m^{D'} + V_s^{D'})}{4k_s} + \rho_s[a - b(\rho_s + \rho_m)] \end{cases}$$

$$\begin{cases} rm_1 = -\gamma V_m^{D'} + T_m\rho_m \\ rm_2 = \dfrac{\alpha^2 (V_m^{D'})^2}{2k_m} + \dfrac{\beta^2 V_m^{D'}(V_m^{D'} + V_s^{D'})}{2k_s} + \dfrac{\beta^2 (V_s^{D'})^2}{8k_s} + \rho_m[a - b(\rho_s + \rho_m)] \end{cases}$$

求解可得：

$$\begin{cases} s_1^* = \dfrac{T_s\rho_s}{r + \gamma} \\ s_2^* = \dfrac{1}{r}\left\{ \dfrac{\alpha^2 m_1^* s_1^*}{k_m} + \dfrac{\beta^2 s_1^*(2m_1^* + s_1^*)}{4k_s} + \rho_s[a - b(\rho_s + \rho_m)] \right\} \end{cases} \tag{5.54}$$

$$\begin{cases} m_1^* = \dfrac{T_m\rho_m}{r + \gamma} \\ m_2^* = \dfrac{1}{r}\left\{ \dfrac{\alpha^2 (m_1^*)^2}{2k_m} + \dfrac{\beta^2 m_1^*(m_1^* + s_1^*)}{2k_s} + \dfrac{\beta^2 (s_1^*)^2}{8k_s} + \rho_m[a - b(\rho_s + \rho_m)] \right\} \end{cases}$$

$$\tag{5.55}$$

将式（5.54）、式（5.55）代回式（5.48）~式（5.50）中，即可得到 $\dfrac{V_m^{D'}}{V_s^{D'}} > \dfrac{1}{2}$ 时，分散决策下供应商与制造商的反馈 Stackelberg 均衡策略分别为

$$I_s^{D*} = \dfrac{\beta(2T_m\rho_m + T_s\rho_s)}{2(\gamma + r)k_s}, \quad I_m^{D*} = \dfrac{\alpha T_m\rho_m}{(\gamma + r)k_m}, \quad \phi^* = \dfrac{2T_m\rho_m - T_s\rho_s}{2T_m\rho_m + T_s\rho_s}。$$

情形 2：当 $\dfrac{V_m^{D'}}{V_s^{D'}} \leqslant \dfrac{1}{2}$ 时，同理，根据式（5.51）、式（5.52）的阶数特点，可推测效用最优值函数 $V_s^D(\tau)$、$V_m^D(\tau)$ 关于 $\tau(t)$ 的线性解析式分别具有如下形式：

$$\begin{cases} V_s^D(\tau) = s_3 \tau(t) + s_4 \\ V_m^D(\tau) = m_3 \tau(t) + m_4 \end{cases} \tag{5.56}$$

其中，s_3、s_4、m_3、m_4 为常数。

将式（5.56）及 $V_s^{D'} = \dfrac{\partial V_s^D(\tau)}{\partial \tau(t)} = s_3$，$V_m^{D'} = \dfrac{\partial V_m^D(\tau)}{\partial \tau(t)} = m_3$ 分别代入式（5.51）与式（5.52）中，整理并对比两式同类项系数，可得到关于 s_3、s_4 以及 m_3、m_4 的约束方程组：

$$\begin{cases} rs_3 = -\gamma V_s^{D'} + T_s \rho_s \\ rs_4 = \dfrac{\alpha^2 V_m^{D'} V_s^{D'}}{k_m} + \dfrac{\beta^2 (V_s^{D'})^2}{2k_s} + \rho_s [a - b(\rho_s + \rho_m)] \end{cases}$$

$$\begin{cases} rm_3 = -\gamma V_m^{D'} + T_m \rho_m \\ rm_4 = \dfrac{\alpha^2 (V_m^{D'})^2}{2k_m} + \dfrac{\beta^2 V_s^{D'} V_m^{D'}}{k_s} + \rho_m [a - b(\rho_s + \rho_m)] \end{cases}$$

求解可得：

$$\begin{cases} s_3^* = \dfrac{T_s \rho_s}{r + \gamma} \\ s_4^* = \dfrac{1}{r} \left\{ \dfrac{\alpha^2 m_3^* s_3^*}{k_m} + \dfrac{\beta^2 (s_3^*)^2}{2k_s} + \rho_s [a - b(\rho_s + \rho_m)] \right\} \end{cases} \tag{5.57}$$

$$\begin{cases} m_3^* = \dfrac{T_m \rho_m}{r + \gamma} \\ m_4^* = \dfrac{1}{r} \left\{ \dfrac{\alpha^2 (m_3^*)^2}{2k_m} + \dfrac{\beta^2 s_3^* m_3^*}{k_s} + \rho_m [a - b(\rho_s + \rho_m)] \right\} \end{cases} \tag{5.58}$$

将式（5.57）、式（5.58）分别代回式（5.48）～式（5.50）中，即可求得 $\dfrac{V_m^{D'}}{V_s^{D'}} \leqslant \dfrac{1}{2}$ 时，分散决策下供应商和制造商的反馈 Stackelberg 均衡策略为

$$I_s^{D*} = \frac{\beta T_s \rho_s}{(\gamma + r) k_s}, I_m^{D*} = \frac{\alpha T_m \rho_m}{(\gamma + r) k_m}, \quad \phi^{D*} = 0 。$$

此外，易知 $\dfrac{V_m^{D'}}{V_s^{D'}} = \dfrac{m_1^*}{s_1^*} = \dfrac{m_3^*}{s_3^*} = \dfrac{T_m \rho_m}{T_s \rho_s}$，故命题 5.9 得证。

命题 5.10： 分散决策下，基于 $CVaR$ 准则的产品绿色度最优轨迹为：

$$\tau(t)^{D*} = \begin{cases} \tau_{ss1}^{D*} + (\tau_0 - \tau_{ss1}^{D*}) e^{-\gamma t}, & \dfrac{T_m \rho_m}{T_s \rho_s} > \dfrac{1}{2} \\ \\ \tau_{ss2}^{D*} + (\tau_0 - \tau_{ss2}^{D*}) e^{-\gamma t}, & \dfrac{T_m \rho_m}{T_s \rho_s} \leq \dfrac{1}{2} \end{cases} \tag{5.59}$$

其中，$\tau_{ss1}^{D*} = \dfrac{\alpha^2 T_m \rho_m}{(r+\gamma)\gamma k_m} + \dfrac{\beta^2 (2 T_m \rho_m + T_s \rho_s)}{2(r+\gamma)\gamma k_s}$，$\tau_{ss2}^{D*} = \dfrac{\alpha^2 T_m \rho_m}{(r+\gamma)\gamma k_m} + \dfrac{\beta^2 T_s \rho_s}{(r+\gamma)\gamma k_s}$。

证明 5.21： 将命题 5.9 中得到的最优均衡策略代入状态方程式 (5.30) 中，有：

$$\dot{\tau}(t)^D = \begin{cases} \dfrac{\alpha^2 T_m \rho_m}{(r+\gamma) k_m} + \dfrac{\beta^2 (2 T_m \rho_m + T_s \rho_s)}{2(r+\gamma) k_s} - \gamma \tau(t)^D, & \dfrac{T_m \rho_m}{T_s \rho_s} > \dfrac{1}{2} \\ \\ \dfrac{\alpha^2 T_m \rho_m}{(r+\gamma) k_m} + \dfrac{\beta^2 T_s \rho_s}{(r+\gamma) k_s} - \gamma \tau(t)^D, & \dfrac{T_m \rho_m}{T_s \rho_s} \leq \dfrac{1}{2} \end{cases}$$

求解微分方程即可得到命题 5.10 中结论。命题 5.10 得证。

根据分散决策下得到的最优均衡策略式 (5.42)~式 (5.44) 及产品绿色度的最优状态轨迹式 (5.59)，可进一步得到如下命题。

命题 5.11： 分散决策下，基于 $CVaR$ 准则的制造商、供应商及供应链的效用最优值函数分别可表示为：

$$V_m^{D*}(t) = \begin{cases} \dfrac{1}{r}\left[\dfrac{\alpha^2 T_m^2 \rho_m^2}{2(r+\gamma)^2 k_m} + \dfrac{\beta^2 (2 T_m \rho_m + T_s \rho_s)^2}{8(r+\gamma)^2 k_s} + \rho_m(a - b\rho_m - b\rho_s)\right] & \dfrac{T_m \rho_m}{T_s \rho_s} > \dfrac{1}{2} \\ + \dfrac{T_m \rho_m \tau_{ss1}^{D*}}{\gamma + r} + \dfrac{T_m \rho_m}{\gamma + r}(\tau_0 - \tau_{ss1}^{D*}) e^{-\gamma t}, & \\ \\ \dfrac{1}{r}\left[\dfrac{\alpha^2 T_m^2 \rho_m^2}{2(r+\gamma)^2 k_m} + \dfrac{\beta^2 T_m \rho_m T_s \rho_s}{(r+\gamma)^2 k_s} + \rho_m(a - b\rho_m - b\rho_s)\right] & \dfrac{T_m \rho_m}{T_s \rho_s} \leq \dfrac{1}{2} \\ + \dfrac{T_m \rho_m \tau_{ss2}^{D*}}{\gamma + r} + \dfrac{T_m \rho_m}{\gamma + r}(\tau_0 - \tau_{ss2}^{D*}) e^{-\gamma t}, & \end{cases}$$

$$\tag{5.60}$$

$$
V_s^{D*}(t) = \begin{cases}
\dfrac{\rho_s}{r}\left[\dfrac{\alpha^2 T_m T_s \rho_m}{(r+\gamma)^2 k_m} + \dfrac{\beta^2 T_s(2T_m\rho_m + T_s\rho_s)}{4(r+\gamma)^2 k_s} + (a - b\rho_m - b\rho_s)\right] & \dfrac{T_m\rho_m}{T_s\rho_s} > \dfrac{1}{2} \\[4mm]
+ \dfrac{T_s\rho_s \tau_{ss1}^{D*}}{\gamma + r} + \dfrac{T_s\rho_s}{\gamma + r}(\tau_0 - \tau_{ss1}^{D*})e^{-\gamma t}, & \\[4mm]
\dfrac{\rho_s}{r}\left[\dfrac{\alpha^2 T_m T_s \rho_m}{(r+\gamma)^2 k_m} + \dfrac{\beta^2 T_s^2 \rho_s^2}{2(r+\gamma)^2 k_s} + (a - b\rho_m - b\rho_s)\right] & \dfrac{T_m\rho_m}{T_s\rho_s} \le \dfrac{1}{2} \\[4mm]
+ \dfrac{T_s\rho_s \tau_{ss2}^{D*}}{\gamma + r} + \dfrac{T_s\rho_s}{\gamma + r}(\tau_0 - \tau_{ss2}^{D*})e^{-\gamma t}, &
\end{cases}
$$

$$(5.61)$$

$$
V_{sc}^{D*}(t) = \begin{cases}
\dfrac{1}{r}\left[\dfrac{\alpha^2 T_m\rho_m(2T_s\rho_s + T_m\rho_m)}{(r+\gamma)^2 k_m} + \dfrac{\beta^2(2T_m\rho_m + T_s\rho_s)(2T_m\rho_m + 3T_s\rho_s)}{8(r+\gamma)^2 k_s}\right. & \\[4mm]
\left. + (\rho_m + \rho_s)(a - b\rho_m - b\rho_s)\right] + \dfrac{(T_m\rho_m + T_s\rho_s)\tau_{ss1}^{D*}}{\gamma + r} & \dfrac{T_m\rho_m}{T_s\rho_s} > \dfrac{1}{2} \\[4mm]
+ \dfrac{(T_m\rho_m + T_s\rho_s)}{\gamma + r}(\tau_0 - \tau_{ss1}^{D*})e^{-\gamma t}, & \\[4mm]
\dfrac{1}{r}\left[\dfrac{\alpha^2 T_m\rho_m(2T_s\rho_s + T_m\rho_m)}{2(r+\gamma)^2 k_m} + \dfrac{\beta^2 T_s\rho_s(T_s\rho_s + 2T_m\rho_m)}{2(r+\gamma)^2 k_s}\right. & \\[4mm]
\left. + (\rho_m + \rho_s)(a - b\rho_m - b\rho_s)\right] + \dfrac{(T_m\rho_m + T_s\rho_s)\tau_{ss2}^{D*}}{\gamma + r} & \dfrac{T_m\rho_m}{T_s\rho_s} \le \dfrac{1}{2} \\[4mm]
+ \dfrac{(T_m\rho_m + T_s\rho_s)}{\gamma + r}(\tau_0 - \tau_{ss2}^{D*})e^{-\gamma t}, &
\end{cases}
$$

$$(5.62)$$

　　进一步地，依据命题 5.9、命题 5.10 及命题 5.11，可得到供应链系统稳定时，分散决策下产品绿色度的稳定值，以及制造商、供应商与供应链整体的最优效用现值，如命题 5.12 所示。

　　命题 5.12：分散决策下，基于 *CVaR* 准则的产品绿色度稳定值，以及制造商、供应商与供应链整体的最优效用现值分别为：

$$
\bar{\tau}^{D*} = \begin{cases}
\dfrac{\alpha^2 T_m\rho_m}{(r+\gamma)\gamma k_m} + \dfrac{\beta^2(2T_m\rho_m + T_s\rho_s)}{2(r+\gamma)\gamma k_s}, & \dfrac{T_m\rho_m}{T_s\rho_s} > \dfrac{1}{2} \\[4mm]
\dfrac{\alpha^2 T_m\rho_m}{(r+\gamma)\gamma k_m} + \dfrac{\beta^2 T_s\rho_s}{(r+\gamma)\gamma k_s}, & \dfrac{T_m\rho_m}{T_s\rho_s} \le \dfrac{1}{2}
\end{cases}
$$

$$(5.63)$$

$$J_m^{D*} = \begin{cases} \dfrac{1}{r}\left[\dfrac{\alpha^2 T_m^2 \rho_m^2}{2(r+\gamma)^2 k_m} + \dfrac{\beta^2 (2T_m\rho_m + T_s\rho_s)^2}{8(r+\gamma)^2 k_s} + \rho_m(a - b\rho_m - b\rho_s)\right] + \dfrac{T_m\rho_m}{\gamma+r}\tau_0, & \dfrac{T_m\rho_m}{T_s\rho_s} > \dfrac{1}{2} \\[4mm] \dfrac{1}{r}\left[\dfrac{\alpha^2 T_m^2 \rho_m^2}{2(r+\gamma)^2 k_m} + \dfrac{\beta^2 T_m\rho_m T_s\rho_s}{(r+\gamma)^2 k_s} + \rho_m(a - b\rho_m - b\rho_s)\right] + \dfrac{T_m\rho_m}{\gamma+r}\tau_0, & \dfrac{T_m\rho_m}{T_s\rho_s} \leq \dfrac{1}{2} \end{cases}$$

$$(5.64)$$

$$J_s^{D*} = \begin{cases} \dfrac{\rho_s}{r}\left[\dfrac{\alpha^2 T_m T_s\rho_m}{(r+\gamma)^2 k_m} + \dfrac{\beta^2 T_s(2T_m\rho_m + T_s\rho_s)}{4(r+\gamma)^2 k_s} + (a - b\rho_m - b\rho_s)\right] + \dfrac{T_s\rho_s}{\gamma+r}\tau_0, & \dfrac{T_m\rho_m}{T_s\rho_s} > \dfrac{1}{2} \\[4mm] \dfrac{\rho_s}{r}\left[\dfrac{\alpha^2 T_m T_s\rho_m}{(r+\gamma)^2 k_m} + \dfrac{\beta^2 T_s^2\rho_s^2}{2(r+\gamma)^2 k_s} + (a - b\rho_m - b\rho_s)\right] + \dfrac{T_s\rho_s}{\gamma+r}\tau_0, & \dfrac{T_m\rho_m}{T_s\rho_s} \leq \dfrac{1}{2} \end{cases}$$

$$(5.65)$$

$$J_{sc}^{D*} = \begin{cases} \dfrac{1}{r}\left[\dfrac{\alpha^2 T_m\rho_m(2T_s\rho_s + T_m\rho_m)}{(r+\gamma)^2 k_m} + \dfrac{\beta^2(2T_m\rho_m + T_s\rho_s)(2T_m\rho_m + 3T_s\rho_s)}{8(r+\gamma)^2 k_s}\right. \\ \left. \quad + (\rho_m + \rho_s)(a - b\rho_m - b\rho_s)\right] + \dfrac{(T_m\rho_m + T_s\rho_s)}{\gamma+r}\tau_0, & \dfrac{T_m\rho_m}{T_s\rho_s} > \dfrac{1}{2} \\[6mm] \dfrac{1}{r}\left[\dfrac{\alpha^2 T_m\rho_m(2T_s\rho_s + T_m\rho_m)}{2(r+\gamma)^2 k_m} + \dfrac{\beta^2 T_s\rho_s(T_s\rho_s + 2T_m\rho_m)}{2(r+\gamma)^2 k_s}\right. \\ \left. \quad + (\rho_m + \rho_s)(a - b\rho_m - b\rho_s)\right] + \dfrac{(T_m\rho_m + T_s\rho_s)}{\gamma+r}\tau_0, & \dfrac{T_m\rho_m}{T_s\rho_s} \leq \dfrac{1}{2} \end{cases}$$

$$(5.66)$$

5.2.3.2 集中决策

集中决策下，制造商与供应商的决策过程为合作博弈，即双方以供应链整体效用现值最大化为目标，确定各自的最优绿色过程创新水平。此时，集中决策下的决策问题可表示为：

$$\begin{aligned} \max_{I_m(t), I_s(t)} J_{sc}^C &= \int_0^\infty e^{-rt}(U_s(\Pi_s) + U_m(\Pi_m))dt \\ &= \int_0^\infty e^{-\rho t}\{(\rho_m + \rho_s)[a - b(\rho_s + \rho_m)] + \tau(t)(\rho_m T_m + \rho_s T_s) \\ &\quad - \frac{1}{2}k_s I_s^2(t) - \frac{1}{2}k_m I_m^2(t)\}dt \end{aligned}$$

$$(5.67)$$

命题 5.13：集中决策下，基于 $CVaR$ 准则的制造商最优绿色过程创新努力水平 I_m^{C*} 及供应商最优绿色过程创新努力水平 I_s^{C*} 分别为：

$$I_m^{C*} = \frac{\alpha(T_m\rho_m + T_s\rho_s)}{k_m(r + \gamma)} \tag{5.68}$$

$$I_s^{C*} = \frac{\beta(T_m\rho_m + T_s\rho_s)}{k_s(r + \gamma)} \tag{5.69}$$

证明 5.22： 根据最优控制理论，供应链长期效用最优值函数 $V_{sc}^C(\tau)$ 对于任意的 $\tau \geq 0$ 都需满足 HJB 方程：

$$rV_{sc}^C(\tau) = \text{Max}\{(\rho_m + \rho_s)[a - b(\rho_s + \rho_m)] + \tau(\rho_m T_m + \rho_s T_s)$$

$$- \frac{1}{2}k_s I_s^2 - \frac{1}{2}k_m I_m^2 + V_{sc}^{C'}(\alpha I_m + \beta I_s - \gamma\tau)\} \tag{5.70}$$

对式（5.70）右侧求关于 I_m、I_s 的一阶最优化条件，有 $-k_s I_s + \beta V_{sc}^{C'} = 0$，$-k_m I_m + \alpha V_{sc}^{C'} = 0$。求解方程组，可得：

$$I_m^{C*} = \frac{\alpha V_{sc}^{C'}}{k_m} \tag{5.71}$$

$$I_s^{C*} = \frac{\beta V_{sc}^{C'}}{k_s} \tag{5.72}$$

将式（5.71）、式（5.72）代入式（5.70），整理可得：

$$rV_{sc}^C(\tau) = (\rho_m T_m + \rho_s T_s - \gamma V_{sc}^{C'})\tau + \frac{(V_{sc}^{C'})^2}{2}\left(\frac{\alpha^2}{k_m} + \frac{\beta^2}{k_s}\right)$$

$$+ (\rho_m + \rho_s)[a - b(\rho_m + \rho_s)] \tag{5.73}$$

根据式（5.73）结构，可推测最优值函数 $V_{sc}^C(\tau)$ 关于 τ 的线性解析具有如下形式 $V_{sc}^C(\tau) = c_1\tau + c_2$，其中 c_1、c_2 为常数。易得 $V_{sc}^{C'} = \dfrac{\partial V_{sc}^C(\tau)}{\partial \tau(t)} = c_1$。将 $V_{sc}^{C'}$ 代入式（5.73），整理并对比两式同类项系数，可得到关于 c_1、c_2 约束方程组：

$$\begin{cases} rc_1 = \rho_m T_m + \rho_s T_s - \gamma V_{sc}^{C'} \\ rc_2 = \dfrac{(V_{sc}^{C'})^2}{2}\left(\dfrac{\alpha^2}{k_m} + \dfrac{\beta^2}{k_s}\right) + (\rho_m + \rho_s)[a - b(\rho_m + \rho_s)] \end{cases}$$

求解可得：

$$\begin{cases} c_1^* = \dfrac{\rho_m T_m + \rho_s T_s}{r + \gamma} \\ c_2^* = \dfrac{1}{r}\left\{\dfrac{(c_1^*)^2}{2}\left(\dfrac{\alpha^2}{k_m} + \dfrac{\beta^2}{k_s}\right) + (\rho_m + \rho_s)[a - b(\rho_m + \rho_s)]\right\} \end{cases} \tag{5.74}$$

将式（5.74）代入式（5.71）、式（5.72）中，即可得命题 5.13 中的结论。

命题 5.14：集中决策下，基于 *CVaR* 准则的产品绿色度最优轨迹为：

$$\tau(t)^{C*} = \tau_{ss}^{C*} + (\tau_0 - \tau_{ss}^{C*}) e^{-\gamma t} \tag{5.75}$$

其中，$\tau_{ss}^{C*} = \dfrac{(T_m\rho_m + T_s\rho_s)}{\gamma(r+\gamma)}\left(\dfrac{\alpha^2}{k_m} + \dfrac{\beta^2}{k_s}\right)$。

证明 5.23：将最优策略式（5.68）、式（5.69）代入状态方程式（5.30）中，有：

$$\dot{\tau}(t)^C = \frac{(T_m\rho_m + T_s\rho_s)}{(r+\gamma)}\left(\frac{\alpha^2}{k_m} + \frac{\beta^2}{k_s}\right) - \gamma\tau(t)^C \tag{5.76}$$

求解上述微分方程，即可得命题 5.14 中结论。

根据集中决策下得到的最优均衡策略式（5.68）、式（5.69）及产品绿色度的最优状态轨迹式（5.75），可进一步得到如下命题。

命题 5.15：集中决策下，基于 *CVaR* 准则的供应链整体效用最优值函数可表示为：

$$V_{sc}^{C*}(t) = \frac{1}{r}\Big[\left(\frac{\alpha^2}{k_m} + \frac{\beta^2}{k_s}\right)\frac{(T_s\rho_s + T_m\rho_m)^2}{2(r+\gamma)^2} + (\rho_m + \rho_s)(a - b\rho_m - b\rho_s)\Big]$$

$$+ \frac{(T_m\rho_m + T_s\rho_s)\tau_{ss}^{C*}}{\gamma + r} + \frac{(T_m\rho_m + T_s\rho_s)}{\gamma + r}(\tau_0 - \tau_{ss}^{C*})e^{-\gamma t} \tag{5.77}$$

进一步地，依据命题 5.13、命题 5.14 及命题 5.15，可得到供应链系统稳定时，集中决策下产品绿色度的稳定值，以及供应链整体最优效用现值。

命题 5.16：集中决策下，基于 *CVaR* 准则的产品绿色度稳定值以及供应链整体最优效用现值可分别表示为：

$$\bar{\tau}^{C*} = \frac{(T_m\rho_m + T_s\rho_s)}{\gamma(r+\gamma)}\left(\frac{\alpha^2}{k_m} + \frac{\beta^2}{k_s}\right) \tag{5.78}$$

$$J_{sc}^{C*} = \frac{1}{r}\Big[\left(\frac{\alpha^2}{k_m} + \frac{\beta^2}{k_s}\right)\frac{(T_s\rho_s + T_m\rho_m)^2}{2(r+\gamma)^2} + (\rho_m + \rho_s)(a - b\rho_m - b\rho_s)\Big]$$

$$+ \frac{(T_m\rho_m + T_s\rho_s)}{\gamma + r}\tau_0 \tag{5.79}$$

5.2.4　决策者风险规避程度对最优结果的影响

推论 5.11：分散决策下，仅当满足条件 $\dfrac{T_m \rho_m}{T_s \rho_s} > \dfrac{1}{2}$ 时，制造商才会分担供应商的绿色过程创新成本，此时最优分担率 ϕ^{D^*} 与供应商风险规避程度正相关、与制造商风险规避程度负相关。

证明 5.24：容易证明 $\dfrac{\partial T_i}{\partial \eta_i} = \dfrac{1}{\eta_i} \int_A^{G(\eta_i)} \left[G^{-1}(\eta_i) - \lambda \right] dG(\lambda) > 0 (i = s, m)$，可知 T_i 与 η_i 呈同向变化关系，即 T_i 就越小，η_i 越小，决策者的风险规避程度也越高。

同时，由式（5.44）可知，当 $\dfrac{T_m \rho_m}{T_s \rho_s} \leq \dfrac{1}{2}$ 时，$\phi^{D^*} = 0$；当 $\dfrac{T_m \rho_m}{T_s \rho_s} > \dfrac{1}{2}$ 时，有 $\dfrac{\partial \phi^{D^*}}{\partial T_m} = \dfrac{4T_s \rho_s \rho_m}{(2T_m \rho_m + T_s \rho_s)^2} > 0$，$\dfrac{\partial \phi^{D^*}}{\partial T_s} = -\dfrac{4T_m \rho_m \rho_s}{(2T_m \rho_m + T_s \rho_s)^2} < 0$。推论 5.11 得证。

推论 5.12：风险规避制造商及风险规避供应商的最优绿色过程创新水平与双方风险规避程度具有如下关系。

（1）分散决策下，当 $\dfrac{T_m \rho_m}{T_s \rho_s} \leq \dfrac{1}{2}$ 时，制造商和供应商的最优绿色过程创新努力水平仅受自身风险规避程度的影响，与自身风险规避程度负相关；当 $\dfrac{T_m \rho_m}{T_s \rho_s} > \dfrac{1}{2}$ 时，供应商的最优绿色过程创新努力水平同时受到自身及对方风险规避程度的影响，其与自身及对方的风险规避程度均呈负相关。而制造商的最优绿色过程创新水平仅受自身风险规避程度的影响，与自身风险规避程度负相关。

（2）集中决策下，制造商和供应商的最优绿色过程创新水平同时受到自身和对方风险规避程度的影响，且与自身及对方风险规避程度均呈负相关。

证明 5.25：由推论 5.11 证明已知，T_i 与 η_i 呈同向变化关系，即 T_i 越小，η_i 就越小，决策者的风险规避程度就越高。

（1）分散决策下，由式（5.42）及式（5.43），易得：

当 $\dfrac{T_m\rho_m}{T_s\rho_s}\leqslant\dfrac{1}{2}$ 时，有 $\dfrac{\partial I_m^{D*}}{\partial T_m}=\dfrac{\alpha\rho_m}{(\gamma+r)k_m}>0$，$\dfrac{\partial I_m^{D*}}{\partial T_s}=0$，$\dfrac{\partial I_s^{D*}}{\partial T_s}=\dfrac{\beta\rho_s}{(\gamma+r)k_s}>0$，

$\dfrac{\partial I_s^{C*}}{\partial T_m}=0$；

当 $\dfrac{T_m\rho_m}{T_s\rho_s}>\dfrac{1}{2}$ 时，有 $\dfrac{\partial I_m^{D*}}{\partial T_m}=\dfrac{\alpha\rho_m}{(\gamma+r)k_m}>0$，$\dfrac{\partial I_m^{D*}}{\partial T_s}=0$，$\dfrac{\partial I_s^{D*}}{\partial T_m}=\dfrac{\beta\rho_m}{(\gamma+r)k_s}>0$，

$\dfrac{\partial I_s^{D*}}{\partial T_s}=\dfrac{\beta\rho_s}{2(\gamma+r)k_s}>0$。

（2）集中决策下，由式（5.68）及式（5.69），易得：$\dfrac{\partial I_m^{C*}}{\partial T_m}=\dfrac{\alpha\rho_m}{(\gamma+r)k_m}>0$，

$\dfrac{\partial I_m^{C*}}{\partial T_s}=\dfrac{\alpha\rho_s}{(\gamma+r)k_m}>0$，$\dfrac{\partial I_s^{C*}}{\partial T_m}=\dfrac{\beta\rho_m}{(\gamma+r)k_s}>0$，$\dfrac{\partial I_s^{C*}}{\partial T_s}=\dfrac{\beta\rho_s}{(\gamma+r)k_s}>0$。

故推论5.12得证。

推论5.12表明，集中决策下，制造商与供应商会在综合考虑双方的风险规避程度后，以供应链整体效用现值最大化为目标进行绿色过程创新决策。而分散决策下，制造商作为领导者率先进行决策，其绿色过程创新决策仅与自身风险规避程度相关，而与供应商的风险规避程度无关。作为追随者，供应商的绿色过程创新水平除受自身风险规避程度的影响外，若制造商选择分担其部分绿色过程创新成本，那么制造商的风险规避程度会通过成本分担率间接影响供应商的绿色过程创新决策；若制造商没有分担其绿色过程创新成本，那么双方将各自为政，制造商的风险规避程度并不会对供应商的决策产生影响。

推论5.13：无论是在分散决策还是在集中决策下，当供应链系统趋近稳定状态时，产品的最优绿色度水平与制造商风险规避程度、供应商风险程度均呈负相关。

证明5.26：由推论5.11证明已知，T_i 与 η_i 呈同向变化关系，即 η_i 越小，T_i 就越小，表明决策者的风险规避程度越高。

（1）分散决策下，由式（5.63），易得：

当 $\dfrac{T_m\rho_m}{T_s\rho_s}>\dfrac{1}{2}$ 时，有 $\dfrac{\partial\bar\tau^{D*}}{\partial T_m}=\dfrac{(\beta^2k_m+\alpha^2k_s)\rho_m}{\gamma(\gamma+r)k_mk_s}>0$，$\dfrac{\partial\bar\tau^{D*}}{\partial T_s}=\dfrac{\beta^2\rho_s}{2\gamma(\gamma+r)k_s}>0$；

当 $\dfrac{T_m \rho_m}{T_s \rho_s} \le \dfrac{1}{2}$ 时，有 $\dfrac{\partial \bar{\tau}^{D*}}{\partial T_m} = \dfrac{\alpha^2 \rho_s}{\gamma(\gamma+r)k_m} > 0$，$\dfrac{\partial \bar{\tau}^{D*}}{\partial T_s} = \dfrac{\beta^2 \rho_s}{\gamma(\gamma+r)k_s} > 0$。

（2）集中决策下，由式（5.78），易得：

$$\frac{\partial \bar{\tau}^{C*}}{\partial T_m} = \frac{(\beta^2 k_m + \alpha^2 k_s)\rho_m}{\gamma(\gamma+r)k_m k_s} > 0, \quad \frac{\partial \bar{\tau}^{C*}}{\partial T_s} = \frac{(\beta^2 k_m + \alpha^2 k_s)\rho_s}{\gamma(\gamma+r)k_m k_s} > 0, \quad \text{推论 5.13}$$

得证。

推论 5.13 反映了供应链成员绿色过程创新的长期效果，由推论 5.13 可知，无论是分散决策还是集中决策，供应链成员的风险规避程度越高，供应链系统趋于稳定时的产品最优绿色度水平越低。这是由于供应链成员的风险规避越高，其在 t 时刻下进行绿色过程创新的意愿越低，从而导致供应链长期稳定状态下的产品最优绿色水平较低。

5.2.5　分散决策与集中决策下最优结果的比较

推论 5.14：集中决策下制造商与供应商的最优绿色过程创新水平均高于分散决策下的对应值，即 $I_m^{C*} > I_m^{D*}$，$I_s^{C*} > I_s^{D*}$。

证明 5.27：根据式（5.42）、式（5.43）及式（5.68）、式（5.69），可得：

$$I_m^{C*} - I_m^{D*} = \frac{\alpha T_s \rho_s}{(r+\gamma)} \frac{1}{k_m} > 0, \quad I_s^{C*} - I_s^{D*} = \begin{cases} \dfrac{\beta T_m \rho_m}{2(r+\gamma)} \dfrac{1}{k_s} > 0, & \dfrac{T_m \rho_m}{T_s \rho_s} > \dfrac{1}{2} \\[3mm] \dfrac{\beta T_m \rho_m}{(r+\gamma)} \dfrac{1}{k_s} > 0, & \dfrac{T_m \rho_m}{T_s \rho_s} \le \dfrac{1}{2} \end{cases},$$

推论 5.14 得证。

推论 5.15：集中决策与分散决策下，当供应链趋向稳定状态时，基于 CVaR 准则的产品最优绿色度水平具有如下关系：$\bar{\tau}^{C*} - \bar{\tau}^{D*} > 0$。

证明 5.28：由式（5.63）和式（5.78），易得：

当 $\dfrac{T_m \rho_m}{T_s \rho_s} > \dfrac{1}{2}$ 时，有 $\bar{\tau}^{C*} - \bar{\tau}^{D*} = \dfrac{\alpha^2 T_s \rho_s}{(r+\gamma)\gamma k_m} + \dfrac{\beta^2 T_s \rho_s}{2(r+\gamma)\gamma k_s} > 0$；

当 $\dfrac{T_m \rho_m}{T_s \rho_s} \le \dfrac{1}{2}$ 时，有 $\bar{\tau}^{C*} - \bar{\tau}^{D*} = \dfrac{\alpha^2 T_s \rho_s}{(r+\gamma)\gamma k_m} + \dfrac{\beta^2 T_m \rho_m}{(r+\gamma)\gamma k_s} > 0$。推论 5.15 得证。

推论 5.16：集中决策下，基于 *CVaR* 准则的供应链整体效用最优值函数及供应链整体效用现值较分散决策下的对应值均有所提高，即 $V_{sc}^{C*}(t) > V_{sc}^{D*}(t)$，$J_{sc}^{C*} > J_{sc}^{D*}$。

证明 5.29：由式（5.62）与式（5.77），可得：

$$
V_{sc}^{C*}(t) - V_{sc}^{D*}(t) = \begin{cases} \dfrac{1}{r}\left[\dfrac{\alpha^2(T_s\rho_s - T_m\rho_m)^2}{2(r+\gamma)^2 k_m} + \dfrac{\beta^2(T_s\rho_s)^2}{8(r+\gamma)^2 k_s}\right] \\ \quad + \dfrac{(T_m\rho_m + T_s\rho_s)(\tau_{ss}^{C*} - \tau_{ss1}^{D*})}{\gamma + r}(1 - e^{-\gamma t}) > 0, & \dfrac{T_m\rho_m}{T_s\rho_s} > \dfrac{1}{2} \\[4mm] \dfrac{1}{r}\left[\dfrac{\alpha^2(T_s\rho_s)^2}{2(r+\gamma)^2 k_m} + \dfrac{\beta^2(T_m\rho_m)^2}{2(r+\gamma)^2 k_s}\right] \\ \quad + \dfrac{(T_m\rho_m + T_s\rho_s)(\tau_{ss}^{C*} - \tau_{ss2}^{D*})}{\gamma + r}(1 - e^{-\gamma t}) > 0, & \dfrac{T_m\rho_m}{T_s\rho_s} \leq \dfrac{1}{2} \end{cases}
$$

由式（5.66）与式（5.79），可得：

$$
J_{sc}^{C*} - J_{sc}^{D*} = \begin{cases} \dfrac{1}{r}\left[\dfrac{\alpha^2(T_s\rho_s - T_m\rho_m)^2}{2(r+\gamma)^2 k_m} + \dfrac{\beta^2(T_s\rho_s)^2}{8(r+\gamma)^2 k_s}\right] > 0, & \dfrac{T_m\rho_m}{T_s\rho_s} > \dfrac{1}{2} \\[4mm] \dfrac{1}{r}\left[\dfrac{\alpha^2(T_s\rho_s)^2}{2(r+\gamma)^2 k_m} + \dfrac{\beta^2(T_m\rho_m)^2}{2(r+\gamma)^2 k_s}\right] > 0, & \dfrac{T_m\rho_m}{T_s\rho_s} \leq \dfrac{1}{2} \end{cases}
$$

，推论 5.16 得证。

推论 5.14 至推论 5.16 表明，与分散决策相比，集中决策下制造商与供应商进行绿色过程创新的积极性更高，长期稳定状态下的产品绿色度水平也更高。同时，供应链整体的效用最优值函数及效用现值也较分散系统有所提高。上述发现均表明，供应链成员采取集中决策下得到的最优均衡策略更有利于发展绿色经济，提高供应链整体绩效水平。但多数企业在实际经营决策中，通常追求自身效用最大化，并不愿意采取集中决策所得到的均衡策略。因此，本书提出双向成本分担契约，以促成制造商与供应商合作，协同发展绿色经济。

5.2.6　双向成本分担协调机制

为解决分散决策下制造商与供应商之间的利益冲突问题，本小节提出双向成本分担契约（CC）对供应链进行协调。在双向成本分担契约协调机制下，制造商以一定比例 ϕ_m 分担供应商的绿色过程创新成本，同时供应商也以一定比例 ϕ_s 分担制造商的绿色过程创新成本。双方的目标为在无限区间内寻求使自身效用现值最大化，此时制造商和供应商面对的决策问题可分别表示为：

$$\underset{I_m(t)}{\text{Max}}J_m^{CC} = \int_0^\infty e^{-rt}\left\{\rho_m\left[a - b(\rho_s + \rho_m) + \tau(t)T_m\right] - \frac{1}{2}\left[1 - \phi_s(t)\right]k_m I_m^2(t)\right.$$

$$\left. - \frac{1}{2}\phi_m(t)k_s I_s^2(t)\right\}dt \tag{5.80}$$

$$\underset{I_s(t)}{\text{Max}}J_s^{CC} = \int_0^\infty e^{-rt}\left\{\rho_s\left[a - b(\rho_s + \rho_m) + \tau(t)T_s\right] - \frac{1}{2}\left[1 - \phi_m(t)\right]k_s I_s^2(t)\right.$$

$$\left. - \frac{1}{2}\phi_s(t)k_m I_m^2(t)\right\}dt \tag{5.81}$$

命题 5.17： 双向成本分担契约下，基于给定的契约参数 (ϕ_m, ϕ_s)，$CVaR$ 准则下的制造商及供应商最优绿色过程创新水平分别为：

$$I_m^{CC*} = \frac{\alpha T_m \rho_m}{(1 - \phi_s)(r + \gamma)k_m} \tag{5.82}$$

$$I_s^{CC*} = \frac{\beta T_s \rho_s}{(1 - \phi_m)(r + \gamma)k_s} \tag{5.83}$$

证明 5.30： 证明过程与命题 5.9 和命题 5.13 类似，故在此不做赘述。

命题 5.18： 双向成本分担契约下，当契约参数 (ϕ_m, ϕ_s) 分别满足 $\phi_m = \dfrac{T_m \rho_m}{T_m \rho_m + T_s \rho_s}$，$\phi_s = \dfrac{T_s \rho_s}{T_m \rho_m + T_s \rho_s}$ 时，双向成本分担契约下供应链整体效用现值可达到集中决策下的水平，实现供应链系统协调。

证明 5.31： 若要使供应链整体效用现值在双向成本分担契约下能够达到集中决策时的水平，须使双方在双向成本分担契约时的决策集等于集中决策时的决策集，结合式（5.42）、式（5.43）与式（5.82）、式（5.83）并求解方程组 $I_s^{CC*} = I_s^{C*}$，$I_m^{CC*} = I_m^{C*}$，即可得命题 5.18 中结论。

结合命题 5.17 及命题 5.18 所得结论，可进一步得到如下命题。

命题 5.19： 双向成本分担契约下，基于 $CVaR$ 准则的制造商最优效用现值及供应商最优效用现值可分别表示为：

$$J_m^{CC*} = \frac{1}{r}\Big[\frac{\alpha^2 T_m \rho_m (T_m \rho_m + T_s \rho_s)}{2k_m (r+\gamma)^2} + \frac{\beta^2 T_m \rho_m (T_m \rho_m + T_s \rho_s)}{2k_s (r+\gamma)^2}$$

$$+ \rho_m (a - b\rho_m - b\rho_s)\Big] + \frac{T_m \rho_m}{\gamma + r}\tau_0$$

$$J_s^{CC*} = \frac{1}{r}\Big[\frac{\alpha^2 T_s \rho_s (T_m \rho_m + T_s \rho_s)}{2k_m (r+\gamma)^2} + \frac{\beta^2 T_s \rho_s (T_m \rho_m + T_s \rho_s)}{2k_s (r+\gamma)^2}$$

$$+ \rho_s (a - b\rho_m - b\rho_s)\Big] + \frac{T_s \rho_s}{\gamma + r}\tau_0$$

命题 5.20: 双向成本分担契约下,若要实现供应链协调,需满足条件 $\left(1 - \frac{\alpha^2 k_s}{\beta^2 k_m}\right)\frac{\rho_s}{\rho_m} \leq \frac{T_m}{T_s} \leq \mathrm{Min}\left[\frac{\alpha^2 k_s \rho_s}{(\alpha^2 k_s - \beta^2 k_m)\rho_m}, \frac{\rho_s}{2\rho_m}\right]$ 或 $\mathrm{Max}\left\{\frac{\rho_s}{2\rho_m}, \frac{\beta^2 k_m \rho_s}{4\alpha^2 k_s \rho_m}\right\} < \frac{T_m}{T_s} \leq \frac{\rho_s}{\rho_m}\left(\frac{\beta^2 k_m}{2\alpha^2 k_s} + 1\right)$。

证明 5.32: 根据激励相容约束可知,制造商与供应商参与供应链协调的条件为:

$$J_m^{CC*} - J_m^{D*} = \begin{cases} \dfrac{\alpha^2 T_m \rho_m T_s \rho_s}{2r(r+\gamma)^2 k_m} - \dfrac{\beta^2 T_s^2 \rho_s^2}{8r(r+\gamma)^2 k_s} \geq 0, & \dfrac{T_m \rho_m}{T_s \rho_s} > \dfrac{1}{2} \\[3mm] \dfrac{\alpha^2 T_m \rho_m T_s \rho_s}{2r(r+\gamma)^2 k_m} - \dfrac{\beta^2 T_m \rho_m (T_m \rho_m - T_s \rho_s)}{2r(r+\gamma)^2 k_s} \geq 0, & \dfrac{T_m \rho_m}{T_s \rho_s} \leq \dfrac{1}{2} \end{cases}$$

$$J_s^{CC*} - J_s^{D*} = \begin{cases} -\dfrac{\alpha^2 T_s \rho_s (T_m \rho_m - T_s \rho_s)}{2r(r+\gamma)^2 k_m} + \dfrac{\beta^2 T_s^2 \rho_s^2}{4r(r+\gamma)^2 k_s} \geq 0, & \dfrac{T_m \rho_m}{T_s \rho_s} > \dfrac{1}{2} \\[3mm] -\dfrac{\alpha^2 T_s \rho_s (T_m \rho_m - T_s \rho_s)}{2r(r+\gamma)^2 k_m} + \dfrac{\beta^2 T_m \rho_m T_s \rho_s}{2r(r+\gamma)^2 k_s} \geq 0, & \dfrac{T_m \rho_m}{T_s \rho_s} \leq \dfrac{1}{2} \end{cases}$$

解上述不等式,可得 $\left(1 - \frac{\alpha^2 k_s}{\beta^2 k_m}\right)\frac{\rho_s}{\rho_m} \leq \frac{T_m}{T_s} \leq \mathrm{Min}\left(\frac{\alpha^2 k_s \rho_s}{(\alpha^2 k_s - \beta^2 k_m)\rho_m}, \frac{\rho_s}{2\rho_m}\right)$ 或 $\mathrm{Max}\left(\frac{\rho_s}{2\rho_m}, \frac{\beta^2 k_m \rho_s}{4\alpha^2 k_s \rho_m}\right) < \frac{T_m}{T_s} \leq \frac{\rho_s}{\rho_m}\left(\frac{\beta^2 k_m}{2\alpha^2 k_s} + 1\right)$,故命题 5.20 得证。

5.2.7 数值分析

本节通过数值仿真进一步分析在 CVaR 风险准则下,供应链成员风险规避行为对供应链长期绩效及相关决策的影响，并验证协调机制的有效性。依据戈什和沙赫（Ghosh & Shah，2015）及赵道致等（2016）对相关参数的取值情况，令 $\rho_m = 10$，$\rho_s = 8$，$a = 20$，$b = 1$，$r = 0.2$，$\alpha = 0.8$，$\beta = 0.7$，$\gamma = 0.3$，$k_m = 5$，$k_s = 3$，$\tau_0 = 0$。同时，假设消费者绿色偏好 λ 服从 $U \sim [0,2]$ 的均匀分布。

为方便表达，令 $k = \dfrac{\eta_m}{\eta_s}$，根据给定参数及命题 5.9 可知，在分散决策下保持其他参数不变时，若 $k \leqslant \dfrac{2}{5}$，那么 $\phi = 0$，此时制造商与供应商自行承担各自的绿色过程创新成本；若 $k > \dfrac{2}{5}$，那么制造商会以分担率 $\phi = \dfrac{5k-2}{5k+2}$ 承担供应商的部分绿色过程创新成本。基于上述结论，分散决策下成本分担比例 ϕ 随制造商及供应商风险规避程度的变化情况如图 5 - 5 所示。

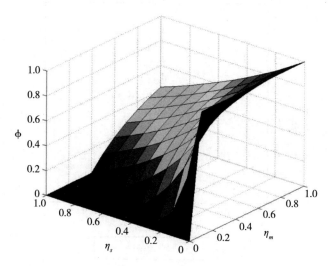

图 5 - 5　分散决策下参数 η_m、η_s 对成本分担率 ϕ 的影响

由图 5 - 5 可知，随着供应商风险规避程度的增加（η_s 越小），$\phi = 0$ 的区域逐渐缩小，即供应商越规避风险，制造商分担其绿色过程创新成本的概率越大；当 $\phi \neq 0$ 时，制造商对供应商绿色过程创新成本分担率 ϕ 随制造商风险规避程度的增加（η_m 越小）而减少，随供应商风险规避程度的增加（η_s 越小）而增加。这是由于，为鼓励供应商积极进行绿色过程创新，制造商会分担风险规避程度较高的供应商更高比例的绿色过程创新成本，并且制造商越不害怕风险，其愿意为供应商分担的成本比例越高。

图 5-6 描述了分散决策与集中决策下产品绿色度稳定值 $\bar{\tau}^{i^*}$、$i \in \{D, C\}$ 随 k 值的变化情况。由图 5-6 可知，无论是在分散决策还是集中决策下，产品绿色度稳定值均随 k 值的增加而增加，并且分散决策下产品绿色度稳定值随 k 值的增加呈现出分段的变化趋势，具体表现为 $k > \dfrac{2}{5}$ 处的斜率明显高于 $k \leqslant \dfrac{2}{5}$ 处的斜率。这是由于当 $k > \dfrac{2}{5}$ 时，制造商开始以一定比例分担供应商的绿色过程创新成本，从而提高了供应商绿色过程创新的积极性。即分散决策下，制造商通过分担供应商部分绿色过程创新成本可在一定程度上提高产品绿色度，但其仍低于集中决策下所对应的水平。

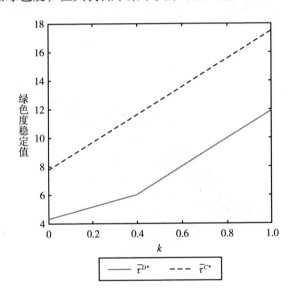

图 5-6　产品绿色度稳定值 $\bar{\tau}^{i^*}$、$i \in \{D, C\}$ 随参数 k 的变化情况

图 5-7 分别描述了分散决策下制造商与供应商最优效用现值 $J_m^{D^*}$、$J_s^{D^*}$ 随供应链成员风险规避程度 η_m、η_s 的变化情况。由图 5-7 可知，制造商及供应商利润的 $CVaR$ 现值均随双方风险规避程度的增加（η_m、η_s 减小）而减少，表明供应链决策主体的风险规避行为不利于绿色经济的发展。同时发现，制造商及供应商的风险规避系数均对自身绩效的影响更为显著。

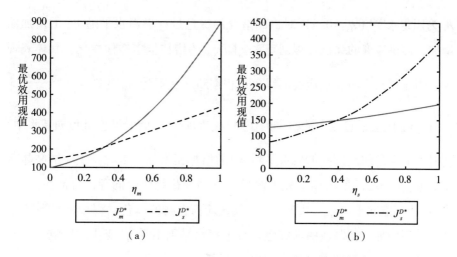

图 5 - 7　分散决策下 J_m^{D*}、J_s^{D*} 随 η_m、η_s 的变化趋势

若令 $\theta = \dfrac{J_m^{D*} + J_s^{D*}}{J_{sc}^{C*}}$ 表示分散决策下供应链的运作效率，供应链成员风险规避系数 η_m、η_s 对供应链运作效率 θ 的影响如图 5 - 8 所示。由图 5 - 8 可知，供应链运作效率 θ 随制造商风险规避程度的降低（η_m 增大）呈先下降后上升的趋势，而随供应商风险规避程度的降低（η_s 增大）呈下降的趋势。

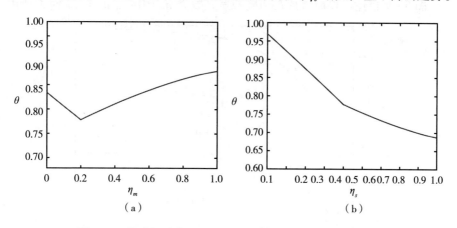

图 5 - 8　风险规避水平 η_m、η_s 对供应链运作效率 θ 的影响

这可解释为，由推论 5.12 可知，集中决策时，制造商及供应商的绿色过程创新努力水平同时受到双方风险规避程度的影响，其规避程度越低（η_m、η_s 越大），双方进行绿色过程创新的努力水平越高。分散决策时，当

η_s 为固定水平（$\eta_s = 0.5$）时，制造商的绿色过程创新水平随 η_m 的增加而增加，而供应商的绿色过程创新水平随 η_m 的增加呈多样性变化，具体表现为：当 $\dfrac{T_m \rho_m}{T_s \rho_s} \leq \dfrac{1}{2}$ 时，供应商的绿色过程创新水平不受 η_m 的影响；当 $\dfrac{T_m \rho_m}{T_s \rho_s} > \dfrac{1}{2}$ 时，η_m 则会通过成本分担率的作用间接影响供应商的绿色过程创新水平，此时供应商的绿色过程创新水平随 η_m 的增加而增加。因此，供应链整体运作效率会随 η_m 的增大而呈先下降后上升的变化趋势；同理，分散决策时，当 η_m 为固定水平（$\eta_m = 0.3$）时，仅供应商自身的绿色过程创新水平随 η_s 的增加而增加，而制造商的绿色过程创新水平则不受 η_s 变化的影响，因此供应链整体的运作效率会随 η_s 增加而降低。

综合图 5 − 7 与图 5 − 8 分析可知，分散决策下制造商的风险规避行为同时拉低了供应链成员的经济效益及供应链整体运作效率水平，而供应商的风险规避行为虽然对供应链成员的经济效益产生一定负面影响，但却能够相对提升供应链整体运作效率。因此，在实际供应链协同绿色过程创新决策中，制造商应尽量保持理性，而供应商可适当持有风险规避的态度。

图 5 − 9 描述了供应链成员风险规避系数为 $\eta_m = 0.3$、$\eta_s = 0.5$ 时，使用

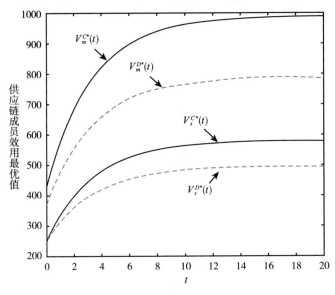

图 5 − 9　双向成本分担契约协调前后制造商与供应商效用最优值随时间的变化情况

双向成本分担契约协调前后的制造商及供应商的效用最优值随时间的变化情况。可以发现，在给定参数下，有 $\dfrac{T_m \rho_m}{T_s \rho_s} > \dfrac{1}{2}$。

由图 5-9 可知，双向成本分担契约下制造商与供应商利润的效用最优值函数分别大于无契约条件下的对应值。此外，随着时间的推移，制造商与供应商的效用最优值逐渐增大并趋于稳定，说明供应链成员之间长期稳定的合作博弈关系有利于确保供应链系统的稳定性。

5.2.8　管理启示

为进一步明确本节针对基于 $CVaR$ 的供应链协同绿色过程创新动态优化与协调问题所得到研究结果对管理实践的指导作用，以下根据本节提出的命题、推论及数值分析得到的结果，给出管理启示，具体从以下四个方面阐述。

（1）当发现供应商边际利润较低或其风险规避程度较高时，制造商应主动分担供应商的绿色过程创新成本，从而有效地提高产品绿色水平，同时亦能提高制造商自身的绩效水平。

（2）制造商的风险规避行为不利于提高供应链成员的经济效益及供应链整体运作效率水平，而供应商的风险规避行为虽然拉低了供应链成员的经济效益，但同时却能相对提升供应链整体的运作效率。因此，在实际供应链协同绿色过程创新时，制造商应尽量保持理性，而供应商可适当持有风险规避的态度。

（3）制造商和供应商可通过协商并运用双向成本分担契约协同进行绿色过程创新，从而提高双方绩效水平。

（4）制造商和供应商保持长期稳定的合作关系，有利于提高双方效用现值并保持供应链系统的稳定性。

5.3 ▶ 本章小结

本章在消费者绿色偏好具有不确定性的基础上，考虑决策者的风险态度，探讨了供应链协同绿色创新决策与协调问题。根据不同绿色创新类型、参与主体及决策问题，分别针对基于混合 $CVaR$ 的供应链绿色产品创新——定价决策与协调问题和基于 $CVaR$ 准则的供应链协同绿色过程创新动态优化与协调问题两方面内容展开了研究。

在针对基于混合 $CVaR$ 的供应链绿色产品创新——定价决策与协调问题中，以制造商和零售商组成的二级绿色供应链为研究对象，基于混合 $CVaR$ 风险度量准则，构建了供应链绿色产品创新——定价决策模型，并设计相应的协调机制；考察并比较了分散决策、集中决策及协调机制下的最优策略及对应的市场均衡结果，并对决策者风险态度及其他主要参数进行了敏感性分析。研究结果表明：（1）制造商最优绿色产品创新水平及零售商最优广告宣传水平均与成员自身边际利润正相关、与单位绿色创新（广告）成本负相关、与需求对产品绿色度敏感系数均值正相关。（2）分散决策下，制造商通过分担一定比例的广告成本可有效提升零售商的最优广告宣传水平，但仅当制造商边际利润满足一定条件时，制造商才会选择分担零售商的部分广告成本。（3）分散决策下，由风险追逐制造商和风险规避零售商所组成的供应链效率最高；而由风险规避制造商和风险追逐零售商所组成的供应链效率最低。（4）决策者不同的风险态度对制造商绿色产品创新水平、零售商广告宣传水平以及双方成本分担比例的大小具有重要影响。（5）与分散决策相比，集中决策下的产品最优绿色度、最优广告水平以及供应链整体效用函数值均有所提高。（6）通过设计合理的双向成本分担契约机制，能够使制造商和零售商的效用水平在协调后的分散系统中均能得到帕累托改善，从而消除双重边际效应，实现供应链协调。

在针对基于 $CVaR$ 准则的供应链协同绿色过程创新动态优化与协调问题中，以制造商和供应商组成的二级绿色供应链为研究对象，借助微分博弈，构建了基于 $CVaR$ 准则的供应链协同绿色过程创新动态优化模型，并设计相应的协调机制。随后，考察并比较了分散决策、集中决策及协调机制下的最优策略及对应的市场均衡结果，并对决策者风险规避与重要市场参数进行了敏感性分析。研究结果表明：（1）分散决策下，制造商通过分担供应商的绿色过程创新成本可有效提高产品绿色水平，但仅当制造商边际利润满足一定条件时，制造商才会选择分担供应商的绿色创新成本。此时最优分担率与制造商边际利润、供应商风险规避程度正相关，与供应商边际利润、制造商风险规避程度负相关。（2）制造商的风险规避行为不利于提高供应链成员的经济效益及供应链整体运作效率水平，而供应商的风险规避行为虽然拉低了供应链成员的经济效益，但同时却能相对提升供应链整体的运作效率。（3）无论是分散决策还是集中决策，制造商和供应商的最优绿色过程创新水平与双方的风险规避水平密切相关。（4）与分散决策相比，集中决策下产品绿色度的稳定值及供应链整体绩效水平均有所提高。（5）在满足一定条件时，双向成本分担契约的设计与实施能够使供应链成员的绩效得到帕累托改进并实现供应链协调。

第6章

考虑决策者失望规避的
供应链协同绿色创新
决策与协调问题

　　尽管实施绿色创新能够使供应链企业在一定程度上降低自身及合作伙伴的环境管理成本和道德风险，并树立良好的企业形象，赢得持续性的竞争优势。然而，相关调查表明，企业在实践中开展绿色创新活动的情况仍不尽如人意。事实上，由于绿色创新活动具有较高的技术不确定性，加之消费者绿色偏好不确定性所带来的市场风险，供应链企业开展绿色创新活动并不一定会带来决策主体所预期的结果，既可能发生超出预期结果的情形而令决策主体感到欣喜，也可能出现低于预期结果的情形而令决策主体感到失望。已有相关实验研究表明，在不确定环境下进行决策时，相较于预期结果，决策主体对于负偏差所引起的失望往往大于等量正偏差所带来的欣喜，表现出失望规避的行为特征，并且这种预期的心理感知会对其决策产生重要影响（Bell，1985；Gill & Prowse，2012）。同时，霍夫曼和汉恩（Hoffman & Henn，2008）指出，除技术因素与经济因素外，决策主体的心理行为同样是影响企业开展绿色创新活动的重要因素。可见，失望规避作为一种典型的心理行为，其无疑会对供应链协同绿色创新等相关运营决策问题产生重要影响。

　　通过对考虑决策者失望规避的运营决策问题以及供应链绿色创新决策与协调问题的相关研究成果进行回顾，可以发现：（1）多数文献均假设企业处于确定环境下，极少有文献考虑了绿色创新技术的不确定性或者消费者绿色偏好的不确定性，鲜有文献针对不确定性环境下的供应链协同绿色创新决策与协调问题展开研究。（2）多数文献假定决策为"完全理性"的，几乎没有文献在考虑决策者具有失望规避行为特征的情形下，针对供应链协同绿色创新决策与协调问题进行研究。（3）针对绿色过程创新具有持续性且动态变化的特征，极少有文献在动态架构下，探讨供应链协同绿色过程创新决策与协调问题。

针对以往研究的局限性，本章在第 5 章的基础上，进一步考虑了供应链成员在不确定性环境下决策时所表现出的失望规避行为特征，基于贝尔（Bell，1985）提出的失望理论，构建考虑决策者失望规避的供应链协同绿色创新决策模型，设计可使供应链成员绩效实现帕累托改进的协调机制，并进一步分析决策者失望规避程度对供应链绿色创新等运营决策及供应链绩效水平的影响。根据不同的绿色创新类型、参与主体及决策问题，本章具体研究内容包括两个部分：考虑制造商失望规避的供应链绿色产品创新——定价决策与协调研究；考虑决策者失望规避的供应链协同绿色过程创新动态优化与协调研究。

6.1　考虑制造商失望规避的供应链绿色产品创新——定价决策与协调研究

6.1.1　问题描述、符号定义和基本假设

6.1.1.1　问题描述

考虑由单个制造商与单个零售商构成的两级绿色供应链，制造商通过实施绿色产品创新提高产品的绿色度水平，并通过零售商将绿色产品提供至消费者。需要说明的是，考虑到绿色产品创新技术具有一定的不确定性，拟开展绿色产品创新活动的制造商面对上述不确定性时常表现出失望规避的行为特征。基于此，本节在考虑绿色产品创新技术存在不确定性的基础上，以单个制造商与单个零售商构成的两级绿色供应链为研究对象，将制造商失望规避的行为特征纳入供应链绿色产品创新及定价决策模型，主要探讨如下问题：（1）制造商绿色产品创新投入水平及供应链成员定价决策如何影响绿色产品的市场需求？（2）如何刻画制造商的失望规避行为，并

以此构建制造商的效用函数？（3）如何在绿色产品创新技术具有不确定性的情形下，构建考虑制造商失望规避的供应链绿色产品创新——定价决策模型？（4）制造商的失望规避行为对供应链最优策略及成员绩效水平有何影响？（5）分散决策和集中决策下，供应链的最优策略及绩效水平有何区别？（6）若制造商具有失望规避行为，如何设计供应链协调机制，使供应链成员效用实现帕累托改善？（7）考虑制造商的失望规避行为，集中决策下得到的均衡结果是否总是优于分散决策下的对应值？

6.1.1.2　符号定义

为解决上述问题，对本章所涉及数学符号的定义作详细说明，具体如表 6-1 所示。

表 6-1　　　　　　　　　　　数学符号说明

决策变量	定义
τ	制造商绿色产品创新水平
w	批发价格
p	零售价格
ϕ	成本分担契约下，零售商对制造商绿色产品创新成本的分担比例，$0 < \phi < 1$
参数	定义
a	市场需求总潜量
θ	消费者绿色偏好系数
b	需求对价格的敏感系数
α	绿色产品创新技术效率，$\alpha \in [\alpha^l, 1]$，其中，α^l 为 α 的下界
τ'	产品实际绿色度
k	绿色产品创新成本系数
e	欣喜感知系数
d	失望感知系数
β	失望规避程度，具体地，$\beta = d - e$
δ	制造商的议价能力
函数	定义
$F(\alpha)$	关于 α 的分布函数
$f(\alpha)$	关于 α 的密度函数
D	市场需求函数

续表

函数	定义
I_g	制造商绿色产品创新成本
$g(\bar{\alpha}, \theta)$	制造商绿色产品创新初始意愿
Π_m	制造商利润函数
Π_r	零售商利润函数
Π_{sc}	供应链利润函数
U_m	制造商效用函数
U_r	零售商效用函数，特别的，由于零售商为完全理性，故有 $U_r(\Pi_r) = \Pi_r$
U_{sc}	供应链效用函数

最优值	定义
τ^{Dw*}	基准模型，即批发价格契约下，最优绿色产品创新投入水平
w^{Dw*}	基准模型，即批发价格契约下，最优批发价格
p^{Dw*}	基准模型，即批发价格契约下，最优零售价格
τ^{Dc*}	成本分担契约下，最优绿色产品创新投入水平
w^{Dc*}	成本分担契约下，最优批发价格
p^{Dc*}	成本分担契约下，最优零售价格
ϕ^{Dc*}	成本分担契约下，零售商的最优绿色产品创新成本分担比例
τ^{Ip*}	收益共享契约下，最优绿色产品创新投入水平
w^{Ip*}	收益共享契约下，最优批发价格
p^{Ip*}	收益共享契约下，最优零售价格
Π_m^{Dw*}	基准模型，即批发价格契约下，制造商最优利润
Π_r^{Dw*}	基准模型，即批发价格契约下，零售商最优利润
U_m^{Dw*}	基准模型，即批发价格契约下，制造商最优效用
U_r^{Dw*}	基准模型，即批发价格契约下，零售商最优效用
Π_m^{Dc*}	成本分担契约下，制造商最优利润
Π_r^{Dc*}	成本分担契约下，零售商最优利润
U_m^{Dc*}	成本分担契约下，制造商最优效用
U_r^{Dc*}	成本分担契约下，零售商最优效用
Π_m^{Ip*}	收益共享契约下，制造商最优利润
Π_r^{Ip*}	收益共享契约下，零售商最优利润
Π_{sc}^{Ip*}	收益共享契约下，供应链最优利润
U_m^{Ip*}	收益共享契约下，制造商最优效用
U_r^{Ip*}	收益共享契约下，零售商最优效用
U_{sc}^{Ip*}	收益共享契约下，供应链最优效用

6.1.1.3 基本假设

（1）绿色产品的市场需求为与价格负相关且与产品绿色度正相关的线性函数，根据刘等（Liu et al.，2012）对绿色产品需求的刻画，假设市场需求函数为：

$$D = a - bp + \theta\tau'$$

（2）根据巴斯卡兰和克里希纳（Bhaskaran & Krishnan，2009）对技术不确定性的处理，假设产品实际绿色度 τ' 为制造商绿色产品创新投入水平 τ 与绿色产品创新效率 α 的线性函数，即 $\tau' = \alpha\tau$。考虑到绿色产品创新技术的不确定性，假设 α 为区间 $[\alpha^l, 1]$ 上非负、连续的随机变量，其分布函数与密度函数分别为 $F(\alpha)$、$f(\alpha)$。绿色产品创新效率的下界 α^l 越低，意味着制造商面对的不确定性水平越高。

综合假设（1）和假设（2），易知绿色产品的需求函数最终可表示为：

$$D = a - bp + \theta\alpha\tau$$

（3）假设制造商绿色产品创新成本函数为其绿色产品创新水平的二次函数（Ghosh & Shah，2015），具体为 $I_g = \frac{1}{2}k\tau^2$；此外，由于绿色产品创新属于一次性科研投入，不影响产品的单位生产成本，为简化模型并不失一般性，将绿色产品的单位生产成本简化为 0（曲优等，2018）。

（4）面对绿色产品创新技术的不确定性，制造商表现出失望规避的行为特征，并以自身效用最大化为决策准则。此外，由于零售商没有直接参与绿色产品创新活动，故假设其仍保持完全理性，以期望收益最大化为决策目标。

（5）制造商与零售商信息对称，所有信息均为双方共同知识。

6.1.2 效用函数的构建

6.1.2.1 失望－欣喜效用函数的构建

实验研究表明，个体在不确定环境下，常常将某项决策可能实现的收益与内心参考收益进行比较，并产生相应欣喜或失望的心理感知，而这种预期的心理感知将对个体决策产生重要影响。具体地，当某项决策为个体带来的收益大于其内心参考收益，则其会感到欣喜；反之，则会感到失望。本书采用贝尔（Bell，1985）在失望理论中提出的效用函数刻画上述心理行为：

$$U_i = \begin{cases} \Pi_i - d_i(\Pi_i^o - \Pi_i), & \Pi_i \leq \Pi_i^o \\ \Pi_i + e_i(\Pi_i - \Pi_i^o), & \Pi_i > \Pi_i^o \end{cases} \tag{6.1}$$

其中，U_i 为决策者 i 的总效用；Π_i 为决策者 i 所预期的实际收益；Π_i^o 为决策者内心的参考收益；$e_i \geq 0$ 表示决策者 i 的欣喜感知系数；$d_i \geq 0$ 表示决策者 i 的失望感知系数。假设决策者内心的参考收益为随机收益的期望值，即 $\Pi_i^o = E(\Pi_i)$，类似假设同样被柳和岑（Liu & Shum，2013）、曹兵兵等（2019）、杜等（Du et al.，2019）所采用。

6.1.2.2　决策者效用函数的构建

依据 6.1 小节中的问题描述及基本假设，针对供应链协同绿色产品创新——定价决策问题，制造商与零售商的随机利润函数可分别表示为：

$$\Pi_m = w(a - bp + \theta\alpha\tau) - \frac{1}{2}k\tau^2 \tag{6.2}$$

$$\Pi_r = (p - w)(a - bp + \theta\alpha\tau) \tag{6.3}$$

进一步地，在绿色产品创新技术具有不确定性的情形下，制造商与零售商的期望收益可分别表示为：

$$\begin{aligned} \Pi_m^o(\alpha) &= E(\Pi_m(\alpha)) \\ &= \int_{\alpha^l}^1 \left[w(a - bp + \theta\alpha\tau) - \frac{1}{2}k\tau^2 \right] f(\alpha) d\alpha \end{aligned} \tag{6.4}$$

$$\begin{aligned} \Pi_r^o(\alpha) &= E(\Pi_r(\alpha)) \\ &= \int_{\alpha^l}^1 \left[(w - c)(a - bp + \theta\alpha\tau) \right] f(\alpha) d\alpha \end{aligned} \tag{6.5}$$

针对绿色产品创新效率 $\alpha \in [\alpha^l, 1]$，容易证明存在 $\bar{\alpha} = E(\alpha) = \int_{\alpha^l}^1 \alpha f(\alpha) d\alpha$，使 $\Pi_i(\bar{\alpha}) = E(\Pi_i(\alpha)) = \Pi_i^o$。同时，根据问题描述与相关假

设可知，零售商作为完全理性决策者，其期望收益即为其期望效用函数，即：

$$E(U_r(\alpha)) = E(\Pi_r(\alpha)) = \int_{\alpha^l}^{1} [(w-c)(a-bp+\theta\alpha\tau)] f(\alpha) d\alpha$$

$$= (p-w)(a-bp+\bar{\alpha}\theta\tau) \qquad (6.6)$$

而拟开展绿色产品创新的制造商则会表现出失望规避的行为特征，并将随机收益的期望值作为内心的参考收益。因此，依据失望理论及式（6.1），制造商的效用函数可表示为：

$$U_m(\alpha) = \begin{cases} \Pi_m(\alpha) - d(\Pi_m^o - \Pi_m(\alpha)), & \alpha \leqslant \bar{\alpha} \\ \Pi_m(\alpha) + e(\Pi_m(\alpha) - \pi_m^o), & \alpha > \bar{\alpha} \end{cases} \qquad (6.7)$$

进一步地，可得到失望规避制造商的期望效用函数为：

$$E(U_m(\alpha)) = E(\Pi_m(\alpha)) - \beta \int_{\alpha^l}^{\bar{\alpha}} (\Pi_m^o - \Pi_m(\alpha)) f(\alpha) d\alpha \qquad (6.8)$$

证明 6.1：由式（6.7）可得：

$$E(U_m(\alpha)) = \int_{\alpha^l}^{\bar{\alpha}} [\Pi_m(\alpha) - d(\Pi_m^o - \Pi_m(\alpha))] f(\alpha) d\alpha$$

$$+ \int_{\bar{\alpha}}^{1} [\Pi_m(\alpha) + e(\Pi_m(\alpha) - \Pi_m^o)] f(\alpha) d\alpha$$

$$= E(\Pi_m(\alpha)) - d \int_{\alpha^l}^{\bar{\alpha}} [\Pi_m^o - \Pi_m(\alpha)] f(\alpha) d\alpha$$

$$+ e \int_{\alpha^l}^{\bar{\alpha}} [\Pi_m^o - \Pi_m(\alpha)] f(\alpha) d\alpha$$

$$= E(\Pi_m(\alpha)) - \beta \int_{\alpha^l}^{\bar{\alpha}} [\Pi_m^o - \Pi_m(\alpha)] f(\alpha) d\alpha$$

其中，$\beta > d - e$。当 $\beta > 0$ 时，表明制造商对负偏差引起失望的感知更为敏感；反之，当 $\beta < 0$ 时，表明制造商对正偏差产生欣喜的感知更为敏感；当 $\beta = 0$ 则表明制造商相对理性。需要指出的是，已有研究表明个体对负偏差所引起失望的感知往往大于等量正偏差所带来的欣喜，表现出失望规避的行为特征（Tversky & Kahneman, 1974）。因此，本书遵循古尔（Gul, 1991）、

柳和岑（Liu & Shum，2013）、杜等（Du et al.，2019）对决策者失望规避行为的刻画，假设 $\beta > 0$ 为制造商的失望规避程度系数，β 值越大表明制造商失望规避程度越高。

6.1.3　考虑制造商失望规避的供应链绿色产品创新——定价决策模型构建与求解

本节主要阐述考虑制造商失望规避的供应链绿色产品创新——定价决策模型的构建与求解问题，为探讨在制造商存在失望规避行为情形下，不同决策模式与协调机制对产品绿色度、产品价格及供应链绩效水平的影响，本节首先提出一个基准模型，并在此基础上，分别在分散决策与集中决策模式下，提出两个基于不同契约的协调机制，分别构建了基于批发价格契约的分散决策模型（基准模型）、基于成本分担契约的分散决策模型以及基于收益共享契约的集中决策模型。

6.1.3.1　基于批发价格契约的分散决策

首先考虑基准模型，在基于批发价格契约（WP 契约）的分散决策模型下，制造商与零售商进行以制造商为领导者的 Stackelberg 博弈，具体博弈顺序为：首先，制造商决定绿色产品的批发价格以及绿色产品的创新水平；其次，零售商根据第一阶段制造商制定的策略决策绿色产品的零售价格。此时，根据式（6.4）、式（6.6）及式（6.8）可知，失望规避制造商与理性零售商的决策目标函数分别为：

$$\underset{w,\tau}{\mathrm{Max}} E(U_m^{Dw}) = w(a - bp + \bar{\alpha}\theta\tau) - \frac{1}{2}k\tau^2 - \beta w\theta\tau \int_{\alpha^l}^{\bar{\alpha}} (\bar{\alpha} - \alpha)f(\alpha)d\alpha$$

$$(6.9)$$

$$\underset{p}{\mathrm{Max}} E(U_r) = E(\Pi_r) = (p - w)(a - bp + \bar{\alpha}\theta\tau) \qquad (6.10)$$

命题 6.1：在基于 WP 契约的分散决策模型下，考虑制造商存在失望规避行为的最优绿色产品创新水平 τ^{Dw*}、产品最优批发价格 w^{Dw*} 以及产品最优零售价格 p^{Dw*} 分别为：

$$\tau^{Dw*} = \begin{cases} \dfrac{a\theta(\bar{\alpha} - 2T\beta)}{4bk - \theta^2(\bar{\alpha} - 2T\beta)^2}, & \beta < \dfrac{\bar{\alpha}}{2T} \\[3mm] 0, & \beta \geqslant \dfrac{\bar{\alpha}}{2T} \end{cases} \tag{6.11}$$

$$w^{Dw*} = \begin{cases} \dfrac{2ak}{4bk - \theta^2(\bar{\alpha} - 2T\beta)^2}, & \beta < \dfrac{\bar{\alpha}}{2T} \\[3mm] \dfrac{a}{2b}, & \beta \geqslant \dfrac{\bar{\alpha}}{2T} \end{cases} \tag{6.12}$$

$$p^{Dw*} = \begin{cases} \dfrac{a[3bk + T\beta\theta^2(\bar{\alpha} - 2T\beta)]}{b[4bk - \theta^2(\bar{\alpha} - 2T\beta)^2]}, & \beta < \dfrac{\bar{\alpha}}{2T} \\[3mm] \dfrac{3a}{4b}, & \beta \geqslant \dfrac{\bar{\alpha}}{2T} \end{cases} \tag{6.13}$$

证明 6.2：采用逆向归纳法对上述博弈问题进行求解，首先，在给定的制造商绿色产品创新水平和产品批发价格下，计算零售商关于产品零售价格的最优反应函数。对式（6.10）求关于 p 的二阶偏导数有 $\dfrac{\partial^2 E(\pi_r^{Dw})}{\partial p^2} = -2b < 0$，表明零售价格 p 存在唯一最优解。根据最优化一阶条件 $\dfrac{\partial E(\pi_r^{Dw})}{\partial p} = a - 2bp + bw + \theta\tau\bar{\alpha} = 0$，可得零售商的最优反应函数为：

$$p(w, \tau) = \frac{a + bw + \theta\tau\bar{\alpha}}{2b} \tag{6.14}$$

将零售商最优反应函数式（6.14）代入制造商决策函数式（6.9）中，并对 U_m^{Dw} 求关于 w、τ 的二阶 Hessian 矩阵，有 $H^{Dw} = \begin{bmatrix} -b & \dfrac{\theta(\bar{\alpha} - 2T\beta)}{2} \\[3mm] \dfrac{\theta(\bar{\alpha} - 2T\beta)}{2} & -k \end{bmatrix}$。容易得到，当 $4bk - \theta^2(\bar{\alpha} - 2T\beta)^2 > 0$ 时，其一阶顺序主子式 $|H_1^{Dw}| = -b < 0$，二阶顺序主子式 $|H_2^{Dw}| = bk - \dfrac{\theta^2(\bar{\alpha} - T\beta)^2}{4} > 0$，可知 H^{Dw} 为负定的。因此，

w、τ 存在最优解。根据最优化一阶条件，对制造商效用函数求关于 w、τ 的一阶偏导数并令其为零，有：

$$\frac{\partial E(U_m^{Dw})}{\partial w} = \frac{a + \theta\tau\bar{\alpha} - 2(bw + T\beta\theta\tau)}{2} = 0 \tag{6.15}$$

$$\frac{\partial E(U_m^{Dw})}{\partial \tau} = \frac{w\theta\bar{\alpha} - 2(k\tau + T\beta w\theta)}{2} = 0 \tag{6.16}$$

其中，$T = \int_{\alpha^l}^{\bar{\alpha}} F(\alpha) d\alpha$。

联立式（6.15）与式（6.16），可得到制造商最优均衡策略 τ^{Dw*}、w^{Dw*}，具体如式（6.11）及式（6.12）所示，将最优均衡策略 τ^{Dw*}、w^{Dw*} 代入零售商最优反应函数式（6.14），可得零售商的最优销售价格 p^{Dw*}。命题 6.1 得证。

推论 6.1：在基于 WP 契约的分散决策模型下，存在一个关于制造商失望规避程度的阈值 $\beta^{Dw} = \dfrac{\bar{\alpha}}{2T}$，当且仅当 $\beta < \beta^{Dw}$ 时，制造商才会选择进行绿色产品创新，否则制造商则维持原状。

由命题 6.1 及推论 6.1 可知，制造商的失望规避程度对其绿色产品创新决策具有重要影响。一个失望规避程度较高的制造商在绿色产品创新技术存在不确定性时，为避免失望而不会进行任何绿色产品创新投入。当且仅当制造商失望规避程度不超过一定水平，即 $\beta < \beta^{Dw}$ 时，制造商才会进行绿色产品创新投入。

将命题 6.1 中制造商和零售商的最优策略分别代入制造商与零售商各自的利润函数与效用函数，可进一步得到如下命题。

命题 6.2：在基于 WP 契约的分散决策模型下，考虑制造商存在失望规避行为的制造商最优利润、制造商最优效用以及零售商最优效用（利润）分别为：

$$\Pi_m^{Dw*} = \begin{cases} \dfrac{ak^2\{4[bk + T\beta\theta^2(\bar{\alpha} - 2T\beta)] - \theta^2(\bar{\alpha} - 2T\beta)^2\}}{2[4bk - \theta^2(\bar{\alpha} - 2T\beta)^2]^2}, & \beta < \dfrac{\bar{\alpha}}{2T} \\[4mm] \dfrac{a^2}{8b}, & \beta \geqslant \dfrac{\bar{\alpha}}{2T} \end{cases} \tag{6.17}$$

$$U_m^{Dw*} = \begin{cases} \dfrac{a^2 k}{2\left[4bk - \theta^2\left(\bar{\alpha} - 2T\beta\right)^2\right]}, & \beta < \dfrac{\bar{\alpha}}{2T} \\[4mm] \dfrac{a^2}{8b}, & \beta \geqslant \dfrac{\bar{\alpha}}{2T} \end{cases} \tag{6.18}$$

$$U_r^{Dw*} = \Pi_r^{Dw*} = \begin{cases} \dfrac{a^2\left[bk + T\beta\theta^2\left(\bar{\alpha} - 2T\beta\right)\right]^2}{b\left[4bk - \theta^2\left(\bar{\alpha} - 2T\beta\right)^2\right]^2}, & \beta < \dfrac{\bar{\alpha}}{2T} \\[4mm] \dfrac{a^2}{16b}, & \beta \geqslant \dfrac{\bar{\alpha}}{2T} \end{cases} \tag{6.19}$$

证明6.3：将式（6.11）至式（6.13）分别代入式（6.4）、式（6.6）及式（6.8），即可得命题6.2中结论。

6.1.3.2 基于成本分担契约的分散决策模型

由6.1.3.1小节研究内容可知，在传统批发价格契约（WP契约）下，失望规避程度较高的制造商往往不会开展绿色产品创新活动。基于此，本节进一步在分散决策模式下，提出成本分担契约（CS契约）。在该契约下，零售商提出以比例 ϕ 分担制造商部分绿色产品创新成本，以鼓励制造商积极开展绿色产品创新活动。

与WP契约的两阶段博弈不同，在基于CS契约的分散决策模型下，制造商与零售商进行零售商主导的三阶段博弈：第一阶段，零售商提出拟分担制造商绿色产品创新成本的比例 ϕ，若制造商拒绝则双方仍以WP契约开展经济活动，若制造商选择接受，则进入下一阶段；第二阶段，失望规避的制造商在给定成本分担比例 ϕ 的基础上，以期望效用最大化为决策准则，选择最优绿色产品创新水平与批发价格；第三阶段，完全理性的零售商以期望收益最大化为决策准则，进行最优零售价格决策。此时，失望规避制造商与理性零售商的决策目标函数可分别表示为：

$$\underset{w,\tau}{\text{Max}} E(U_m^{Dc}) = w(a - bp + \bar{\alpha}\theta\tau) - \frac{1}{2}(1 - \phi)k\tau^2 - \beta w\theta\tau\int_{\alpha^l}^{\bar{\alpha}}(\bar{\alpha} - \alpha)f(\alpha)d\alpha \tag{6.20}$$

$$\underset{p,\phi}{\text{Max}} E(U_r^{Dc}) = (p - w)(a - bp + \bar{\alpha}\theta\tau) - \frac{1}{2}\phi k\tau^2 \tag{6.21}$$

命题 6.3：在基于 CS 契约的分散决策模型下，存在一个关于制造商失望规避程度的阈值 $\beta^{Dc} = \dfrac{\bar{\alpha}}{2T}$，当且仅当制造商失望规避程度 $\beta < \beta^{Dc}$ 时，制造商才会进行绿色产品创新。此时，零售商的最优成本分担比例为：

$$\phi^{Dc*} = \frac{16bkT\beta + \theta^2\left[\left(\bar{\alpha} - 2T\beta\right)\left(\bar{\alpha}^2 + 12T^2\beta^2\right)\right]}{8bk\bar{\alpha}} \tag{6.22}$$

证明 6.4：针对博弈第一阶段的零售商利润函数，求关于 ϕ 的一阶最优条件有：

$$\begin{cases} \dfrac{\partial E(\pi_r^{Dc})}{\partial \phi} = 0 \\[2mm] \text{s. t.} \quad 0 \leq \phi \leq 1 \end{cases}$$

求解可得：

$$\phi^{Dc*} = \begin{cases} \dfrac{16bkT\beta + \theta^2\left[\left(\bar{\alpha} - 2T\beta\right)\left(\bar{\alpha}^2 + 12T^2\beta^2\right)\right]}{8bk\bar{\alpha}}, & \beta < \dfrac{\bar{\alpha}}{2T} \\[4mm] unfeasible, & \beta \geq \dfrac{\bar{\alpha}}{2T} \end{cases}$$

详细数学推导过程见命题 6.4 证明。

需进一步说明的是，当制造商失望规避程度为 $\beta = \beta^{Dc}$ 时，零售商的最优成本分担比例为 $\phi^* = 1$。这意味着，对于失望规避程度为 β^{Dc} 水平的制造商而言，仅当零售商承诺完全负担其绿色产品创新成本时，制造商才会接受 CS 契约并进行绿色产品创新活动。一旦制造商的失望规避水平高于 β^{Dc}，零售商的最优成本分担比例为 $\phi^* > 1$，即此时零售商不仅要完全承担制造商的绿色产品创新成本，还要另外支付给制造商一笔费用。然而，上述两种情形在实际经营过程中鲜有发生，即便在两企业间实施，也不能被称为成本分担契约。因此，可合理地推断制造商在 CS 契约下开展绿色产品创新的前提条件为 $\beta < \beta^{Dc}$。

命题 6.4：在基于 CS 契约的分散决策模型下，考虑制造商存在失望规避的最优绿色产品创新水平 τ^{Dc*}、最优批发价格 w^{Dc*} 以及最优零售价格 p^{Dc*} 分别为：

$$\tau^{Dc*} = \frac{2a\theta\bar{\alpha}}{8Z - \theta^2(4T^2\beta^2 + 4T\beta\bar{\alpha} + 3\bar{\alpha}^2)} \tag{6.23}$$

$$w^{Dc*} = \frac{a(8bk - 12T^2\beta^2\theta^2 - \theta^2\bar{\alpha}^2)}{2b[8Z - \theta^2(4T^2\beta^2 + 4T\beta\bar{\alpha} + 3\bar{\alpha}^2)]} \tag{6.24}$$

$$p^{Dc*} = \frac{a[3(8bk - 12T^2\beta^2\theta^2 - \theta^2\bar{\alpha}^2) + 8T\beta\theta^2\bar{\alpha}]}{4b[8Z - \theta^2(4T^2\beta^2 + 4T\beta\bar{\alpha} + 3\bar{\alpha}^2)]} \tag{6.25}$$

其中，$Z = bk + \theta^2 T\beta(\bar{\alpha}^2 - T\beta)$。

证明 6.5： 采用逆向归纳法对上述博弈问题进行求解，首先，在给定条件下，计算零售商关于产品零售价格的最优反应函数。对式（6.21）求关于 p 的二阶偏导数有 $\frac{\partial^2 E(\pi_r^{Dc})}{\partial p^2} = -2b < 0$，表明零售价格 p 存在唯一最优解。根据最优化一阶条件 $\frac{\partial E(\pi_r^{Dw})}{\partial p} = a - 2bp + bw + \theta\tau\bar{\alpha} = 0$，可得零售商的最优反应函数为：

$$p(w,\tau) = \frac{a + bw + \theta\tau\bar{\alpha}}{2b} \tag{6.26}$$

其次，将零售商最优反应函数式（6.26）代入制造商效用函数式（6.20），并对 U_m^{Dc} 求关于 w、τ 的二阶 Hessian 矩阵，有 $H^{Dc} = \begin{bmatrix} -b & \frac{\theta(\bar{\alpha} - 2T\beta)}{2} \\ \frac{\theta(\bar{\alpha} - 2T\beta)}{2} & -k(1-\phi) \end{bmatrix}$。

容易得到，当 $4bk(1-\phi) - \theta^2(\bar{\alpha} - 2T\beta)^2 > 0$ 时，其一阶顺序主子式 $|H_1^{Dw}| = -b < 0$，二阶顺序主子式 $|H_2^{Dc}| = bk(1-\phi) - \frac{\theta^2(\bar{\alpha} - T\beta)^2}{4} > 0$，可知 H^{Dc} 为负定的。因此，w、τ 存在最优解。根据最优化一阶条件，对制造商效用函数求关于 w、τ 的一阶偏导数并令其为零，可进一步得到制造商的最优反应函数 $w(\phi)$ 与 $\tau(\phi)$ 分别为：

$$w(\phi) = \frac{2ak(1-\phi)}{4bk(1-\phi) - \theta^2(\bar{\alpha} - 2T\beta)^2} \tag{6.27}$$

$$\tau(\phi) = \frac{a\theta(\bar{\alpha} - 2T\beta)}{4bk(1-\phi) - \theta^2(\bar{\alpha} - 2T\beta)^2} \qquad (6.28)$$

最后,将式(6.26)至式(6.28)代入零售商效用函数式(6.21)中,并求其关于 ϕ 的一阶偏导数,有 $\dfrac{\partial E(\pi_r^{Dc})}{\partial \phi} = \dfrac{a^2\theta^2 k(\bar{\alpha} - 2T\beta)\{16bkT\beta + \theta^2[(\bar{\alpha} - 2T\beta)(\bar{\alpha}^2 + 12T^2\beta^2)] - 8\phi bk\bar{\alpha}\}}{2[4bk(1-\phi) - \theta^2(\bar{\alpha} - 2T\beta)^2]^3}$ 。

根据最优一阶条件与现实约束, $\begin{cases} \dfrac{\partial E(\pi_r^{Dc})}{\partial \phi} = 0 \\ \text{s. t.} \quad 0 \leqslant \phi \leqslant 1 \end{cases}$,易得零售商最优成本分担

比例为:

$$\phi^{Dc*} = \begin{cases} \dfrac{16bkT\beta + \theta^2[(\bar{\alpha} - 2T\beta)(\bar{\alpha}^2 + 12T^2\beta^2)]}{8b\bar{k}\alpha}, & \beta < \dfrac{\bar{\alpha}}{2T} \\ \\ unfeasible, & \beta \geqslant \dfrac{\bar{\alpha}}{2T} \end{cases} \qquad (6.29)$$

如命题6.3所述,式(6.29)表明,制造商在 CS 契约下开展绿色产品创新的条件为 $\beta < \dfrac{\bar{\alpha}}{2T}$,故将式(6.29)代入式(6.26)～式(6.28)中,可得制造商最优绿色产品创新水平 τ^{Dc*}、最优批发价格 w^{Dc*} 及零售商的最优销售价格 p^{Dc*}。至此,命题6.3及命题6.4得证。

将命题6.3及命题6.4中制造商和零售商的最优策略分别代入制造商与零售商各自的利润函数与效用函数,可进一步得到如下命题。

命题 6.5:在基于 CS 契约的分散决策模型下,考虑制造商存在失望规避行为的制造商最优利润、制造商最优效用以及零售商最优效用(利润)分别为:

$$U_m^{Dc*} = \frac{a^2[8Z - \theta^2(4T^2\beta^2 + 8T\beta\bar{\alpha} + \bar{\alpha}^2)]}{8b[8Z - \theta^2(4T^2\beta^2 + 4T\beta\bar{\alpha} + 3\bar{\alpha}^2)]} \qquad (6.30)$$

$$\Pi_m^{Dc*} = \frac{32a^2bk[2Z - \theta^2(4T^2\beta^2 - T\beta\bar{\alpha} + \bar{\alpha}^2)]}{8b[8Z - \theta^2(4T^2\beta^2 + 4T\beta\bar{\alpha} + 3\bar{\alpha}^2)]^2}$$

$$+ \frac{3a^2\theta^4(\bar{\alpha} - 2T\beta)^2(12T^2\beta^2 + \bar{\alpha}^2)}{8b[8Z - \theta^2(4T^2\beta^2 + 4T\beta\bar{\alpha} + 3\bar{\alpha}^2)]^2} \qquad (6.31)$$

$$U_r^{Dc*} = \Pi_r^{Dc*} = \frac{a^2 [8Z - \theta^2 (4T^2\beta^2 + 4T\beta\bar{\alpha} - \bar{\alpha}^2)]}{16b[8Z - \theta^2 (4T^2\beta^2 + 4T\beta\bar{\alpha} + 3\bar{\alpha}^2)]} \qquad (6.32)$$

6.1.3.3　基于收益共享契约的集中决策模型

众多研究表明，对于由完全理性决策者组成的传统供应链系统，集中决策模型下得到的供应链最优绩效水平显著高于分散决策模型下得到的对应值，而合理的收益盈余分配机制是供应链成员愿意进行集中决策的前提。依据上述逻辑，本小节针对基于制造商失望规避的供应链绿色产品创新——定价决策问题，构建了基于收益共享契约（PSB 契约）的集中决策模型，探讨相较于分散决策，当考虑制造商失望规避行为时，集中决策是否仍能使供应链实现更高的绩效水平。

在基于 PSB 契约的集中决策模型下，首先制造商与零售商需通过纳什讨价还价过程达成双方均接受的供应链整体收益分配比例，随后由核心决策者进行集中决策。为探讨上述问题，需率先构建针对基于制造商失望规避的供应链绿色产品创新——定价问题的集中决策模型。为了更直观地比较集中决策与分散决策两种不同决策模式下的供应链最优策略，同时便于探讨制造商失望规避程度对供应链绿色产品创新决策的影响，令从事绿色产品创新活动的制造商作为集中决策模式下的核心决策者。即面对绿色产品创新技术不确定的情形，具有失望规避行为的制造商以供应链总效用最大化作为决策准则，同时进行绿色产品创新水平 τ^{lp} 与产品零售价格 p^{lp} 决策。随后，制造商与零售商对供应链得到的总利润进行分配。此时，供应链总利润函数可表示为：

$$\Pi_{sc}^{lp} = p(a - bp + \alpha\theta\tau) - \frac{1}{2}k\tau^2 \qquad (6.33)$$

进一步地，根据失望理论与式（6.2）、式（6.33）可得到集中决策模式下的决策目标函数为：

$$\max_{p,\tau} E(U_{sc}^{lp}) = E(\Pi_{sc}^{lp}) - \int_{\alpha^l}^{\bar{\alpha}} (\Pi_{sc}^{lpo} - \Pi_{sc}^{lp}) f(\alpha) d\alpha$$

$$= p(a - bp + \bar{\alpha}\theta\tau) - \frac{1}{2}k\tau^2 - \beta p\theta\tau \int_{\alpha^l}^{\bar{\alpha}} (\bar{\alpha} - \alpha) f(\alpha) d\alpha$$

$$(6.34)$$

命题 6.6：在基于 PSB 契约的集中决策模型下，考虑制造商存在失望规避行为的最优产品绿色创新水平 τ^{lp*} 以及产品最优零售价格 p^{lp*} 分别为：

$$\tau^{lp*} = \begin{cases} \dfrac{a\theta(\bar{\alpha} - T\beta)}{2bk - \theta^2(\bar{\alpha} - T\beta)^2}, & \beta < \dfrac{\bar{\alpha}}{T} \\[3mm] 0, & \beta \geqslant \dfrac{\bar{\alpha}}{T} \end{cases} \tag{6.35}$$

$$p^{lp*} = \begin{cases} \dfrac{ak}{2bk - \theta^2(\bar{\alpha} - T\beta)^2}, & \beta < \dfrac{\bar{\alpha}}{T} \\[3mm] \dfrac{a}{2b}, & \beta \geqslant \dfrac{\bar{\alpha}}{T} \end{cases} \tag{6.36}$$

证明 6.6：与命题 6.1 及命题 6.4 证明过程类似，故在此不做赘述。

由命题 6.6 可知，与基于 WP 契约及基于 CS 契约的分散决策类似，在基于 PSB 契约的集中决策模型下，制造商的最优绿色产品创新决策同样与其失望规避水平密切相关。

推论 6.2：在基于 PSB 契约的集中决策模型下，存在一个关于制造商失望规避水平的阈值 $\beta^{lp} = \dfrac{\bar{\alpha}}{T}$，当且仅当 $\beta < \beta^{lp}$ 时，制造商才会选择进行绿色产品创新，否则制造商维持原状。

推论 6.2 表明，相较于基于 WP 契约及基于 CS 契约的分散决策模型，基于 PSB 契约的集中决策模型提高了失望规避制造商开展绿色产品创新活动的概率。由推论 6.1、命题 6.3 及推论 6.2 可知，制造商在 WP 契约、CS 契约及 PSB 契约下开展绿色产品创新的前提条件分别为 $\beta < \beta^{Dw}$、$\beta < \beta^{Dc}$ 及 $\beta < \beta^{lp}$，且有 $\beta^{Dw} = \beta^{Dc} = \dfrac{\bar{\alpha}}{2T}$，$\beta^{lp} = \dfrac{\bar{\alpha}}{T}$。不难发现，失望规避制造商进行绿色产品创新的可行域由 $\left[0, \dfrac{\alpha}{2T}\right]$ 扩大至 $\left[0, \dfrac{\alpha}{T}\right]$，即相较于分散式决策，集中式决策增加了失望规避制造商进行绿色产品创新的可能性。

进一步地，将式（6.35）及式（6.36）分别代入式（6.33）、式（6.34）中，可得到在基于 PSB 契约的集中决策模型下，供应链总利润与总效用函数，如命题 6.7 所示。

命题 **6.7**：在基于 PSB 契约的集中决策模型下，考虑制造商存在失望规避行为的供应链最优利润及供应链最优效用分别为：

$$\Pi_{sc}^{lp*} = \begin{cases} \dfrac{a^2 k [2bk - (\bar{\alpha} - T\beta)(\bar{\alpha} - 3T\beta)]}{2[2bk - \theta^2 (\bar{\alpha} - T\beta)^2]^2}, & \beta < \dfrac{\bar{\alpha}}{T} \\[4mm] \dfrac{a^2}{4b}, & \beta \geq \dfrac{\bar{\alpha}}{T} \end{cases} \tag{6.37}$$

$$U_{sc}^{lp*} = \begin{cases} \dfrac{a^2 k}{2[2bk - \theta^2 (\bar{\alpha} - T\beta)^2]}, & \beta < \dfrac{\bar{\alpha}}{T} \\[4mm] \dfrac{a^2}{4b}, & \beta \geq \dfrac{\bar{\alpha}}{T} \end{cases} \tag{6.38}$$

制造商与零售商通过纳什讨价还价对所得到的供应链最优利润进行分配。令 Π_m^{lp}、Π_r^{lp} 分别为 PSB 契约下制造商与零售商最终可获得的利润。同时，以 WP 契约（基准模型）下的制造商及零售商得到的最优利润 Π_m^{Dw*}、Π_r^{Dw*} 为各自的谈判破裂点，即若制造商或零售商任意一方在 PSB 契约下所获利润低于其在 WP 契约下所获利润，则谈判破裂，双方仍以 WP 契约进行交易。制造商与零售商通过纳什讨价还价分配供应链整体利润的过程可表示为：

$$\text{Max} \left(\Pi_m^{lp}(w^{lp}) - \Pi_m^{Dw*} \right)^{\delta} \left(\Pi_r^{lp}(w^{lp}) - \Pi_r^{Dw*} \right)^{1-\delta}$$

$$\text{s. t.} \quad \Pi_m^{lp}(w^{lp}) - \Pi_m^{Dw*} \geq 0$$

$$\Pi_r^{lp}(w^{lp}) - \Pi_r^{Dw*} \geq 0$$

$$\Pi_m^{lp}(w^{lp}) + \Pi_r^{lp}(w^{lp}) = \Pi_{sc}^{lp*} \tag{6.39}$$

其中，δ、$1-\delta$ 分别代表了制造商和零售商的议价能力，可在一定程度上反映制造商和零售商在渠道中的地位或话语权。

金兰德和舒甘（Jeuland & Shugan，1983）详细地阐述了纳什讨价还价问题的求解方法及过程。本书沿用上述方法对最优化问题式（6.39）进行求解，可得到如下命题。

命题 **6.8**：在基于 PSB 契约的集中决策模型下，考虑制造商存在失望规避行为的制造商最优利润及零售商最优利润分别为：

$$\Pi_m^{Ip\,*}(w^{Ip\,*}) = \delta\Delta + \Pi_m^{Dw\,*} \tag{6.40}$$

$$\Pi_r^{Ip\,*}(w^{Ip\,*}) = (1-\delta)\Delta + \Pi_r^{Dw\,*} \tag{6.41}$$

其中，$\Delta = \Pi_{sc}^{I\,*} - \Pi_m^{Dw\,*} - \Pi_r^{Dw\,*}$。

命题 6.8 表明，在基于 PSB 契约的集中决策模型下，制造商与零售商可得到的利润与其议价能力密切相关，双方可通过议价协商得到最优批发价格 $w^{Ip\,*}$ 对供应链总利润进行分配。通过求解最优化问题式（6.39），得到 PSB 契约下的最优批发价格 $w^{Ip\,*}$ 为：

$$w^{Ip\,*} = = \frac{2Z - \theta^2(\bar{\alpha}^2 - T^2\beta^2)}{aZ}\left\{\delta\Delta + \pi_m^{Dw\,*} + \frac{ka^2\theta^2(\bar{\alpha} - T\beta)^2}{2[2bk - \theta^2(\bar{\alpha} - T\beta)^2]^2}\right\}$$

$$\tag{6.42}$$

需要注意的是，除满足关于利润的参与约束外，对于失望规避的制造商而言，若要其参与 PSB 契约还需满足关于效用的参与约束，即制造商在 PSB 契约下所获得的效用需大于 WP 契约下的对应值，有 $U_m^{Ip\,*} - U_m^{Dw\,*} \geq 0$，进一步求解可得到如下命题。

命题 6.9：存在一个关于制造商议价能力的阈值 $\bar{\delta}$，当且仅当制造商议价能力 $\delta \geq \bar{\delta}$ 时，集中决策模式下的 PSB 契约才得以实施，其中：

$$\bar{\delta} = \frac{aZU_m^{Dw\,*}}{\Delta b}\left\{1 + \frac{a\theta^2(\bar{\alpha} - T\beta)^2}{[2Z - \theta^2(\bar{\alpha}^2 - T^2\beta^2)]^2}\right\}$$

$$- \frac{ka^2\theta^2(\bar{\alpha} - T\beta)^2}{2\Delta[2bk - \theta^2(\bar{\alpha} - T\beta)^2]^2} - \frac{\pi_m^{Dw\,*}}{\Delta}$$

证明 6.7：求解不等式 $U_m^{Ip\,*} - U_m^{Dw\,*} \geq 0$，有：

$$w^{Ip\,*} \geq \frac{2U_m^{Dw\,*}[2Z - \theta^2(\bar{\alpha}^2 - T^2\beta^2)^2 + a\theta^2(\bar{\alpha} - T\beta)^2]}{2b[2Z - \theta^2(\bar{\alpha}^2 - T^2\beta^2)]}，将式（6.42）代$$

入上述不等式即可得命题 6.9 中所得结论。

6.1.4　制造商失望规避程度对最优结果的影响

推论 6.3：在基准模型下，即当制造商与零售商进行 WP 契约的分散决策时，制造商最优绿色产品创新水平 τ^{Dw*}、最优批发价格 w^{Dw*} 及最优零售价格 p^{Dw*} 均与制造商失望规避程度 β 负相关。

证明 6.8：根据命题 6.1 所得结论，针对式（6.12）~式（6.14），分别求其在 $\beta < \dfrac{\bar{\alpha}}{2T}$ 情形下关于 β 的一阶偏导数，有：

$$\frac{\partial \tau^{Dw*}}{\partial \beta} = -\frac{2a\theta T\left[4bk + \theta^2 \left(\bar{\alpha} - 2T\beta\right)^2\right]}{\left[4bk - \theta^2 \left(\bar{\alpha} - 2T\beta\right)^2\right]^2} < 0$$

$$\frac{\partial w^{Dw*}}{\partial \beta} = -\frac{8akT\theta^2 \left(\bar{\alpha} - 2T\beta\right)}{\left[4bk - \theta^2 \left(\bar{\alpha} - 2T\beta\right)^2\right]^2} < 0$$

$$\frac{\partial p^{Dw*}}{\partial \beta} = -\frac{aT\theta^2\left[8bk\left(\bar{\alpha} - T\beta\right) + \bar{\alpha}\theta^2 \left(\bar{\alpha} - 2T\beta\right)^2\right]}{b\left[4bk - \theta^2 \left(\bar{\alpha} - 2T\beta\right)^2\right]^2} < 0$$

推论 6.3 表明，在基于 WP 契约的分散决策模型（基准模型）下，τ^{Dw*}、w^{Dw*} 及 p^{Dw*} 均随 β 的增高而降低。这是由于，制造商失望规避程度越高，其进行绿色产品创新的意愿就越低，从而导致了对产品绿色度水平敏感度较高的消费者的购买意愿也相应降低。一方面，为吸引价格敏感型消费者购买产品；另一方面，也由于制造商较低的绿色产品创新水平降低了成本，故批发价格和零售价格也随 β 的增加而相应降低。

如前文提及，$\bar{\alpha} = E(\alpha)$ 可看作衡量制造商绿色产品创新技术的不确定性程度，$\bar{\alpha}$ 越小意味着制造商绿色产品创新技术的不确定性越高。同时，消费者的绿色偏好 θ 越低，表明消费者对绿色产品的购买意愿越低。不难理解，较高的技术不确定性（$\bar{\alpha}$ 较小）和较低的消费者绿色偏好（θ 较小）均会降低制造商进行绿色产品创新的积极性。因此，令 $g(\bar{\alpha}, \theta) = \bar{\alpha}\theta$ 表示制造商进行绿色产品创新的初始意愿，$g(\bar{\alpha}, \theta)$ 越高表明制造商拥有较强的初始意愿开展绿色产品创新活动。

推论 6.4：在基于 CS 契约的分散决策模型下：

（1）若 $g(\bar{\alpha}, \theta) \leqslant \dfrac{\sqrt{8bk}}{2}$，那么最优成本分担比例 ϕ^{Dc*} 总是与制造商失望规避程度 β 正相关。

（2）若 $\dfrac{\sqrt{8bk}}{2} < g(\bar{\alpha},\theta) < \sqrt{8bk}$，那么当 $\beta \in \left(0,\dfrac{\bar{\alpha}\theta+\sqrt{8bk}}{6T\theta}\right]$ 时，最优成本分担比例 ϕ^{Dc^*} 与制造商失望规避程度 β 正相关；当 $\beta \in \left(\dfrac{\bar{\alpha}\theta+\sqrt{8bk}}{6T\theta},\dfrac{\bar{\alpha}}{2T}\right]$ 时，最优成本分担比例 ϕ^{Dc^*} 与制造商失望规避程度 β 负相关。

证明 6.9： 根据式（6.29），求 ϕ^{Dc^*} 关于 β 的一阶偏导数，有：

$$\frac{\partial \phi^{Dc^*}}{\partial \beta} = \frac{T\left[8bk-\theta^2\left(\bar{\alpha}-6T\beta\right)^2\right]}{4bk\bar{\alpha}}$$

容易得出，当 $\dfrac{\bar{\alpha}\theta-\sqrt{8bk}}{6T\theta} \leqslant \beta \leqslant \dfrac{\bar{\alpha}\theta+\sqrt{8bk}}{6T\theta}$，有 $\dfrac{\partial \phi^{Dc^*}}{\partial \beta} \geqslant 0$；当 $\beta < \dfrac{\bar{\alpha}\theta-\sqrt{8bk}}{6T\theta}$ 或 $\beta > \dfrac{\bar{\alpha}\theta+\sqrt{8bk}}{6T\theta}$ 时，有 $\dfrac{\partial \phi^{Dc^*}}{\partial \beta} < 0$。同时，由命题 6.1.3 可知，CS 契约得以实施的条件为 $\beta < \dfrac{\bar{\alpha}}{2T}$。因此，需要比较 β 的下界，具体可分为如下三种情形：

（1）当 $g(\bar{\alpha},\theta) \leqslant \dfrac{\sqrt{8bk}}{2}$ 时，有 $\dfrac{\bar{\alpha}\theta-\sqrt{8bk}}{6T\theta} < 0$ 且 $\dfrac{\bar{\alpha}}{2T} < \dfrac{\bar{\alpha}\theta+\sqrt{8bk}}{6T\theta}$，意味着，此时恒有 $\dfrac{\partial \phi^{Dc^*}}{\partial \beta} \geqslant 0$。

（2）当 $\dfrac{\sqrt{8bk}}{2} < g(\bar{\alpha},\theta) < \sqrt{8bk}$ 时，有 $\dfrac{\bar{\alpha}\theta-\sqrt{8bk}}{6T\theta} < 0$ 且 $\dfrac{\bar{\alpha}\theta+\sqrt{8bk}}{6T\theta} < \dfrac{\bar{\alpha}}{2T}$，意味着当 $\beta \in \left(0,\dfrac{\bar{\alpha}\theta+\sqrt{8bk}}{6T\theta}\right]$ 时，有 $\dfrac{\partial \phi^{Dc^*}}{\partial \beta} \geqslant 0$；当 $\beta \in \left(\dfrac{\bar{\alpha}\theta+\sqrt{8bk}}{6T\theta},\dfrac{\bar{\alpha}}{2T}\right)$ 时，有 $\dfrac{\partial \phi^{Dc^*}}{\partial \beta} < 0$。

（3）当 $g(\bar{\alpha},\theta) \geqslant \sqrt{8bk}$ 时，有 $\dfrac{\bar{\alpha}\theta-\sqrt{8bk}}{6T\theta} \geqslant 0$ 且 $\dfrac{\bar{\alpha}\theta+\sqrt{8bk}}{6T\theta} \leqslant \dfrac{\bar{\alpha}}{2T}$。然而，命题 6.3 表明若要保证批发价格大于零，需满足条件 $8bk \geqslant \theta^2\bar{\alpha}^2 + 12T^2\beta^2\theta^2$，故总有 $8bk \geqslant \theta^2\bar{\alpha}^2 \Leftrightarrow \sqrt{8bk} \geqslant g(\bar{\alpha},\theta)$，故此情形舍去。至此，推论 6.4 证毕。

推论 6.4 表明，在基于 CS 契约的分散决策模型下，ϕ^{Dc^*} 与 β 间的关系与制造商初始绿色产品创新意愿密切相关。当制造商初始绿色产品创新意愿 $g(\bar{\alpha},\theta)$ 较低时，为缓解制造商失望规避对其绿色产品创新的不利影响，零售商对制造商绿色产品创新成本的分担比例 ϕ^{Dc*} 随着 β 的增加而增加；而当制造商具有一定的绿色产品创新意愿，即 $g(\bar{\alpha},\theta)$ 处于中等水平时，当 β 较低时，为激励制造商进行绿色产品创新，零售商最优成本分担比例 ϕ^{Dc*} 首先随着 β 的增加而增加。然而，当 β 超过一定水平后，尤其是在制造商具有一定绿色产品创新意愿的情形下，零售商需承担更高比例的绿色产品创新成本，其大大加重了零售商自身的运营负担。故此时，ϕ^{Dc*} 会随着 β 的增高而降低。因此，当 $\dfrac{\sqrt{8bk}}{2}<g(\bar{\alpha},\theta)<\sqrt{8bk}$ 时，ϕ^{Dc*} 随 β 的增加呈先增高后降低的趋势。

推论 6.5： 在基于 CS 契约的分散决策模型下，最优绿色产品创新水平 τ^{Dc*} 随 β 的增加呈先减少后增加的趋势，即当 $\beta\in\left(0,\dfrac{\bar{\alpha}}{6T}\right)$ 时，τ^{Dc*} 与 β 负相关；当 $\beta\in\left[\dfrac{\bar{\alpha}}{6T},\dfrac{\bar{\alpha}}{2T}\right]$ 时，τ^{Dc*} 与 β 正相关。

证明 6.10： 根据命题 6.4，对 τ^{Dc*} 求关于 β 的一阶偏导数，有：

$$\frac{\partial \tau^{Dc*}}{\partial \beta}=\frac{8a\theta^3 T\bar{\alpha}\,(6T\beta-\bar{\alpha})}{[8bk-\theta^2(12T^2\beta^2-4T\beta\bar{\alpha}+3\bar{\alpha}^2)]^2}$$

可以发现，τ^{Dc*} 与 β 间的关系与 $6T\beta-\bar{\alpha}$ 的大小密切相关。同时，由命题 6.3 可知，成本分担契约得以实施的条件为 $\beta<\dfrac{\bar{\alpha}}{2T}$。故可以得出，当 $\beta\in\left(0,\dfrac{\bar{\alpha}}{6T}\right)$ 时，有 $\dfrac{\partial \tau^{Dc*}}{\partial \beta}<0$，$\tau^{Dc*}$ 随 β 的增加而减少；当 $\beta\in\left[\dfrac{\bar{\alpha}}{6T},\dfrac{\bar{\alpha}}{2T}\right]$ 时，有 $\dfrac{\partial \tau^{Dc*}}{\partial \beta}\geq0$，$\tau^{Dc*}$ 随 β 的增加而增加。

推论 6.6： 在 CS 契约的分散决策模型下，零售商最优利润 Π_r^{Dc*} 随 β 的增加呈先降低后增高的趋势，当 $\beta\in\left(0,\dfrac{\bar{\alpha}}{6T}\right)$ 时，Π_r^{Dc*} 与 β 呈负相关；当

$\beta \in \left[\dfrac{\bar{\alpha}}{6T}, \dfrac{\bar{\alpha}}{2T} \right]$ 时，Π_r^{Dc*} 与 β 呈正相关。

证明 6.11：根据命题 6.5，对 Π_r^{Dc*} 求关于 β 的一阶偏导数，有：

$$\frac{\partial \Pi_r^{Dc*}}{\partial \beta} = \frac{a^2 \theta^4 T \bar{\alpha}^2 (6T\beta - \bar{\alpha})}{b\left[8Z - \theta^2 (4T^2\beta^2 + 4T\beta\bar{\alpha} + 3\bar{\alpha}^2) \right]^2}$$

与推论 6.5 证明过程类似，容易得到 Π_r^{Dc*} 与 β 间的变化关系。

推论 6.5 及推论 6.6 表明，与 WP 契约（基准模型）不同，CS 契约下的最优绿色产品创新水平 τ^{Dc*} 及零售商最优利润 Π_r^{Dc*} 并不总是与 β 具有负相关关系，而是呈多样性变化。当 β 超过一定水平时，τ^{Dc*}、Π_r^{Dc*} 反而随 β 的增加而增加。这说明当 β 处于较高水平时，CS 契约不仅能有效提升制造商的绿色产品创新水平，同时还能减缓制造商失望规避行为对零售商利润的不利影响。

推论 6.7：在基于 CS 契约的分散决策模型下，制造商最优效用 U_m^{Dc*} 随 β 的增加呈先降低后增高的趋势，当 $\beta \in \left(0, \dfrac{3\bar{\alpha}\theta - \sqrt{12(\bar{\alpha}^2\theta^2 - 2bk)}}{6T\theta} \right]$ 时，U_m^{Dc*} 与 β 呈负相关；当 $\beta \in \left[\dfrac{3\bar{\alpha}\theta - \sqrt{12(\bar{\alpha}^2\theta^2 - 2bk)}}{6T\theta}, \dfrac{\bar{\alpha}}{2T} \right]$ 时，U_m^{Dc*} 与 β 呈正相关。

证明 6.12：根据命题 6.5，对 U_m^{Dc*} 求关于 β 的的一阶偏导数，有：

$$\frac{\partial U_m^{Dc*}}{\partial \beta} = -\frac{a^2 \theta^2 T \bar{\alpha} \left\{ 8bk - \theta^2 \left[4\bar{\alpha}^2 - 12\left(T\beta - \frac{1}{2}\bar{\alpha} \right)^2 \right] \right\}}{2b \left[8bk - \theta^2 (12T^2\beta^2 - 4T\beta\bar{\alpha} + 3\bar{\alpha}^2) \right]^2}$$

可以发现，U_m^{Dc*} 与 β 间的关系与 $8bk - \theta^2 \left[4\bar{\alpha}^2 - 12\left(T\beta - \frac{1}{2}\bar{\alpha} \right)^2 \right]$ 的大小密切相关。同时，由命题 6.3 可知，CS 契约得以实施的条件为 $\beta < \dfrac{\bar{\alpha}}{2T}$。因此，当 $\beta \in \left(0, \dfrac{3\bar{\alpha}\theta - \sqrt{12(\bar{\alpha}^2\theta^2 - 2bk)}}{6T\theta} \right]$，有 $\dfrac{\partial U_m^{Dc*}}{\partial \beta} < 0$；当 $\beta \in \left[\dfrac{3\bar{\alpha}\theta - \sqrt{12(\bar{\alpha}^2\theta^2 - 2bk)}}{6T\theta}, \dfrac{\bar{\alpha}}{2T} \right]$ 时，有 $\dfrac{\partial U_m^{Dc*}}{\partial \beta} \geqslant 0$。推论 6.7 得证。

推论 6.7 表明，在 CS 契约下，随着 β 的增加，制造商最优效用 U_m^{Dc*} 呈先降低后增高的趋势。一般情况下，制造商效用 U_m^{Dc*} 会随着制造商失望规避程度 β 的增加而降低。然而，随着 β 的增加，零售商逐渐提高了对制造商绿色产品创新成本的分担比例，制造商绿色产品创新水平也相应提高，从而进一步扩大了产品的市场需求。当 β 超过一定水平时，相较于失望规避对制造商效用的负向影响，市场需求增加对制造商效用的正向影响更为显著，因此，制造商的效用 U_m^{Dc*} 随 β 的增加呈先降低后增高的趋势。

推论 6.8：在基于 PSB 契约的分散决策模型下，最优绿色产品创新水平 τ^{lp*} 及最优零售价格 p^{lp*} 均与制造商失望规避程度 β 负相关。

证明 6.13：根据命题 6.5，对 τ^{lp*}、p^{lp*} 分别求关于 β 的一阶偏导数，有：

$$\frac{\partial \tau^{lp*}}{\partial \beta} = -\frac{aT\theta[2bk + \theta(\bar{\alpha}T - \beta)^2]}{[2bk - \theta^2(\bar{\alpha}T - \beta)^2]^2} < 0, \frac{\partial p^{lp*}}{\partial \beta} = -\frac{2akT\theta^2(\bar{\alpha}T - \beta)}{[2bk - \theta^2(\bar{\alpha}T - \beta)^2]^2} < 0$$

推论 6.8 得证。

推论 6.8 表明，尽管基于 PSB 契约的集中决策模型能够扩大制造商进行绿色创新的可行域，减缓双重边际效应，但其并没有改变制造商失望规避行为对供应链最优策略的影响趋势。同基于 WP 契约的分散决策模型（基准模型）一样，在 PSB 契约下，最优绿色创新产品水平 τ^{lp*} 及最优零售价格 p^{lp*} 均随制造商失望规避程度 β 的增加而降低。

6.1.5 不同协调机制下最优结果的比较

为探讨基于 CS 契约的分散决策与基于 PSB 契约的集中决策两种协调机制对供应链最优策略及相关绩效水平的改善效果，本小节分别将两种协调机制下得到的最优结果与基准模型下得到的对应值进行比较分析，并通过比较分析两种协调机制下的最优结果，对两协调机制间的优劣性作进一步探讨。

推论 6.9：基于 WP 契约的分散决策（基准模型）与基于 CS 契约的分散决策模型下的最优策略具有下关系：$\tau^{Dc*} \geqslant \tau^{Dw*}$，$w^{Dc*} \geqslant w^{Dw*}$ 及 $p^{Dc*} \geqslant p^{Dw*}$。

证明 6.14：根据命题 6.1 及命题 6.4，可得：

$$(1)\ \frac{\tau^{Dw*}}{\tau^{Dc*}} = \begin{cases} \dfrac{(\bar{\alpha}-2T\beta)}{\bar{\alpha}} \times \dfrac{8Z-2\theta^2\bar{\alpha}^2-\theta^2(2T\beta+\bar{\alpha})^2}{8Z-2\theta^2\bar{\alpha}^2}, & \beta < \dfrac{\bar{\alpha}}{2T} \\[4mm] 1, & \beta \geq \dfrac{\bar{\alpha}}{2T} \end{cases}$$

可以发现，当 $\beta < \dfrac{\bar{\alpha}}{2T}$ 时，有 $\dfrac{(\bar{\alpha}-2T\beta)}{\bar{\alpha}} < 1$ 且 $\dfrac{8Z-2\theta^2\bar{\alpha}^2-\theta^2(2T\beta+\bar{\alpha})^2}{8Z-2\theta^2\bar{\alpha}^2} \leq 1$，此时可得 $\dfrac{\tau^{Dw*}}{\tau^{Dc*}} < 1$；当 $\beta \geq \dfrac{\bar{\alpha}}{2T}$ 时，有 $\dfrac{\tau^{Dw*}}{\tau^{Dc*}} = 1$。因此，可得 $\tau^{Dc*} \geq \tau^{Dw*}$。

$$(2)\ \frac{w^{Dc*}}{w^{Dw*}} = \begin{cases} \dfrac{(4Z-\theta^2\bar{\alpha}^2)[8Z-\theta^2(4T^2\beta^2+8T\beta\bar{\alpha}+\bar{\alpha}^2)]}{4bk[8Z-\theta^2(4T^2\beta^2+4T\beta\bar{\alpha}+3\bar{\alpha}^2)]}, & \beta < \dfrac{\bar{\alpha}}{2T} \\[4mm] 1, & \beta \geq \dfrac{\bar{\alpha}}{2T} \end{cases}$$

可以发现，当 $\beta < \dfrac{\bar{\alpha}}{2T}$ 时，有：

$$(4Z-\theta^2\bar{\alpha}^2)[8Z-\theta^2(4T^2\beta^2+8T\beta\bar{\alpha}+\bar{\alpha}^2)] - 4bk[8Z-\theta^2(4T^2\beta^2+4T\beta\bar{\alpha}+3\bar{\alpha}^2)] = \theta^2(\bar{\alpha}-2T\beta)[16bkT\beta+(\bar{\alpha}-2T\beta)(12\theta^2T^2\beta^2+\theta^2\bar{\alpha}^2)] > 0,$$

此时可得 $\dfrac{w^{Dc*}}{w^{Dw*}} > 1$；当 $\beta \geq \dfrac{\bar{\alpha}}{2T}$ 时，有 $\dfrac{w^{Dc*}}{w^{Dw*}} = 1$。因此，可得 $w^{Dc*} \geq w^{Dw*}$。

$$(3)\ \frac{p^{Dc*}}{p^{Dw*}} = \begin{cases} \dfrac{24Z-\theta^2(12T^2\beta^2+16T\beta\bar{\alpha}+3\bar{\alpha}^2)}{24Z-3\theta^2(4T^2\beta^2+4T\beta\bar{\alpha}+3\bar{\alpha}^2)} \times \dfrac{4Z-\theta^2\bar{\alpha}^2}{4Z-\dfrac{4}{3}\theta^2T\beta(2\bar{\alpha}-T\beta)}, & \beta < \dfrac{\bar{\alpha}}{2T} \\[4mm] 1, & \beta \geq \dfrac{\bar{\alpha}}{2T} \end{cases}$$

可以发现，当 $\beta < \dfrac{\bar{\alpha}}{2T}$ 时，有 $\dfrac{24Z-\theta^2(12T^2\beta^2+16T\beta\bar{\alpha}+3\bar{\alpha}^2)}{24Z-3\theta^2(4T^2\beta^2+4T\beta\bar{\alpha}+3\bar{\alpha}^2)} > 1$ 且有 $\dfrac{4Z-\theta^2\bar{\alpha}^2}{4Z-\dfrac{4}{3}\theta^2T\beta(2\bar{\alpha}-T\beta)} > 1$，此时可得 $\dfrac{p^{Dc*}}{p^{Dw*}} > 1$；当 $\beta \geq \dfrac{\bar{\alpha}}{2T}$ 时，有 $\dfrac{p^{Dc*}}{p^{Dw*}} = 1$。因此，可得 $p^{Dc*} \geq p^{Dw*}$。

推论 6.9 表明，相较于 WP 契约，零售商分担制造商的绿色产品创新成本虽未能增加制造商开展绿色产品创新活动的可能性，但能促使制造商加大绿色产品创新力度，有 $\tau^{Dc\,*} \geqslant \tau^{Dw\,*}$。相应地，虽然零售商分担了制造商部分绿色产品创新成本，但较高的绿色产品创新投入仍加大了制造商的运营成本，故 CS 契约下的最优批发价格高于 WP 契约下的对应值，即 $w^{Dc\,*} \geqslant w^{Dw\,*}$。对于零售商而言，在 CS 契约下，一方面需分担部分制造商的绿色产品创新成本；另一方面，制造商给出的批发价格也相应会高于 WP 契约下的对应值，故零售商需通过提高零售价格以保证自身利润水平，故有 $p^{Dc\,*} \geqslant p^{Dw\,*}$。

推论 6.10：基于 WP 契约的分散决策模型（基准模型）与基于 CS 契约的分散决策模型下的成员与供应链最优绩效水平具有下关系：$U_m^{Dc\,*} \geqslant U_m^{Dw\,*}$，$U_r^{Dc\,*} = \Pi_r^{Dc\,*} \geqslant \Pi_r^{Dw\,*} = U_r^{Dw\,*}$，$U_{sc}^{Dc\,*} \geqslant U_{sc}^{Dw\,*}$ 以及 $\Pi_{sc}^{Dc\,*} \geqslant \Pi_{sc}^{Dw\,*}$。

证明 6.15：根据命题 6.2 及命题 6.5 可得：

$$\frac{U_m^{Dc\,*}}{U_m^{Dw\,*}} = \begin{cases} 1 + \dfrac{\theta^2(\,\bar{\alpha}\, - 2T\beta)\,[\,16bkT\beta + 12T^2\beta^2\theta^2(\,\bar{\alpha}\, - 2T\beta) + \theta^2\,\bar{\alpha}\,^2(\,\bar{\alpha}\, - 2T\beta)\,]}{4bk(8bk + 4T\beta\theta^2\,\bar{\alpha}\, - 12T^2\beta^2\theta^2 - 3\theta^2\,\bar{\alpha}\,^2)}, & \beta < \dfrac{\bar{\alpha}}{2T} \\[4mm] 1, & \beta \geqslant \dfrac{\bar{\alpha}}{2T} \end{cases}$$

显然有 $\dfrac{U_m^{Dc\,*}}{U_m^{Dw\,*}} \geqslant 1$，故可知 $U_m^{Dc\,*} \geqslant U_m^{Dw\,*}$。

$$\frac{U_r^{Dc\,*}}{U_r^{Dw\,*}} = \frac{\Pi_r^{Dc\,*}}{\Pi_r^{Dw\,*}}$$

$$= \begin{cases} \dfrac{[\,8Z - \theta^2(4T^2\beta^2 + 4T\beta\,\bar{\alpha}\, - \bar{\alpha}\,^2)\,]\,(\theta^2\,\bar{\alpha}\,^2 - 4Z)^2}{[\,8Z - \theta^2(4T^2\beta^2 + 4T\beta\,\bar{\alpha}\, + 3\,\bar{\alpha}\,^2)\,]\,(4T^2\beta^2\theta^2 - 4Z)^2}, & \beta < \dfrac{\bar{\alpha}}{2T} \\[4mm] 1, & \beta \geqslant \dfrac{\bar{\alpha}}{2T} \end{cases}$$

容易得到 $\dfrac{U_r^{Dc\,*}}{U_r^{Dw\,*}} = \dfrac{\Pi_r^{Dc\,*}}{\Pi_r^{Dw\,*}} \geqslant 1$，故可知 $U_r^{Dc} = \Pi_r^{Dc\,*} \geqslant \Pi_r^{Dw\,*} = U_r^{Dw\,*}$。

由于供应链整体效用（利润）为制造商效用（利润）与零售商效用（利润）之和，因此，有 $U_{sc}^{Dc\,*} \geqslant U_{sc}^{Dw\,*}$ 及 $\Pi_{sc}^{Dc\,*} \geqslant \Pi_{sc}^{Dw\,*}$。推论 6.10 得证。

推论 6.10 表明，零售商分担制造商的绿色产品创新成本不仅能够提高制造商的绩效水平，零售商自身的绩效水平也同样得益于 CS 契约这一协调机制，从而进一步提高了供应链整体的绩效水平。

推论 6.11：基于 WP 契约的分散决策模型（基准模型）与基于 CS 契约的集中决策模型下的最优结果具有下关系：$\tau^{lp*} \geqslant \tau^{Dw*}$ 及 $p^{lp*} \leqslant p^{Dw*}$。

证明 6.16：根据命题 6.1 及命题 6.6，可得：

当 $\beta < \dfrac{\bar{\alpha}}{2T}$ 时，有 $\dfrac{\tau^{Dw*}}{\tau^{lp*}} = \dfrac{\bar{\alpha} - 2T\beta}{2\bar{\alpha} - 2T\beta} \times \dfrac{4bk - 2\theta^2(\bar{\alpha} - T\beta)^2}{4bk - \theta^2(\bar{\alpha} - 2T\beta)^2} < 1$，故此时有 $\tau^{lp*} > \tau^{Dw*}$；

当 $\dfrac{\bar{\alpha}}{2T} \leqslant \beta < \dfrac{\bar{\alpha}}{T}$ 时，有 $\tau^{lp*} - \tau^{Dw*} = \dfrac{a\theta(\bar{\alpha} - T\beta)}{2bk - \theta^2(\bar{\alpha} - T\beta)^2} > 0$，故此时有 $\tau^{lp*} > \tau^{Dw*}$；

当 $\beta \geqslant \dfrac{\bar{\alpha}}{T}$ 时，有 $\tau^{lp*} - \tau^{Dw*} = 0$，故此时有 $\tau^{lp*} = \tau^{Dw*}$。

综上，易得 $\tau^{lp*} \geqslant \tau^{Dw*}$。

同理，比较 p^{lp*}、p^{Dw*} 可得：

$$
\frac{p^{Dw*}}{p^{lp*}} = \begin{cases}
\dfrac{3bk + T\beta\theta^2(\bar{\alpha} - 2T\beta)}{2bk} \times \dfrac{4bk - 2\theta^2(\bar{\alpha} - T\beta)^2}{4bk - \theta^2(\bar{\alpha} - 2T\beta)^2}, & \beta < \dfrac{\bar{\alpha}}{2T} \\[4mm]
\dfrac{6bk - 2\theta^2 T\beta(2T\beta - \bar{\alpha})}{4bk - \theta^2(2T\beta - \bar{\alpha})^2}, & \dfrac{\bar{\alpha}}{2T} \leqslant \beta < \dfrac{\bar{\alpha}}{T} \\[4mm]
\dfrac{3}{2}, & \beta \geqslant \dfrac{\bar{\alpha}}{T}
\end{cases}
$$

可以发现有 $\dfrac{3bk + T\beta\theta^2(\bar{\alpha} - 2T\beta)}{2bk} > 1$，$\dfrac{6bk - 2\theta^2 T\beta(2T\beta - \bar{\alpha})}{4bk - \theta^2(2T\beta - \bar{\alpha})^2} > 1$

以及 $\dfrac{4bk - 2\theta^2(\bar{\alpha} - T\beta)^2}{4bk - \theta^2(\bar{\alpha} - 2T\beta)^2} > 1$。因此，容易得出 $p^{lp*} \leqslant p^{Dw*}$。推论 6.11 得证。

推论 6.11 表明，相较于 WP 契约，实施 PSB 契约不仅能够增加制造商开展绿色产品创新活动的可能性，促进制造商提高最优绿色产品的创新水平，同时也可以促使零售商降低产品的零售价格，能够有效地缓解供应链双重边际效应。

同时，需指出的是，供应链成员参与 PSB 契约的内在约束条件保证了供应链成员在 PSB 契约下的绩效水平要高于 WP 契约下的对应值，即有 $U_m^{Ip*} - U_m^{Dw*} \geq 0$，$\Pi_m^{Ip*} - \Pi_m^{Dw*} \geq 0$ 以及 $\Pi_r^{Ip*} - \Pi_r^{Dw*} \geq 0$。也就是说，与基于 WP 契约的分散决策（基准模型）相比，基于 PSB 契约的集中决策这一协调机制能够在减缓供应链双重边际效应、提升供应链整体绩效水平的同时，通过合理的利润分配来提高供应链成员各自的绩效水平。

至此，推论 6.9 ~ 推论 6.11 充分说明了，与基于 WP 契约的分散决策模型（基准模型）相比，无论是基于 CS 契约的分散决策协调机制还是基于 PSB 契约的集中决策协调机制均能在一定程度上激励制造商加大绿色产品创新力度，并可进一步提高供应链成员及供应链整体的绩效水平。同时，可以发现基于 CS 契约的分散决策协调机制虽然未能消除双重边际效用，但其能够在一定程度上缓解制造商失望规避行为对供应链最优结果的影响。而基于 PSB 契约的集中决策协调机制虽能减轻双重边际效用带来的负向影响，但由制造商失望规避行为而对供应链最优结果产生的负向影响仍然存在。众所周知，关于传统供应链协调问题的研究表明，集中决策下得到的最优结果往往优于分散决策下得到的对应值，那么上述结论在制造商存在失望规避行为的情形下是否仍然成立。为此，推论 6.12 ~ 推论 6.15 进一步分析了上述两种协调机制在基于制造商失望规避的绿色产品创新——定价决策问题中的优劣性。

推论 6.12：当基于 CS 契约的分散决策与基于 PSB 契约的集中决策两个协调机制均得以实施时，若消费者绿色偏好 θ 满足条件 $0 < \theta < f(\bar{\alpha}, \beta)$，则有 $\tau^{Ip*} > \tau^{Dc*}$；若 $\theta \geq f(\bar{\alpha}, \beta)$，则有 $\tau^{Ip*} \leq \tau^{Dc*}$。

其中，$f(\bar{\alpha}, \beta) = \sqrt{\dfrac{4bk(\bar{\alpha} - 2T\beta)}{(\bar{\alpha} - T\beta)(\bar{\alpha}^2 - 2\bar{\alpha}T\beta + 12T^2\beta^2)}}$。

证明 6.17：根据命题 6.4 与命题 6.6，可以发现，两协调机制均有效的条件为 $\beta < \dfrac{\bar{\alpha}}{2T}$，同时有 $\dfrac{\tau^{Ip*}}{\tau^{Dc*}} = \dfrac{\bar{\alpha} - T\beta}{2\bar{\alpha}} \times \dfrac{8Z - \theta^2(4T^2\beta^2 + 4T\beta\bar{\alpha} + 3\bar{\alpha}^2)}{2Z - \theta^2(\bar{\alpha}^2 - T^2\beta^2)}$，对上式进

行化简可得：

$$\frac{\tau^{Ip*}}{\tau^{Dc*}} = \frac{Y}{2\bar{\alpha}} \times \frac{8Z - \theta^2(4T\beta X + 3\bar{\alpha}^2)}{2Z - \theta^2 XY} \tag{6.43}$$

其中，$X = \bar{\alpha} + T\beta$，$Y = \bar{\alpha} - T\beta$。

通过比较式（6.43）与 1 之间的关系判别 τ^{Ip*} 与 τ^{Dc*} 间的大小关系，求解：

$$\frac{Y}{2\bar{\alpha}} \times \frac{8Z - \theta^2(4T\beta X + 3\bar{\alpha}^2)}{2Z - \theta^2 XY} > 1，可得 \theta^2 < \frac{4Z(2Y - \bar{\alpha})}{Y(4T\beta X + 3\bar{\alpha}^2 - 2\bar{\alpha}X)}，此$$

时有 $\tau^{Ip*} > \tau^{Dc*}$，反之亦然。代回 X、Y 即可得推论6.12中的结论。

推论 6.13：在基于 CS 契约的分散决策与基于 PSB 契约的集中决策两个

协调机制均有效的情形下，存在一个关于消费者绿色偏好的阈值 $\bar{\theta}$，若 $0 <$

$\theta < \bar{\theta}$，则有 $U_{sc}^{Ip*} > U_{sc}^{Dc*}$；若 $\theta \geqslant \bar{\theta}$，则有 $U_{sc}^{Ip*} \leqslant U_{sc}^{Dc*}$。

其中，$\bar{\theta}^2 = bk\bar{\alpha}(\bar{\alpha} - 12T\beta) + \dfrac{\sqrt{b^2k^2[32T^2\beta^2(18T^2\beta^2 - 38T\beta\bar{\alpha} + 27\bar{\alpha}^2) - 120T\beta\bar{\alpha} + 17\bar{\alpha}^4]}}{(\bar{\alpha} - T\beta)^2(36T^2\beta^2 - 4T\beta\bar{\alpha} + \bar{\alpha}^2)}$。

证明 6.18：根据命题6.5与命题6.7，有：

$$\frac{U^{Ip*}}{U_{sc}^{Dc*}} = \frac{8bk[8bk - \theta^2(3\bar{\alpha}^2 - 4T\beta\bar{\alpha} + 12T^2\beta^2)]}{[2bk - \theta^2(\bar{\alpha} - T\beta)^2][24bk - \theta^2(\bar{\alpha}^2 - 4T\beta\bar{\alpha} + 36T^2\beta^2)]} \tag{6.44}$$

由前文分析可知，两协调机制均有效的条件为 $\beta \in \left[0, \dfrac{\bar{\alpha}}{2T}\right]$。令 $x_1 =$

$\theta^2\bar{\alpha}^2$，并将 $\beta = 0$ 代入式（6.44），有 $\left.\dfrac{U^{Ip*}}{U_{sc}^{Dc*}}\right|_{\beta=0} = f_1(x_1) = \dfrac{8bk(8bk - 3x_1)}{x_1^2 - 26bkx_1 + 48b^2k^2}$。

可以发现有 $\dfrac{df_1(x_1)}{dx_1} = \dfrac{8bk}{11}\left[\dfrac{32}{(x_1 - 24bk)^2} + \dfrac{1}{(x_1 - 2bk)^2}\right] > 0$ 且 $f_1(0) = \dfrac{4}{3} > 1$。

这意味着当 $\beta = 0$ 时，$f_1(x_1) > 1$ 恒成立，故此时有 $U_{sc}^{Ip*} > U_{sc}^{Dc*}$。

针对 $\beta \in \left(0, \dfrac{\bar{\alpha}}{2T}\right)$ 的情形，可以发现当 $\theta^2 = 0$ 时，有 $\left.\dfrac{U_{sc}^{Ip*}}{U_{sc}^{Dc*}}\right|_{\theta=0} = \dfrac{16bk(2bk)}{24b^2k^2} =$

$\dfrac{4}{3} > 1$；同时，当 $\theta^2 = \dfrac{8bk}{12T^2\beta^2 - 4T\beta\bar{\alpha} + 3\bar{\alpha}^2}$ 时有 $\left.\dfrac{U_{sc}^{Ip*}}{U_{sc}^{Dc*}}\right|_{\theta^2 = \frac{8bk}{12T^2\beta^2 - 4T\beta\bar{\alpha} + 3\bar{\alpha}^2}} = 0 < 1$。

因此，可推断存在一个关于 θ 的阈值 $\bar{\theta} \in \left(0, \dfrac{8bk}{12T^2\beta^2 - 4T\beta\bar{\alpha} + 3\bar{\alpha}^2}\right)$，使

$\left.\dfrac{U_{sc}^{Ip*}}{U_{sc}^{Dc*}}\right|_{\theta=\bar{\theta}} = 1$。使 $0 < \theta < \bar{\theta}$ 时，有 $U_{sc}^{Ip*} > U_{sc}^{Dc*}$；当 $\theta \geqslant \bar{\theta}$ 时，有 $U_{sc}^{Ip*} \leqslant$

U_{sc}^{Dc*}。求解 $\left.\dfrac{U_{sc}^{Ip*}}{U_{sc}^{Dc*}}\right|_{\theta=\bar{\theta}} = 1$ 可得：

$$\bar{\theta}^2 = bk\bar{\alpha}(\bar{\alpha} - 12T\beta) + \dfrac{\sqrt{b^2k^2[32T^2\beta^2(18T^2\beta^2 - 38T\beta\bar{\alpha} + 27\bar{\alpha}^2) - 120T\beta\bar{\alpha} + 17\bar{\alpha}^4]}}{(\bar{\alpha} - T\beta)^2(36T^2\beta^2 - 4T\beta\bar{\alpha} + \bar{\alpha}^2)}$$

至此，推论 6.3 得证。

推论 6.14：在基于 CS 契约的分散决策与基于 PSB 契约的集中决策两个

协调机制均有效的情形下，存在一个关于消费者绿色偏好的阈值 $\bar{\bar{\theta}} \in$

$\left[0, \sqrt{\dfrac{2bk}{3T^2\beta^2 - 4T\beta\bar{\alpha} + \bar{\alpha}^2}}\right)$。若 $0 < \theta < \bar{\bar{\theta}}$，则有 $\Pi_{sc}^{Ip*} > \Pi_{sc}^{Dc*}$；若 $\theta \geqslant \bar{\bar{\theta}}$，则

有 $\Pi_{sc}^{Ip*} \leqslant \Pi_{sc}^{Dc*}$。

证明 6.19：根据命题 6.5 与命题 6.7，有：

$$\dfrac{\Pi_{sc}^{Ip*}}{\Pi_{sc}^{Dc*}} = \dfrac{[2Z - \theta^2(\bar{\alpha} - T\beta)^2](8bk - 12T^2\beta^2\theta^2 + 4T\beta\theta^2\bar{\alpha} - 3\theta^2\bar{\alpha}^2)}{2[2Z - \theta^2(\bar{\alpha}^2 - T^2\beta^2)]^2 M}$$

$$\text{(6.45)}$$

其中，$M = \theta^4(\bar{\alpha} - 2T\beta)(\bar{\alpha} - 6T\beta)(3\bar{\alpha}^2 - 8T\beta\bar{\alpha} + 36T^2\beta^2) + [12Z - \theta^2(5\bar{\alpha}^2 - 4T\beta\bar{\alpha} + 24T^2\beta^2]$。

同推论 6.3 证明过程类似，容易得到当 $\beta = 0$ 时，$\dfrac{\Pi_{sc}^{Ip*}}{\Pi_{sc}^{Dc*}} > 1$ 恒成立，故

此时有 $\Pi_{sc}^{Ip*} > \Pi_{sc}^{Dc*}$。针对 $\beta \in \left(0, \dfrac{\bar{\alpha}}{2T}\right)$ 的情形，容易得到 $\left.\dfrac{\Pi_{sc}^{Ip*}}{\Pi_{sc}^{Dc*}}\right|_{\theta=0} =$

$\dfrac{16(2bk)(8bk)}{3(8bk)^2} = \dfrac{4}{3} > 1$ 且 $\left.\dfrac{\Pi_{sc}^{Ip*}}{\Pi_{sc}^{Dc*}}\right|_{\theta^2 = \frac{2bk}{3T^2\beta^2 - 4T\beta\bar{\alpha} + \bar{\alpha}^2}} = 0 < 1$。故可知存在 $\bar{\bar{\theta}} \in$

$\left[0, \sqrt{\dfrac{2bk}{3T^2\beta^2 - 4T\beta\bar{\alpha} + \bar{\alpha}^2}}\right)$，当 $0 < \theta < \bar{\bar{\theta}}$ 时，有 $\Pi_{sc}^{Ip*} > \Pi_{sc}^{Dc*}$；当 $\theta \geqslant \bar{\bar{\theta}}$ 时，

有 $\Pi_{sc}^{Ip*} \leqslant \Pi_{sc}^{Dc*}$。推论 6.14 得证。

进一步地，根据推论 6.13 与推论 6.14 可得到一个十分有趣的结论，具体如推论 6.15。

推论 6.15：当消费者绿色偏好 $\theta \geqslant \text{Max}[\overline{\theta}, \overline{\overline{\theta}}]$ 时，在基于 CS 契约的分散决策协调机制下得到的供应链最优效用及供应链最优利润均优于在基于 PSB 契约的集中决策协调机制下的对应值。

推论 6.15 表明，与协调由完全理性决策者组成的传统供应链不同，当考虑制造商存在失望规避行为时，供应链成员在集中决策下得到的供应链绩效水平并不总是优于分散决策下得到的对应值。在基于制造商失望规避的供应链绿色产品创新——定价决策问题研究中，当消费者绿色偏好程度足够高时，无论是从供应链总利润还是供应链总效用的角度，基于 CS 契约的分散决策协调机制都是具有优势的。正如前文提及，制造商的失望规避行为及其分散决策的双重边际效应均会对供应链绩效水平产生负向影响。基于 CS 契约的分散决策，其优势在于可在一定程度上缓解制造商失望规避行为对供应链绩效带来的负向影响，而基于 PSB 契约的集中决策协调机制，其优势在于能够减轻双重边际效应对供应链绩效带来的负向影响。当消费者绿色偏好 θ 较低时，制造商失望规避行为对供应链绩效的影响并没有分散决策下的双重边际效应对供应链绩效的影响显著，因此，基于 PSB 契约的集中决策协调机制更具有优势；而随着 θ 的增高，制造商失望规避行为的负向影响逐渐显著，故当 θ 达到一定水平时，基于 CS 契约的分散决策协调机制反而优于基于 PSB 契约的集中决策协调机制。

推论 6.13 ~ 推论 6.15 从供应链整体的角度分析并比较了基于 CS 契约的分散决策与基于 PSB 契约的集中决策这两种协调机制的优劣性。然而，同样有必要从供应链成员个体绩效水平的角度分析制造商和零售商更青睐于选择何种协调机制。

推论 6.16：在 PSB 契约与 CS 契约两个协调机制均有效的情形下：

（1）存在一个关于制造商议价能力 δ 的阈值 δ_1，当 $\delta \geqslant \delta_1$ 时，制造商更倾向于选择 PSB 契约的集中决策协调机制；反之，制造商更倾向于选择 CS 契约的分散决策协调机制。

（2）存在一个关于制造商议价能力 δ 的阈值 δ_2，当 $\delta < \delta_2$ 时，零售商更

倾向于选择 PSB 契约的集中决策协调机制；反之，零售商更倾向于选择 CS 契约的分散决策协调机制。其中，$\delta_1 = \dfrac{U_m^{Dc*} - \Pi_m^{Dw*} + \beta w^{lp*} \theta \tau T}{\Delta}$，$\delta_2 = 1 - \dfrac{\Pi_r^{Dc*} - \Pi_r^{Dw*}}{\Delta}$。

证明 6.20： 根据 PSB 契约下的最优批发价格 w^{lp*} 式（6.42），可以得到 PSB 契约下的制造商最优效用为 $U_m^{lp*} = \Pi_m^{lp*} - \beta w^{lp*} \theta \tau T = \delta \Delta + \Pi_m^{Dw*} - \beta w^{lp*} \theta \tau T$ 及零售商最优利润为 $\Pi_r^{lp*} = (1-\delta)\Delta + \Pi_r^{Dw*}$。通过求解 $U_m^{lP*} \geqslant U_m^{Dc*}$，有 $\delta \geqslant \dfrac{U_m^{Dc*} - \Pi_m^{Dw*} + \beta w^{lp*} \theta \tau T}{\Delta}$；求解 $\Pi_r^{lp*} \geqslant \Pi_r^{Dc*}$，有 $\delta < \delta_2$。推论 6.16 得证。

接下来，针对基于制造商失望规避的供应链绿色产品创新——定价决策问题，进一步地探讨制造商与零售商选择哪种契约进行协调的可能性更大。

推论 6.17： 在 PSB 契约与 CS 契约这两个协调机制均可有效实施的情形下：

（1）若 $0 < \theta < \bar{\theta}$，那么制造商与零售商选择 PSB 契约作为供应链协调机制的可能性更大。

（2）若 $\theta \geqslant \bar{\theta}$，那么制造商与零售商选择 CS 契约作为供应链协调机制的可能性更大。

证明 6.21： 根据推论 6.16，首先考虑 $\delta_1 \leqslant \delta_2$ 的情形，当 $\delta \in [\delta_1, \delta_2]$ 时，制造商和零售商均更愿意选择 PSB 契约的集中决策协调机制；当 $\delta \in [\bar{\delta}, \delta_1)$ 时，制造商更愿意选择 CS 契约的分散决策协调机制，而零售商更愿意选择 PSB 契约的集中决策协调机制。然而，由于此时零售商拥有相对更高的议价能力，故此时 PSB 契约作为最终协调机制的可能性更大；当 $\delta \in (\delta_2, 1]$ 时，制造商更愿意选择 PSB 契约的集中决策协调机制，而零售商更愿意选择 CS 契约的分散决策协调机制。然而，由于此时制造商拥有相对更高的议价能力，故此时仍然是 PSB 契约作为最终供应链协调机制的可能性更大；同样，$\delta_1 > \delta_2$ 的情形证明过程与之类似。因此，可以得到，当 $\delta_1 \leqslant \delta_2$ 时，制造商与零售商选择 PSB 契约作为供应链协调机制的可能性更大；当 $\delta_1 > \delta_2$ 时，制造商与零售商选择 CS 契约作为供应链协调机制的可能性更大。

进一步地，计算 δ_1、δ_2 之差，可以得到：

$$\delta_1 - \delta_2 = \frac{\Pi_m^{Dc\,*} - \beta w^{Dc\,*} \theta\tau T + \Pi_r^{Dc\,*} - (\Pi_{sc}^{Ip\,*} - \beta w^{Ip\,*} \theta\tau T)}{\Delta}$$

$$= \frac{U_{sc}^{Dc\,*} - U_{sc}^{Ip\,*}}{\Delta} \tag{6.46}$$

式（6.46）表明，当 $\delta_1 > \delta_2$ 时，有 $U_{sc}^{Dc\,*} > U_{sc}^{Ip\,*}$；当 $\delta_1 \leqslant \delta_2$ 时，有 $U_{sc}^{Dc\,*} \leqslant U_{sc}^{Ip\,*}$。综合推论 6.13 中的结论，可以得出当 $0 < \theta < \bar{\theta}$ 时，基于 PSB 契约的集中决策协调机制被选择的可能性更大；当 $\theta \geqslant \bar{\theta}$ 时，基于 CS 契约的分散决策协调机制被选择的可能性更大。推论 6.17 得证。

综合推论 6.13 ~ 推论 6.17，可以发现，在协调机制选择的问题上，以供应链整体绩效为依据和以供应链成员个体绩效为依据所选择结果在一定程度上具有一致性，并且，除制造商失望规避程度外，消费者的绿色偏好程度对供应链协调机制的选择也具有重要的影响。

6.1.6　数值分析

本小节将通过数值分析进一步探讨在基于制造商失望规避的供应链绿色产品创新——定价决策问题中，制造商失望规避程度、绿色产品创新的不确定性程度以及消费者绿色偏好程度对供应链最优策略及相关绩效水平的影响，并进一步验证所设计协调机制的有效性。借鉴刘等（Liu et al., 2012）以及巴斯卡兰和克里希纳（Bhaskaran & Krishnan, 2009）对参数的取值情况，假设 $a = 10$，$b = 1$，$\theta = 1$，$k = 1$。同时，假设绿色产品创新效率 $\alpha \in [\alpha^l, 1]$ 服从均匀分布。

图 6 - 1 描述了基于 CS 契约的分散决策协调机制下，最优成本分担 $\phi^{Dc\,*}$ 随制造商失望规避系数 β 和绿色产品创新最低效率 α^l 的变化情况，其中，α^l 越小意味着制造商绿色产品创新效率的波动性越大，其不确定性程度越高。由图 6 - 1 可以发现，当制造商失望规避程度 β 较低时，零售商最优成本分担比例 $\phi^{Dc\,*}$ 随制造商绿色产品创新技术不确定性程度的增加（α^l

越小）而减少；而当制造商失望规避程度 β 处于较高水平时，ϕ^{Dc^*} 随 α^l 呈多样性变化。随着其绿色创新技术不确定性程度的增加（α^l 越小），零售商首先会提高对制造商绿色产品创新成本的分担比例 ϕ^{Dc^*}，从而激励具有失望规避行为的制造商进行绿色产品创新投入。然而，当制造商失望规避程度 β 超出一定水平时，过高的成本分担比例加重了零售商自身的资金负担，同时较高的不确定性（α^l 越小）也加大了其运营风险。因此，当 β 超出一定水平时，ϕ^{Dc^*} 随着绿色产品创新技术不确定性程度的增加而降低。需指出的是，图 6–1 中缺失的部分为 $\phi^{Dc^*} \geq 1$ 的情形，意味着当制造商失望规避程度较高而其绿色产品创新技术不确定程度较低时，零售商则不会提出 CS 契约。

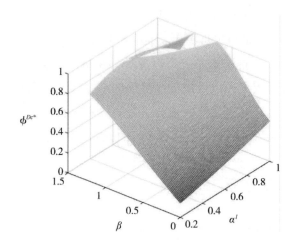

图 6–1 CS 契约协调机制下，β、α^l 对成本分担率 ϕ^{Dc^*} 的影响

图 6–2 描述了在三种不同契约模型下，制造商失望规避程度 β 对其绿色产品创新水平的影响。根据制造商在不同契约模型下是否开展绿色产品创新活动，图 6–2 共被划分为三个区域。当 β 落入区域 I 时，制造商在 WP 契约（基准模型）以及两协调机制：CS 契约、PSB 契约三种模型下均会进行绿色产品创新投入。同时可以发现，在区域 I 中，相较于 WP 契约（基准模型），制造商在 CS 契约和 PSB 契约这两个协调机制下的绿色产品创新水平更高；当 β 落入区域 II 时，在协调机制 PSB 契约下，制造商仅在 PSB 契约下会选择进行绿色产品创新，而在 WP 契约及 CS 契约下则不会开展绿色产品创新活动。由于 WP 契约及 CS 契约是在分散决策框架下实施的，而 PSB 契约则是在集中决策框架下实施的，故可知分散决策降低了制造商开展

绿色产品创新的可能性。例如，一个失望规避程度 $\beta = 2$ 的制造商在 WP 契约或 CS 契约的分散决策模式下是不会选择进行绿色产品创新投入。然而，其在基于 PSB 契约的集中决策模式协调机制下则会进行一定的绿色产品创新投入。这也说明了 PSB 契约可消除双重边际效应对绿色产品创新决策的影响。当 β 落入区域Ⅲ时，制造商在上述三种契约条件下均不会进行任何绿色产品创新投入。

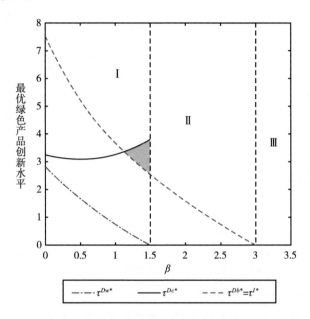

图 6 - 2　不同契约模型下，β 对绿色产品创新水平 τ^{i^*}（$i = Dw, Dc, Ip$）的影响

此外，由图 6 - 2 可知，在 WP 契约和 PSB 契约下，最优绿色产品创新水平 τ^{i^*}（$i = Dw, Ip$）均随 β 的增加而降低；与之不同的是，在 CS 契约下，最优绿色产品创新水平 τ^{Dc^*} 随 β 的增加呈先下降后上升的趋势。有趣的是，与基于决策者完全理性的传统供应链研究所得到的结论"集中决策下的最优结果总是优于分散决策下的对应值"不同，对比图 6 - 2 中 CS 契约与 PSB 契约两种协调机制下的最优绿色产品创新水平，可以发现在某些情形下（区域Ⅰ中阴影部分），具有失望规避行为的制造商在基于 CS 契约的分散决策下对绿色产品创新的投入反而高于基于 PSB 契约的集中决策下的对应值。这在一定程度说明了在此问题中，CS 契约可在一定程度消除制造商失望规避行为为绿色产品创新产生的不利影响。

如前文所述，α^l 为制造商绿色产品创新的最低效率，其越小意味着制造商绿色创新效率的波动性越大。因此，α^l 可描述制造商绿色产品创新的不确定程度。图 6-3 描述了不同契约模型下，具有不同失望规避程度制造商的最优绿色产品创新效率随 α^l 的变化情况。

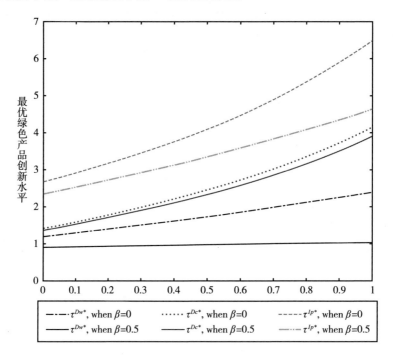

图 6-3 不同契约模型下，不同 β 水平下 α^l 对绿色创新水平 τ^{i^*} ($i = Dw, Dc, Ip$) 的影响

由图 6-3 可知，随着绿色产品创新不确定性程度的降低（α^l 增大），失望规避制造商在三种契约模型下的最优绿色产品创新水平 τ^{i^*} ($i = Dw, Dc, Ip$) 均呈上升的趋势。并且，无论是完全理性制造商（$\beta = 0$）还是表现出失望规避行为的制造商（$\beta = 0.5$），其在 PSB 契约下的最优绿色产品创新水平均高于 WP 契约与 CS 契约下的对应值。这是因为在集中决策框架下实施的 PSB 契约可有效消除双重边际效应。

另外，图 6-3 表明存在失望规避行为制造商（$\beta = 0.5$）的最优绿色产品创新水平低于完全理性制造商（$\beta = 0$）的对应值。进一步地，对比不同失望规避程度制造商在同一契约模型下最优绿色产品创新水平间的差距，能够发现，CS 契约下 $\tau^{Dc*}(\beta=0)$ 与 $\tau^{Dc*}(\beta=0.5)$ 两者间的差距明显小于 WP 契约及 PSB 契约下 $\tau^{i*}(\beta=0)$ 与 $\tau^{i*}(\beta=0.5)$，$i=Dw$，Ip 间的差距。这说明，CS 契约能够有效缓解制造商失望规避行为对绿色产品创新决策的不利影响。通过图 6 – 3，再一次表明了 CS 契约与 PSB 契约两个不同协调机制的优势分别在于：CS 契约可缓解制造商失望规避行为对绿色产品创新决策的影响；而 PSB 契约在于能够缓解分散决策带来的双重边际效应问题。

图 6 – 4 与图 6 – 5 分别从供应链总利润与供应链总效用两个角度，对比分析了不同契约模型下的供应链绩效水平随 θ 的变化情况。由图 6 – 4 与图 6 – 5 可以发现，在 WP 契约（基准模型）和两协调机制（CS 契约与 PSB 契约）下，供应链利润与供应链效用均随消费者绿色偏好 θ 的增加而增高。这说明，企业及政府对消费者展开有目的、有计划的教育，宣传绿色消费理念，培养其绿色消费意识对提高供应链整体绩效水平具有重要作用。

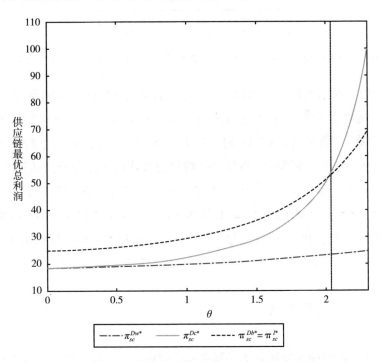

图 6 – 4　不同契约模型下，供应链总利润 Π_{sc}^{i*}（$i=Dw$，Dc，Ip）随 θ 的变化情况

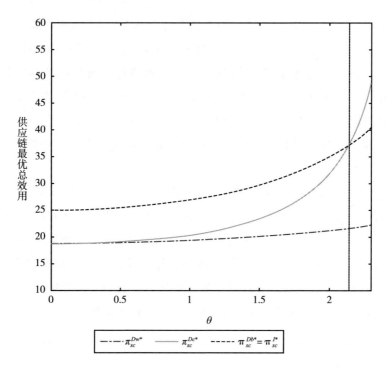

图 6 – 5   不同契约模型下，供应链总效用 $U_{sc}^{i^*}$ ($i = Dw, Dc, Ip$) 随 θ 的变化情况

此外，根据图 6 – 4 与图 6 – 5，进一步对比分析两协调机制（CS 契约与 PSB 契约）对供应链绩效的改善效果。可以发现，当 $\theta > 2.03$ 时，有 $\Pi_{sc}^{Dc^*} > \Pi_{sc}^{Ip^*}$；同时当 $\theta > 2.14$ 时，有 $U_{sc}^{Dc^*} > U_{sc}^{Ip^*}$。这表明，当 $\theta > 2.14$ 时，无论是从供应链总利润的角度还是供应链总效用的角度分析，基于 CS 契约的分散决策协调机制总是优于基于 PSB 契约的集中决策协调机制。也就是说，与传统观点"集中决策下的最优结果总是优于分散决策下的对应值"不同，在考虑制造商失望规避行为的情形下，当市场中消费者绿色偏好达到一定水平时，分散决策框架下的协调机制反而会为供应链带来更高的绩效水平。

6.1.7   管理启示

为进一步明确本节针对基于制造商失望规避的供应链绿色产品创新——定价决策与协调问题所得到的研究结果对管理实践的指导作用，以下根据本节提出的命题、推论及数值分析得到的结果，给出管理启示，具体从以下六个方面阐述。

（1）制造商的失望规避行为会降低其进行绿色产品创新的意愿，针对这一情形，供应链成员通过采取基于 CS 契约的分散决策或基于 PSB 契约的集中决策两种协调机制可有效缓解制造商失望规避行为所产生的不利影响。

（2）在 CS 契约协调机制下，对于制造商而言，适当的失望规避行为反而有利于提升产品绿色度水平，并可有效提升自身及零售商绩效水平。

（3）针对失望规避程度较高的制造商，相较于 CS 契约，其在 PSB 契约开展绿色创新活动的可能性更大。

（4）在一定条件下，CS 契约与 PSB 契约两种协调机制均能提高供应链绿色创新水平以及供应链成员的绩效水平。然而，不同协调机制的作用机理不甚相同，CS 契约可缓解制造商失望规避行为对供应链绿色产品创新产生的不利影响；而 PSB 契约主要是在一定程度上消除了供应链的双重边际效应。实际经营过程中，供应链成员可根据不同目标，协商选择相应的协调机制。

（5）从提高供应链整体绩效水平出发，消费者绿色偏好的高低也对供应链协调机制的选择具有重要的影响。当消费者绿色偏好程度达到一定水平时，选择 CS 契约这一协调机制会为供应链带来更高的绩效水平；否则，选择 PSB 契约协调机制更为明智。

（6）为发展绿色经济，政府应从降低技术壁垒、营造良好的市场环境等方面降低制造商绿色创新单位成本，并对消费者展开有目的、有计划的教育，宣传绿色消费理念，培养其绿色消费意识，以此对供应链绿色创新起到积极的推动作用。

6.2　考虑决策者失望规避的供应链协同绿色过程创新动态优化与协调研究

6.2.1　问题描述、符号定义和基本假设

6.2.1.1　问题描述

考虑由单个失望规避制造商与单个失望规避供应商所组成的供应链系

统，其中制造商为核心企业。供应链成员通过绿色过程创新降低产品生产或使用过程中对环境造成的影响，提高产品绿色度水平，从而赢取市场份额。由于产品最终绿色度水平由制造商和供应商的绿色过程创新水平共同决定，制造商通常选择分担供应商一定比例的绿色过程创新成本，以激励上游供应商积极参与协同绿色过程创新活动。

在 5.2 节及 6.1 节的基础上，本节主要在长期视角下，针对绿色过程创新决策问题，在考虑消费者绿色偏好存在不确定性、产品绿色度水平具有动态变化特征的基础上，依据失望理论，构建考虑决策者失望规避行为的供应链协同绿色过程创新的动态优化模型。本节运用微分博弈理论与方法，主要探讨如下问题：（1）如何刻画决策者的失望规避行为，并构建相应的效用函数？（2）如何构建考虑决策失望规避行为的供应链协同绿色过程创新动态优化模型？（3）决策者的失望规避行为对供应链成员的最优策略及其绩效水平有何影响？（4）分散决策和集中决策下，供应链的最优策略及绩效有何区别？（5）如何设计供应链协调机制，使供应链成员效用实现帕累托改善？

6.2.1.2　符号定义

为解决上述问题，对本章所涉及数学符号的定义作详细说明，具体如表 6-2 所示。

表 6-2　　　　　　　　　　　符号说明

决策变量	定义
$I_m(t)$	t 时刻制造商绿色过程创新水平，$I_m(t) \geqslant 0$
$I_s(t)$	t 时刻供应商绿色过程创新水平，$I_s(t) \geqslant 0$
$\phi(t)$	t 时刻，制造商分担供应商绿色过程创新成本比例，$\phi(t) \in [0,1]$
$\phi_m(t)$	协调机制下，t 时刻制造商分担供应商绿色过程创新成本比例，$\phi_m(t) \in [0,1]$
$\phi_s(t)$	协调机制下，t 时刻供应商分担制造商绿色过程创新成本比例，$\phi_s(t) \in [0,1]$
参数	定义
τ_0	产品的初始绿色水平
α	制造商绿色过程创新效率，即制造商绿色过程创新对产品绿色度水平的影响程度，$\alpha > 0$

续表

参数	定义
β	供应商绿色过程创新效率，即供应商绿色过程创新对产品绿色度水平的影响程度，$\beta > 0$
γ	产品绿色水平的自然衰减率，$\gamma > 0$
k_m	制造商绿色过程创新成本系数，$k_m > 0$
k_s	供应商绿色过程创新成本系数，$k_s > 0$
ρ_m	制造商边际利润，$\rho_m > 0$
ρ_s	供应商边际利润，$\rho_s > 0$
λ	消费者的绿色偏好系数，$\lambda \in [A, B]$
r	贴现率，$r > 0$
e_i	决策者欣喜感知系数，$e_i \geq 0$，$i \in \{s, m\}$
d_i	决策者失望感知系数，$d_i \geq 0$，$i \in \{s, m\}$
μ_i	决策者失望规避系数，具体地，$\mu_i = d_i - e_i$，$i \in \{s, m\}$

函数	定义
$\tau(t)$	t 时刻产品的绿色度水平
$I_m(t)$	t 时刻制造商绿色过程创新成本函数
$I_s(t)$	t 时刻供应商绿色过程创新成本函数
$G(\lambda)$	λ 的分布函数
$g(\lambda)$	λ 的密度函数
Π_m^o	制造商的内心参考收益
Π_s^o	供应商的内心参考收益
$U_m(\Pi_m)$	制造商效用函数
$U_s(\Pi_s)$	供应商效用函数
J_m^D	分散决策下，制造商的效用现值函数
J_s^D	分散决策下，供应商的效用现值函数
J_{sc}^C	集中决策下，供应链整体效用现值函数
J_m^{CC}	协调机制下，制造商的效用现值函数
J_s^{CC}	协调机制下，供应商的效用现值函数
$V_m^D(t)$	分散决策下，t 时刻制造商效用最优值函数
$V_s^D(t)$	分散决策下，t 时刻供应商效用最优值函数
$V_{sc}^D(t)$	分散决策下，t 时刻供应链整体效用最优值函数
$V_{sc}^C(t)$	集中决策下，t 时刻供应链整体效用最优值函数
$V_m^{CC}(t)$	协调机制下，t 时刻制造商效用最优值函数
$V_s^{CC}(t)$	协调机制下，t 时刻供应商效用最优值函数

最优值	定义
I_m^{D*}	分散决策下，制造商最优绿色过程创新努力水平
I_s^{D*}	分散决策下，供应商最优绿色过程创新努力水平
I_m^{C*}	集中决策下，制造商最优绿色过程创新努力水平
I_s^{C*}	集中决策下，供应商最优绿色过程创新努力水平
I_m^{CC*}	协调机制下，制造商最优绿色过程创新努力水平
I_s^{CC*}	协调机制下，供应商最优绿色过程创新努力水平
ϕ^{D*}	分散决策下，制造商对供应商绿色过程创新成本最优分担率
$\tau(t)^{D*}$	分散决策下，产品绿色度最优轨迹
$\bar{\tau}^{D*}$	分散决策下，系统稳定时，产品最优绿色度水平
$\tau(t)^{C*}$	集中决策下，产品绿色度最优轨迹
$\bar{\tau}^{C*}$	集中决策下，系统稳定时，产品最优绿色度水平
J_m^{D*}	分散决策下，制造商最优效用现值
J_s^{D*}	分散决策下，供应商最优效用现值
J_{sc}^{D*}	分散决策下，供应链整体最优效用现值
J_{sc}^{C*}	集中决策下，供应链整体最优效用现值
J_m^{CC*}	协调机制下，制造商最优效用现值
J_s^{CC*}	协调机制下，供应商最优效用现值

6.2.1.3 基本假设

（1）假设产品绿色度水平与制造商及供应商的绿色过程创新水平正相关，并且，随时间推移、生产设备老化和技术水平滞后等原因会使其出现自然衰减的情况。因此，可通过如下微分方程来描述产品绿色度水平随时间的变化情况：

$$\dot{\tau}(t) = \alpha I_m(t) + \beta I_s(t) - \gamma \tau(t)$$
$$\tau(0) = \tau_0 \tag{6.47}$$

（2）假设制造商与供应商绿色过程创新成本函数为各自绿色过程创新水平的二次函数（Ghosh & Shah，2015；曲优等，2018），具体为 $c_m = \frac{1}{2}k_m I_m(t)^2$，$c_s = \frac{1}{2}k_s I_s(t)^2$。此外，由于绿色过程创新属于一次性科研投入，不会影响产品的单位生产成本，故可将制造商及供应商的生产成本视为常数，为方便起见，将其简化为 0。

（3）假设市场相对成熟稳定，供应链成员均具有较为稳定的边际收益，参考刘等（Liu et al.，2012）对绿色产品需求的刻画，假设产品需求与 t 时刻产品绿色度水平呈线性关系，即：

$$D(\tau(t)) = a - b(\rho_s + \rho_m) + \lambda\tau(t) \tag{6.48}$$

（4）假设市场中消费者的绿色偏好具有一定不确定性，绿色偏好系数 $\lambda \in [A,B]$ 为非负、连续的随机变量，其分布函数与密度函数分别为 $G(\lambda)$、$g(\lambda)$。λ 值越大，表明消费者对绿色产品的消费偏好越强，绿色过程创新促进市场需求的效果越明显。

（5）制造商通过分担供应商的绿色过程创新成本能有效激励供应商进行绿色过程创新，记 $\phi(t) \in [0,1]$ 为 t 时刻制造商承诺分担供应商的绿色过程创新成本比例。

（6）在无限时间范围内，失望规避制造商与失望规避供应商均以各自效用最大化作为决策目标。

（7）制造商与供应商信息对称，所有信息均为双方共同知识，且双方在任意时刻具有相同的贴现因子 $r > 0$。

6.2.2　效用函数的构建

6.2.2.1　失望–欣喜效用函数

实验研究表明，个体在不确定环境下决策时，会将可能获得的预期收益与内心参考收益值进行比较，并产生相应失望或欣喜的心理感知。若预期收益大于内心参考收益时，决策者会感到欣喜；反之，则会感到失望。这种预期的心理感知将对其决策产生重要影响。本书采用贝尔（Bell，1985）在失望理论中所提出的效用模型描述该种心理行为：

$$U_i = \begin{cases} \Pi_i - d_i(\Pi_i^o - \Pi_i), & \Pi_i \leqslant \Pi_i^o \\ \Pi_i + e_i(\Pi_i - \Pi_i^o), & \Pi_i > \Pi_i^o \end{cases} \tag{6.49}$$

其中，U_i 为决策者 i 的总效用；Π_i 为决策者 i 所预期的实际收益，Π_i^o 为决策者内心的参考收益；$e_i \geq 0$ 表示决策者 i 的欣喜感知系数，$d_i \geq 0$ 表示决策者 i 的失望感知系数。假设决策者内心的参考收益为随机收益的期望值，即 $\Pi_i^o = E(\Pi_i)$，类似假设同样被古尔（Gul，1991）、柳和岑（Liu & Shum，2013）、杜等（Du et al.，2019）所采用。

6.2.2.2 决策者效用函数的构建

依据 6.2.1 小节中的问题描述及基本假设，针对供应链绿色过程创新动态优化问题，制造商与供应商的随机利润函数可表示为：

$$\Pi_m(t) = \rho_m[a - b(\rho_s + \rho_m) + \lambda\tau(t)] - \frac{1}{2}k_m I_m^2(t) - \frac{1}{2}\phi(t)k_s I_s^2(t) \tag{6.50}$$

$$\Pi_s(t) = \rho_s[a - b(\rho_s + \rho_m) + \lambda\tau(t)] - \frac{1}{2}(1 - \phi(t))k_s I_s^2(t) \tag{6.51}$$

进一步，在消费者绿色偏好不确定的情形下，制造商与供应商的期望收益可分别表示为：

$$\begin{aligned}\Pi_m^o(\lambda) &= E(\Pi_m(\lambda)) \\ &= \int_A^B \rho_m[a - b(\rho_s + \rho_m) + \tau(t)\lambda]g(\lambda)d\lambda \\ &\quad - \frac{1}{2}k_m I_m^2(t) - \frac{1}{2}\phi(t)k_s I_s^2(t)\end{aligned} \tag{6.52}$$

$$\begin{aligned}\Pi_s^o(\lambda) &= E(\Pi_s(\lambda)) \\ &= \int_A^B \rho_s[a - b(\rho_s + \rho_m) + \tau(t)\lambda]g(\lambda)d\lambda - \frac{1}{2}(1 - \phi(t))k_s I_s^2(t)\end{aligned} \tag{6.53}$$

易证明存在 $\bar{\lambda} = E(\lambda) = \int_A^B \lambda g(\lambda)d\lambda$ 使 $\Pi_i(\bar{\lambda}) = \Pi_i^o(i = s, m)$。因此，依据式（6.49），失望规避制造商与失望规避供应商的效用函数可表示为：

$$U_i(\lambda) = \begin{cases} \Pi_i(\lambda) - d_i(\Pi_i^o - \Pi_i(\lambda)) & \lambda \leq \bar{\lambda} \\ \Pi_i(\lambda) + e_i(\Pi_i(\lambda) - \Pi_i^o) & \lambda > \bar{\lambda} \end{cases}, (i = m, s) \tag{6.54}$$

性质 1：失望规避决策者的期望效用函数可等价表示为：

$$E(U_i(\lambda)) = E(\Pi_i(\lambda)) - \mu_i \int_A^{\bar{\lambda}} (\Pi_i^o - \Pi_i(\lambda))f(\lambda)d\lambda, i = (m,s)$$

$$(6.55)$$

其中，$\mu_i = d_i - e_i$。

证明 6.22：根据式（6.54）可得：

$$
\begin{aligned}
E(U_i(\lambda)) &= \int_A^{\bar{\lambda}} \Pi_i(\lambda)f(\lambda)d\lambda - d_i \int_A^{\bar{\lambda}} (\Pi_i^o - \Pi_i(\lambda))f(\lambda)d\lambda \\
&\quad + \int_{\underline{\lambda}}^{B} \Pi_i(\lambda)f(\lambda)d\lambda + e_i \int_{\underline{\lambda}}^{B} (\Pi_i(\lambda) - \Pi_i^o)f(\lambda)d\lambda \\
&= E(\Pi(\lambda)) - d_i \int_A^{\bar{\lambda}} (\Pi_i^o - \Pi_i(\lambda))f(\lambda)d\lambda \\
&\quad + e_i \int_A^{\bar{\lambda}} (\Pi_i^o - \Pi_i(\lambda))f(\lambda)d\lambda - e_i \int_A^{\bar{\lambda}} (\Pi_i^o - \Pi_i(\lambda))f(\lambda)d\lambda \\
&\quad + e_i \int_{\underline{\lambda}}^{B} (\Pi_i(\lambda) - \Pi_i^o)f(\lambda)d\lambda \\
&= E(\Pi_i(\lambda)) - \mu_i \int_A^{\bar{\lambda}} (\Pi_i^o - \Pi_i(\lambda))f(\lambda)d\lambda
\end{aligned}
$$

性质 1 得证。

性质 1 中，当 $\mu_i > 0$ 时，表明决策者对负偏差引起失望的感知更为敏感；反之，$\mu_i < 0$ 表明决策者对正偏差产生欣喜的感知更为敏感；$\mu_i = 0$ 表明决策者相对理性，对正负偏差引起失望或欣喜的感知程度相同。值得注意的是，已有研究表明决策者对于负偏差所引起的失望往往大于因等量正偏差而产生的欣喜，表现出失望规避的行为特征。因此，本书遵从古尔（Gul，1991）、柳和岑（Liu & Shum，2013）、杜等（Du et al.，2019）对决策者失望规避行为的刻画，假设 $\mu_i > 0$ 为决策者的失望规避系数，μ_i 值越大表明其失望规避程度越大。

进一步地，根据式（6.50）、式（6.53）及式（6.55），可得到如下命题。

命题 6.10：针对供应链协同绿色过程创新决策问题，失望规避制造商与失望规避供应商的效用函数可分别表示为：

$$U_m^D(t) = \rho_m [a - b(\rho_s + \rho_m) + \tau(t)\bar{\lambda}] - \frac{1}{2}k_m I_m(t)^2$$

$$- \frac{1}{2}\phi k_s I_s(t)^2 - \mu_m \rho_m \tau(t) \int_A^{\bar{\lambda}} (\bar{\lambda} - \lambda)f(\lambda)d\lambda \qquad (6.56)$$

$$U_s^D(t) = \rho_s [a - b(\rho_s + \rho_m) + \tau(t)\bar{\lambda}] - \frac{1}{2}(1 - \phi)k_s I_s(t)^2$$

$$- \mu_s \rho_s \tau(t) \int_A^{\bar{\lambda}} (\bar{\lambda} - \lambda)f(\lambda)d\lambda \qquad (6.57)$$

6.2.3 考虑决策者失望规避的供应链协同绿色过程创新动态优化模型构建与求解

6.2.3.1 分散决策

分散决策下，制造商与供应商组成一个两阶段的 Stackelberg 主从微分博弈，其决策顺序为：制造商作为领导者率先决定自身绿色过程创新水平 $I_m(t)$ 及对供应商绿色过程创新成本分担比例 $\phi(t)$，随后供应商作为追随者进行自身绿色过程创新水平 $I_s(t)$ 决策。面对市场消费者绿色偏好的不确定性，制造商与供应商均表现出失望规避的行为特征，双方的决策目标为在无限区间内寻求自身效用现值最大化。因此，制造商与供应商的决策目标函数可分别表示为：

$$\underset{I_m, \phi}{\text{Max}} J_m^D = \int_0^{\infty} \int_A^{\bar{\lambda}} e^{-rt} \rho_m [a - b(\rho_s + \rho_m) + \tau(t)\bar{\lambda}] - \frac{1}{2}k_m I_m(t)^2$$

$$- \frac{1}{2}\phi k_s I_s(t)^2 - \mu_m \rho_m \tau(t)(\bar{\lambda} - \lambda)f(\lambda)d\lambda dt \qquad (6.58)$$

$$\underset{I_s}{\text{Max}} J_s^D = \int_0^{\infty} \int_A^{\bar{\lambda}} e^{-rt} \rho_s [a - b(\rho_s + \rho_m) + \tau(t)\bar{\lambda}] - \frac{1}{2}(1 - \phi)k_s I_s(t)^2$$

$$- \mu_s \rho_s \tau(t)(\bar{\lambda} - \lambda)f(\lambda)d\lambda dt \qquad (6.59)$$

式（6.58）、式（6.59）与式（6.47）共同定义了一个双人微分博弈问题，借鉴何等（He et al.，2009）对该类问题的求解方法，假设模型中的参数均为与时间无关的常数，利用反馈求解法得到其静态反馈均衡策略（为简化书写，下文求解过程中省略 t）。

命题 6.11：分散决策下，考虑决策者失望规避的制造商最优绿色过程创新水平 I_m^{D*}、供应商最优绿色过程创新水平 I_s^{D*}，以及制造商对供应商的最优成本分担率 ϕ^* 分别为：

$$I_m^{D*} = \begin{cases} \dfrac{\alpha \rho_m (\bar{\lambda} - \mu_m T)}{(\gamma + r) k_m}, & \bar{\lambda} - \mu_m T > 0 \\[3mm] 0, & \bar{\lambda} - \mu_m T \leqslant 0 \end{cases} \tag{6.60}$$

$$I_s^{D*} = \begin{cases} \dfrac{\beta [2\rho_m (\bar{\lambda} - \mu_m T) + \rho_s (\bar{\lambda} - \mu_s T)]}{2(\gamma + r) k_s}, & 0 < \dfrac{\bar{\lambda} - \mu_s T}{\bar{\lambda} - \mu_m T} < \dfrac{2\rho_m}{\rho_s} \\[4mm] \dfrac{\beta \rho_s (\bar{\lambda} - \mu_s T)}{(\gamma + r) k_s}, & \dfrac{\bar{\lambda} - \mu_s T}{\bar{\lambda} - \mu_m T} \geqslant \text{Max} \left\{ 0, \dfrac{2\rho_m}{\rho_s} \right\} \\[4mm] 0, & \text{otherwise} \end{cases} \tag{6.61}$$

$$\phi^{D*} = \begin{cases} \dfrac{2\rho_m (\bar{\lambda} - \mu_m T) - \rho_s (\bar{\lambda} - \mu_s T)}{2\rho_m (\bar{\lambda} - \mu_m T) + \rho_s (\bar{\lambda} - \mu_s T)}, & 0 < \dfrac{\bar{\lambda} - \mu_s T}{\bar{\lambda} - \mu_m T} < \dfrac{2\rho_m}{\rho_s} \\[4mm] 0, & \dfrac{\bar{\lambda} - \mu_s T}{\bar{\lambda} - \mu_m T} \leqslant 0 \ or \ \dfrac{\bar{\lambda} - \mu_s T}{\bar{\lambda} - \mu_m T} \geqslant \dfrac{2\rho_m}{\rho_s} \end{cases} \tag{6.62}$$

其中，$T = \displaystyle\int_A^{\bar{\lambda}} F(\lambda) d\lambda$。

证明 6.23：采用逆向归纳法求解，首先将问题转化为供应商单方最优控制问题。记 τ 时刻后，供应商长期效用的最优值函数为 $V_s^D(\tau)$。其次，根据最优控制理论，$V_s^D(\tau)$ 对任意 $\tau \geqslant 0$ 需满足哈密顿 – 雅克比 – 贝尔曼方程（HJB 方程），即：

$$rV_s^D(\tau) = \text{Max}\{\rho_s[a - b(\rho_s + \rho_m) + \tau\bar{\lambda}] - \frac{1}{2}(1 - \phi)k_s I_s^2$$

$$- \mu_s\rho_s\tau\int_A^{\bar{\lambda}}(\bar{\lambda} - \lambda)f(\lambda)d\lambda + V_s^{D'}(\alpha I_m + \beta I_s - \gamma\tau)\} \quad (6.63)$$

对式（6.63）右侧求关于 I_s 的一阶最优化条件并令其为零，可得：

$$I_s = \frac{\beta V_s^{D'}}{(1 - \phi)k_s} \quad (6.64)$$

制造商则根据供应商的最优反应函数，以满足自身效用最大化为目标选择自身最优策略。同样，记 t 时刻后，制造商长期效用的最优值函数为 $V_m^D(\tau)$。根据最优控制理论，$V_m^D(\tau)$ 对任意 $\tau \geq 0$ 需满足 HJB 方程，即：

$$rV_m^D(\tau) = \text{Max}\{\rho_m[a - b(\rho_s + \rho_m) + \tau\bar{\lambda}] - \frac{1}{2}k_m I_m^2 - \frac{1}{2}\phi k_s I_s^2$$

$$- \mu_m\rho_m\tau\int_A^{\bar{\lambda}}(\bar{\lambda} - \lambda)f(\lambda)d\lambda + V_m^{D'}(\alpha I_m + \beta I_s - \gamma\tau)\} \quad (6.65)$$

将式（6.64）代入式（6.65）并对其右侧求关于 I_m、ϕ 的一阶最优化条件，有：

$$\begin{cases} -k_m I_m + \alpha V_m^{D'} = 0 \\ \dfrac{\beta^2 V_m^{D'} V_s^{D'}}{k_s(1 - \phi)^2} - \dfrac{\beta^2(V_s^{D'})^2}{2k_s(1 - \phi)^2} - \dfrac{\phi\beta^2(V_s^{D'})^2}{k_s(1 - \phi)^3} = 0 \end{cases}$$

求解上述方程可得：

$$I_m = \frac{\alpha V_m^{D'}}{k_m} \quad (6.66)$$

$$\phi = \begin{cases} \dfrac{2V_m^{D'} - V_s^{D'}}{2V_m^{D'} + V_s^{D'}}, & \dfrac{V_m^{D'}}{V_s^{D'}} > \dfrac{1}{2} \\ 0, & \dfrac{V_m^{D'}}{V_s^{D'}} \leq \dfrac{1}{2} \end{cases} \quad (6.67)$$

将式（6.66）、式（6.67）代回式（6.64），可得：

$$I_s = \begin{cases} \dfrac{\beta(2V_m^{D'} + V_s^{D'})}{2k_s}, & \dfrac{V_m^{D'}}{V_s^{D'}} > \dfrac{1}{2} \\ \dfrac{\beta V_s^{D'}}{k_s}, & \dfrac{V_m^{D'}}{V_s^{D'}} \leq \dfrac{1}{2} \end{cases} \quad (6.68)$$

进一步地，将式（6.66）~式（6.68）分别代入式（6.63）和式（6.65），整理可得：

$$rV_s^D(\tau) =$$

$$\begin{cases} [(\bar{\lambda} - \mu_s T)\rho_s - \gamma V_s^{D'}]\tau + \dfrac{\alpha^2 V_s^{D'} V_m^{D'}}{k_m} + \dfrac{\beta^2 V_s^{D'}(2V_m^{D'} + V_s^{D'})}{4k_s} + \rho_s(a - b\rho_m - b\rho_s), & \dfrac{V_m^{D'}}{V_s^{D'}} > \dfrac{1}{2} \\[4mm] [(\bar{\lambda} - \mu_s T)\rho_s - \gamma V_s^{D'}]\tau + \dfrac{\alpha^2 V_s^{D'} V_m^{D'}}{k_m} + \dfrac{\beta^2 (V_s^{D'})^2}{2k_s} + \rho_s(a - b\rho_m - b\rho_s), & \dfrac{V_m^{D'}}{V_s^{D'}} \leq \dfrac{1}{2} \end{cases} \tag{6.69}$$

$$rV_m^D(\tau) =$$

$$\begin{cases} [(\bar{\lambda} - \mu_m T)\rho_m - \gamma V_m^{D'}]\tau + \dfrac{\alpha^2 (V_m^{D'})^2}{2k_m} + \dfrac{\beta^2 (2V_m^{D'} + V_s^{D'})^2}{8k_s} + \rho_m(a - b\rho_m - b\rho_s), & \dfrac{V_m^{D'}}{V_s^{D'}} > \dfrac{1}{2} \\[4mm] [(\bar{\lambda} - \mu_m T)\rho_m - \gamma V_m^{D'}]\tau + \dfrac{\alpha^2 (V_m^{D'})^2}{2k_m} + \dfrac{\beta^2 V_m^{D'} V_s^{D'}}{k_s} + \rho_m(a - b\rho_m - b\rho_s), & \dfrac{V_m^{D'}}{V_s^{D'}} \leq \dfrac{1}{2} \end{cases} \tag{6.70}$$

情形 1： 当 $\dfrac{V_m^{D'}}{V_s^{D'}} > \dfrac{1}{2}$ 时，根据式（6.69）、式（6.70）的阶数特点，可推测最优值函数 $V_s^D(\tau)$、$V_m^D(\tau)$ 关于 τ（t）的线性解析式分别具有如下形式：

$$\begin{cases} V_s^D(\tau) = s_1 \tau(t) + s_2 \\ V_m^D(\tau) = m_1 \tau(t) + m_2 \end{cases} \tag{6.71}$$

其中，s_1、s_2、m_1、m_2 为常数。

将式（6.71）及 $V_s^{D'} = \dfrac{\partial V_s^D(\tau)}{\partial \tau(t)} = s_1$、$V_m^{D'} = \dfrac{\partial V_m^D(\tau)}{\partial \tau(t)} = m_1$ 分别代入式（6.69）、式（6.70），整理并对比两式同类项系数，可得到关于 s_1，s_2 以及 m_1、m_2 的约束方程组：

$$\begin{cases} rs_1 = -\gamma s_1 + T_s \rho_s \\ rs_2 = \dfrac{\alpha^2 m_1 s_1}{k_m} + \dfrac{\beta^2 s_1(2m_1 + s_1)}{4k_s} + \rho_s[a - b(\rho_s + \rho_m)] \end{cases} \tag{6.72}$$

$$\begin{cases} rm_1 = -\gamma m_1 + T_m \rho_m \\ rm_2 = \dfrac{\alpha^2 m_1^2}{2k_m} + \dfrac{\beta^2 V_m^{D'}(m_1 + s_1)}{2k_s} + \dfrac{\beta^2 (s_1)^2}{8k_s} + \rho_m[a - b(\rho_s + \rho_m)] \end{cases} \tag{6.73}$$

求解上述方程组，可得：

$$
\begin{cases}
s_1^* = \dfrac{\rho_s(\bar{\lambda} - \mu_s\rho_s)}{r + \gamma} \\[4mm]
s_2^* = \dfrac{1}{r}\left[\dfrac{\alpha^2 s_1^* m_1^*}{k_m} + \dfrac{\beta^2 s_1^*(2m_1^* + s_1^*)}{4k_s} + \rho_s(a - b\rho_m - b\rho_s)\right]
\end{cases}
\tag{6.74}
$$

$$
\begin{cases}
m_1^* = \dfrac{\rho_m(\bar{\lambda} - \mu_m\rho_m)}{r + \gamma} \\[4mm]
m_2^* = \dfrac{1}{r}\left[\dfrac{\alpha^2(m_1^*)^2}{2k_m} + \dfrac{\beta^2(2m_1^* + s_1^*)^2}{8k_s} + \rho_m(a - b\rho_m - b\rho_s)\right]
\end{cases}
\tag{6.75}
$$

将式（6.74）、式（6.75）分别代入式（6.66）~式（6.68），可得当 $\dfrac{V_m^{D'}}{V_s^{D'}} > \dfrac{1}{2}$ 时，分散决策下供应商与制造商的反馈 Stackelberg 均衡策略分别为：

$$
\begin{cases}
I_m^{D*} = \begin{cases}
\dfrac{\alpha\rho_m(\bar{\lambda} - \mu_m T)}{(\gamma + r)k_m}, & \bar{\lambda} - \mu_m T > 0 \\[4mm]
0, & \bar{\lambda} - \mu_m T \leq 0
\end{cases} \\[10mm]
I_s^{D*} = \dfrac{\beta[2\rho_m(\bar{\lambda} - \mu_m T) + \rho_s(\bar{\lambda} - \mu_s T)]}{2(\gamma + r)k_s} \\[6mm]
\phi^* = \dfrac{2\rho_m(\bar{\lambda} - \mu_m T) - \rho_s(\bar{\lambda} - \mu_s T)}{2\rho_m(\bar{\lambda} - \mu_m T) + \rho_s(\bar{\lambda} - \mu_s T)}
\end{cases}
$$

情形 2： 当 $\dfrac{V_m^{D'}}{V_s^{D'}} \leq \dfrac{1}{2}$ 时，同理，根据式（6.23）、式（6.24）的阶数特点，可推测最优值函数 $V_s^D(\tau)$、$V_m^D(\tau)$ 关于 $\tau(t)$ 的线性解析式分别具有如下形式：

$$
\begin{cases}
V_s^D(\tau) = s_3\tau(t) + s_4 \\[2mm]
V_m^D(\tau) = m_3\tau(t) + m_4
\end{cases}
\tag{6.76}
$$

其中，s_3、s_4、m_3、m_4 为常数。

将式（6.76）及 $V_s^{D'} = \dfrac{\partial V_s^D(\tau)}{\partial \tau(t)} = s_3$、$V_m^{D'} = \dfrac{\partial V_m^D(\tau)}{\partial \tau(t)} = m_3$ 分别代入式

（6.69）、式（6.70），整理并对比两式同类项系数，可得到关于 s_3、s_4 以及 m_3、m_4 的约束方程组：

$$\begin{cases} rs_3 = -\gamma s_3 + T_s \rho_s \\ rs_4 = \dfrac{\alpha^2 m_3 s_3}{k_m} + \dfrac{\beta^2 (s_3)^2}{2k_s} + \rho_s [a - b(\rho_s + \rho_m)] \end{cases} \tag{6.77}$$

$$\begin{cases} rm_3 = -\gamma m_3 + T_m \rho_m \\ rm_4 = \dfrac{\alpha^2 (m_3)^2}{2k_m} + \dfrac{\beta^2 s_3 m_3}{k_s} + \rho_m [a - b(\rho_s + \rho_m)] \end{cases} \tag{6.78}$$

求解可得：

$$\begin{cases} s_3^* = \dfrac{T_s \rho_s}{r + \gamma} \\ s_4^* = \dfrac{1}{r} \left\{ \dfrac{\alpha^2 m_3^* s_3^*}{k_m} + \dfrac{\beta^2 (s_3^*)^2}{2k_s} + \rho_s [a - b(\rho_s + \rho_m)] \right\} \end{cases} \tag{6.79}$$

$$\begin{cases} m_3^* = \dfrac{T_m \rho_m}{r + \gamma} \\ m_4^* = \dfrac{1}{r} \left\{ \dfrac{\alpha^2 (m_3^*)^2}{2k_m} + \dfrac{\beta^2 s_3^* m_3^*}{k_s} + \rho_m [a - b(\rho_s + \rho_m)] \right\} \end{cases} \tag{6.80}$$

将式（6.79）、式（6.80）分别代入式（6.66）、式（6.68），即可求得 $\dfrac{V_m^{D'}}{V_s^{D'}} \leqslant \dfrac{1}{2}$ 时，分散决策下供应商和制造商的反馈 Stackelberg 均衡策略分别为：

$$\begin{cases} I_m^{D*} = \begin{cases} \dfrac{\alpha \rho_m (\bar{\lambda} - \mu_m T)}{(\gamma + r) k_m}, & \bar{\lambda} - \mu_m T > 0 \\ \\ 0, & \bar{\lambda} - \mu_m T \leqslant 0 \end{cases} \\ \\ I_s^{D*} = \begin{cases} \dfrac{\beta \rho_s (\bar{\lambda} - \mu_s T)}{(\gamma + r) k_s}, & \bar{\lambda} - \mu_s T > 0 \\ \\ 0, & \bar{\lambda} - \mu_s T \leqslant 0 \end{cases} \\ \\ \phi^* = 0 \end{cases}$$

综合上述两种情形，并有 $\dfrac{V_m^{D'}}{V_s^{D'}} = \dfrac{m_1^*}{s_1^*} = \dfrac{m_3^*}{s_3^*} = \dfrac{(\bar{\lambda} - \mu_m T) \rho_m}{(\bar{\lambda} - \mu_s T) \rho_s}$，命题 1 得证。

推论 6.18：分散决策下，存在一个阈值 $\bar{\mu} = \dfrac{\bar{\alpha}}{T}$，当且仅当 $\mu_i < \bar{\mu}$（$i = s, m$）时，制造商与供应商才会参与协同绿色过程创新。

证明 6.24：由命题 6.2.1 可知，在制造商与供应商组成的 Stackelberg 主从微分博弈问题中，共存在下述 4 种情形的均衡策略。

（1）当 $\mu_i < \bar{\mu}$（$i = s, m$），即 $\bar{\lambda} - \mu_s T > 0$，$\bar{\lambda} - \mu_m T > 0$ 时有：

$$I_m^{D*} = \frac{\alpha(\bar{\lambda} - \mu_m T)}{(\gamma + r)k_m}$$

$$I_s^{D*} = \begin{cases} \dfrac{\beta[2\rho_m(\bar{\lambda} - \mu_m T) + \rho_s(\bar{\lambda} - \mu_s T)]}{2(\gamma + r)k_s}, & \dfrac{\bar{\lambda} - \mu_s T}{\bar{\lambda} - \mu_m T} < \dfrac{2\rho_m}{\rho_s} \\[4mm] \dfrac{\beta\rho_s(\bar{\lambda} - \mu_s T)}{(\gamma + r)k_s}, & \dfrac{\bar{\lambda} - \mu_s T}{\bar{\lambda} - \mu_m T} \geq \dfrac{2\rho_m}{\rho_s} \end{cases}$$

$$\phi^* = \begin{cases} \dfrac{2\rho_m(\bar{\lambda} - \mu_m T) - \rho_s(\bar{\lambda} - \mu_s T)}{2\rho_m(\bar{\lambda} - \mu_m T) + \rho_s(\bar{\lambda} - \mu_s T)}, & \dfrac{\bar{\lambda} - \mu_s T}{\bar{\lambda} - \mu_m T} < \dfrac{2\rho_m}{\rho_s} \\[4mm] 0, & \dfrac{\bar{\lambda} - \mu_s T}{\bar{\lambda} - \mu_m T} \geq \dfrac{2\rho_m}{\rho_s} \end{cases}$$

（2）当 $\mu_s < \bar{\mu}$，$\mu_m \geq \bar{\mu}$，即 $\bar{\lambda} - \mu_s T > 0$，$\bar{\lambda} - \mu_m T \leq 0$ 时有：

$$I_m^{D*} = 0, I_s^{D*} = \frac{\beta\rho_s(\bar{\lambda} - \mu_s T)}{(\gamma + r)k_s}, \phi^* = 0$$

（3）当 $\mu_s \geq \bar{\mu}$，$\mu_m < \bar{\mu}$，即 $\bar{\lambda} - \mu_s T \leq 0$，$\bar{\lambda} - \mu_m T > 0$ 时有：

$$I_m^{D*} = \frac{\alpha(\bar{\lambda} - \mu_m T)}{(\gamma + r)k_m}, I_s^{D*} = 0, \phi^* = 0$$

（4）当 $\mu_i \geq \bar{\mu}$（$i = s, m$），即 $\bar{\lambda} - \mu_s T \leq 0$，$\bar{\lambda} - \mu_m T \leq 0$ 时有：

$$I_m^{D*} = 0, I_s^{D*} = 0, \phi^* = 0$$

推论 6.18 表明，供应链成员的失望规避程度对其绿色过程创新决策具有重要影响，当且仅当双方失望规避系数均不超过一定水平，即满足条件

$\mu_i < \bar{\mu}\,(i=s,m)$ 时，双方才会选择协同进行绿色过程创新。否则，总有一方或双方均不进行绿色过程创新。由于本章主要关注供应链协同绿色过程创新及其协调问题，因此下面主要针对 $\mu_i < \bar{\mu}\,(i=s,m)$ 的情形展开研究。

命题 6.12：分散决策下，当制造商与供应商进行协同绿色过程创新时，考虑决策者失望规避的产品绿色度最优轨迹为：

$$\tau\,(t)^{D*} = \begin{cases} \tau_{ss1}^{D*} + (\tau_0 - \tau_{ss1}^{D*})e^{-\gamma t}, & \dfrac{\bar{\lambda} - \mu_s T}{\bar{\lambda} - \mu_m T} < \dfrac{2\rho_m}{\rho_s} \\[4mm] \tau_{ss2}^{D*} + (\tau_0 - \tau_{ss2}^{D*})e^{-\gamma t}, & \dfrac{\bar{\lambda} - \mu_s T}{\bar{\lambda} - \mu_m T} \geq \dfrac{2\rho_m}{\rho_s} \end{cases} \quad (6.81)$$

其中，$\tau_{ss1}^{D*} = \dfrac{\alpha^2 \rho_m(\bar{\lambda} - \mu_m T)}{\gamma(\gamma+r)k_m} + \dfrac{\beta^2[2\rho_m(\bar{\lambda} - \mu_m T) + \rho_s(\bar{\lambda} - \mu_s T)]}{2\gamma(\gamma+r)k_s}$，$\tau_{ss2}^{D*} =$

$\dfrac{\alpha^2 \rho_m(\bar{\lambda} - \mu_m T)}{\gamma(\gamma+r)k_m} + \dfrac{\beta^2 \rho_s(\bar{\lambda} - \mu_s T)}{\gamma(\gamma+r)k_s}$。

证明 6.25：将满足条件 $\mu_i < \bar{\mu}\,(i=s,m)$ 时得到的 I_m^{D*}、I_s^{D*} 代入状态方程式（6.47）中有：

$$\dot{\tau}\,(t)^D =$$

$$\begin{cases} \dfrac{\alpha^2 \rho_m(\bar{\lambda} - \mu_m T)}{(\gamma+r)k_m} + \dfrac{\beta^2[2\rho_m(\bar{\lambda} - \mu_m T) + \rho_s(\bar{\lambda} - \mu_s T)]}{2(\gamma+r)k_s} - \gamma\tau\,(t)^D, & \dfrac{\bar{\lambda} - \mu_s T}{\bar{\lambda} - \mu_m T} < \dfrac{2\rho_m}{\rho_s} \\[5mm] \dfrac{\alpha^2 \rho_m(\bar{\lambda} - \mu_m T)}{(\gamma+r)k_m} + \dfrac{\beta^2 \rho_s(\bar{\lambda} - \mu_s T)}{(\gamma+r)k_s} - \gamma\tau\,(t)^D, & \dfrac{\bar{\lambda} - \mu_s T}{\bar{\lambda} - \mu_m T} \geq \dfrac{2\rho_m}{\rho_s} \end{cases}$$

求解上述微分方程，即可得命题 6.12 中结论。

根据分散决策下满足条件 $\mu_i < \bar{\mu}\,(i=s,m)$ 时的最优均衡策略 I_m^{D*}、I_s^{D*} 以及产品绿色度的最优状态轨迹 $\tau\,(t)^{D*}$，可进一步得到如下命题。

命题 6.13：分散决策下，当制造商与供应商进行协同绿色过程创新时，考虑决策者失望规避的制造商效用最优值函数与供应商效用最优值函数分

别可表示为:

$$V_m^{D*}(t) =$$

$$
\begin{cases}
\dfrac{1}{r}\left\{\dfrac{\alpha^2\rho_m^2(\bar{\lambda}-\mu_m T)^2}{2k_m(\gamma+r)^2}+\dfrac{\beta^2[2\rho_m(\bar{\lambda}-\mu_m T)+\rho_s(\bar{\lambda}-\mu_s T)]^2}{8k_s(\gamma+r)^2}\right. \\
\left.+\rho_m(a-b\rho_m-b\rho_s)\right\}+\dfrac{\rho_m(\bar{\lambda}-\mu_m T)}{(\gamma+r)}\tau_{ss1}^{D*} \\
+\dfrac{\rho_m(\bar{\lambda}-\mu_m T)}{(\gamma+r)}(\tau_0-\tau_{ss1}^{D*})e^{-\gamma t}, & \dfrac{\bar{\lambda}-\mu_s T}{\bar{\lambda}-\mu_m T}<\dfrac{2\rho_m}{\rho_s} \\[2em]
\dfrac{\rho_m}{r}\left[\dfrac{\alpha^2\rho_m(\bar{\lambda}-\mu_m T)^2}{2k_m(\gamma+r)^2}+\dfrac{\beta^2\rho_s(\bar{\lambda}-\mu_m T)(\bar{\lambda}-\mu_s T)}{k_s(\gamma+r)^2}\right. \\
\left.+(a-b\rho_m-b\rho_s)\right]+\dfrac{\rho_m(\bar{\lambda}-\mu_m T)}{(\gamma+r)}\tau_{ss2}^{D*} \\
+\dfrac{\rho_m(\bar{\lambda}-\mu_m T)}{(\gamma+r)}(\tau_0-\tau_{ss2}^{D*})e^{-\gamma t}, & \dfrac{\bar{\lambda}-\mu_s T}{\bar{\lambda}-\mu_m T}\geq\dfrac{2\rho_m}{\rho_s}
\end{cases}
$$

$$(6.82)$$

$$V_s^{D*}(t) =$$

$$
\begin{cases}
\dfrac{\rho_s}{r}\left\{\dfrac{\beta^2(\bar{\lambda}-\mu_s T)[2\rho_m(\bar{\lambda}-\mu_m T)+\rho_s(\bar{\lambda}-\mu_s T)]}{4k_s(\gamma+r)^2}\right. \\
\left.+\dfrac{\alpha^2\rho_m(\bar{\lambda}-\mu_m T)(\bar{\lambda}-\mu_s T)}{k_m(\gamma+r)^2}+(a-b\rho_m-b\rho_s)\right\} & \dfrac{\bar{\lambda}-\mu_s T}{\bar{\lambda}-\mu_m T}<\dfrac{2\rho_m}{\rho_s} \\
+\dfrac{\rho_s(\bar{\lambda}-\mu_s T)}{(\gamma+r)}\tau_{ss1}^{D*}+\dfrac{\rho_s(\bar{\lambda}-\mu_s T)}{(\gamma+r)}(\tau_0-\tau_{ss1}^{D*})e^{-\gamma t}, \\[2em]
\dfrac{\rho_s}{r}\left[\dfrac{\alpha^2\rho_m(\bar{\lambda}-\mu_m T)(\bar{\lambda}-\mu_s T)}{k_m(\gamma+r)^2}+\dfrac{\beta^2\rho_s(\bar{\lambda}-\mu_s T)^2}{2k_s(\gamma+r)^2}\right. \\
\left.+(a-b\rho_m-b\rho_s)\right]+\dfrac{\rho_s(\bar{\lambda}-\mu_s T)}{(\gamma+r)}\tau_{ss2}^{D*} & \dfrac{\bar{\lambda}-\mu_s T}{\bar{\lambda}-\mu_m T}\geq\dfrac{2\rho_m}{\rho_s} \\
+\dfrac{\rho_s(\bar{\lambda}-\mu_s T)}{(\gamma+r)}(\tau_0-\tau_{ss2}^{D*})e^{-\gamma t},
\end{cases}
$$

$$(6.83)$$

进一步地，依据命题 6.11、命题 6.12 及命题 6.13，可得到供应链系统稳定时，分散决策下产品绿色度的稳定值、制造商最优效用现值及供应商最优效用现值。

命题 6.14：分散决策下，当制造商与供应商进行协同绿色过程创新时，考虑决策者失望规避的产品绿色度的稳定值、制造商最优效用现值及供应商最优效用现值可分别表示为：

$$\bar{\tau}^{D*} =$$

$$
\begin{cases}
\dfrac{\alpha^2 \rho_m (\bar{\lambda} - \mu_m T)}{\gamma(\gamma+r)k_m} + \dfrac{\beta^2 [2\rho_m(\bar{\lambda}-\mu_m T) + \rho_s(\bar{\lambda}-\mu_s T)]}{2\gamma(\gamma+r)k_s}, & \dfrac{\bar{\lambda}-\mu_s T}{\bar{\lambda}-\mu_m T} < \dfrac{2\rho_m}{\rho_s} \\[4mm]
\dfrac{\alpha^2 \rho_m (\bar{\lambda} - \mu_m T)}{\gamma(\gamma+r)k_m} + \dfrac{\beta^2 \rho_s (\bar{\lambda}-\mu_s T)}{\gamma(\gamma+r)k_s}, & \dfrac{\bar{\lambda}-\mu_s T}{\bar{\lambda}-\mu_m T} \geqslant \dfrac{2\rho_m}{\rho_s}
\end{cases}
$$

$$(6.84)$$

$$J_m^{D*} =$$

$$
\begin{cases}
\dfrac{1}{r}\left\{ \dfrac{\alpha^2 \rho_m^2 (\bar{\lambda}-\mu_m T)^2}{2k_m(\gamma+r)^2} + \dfrac{\beta^2 [2\rho_m(\bar{\lambda}-\mu_m T)+\rho_s(\bar{\lambda}-\mu_s T)]^2}{8k_s(\gamma+r)^2} \right. & \dfrac{\bar{\lambda}-\mu_s T}{\bar{\lambda}-\mu_m T} < \dfrac{2\rho_m}{\rho_s} \\[4mm]
\left. + \rho_m(a - b\rho_m - b\rho_s) \right\} + \dfrac{\rho_m(\bar{\lambda}-\mu_m T)}{(\gamma+r)}\tau_0, & \\[4mm]
\dfrac{1}{r}\left[\dfrac{\alpha^2 \rho_m^2 (\bar{\lambda}-\mu_m T)^2}{2k_m(\gamma+r)^2} + \dfrac{\beta^2 \rho_m \rho_s (\bar{\lambda}-\mu_m T)(\bar{\lambda}-\mu_s T)}{k_s(\gamma+r)^2} \right. & \dfrac{\bar{\lambda}-\mu_s T}{\bar{\lambda}-\mu_m T} \geqslant \dfrac{2\rho_m}{\rho_s} \\[4mm]
\left. + \rho_m(a - b\rho_m - b\rho_s) \right] + \dfrac{\rho_m(\bar{\lambda}-\mu_m T)}{(\gamma+r)}\tau_0, &
\end{cases}
$$

$$(6.85)$$

$$J_s^{D*} =$$

$$
\begin{cases}
\dfrac{\rho_s}{r}\Bigg\{\dfrac{\beta^2(\bar{\lambda}-\mu_s T)\left[2\rho_m(\bar{\lambda}-\mu_m T)+\rho_s(\bar{\lambda}-\mu_s T)\right]}{4k_s(\gamma+r)^2} \\[3mm]
\quad +\dfrac{\alpha^2\rho_m(\bar{\lambda}-\mu_m T)(\bar{\lambda}-\mu_s T)}{k_m(\gamma+r)^2}+(a-b\rho_m-b\rho_s)\Bigg\}+\dfrac{\rho_s(\bar{\lambda}-\mu_s T)}{(\gamma+r)}\tau_0, & \dfrac{\bar{\lambda}-\mu_s T}{\bar{\lambda}-\mu_m T}<\dfrac{2\rho_m}{\rho_s} \\[6mm]
\dfrac{\rho_s}{r}\Bigg[\dfrac{\alpha^2\rho_m(\bar{\lambda}-\mu_m T)(\bar{\lambda}-\mu_s T)}{k_m(\gamma+r)^2}+\dfrac{\beta^2\rho_s(\bar{\lambda}-\mu_s T)^2}{2k_s(\gamma+r)^2} \\[3mm]
\quad +(a-b\rho_m-b\rho_s)\Bigg]+\dfrac{\rho_s(\bar{\lambda}-\mu_s T)}{(\gamma+r)}\tau_0, & \dfrac{\bar{\lambda}-\mu_s T}{\bar{\lambda}-\mu_m T}\geq\dfrac{2\rho_m}{\rho_s}
\end{cases}
$$

$$(6.86)$$

6.2.3.2　集中决策

集中决策下，制造商与供应商进行合作博弈，双方以供应链系统效用最优为首要原则确定各自的最优绿色过程创新水平。此时，决策目标函数为：

$$
\begin{aligned}
\operatorname*{Max}_{I_m,I_s} J_{sc}^C &= \int_0^\infty e^{-rt}U_{sc}^C dt \\
&= \int_0^\infty \int_A^{\bar{\lambda}} e^{-rt}\Big\{(\rho_m+\rho_s)\big[a-b(\rho_s+\rho_m)+\tau\bar{\lambda}\big]-\frac{1}{2}k_m I_m^2 \\
&\quad -\frac{1}{2}k_s I_s^2-(\mu_m\rho_m+\mu_s\rho_s)\tau(\bar{\lambda}-\lambda)f(\lambda)\Big\}d\lambda dt
\end{aligned}
$$

$$(6.87)$$

命题 6.15：集中决策下，考虑决策者失望规避的制造商最优绿色过程创新努力水平 I_m^{C*} 及供应商最优绿色过程创新努力水平 I_s^{C*} 分别为：

$$I_m^{C*}=\frac{\alpha[\rho_m(\bar{\lambda}-\mu_m T)+\rho_s(\bar{\lambda}-\mu_s T)]}{(\gamma+r)k_m}$$

$$(6.88)$$

$$I_s^{C*}=\frac{\beta[\rho_m(\bar{\lambda}-\mu_m T)+\rho_s(\bar{\lambda}-\mu_s T)]}{(\gamma+r)k_s}$$

$$(6.89)$$

证明 6.26：根据最优控制理论，供应链长期效用最优值函数 $V_{sc}^C(\tau)$ 对于任意的 $\tau \geqslant 0$ 都需满足 HJB 方程：

$$
rV_{sc}^C(\tau) = \text{Max}\Big(\int_0^\infty \int_A^{\bar\lambda} e^{-rt}\big\{(\rho_m + \rho_s)\big[a - b(\rho_s + \rho_m) + \tau\bar\lambda\big]
$$

$$
- \frac{1}{2}k_m I_m^2 - \frac{1}{2}k_s I_s^2
$$

$$
- (\mu_m\rho_m + \mu_s\rho_s)(\tau\bar\lambda - \lambda)f(\lambda)\big\}d\lambda dt + V_s^{D'}(\alpha I_m + \beta I_s - \gamma\tau)\Big)
$$

$$(6.90)$$

对式（6.88）右侧求关于 I_m，I_s 的一阶最优化条件，有：

$$
\begin{cases}
\alpha V_m^{D'}(\tau) - k_m I_m = 0 \\
\beta V_s^{D'}(\tau) - k_s I_s = 0
\end{cases}
$$

求解方程组可得：

$$
I_m^{C*} = \frac{\alpha V_{sc}^{C'}}{k_m} \tag{6.91}
$$

$$
I_s^{C*} = \frac{\beta V_{sc}^{C'}}{k_s} \tag{6.92}
$$

将式（6.91）、式（6.92）代入式（6.90）有：

$$
rV_{sc}^C(\tau) = \big[\rho_m(\bar\lambda - \mu_m T) + \rho_s(\bar\lambda - \mu_s T) - \gamma V_{sc}^{C'}\big]\tau + \frac{\alpha^2 (V_{sc}^{C'})^2}{2k_m}
$$

$$
+ \frac{\beta^2 (V_{sc}^{C'})^2}{2k_s} + (\rho_m + \rho_s)(a - b\rho_m - b\rho_s) \tag{6.93}
$$

注意到式（6.93）的阶数特点，可推测最优值函数 $V_{sc}^C(\tau)$ 关于 τ 的线性解析具有如下形式 $V_{sc}^C(\tau) = c_1\tau + c_2$，其中 c_1、c_2 为常数。易得 $V_{sc}^{C'} = \dfrac{\partial V_{sc}^C(\tau)}{\partial \tau(t)} = c_1$。将 $V_{sc}^{C'}$ 代入式（6.93），整理并对比同类项系数，可得到关于 c_1、c_2 的约束方程组：

$$
\begin{cases}
rc_1 = \rho_m(\bar\lambda - \mu_m T) + \rho_s(\bar\lambda - \mu_s T) - \gamma c_1 \\
rc_2 = \dfrac{\alpha^2 (c_1)^2}{2k_m} + \dfrac{\beta^2 (c_1)^2}{2k_s} + (\rho_m + \rho_s)(a - b\rho_m - b\rho_s)
\end{cases}
$$

求解上述方程组可得：

$$
\begin{cases}
c_1^* = \dfrac{\rho_m(\bar{\lambda} - \mu_m T) + \rho_s(\bar{\lambda} - \mu_s T)}{r + \gamma} \\[4mm]
c_2^* = \dfrac{1}{r}\Big[\dfrac{\alpha^2 (c_1^*)^2}{2k_m} + \dfrac{\beta^2 (c_1^*)^2}{2k_s} + (\rho_m + \rho_s)(a - b\rho_m - b\rho_s)\Big]
\end{cases}
\tag{6.94}
$$

将式（6.94）代入式（6.91）、式（6.92），即可得命题 6.15 中结论。

命题 6.16：集中决策下，考虑决策者失望规避的产品绿色度最优轨迹为：

$$
\tau(t)^{C*} = \tau_{ss}^{C*} + (\tau_0 - \tau_{ss}^{C*})e^{-\gamma t}
\tag{6.95}
$$

其中，$\tau_{ss}^{C*} = \dfrac{\big[\rho_m(\bar{\lambda} - \mu_m T) + \rho_s(\bar{\lambda} - \mu_s T)\big]}{\gamma(\gamma + r)}\Big(\dfrac{\alpha^2}{k_m} + \dfrac{\beta^2}{k_s}\Big)$。

证明 6.27：将最优均衡策略式（6.88）、式（6.89）代入状态方程式（6.47），可得：

$$
\dot{\tau}(t)^C = \Big(\dfrac{\alpha^2}{k_m} + \dfrac{\beta^2}{k_s}\Big)\Big[\dfrac{\rho_m(\bar{\lambda} - \mu_m T) + \rho_s(\bar{\lambda} - \mu_s T)}{(\gamma + r)}\Big] - \gamma\tau(t)^C
$$

求解上述微分方程，即可得到命题 6.16 中结论。

根据集中决策下最优均衡策略式（6.88）、式（6.89）及产品绿色度的最优状态轨迹式（6.95），可进一步得到如下命题。

命题 6.17：集中决策下，考虑决策者失望规避的供应链整体效用最优值函数可表示为：

$$
V_{sc}^{C*}(t) = \dfrac{1}{r}\Big\{\dfrac{\big[\rho_m(\bar{\lambda} - \mu_m T) + \rho_s(\bar{\lambda} - \mu_s T)\big]^2}{2(\gamma + r)^2}\Big(\dfrac{\alpha^2}{k_m} + \dfrac{\beta^2}{k_s}\Big) + (\rho_m + \rho_s)(a - b\rho_m - b\rho_s)\Big\}
$$

$$
+ \dfrac{\big[\rho_m(\bar{\lambda} - \mu_m T) + \rho_s(\bar{\lambda} - \mu_s T)\big]}{(\gamma + r)}\tau_{ss}^{C*}
$$

$$
+ \dfrac{\big[\rho_m(\bar{\lambda} - \mu_m T) + \rho_s(\bar{\lambda} - \mu_s T)\big]}{(\gamma + r)}(\tau_0 - \tau_{ss}^{C*})e^{-\gamma t}
\tag{6.96}
$$

进一步地，依据命题 6.15、命题 6.16 及命题 6.17，可得到供应链系统稳定时，集中决策下产品绿色度的稳定值，以及供应链整体最优效用现值。

命题 6.18：考虑决策者失望规避的产品绿色度稳定值以及供应链整体最优效用现值可分别表示为：

$$\bar{\tau}^{C*} = \frac{[\rho_m(\bar{\lambda} - \mu_m T) + \rho_s(\bar{\lambda} - \mu_s T)]}{\gamma(\gamma + r)}\left(\frac{\alpha^2}{k_m} + \frac{\beta^2}{k_s}\right) \tag{6.97}$$

$$J_{sc}^{C*} = \frac{1}{r}\left\{\frac{[\rho_m(\bar{\lambda} - \mu_m T) + \rho_s(\bar{\lambda} - \mu_s T)]^2}{2(\gamma + r)^2}\left(\frac{\alpha^2}{k_m} + \frac{\beta^2}{k_s}\right) + (\rho_m + \rho_s)(a - b\rho_m - b\rho_s)\right\}$$

$$+ \frac{[\rho_m(\bar{\lambda} - \mu_m T) + \rho_s(\bar{\lambda} - \mu_s T)]}{\gamma + r}\tau_0 \tag{6.98}$$

6.2.4　决策者失望规避程度与边际利润对最优结果的影响

推论 6.19：分散决策下，当制造商与供应商进行协同绿色过程创新时，

仅当满足条件 $\dfrac{\bar{\lambda} - \mu_s T}{\bar{\lambda} - \mu_m T} < \dfrac{2\rho_m}{\rho_s}$ 时，制造商才会选择分担供应商的绿色过程创

新成本。此时最优成本分担率 ϕ^* 与制造商边际利润 ρ_m、供应商失望规避系数 μ_s 正相关；与供应商边际利润 ρ_s、制造商失望规避系数 μ_m 负相关。

证明 6.28：由命题 6.11 与推论 6.18 可知：

$$\phi^* = \begin{cases} \dfrac{2\rho_m(\bar{\lambda} - \mu_m T) - \rho_s(\bar{\lambda} - \mu_s T)}{2\rho_m(\bar{\lambda} - \mu_m T) + \rho_s(\bar{\lambda} - \mu_s T)}, & \dfrac{\bar{\lambda} - \mu_s T}{\bar{\lambda} - \mu_m T} < \dfrac{2\rho_m}{\rho_s} \\[4mm] 0, & \dfrac{\bar{\lambda} - \mu_s T}{\bar{\lambda} - \mu_m T} \geq \dfrac{2\rho_m}{\rho_s} \end{cases}$$

且当 $\dfrac{\bar{\lambda} - \mu_s T}{\bar{\lambda} - \mu_m T} < \dfrac{2\rho_m}{\rho_s}$ 时，有：

$$\frac{\partial \phi^*}{\partial \rho_m} = \frac{4\rho_s(\bar{\lambda} - \mu_m T)(\bar{\lambda} - \mu_s T)}{[2\rho_m(\bar{\lambda} - \mu_m T) + \rho_s(\bar{\lambda} - \mu_s T)]^2} > 0$$

$$\frac{\partial \phi^*}{\partial \rho_s} = -\frac{4\rho_m(\bar{\lambda} - \mu_m T)(\bar{\lambda} - \mu_s T)}{[2\rho_m(\bar{\lambda} - \mu_m T) + \rho_s(\bar{\lambda} - \mu_s T)]^2} < 0$$

$$\frac{\partial \phi^*}{\partial \mu_m} = -\frac{4T\rho_m\rho_s(\bar{\lambda} - \mu_s T)}{[2\rho_m(\bar{\lambda} - \mu_m T) + \rho_s(\bar{\lambda} - \mu_s T)]^2} < 0$$

$$\frac{\partial \phi^*}{\partial \mu_s} = \frac{4T\rho_m\rho_s(\bar{\lambda} - \mu_m T)}{[2\rho_m(\bar{\lambda} - \mu_m T) + \rho_s(\bar{\lambda} - \mu_s T)]^2} > 0$$

故推论 6.19 得证。

推论 6.19 表明，制造商对供应商绿色过程创新成本的最优分担比例 ϕ^* 与双方边际利润及失望规避程度密切相关。为避免失望规避决策者过于保守的决策行为，边际利润较高或更不害怕失望的一方会选择承担更多的合作成本。

推论 6.20：无论是分散决策还是集中决策，制造商与供应商的最优绿色过程创新水平均与其各自的边际利润正相关，与各自的失望规避程度负相关。

证明 6.29：分散决策下，$\frac{\partial I_m^{D*}}{\partial \rho_m} = \frac{\alpha(\bar{\lambda} - \mu_m T)}{(\gamma + r)k_m} > 0$，$\frac{\partial I_m^{D*}}{\partial \mu_m} = -\frac{\alpha\rho_m T}{(\gamma + r)k_m} < 0$，

$$\frac{\partial I_s^{D*}}{\partial \rho_s} = \begin{cases} \dfrac{\beta(\bar{\lambda} - \mu_s T)}{2(\gamma + r)k_s} > 0, & \dfrac{\bar{\lambda} - \mu_s T}{\bar{\lambda} - \mu_m T} < \dfrac{2\rho_m}{\rho_s} \\[4mm] \dfrac{\beta(\bar{\lambda} - \mu_s T)}{(\gamma + r)k_s} > 0, & \dfrac{\bar{\lambda} - \mu_s T}{\bar{\lambda} - \mu_m T} \geq \dfrac{2\rho_m}{\rho_s} \end{cases}$$

$$\frac{\partial I_s^{D*}}{\partial \mu_s} = \begin{cases} -\dfrac{\beta\rho_s T}{2(\gamma + r)k_s} < 0, & \dfrac{\bar{\lambda} - \mu_s T}{\bar{\lambda} - \mu_m T} < \dfrac{2\rho_m}{\rho_s} \\[4mm] -\dfrac{\beta\rho_s T}{(\gamma + r)k_s} < 0, & \dfrac{\bar{\lambda} - \mu_s T}{\bar{\lambda} - \mu_m T} \geq \dfrac{2\rho_m}{\rho_s} \end{cases}$$

集中决策下，$\dfrac{\partial I_m^{C*}}{\partial \rho_m} = \dfrac{\alpha(\bar{\lambda} - \mu_m T)}{(\gamma + r)k_m} > 0$，$\dfrac{\partial I_m^{C*}}{\partial \mu_m} = -\dfrac{\alpha\rho_m T}{(\gamma + r)k_m} < 0$，$\dfrac{\partial I_s^{C*}}{\partial \rho_s} = $

$\dfrac{\beta(\bar{\lambda} - \mu_s T)}{(\gamma + r)k_s} > 0$，$\dfrac{\partial I_m^{C*}}{\partial \mu_s} = -\dfrac{\beta\rho_s T}{(\gamma + r)k_s} < 0$，推论 6.20 得证。

推论 6.20 说明了制造商及供应商的绿色过程创新水平与各自边际利润正相关，与各自失望规避水平负相关，表明双方虽然有进行绿色过程创新的内在动力，但其失望规避行为却在一定程度上降低了双方开展绿色过程创新活动的意愿。

推论 6.21：无论是在分散决策还是在集中决策下，当供应链系统趋近稳定状态时，产品的最优绿色度水平与制造商失望规避程度、供应商失望规避程度均呈负相关。

证明 6.30：（1）分散决策下，根据式（6.84），易得：

当 $\dfrac{\bar{\lambda} - \mu_s T}{\bar{\lambda} - \mu_m T} < \dfrac{2\rho_m}{\rho_s}$ 时，有 $\dfrac{\partial \bar{\tau}^{D*}}{\partial \mu_m} = -\dfrac{T(\beta^2 k_m + \alpha^2 k_s)\rho_m}{\gamma(\gamma + r)k_m k_s} < 0$，$\dfrac{\partial \bar{\tau}^{D*}}{\partial \mu_s} = $

$-\dfrac{T\beta^2\rho_s}{2\gamma(\gamma + r)k_s} < 0$；

当 $\dfrac{\bar{\lambda} - \mu_s T}{\bar{\lambda} - \mu_m T} \geqslant \dfrac{2\rho_m}{\rho_s}$ 时，有 $\dfrac{\partial \bar{\tau}^{D*}}{\partial \mu_m} = -\dfrac{T\alpha^2\rho_m}{\gamma(\gamma + r)k_m} < 0$，$\dfrac{\partial \bar{\tau}^{D*}}{\partial \mu_s} = -\dfrac{T\beta^2\rho_s}{\gamma(\gamma + r)k_s} < 0$。

（2）集中决策下，根据式（6.97），易得：

$$\frac{\partial \bar{\tau}^{C*}}{\partial \mu_m} = -\frac{T(\beta^2 k_m + \alpha^2 k_s)\rho_m}{\gamma(\gamma + r)k_m k_s} < 0，\frac{\partial \bar{\tau}^{C*}}{\partial \mu_s} = -\frac{T(\beta^2 k_m + \alpha^2 k_s)\rho_s}{\gamma(\gamma + r)k_m k_s} < 0$$

推论 6.21 反映了失望规避制造商与失望规避供应商进行绿色过程创新的长期效果，由推论 6.21 可知，无论是分散决策还是集中决策，供应链成员的失望规避程度越高，供应链系统趋于稳定时的产品最优绿色度水平越低。这是由于供应链成员的失望规避行为降低了其在 t 时刻进行绿色过程创新的意愿，故系统趋于稳定状态下的产品绿色度水平也随之降低。

6.2.5 分散决策与集中决策下最优结果的比较

推论 6.22：集中决策下，制造商与供应商的最优绿色过程创新水平均高于其在分散决策下的对应值，即 $I_m^{C*} > I_m^{D*}$，$I_s^{C*} > I_s^{D*}$。

证明 6.31：由命题 6.11 及命题 6.15 可知：

$$I_m^{C*} - I_m^{D*} = \frac{\alpha \rho_s (\bar{\lambda} - \mu_s T)}{(\gamma + r) k_m} > 0, I_s^{C*} - I_s^{D*}$$

$$= \begin{cases} \dfrac{\rho_s \beta (\bar{\lambda} - \mu_s T)}{2(\gamma + r) k_s} > 0, & \dfrac{\bar{\lambda} - \mu_s T}{\bar{\lambda} - \mu_m T} < \dfrac{2\rho_m}{\rho_s} \\[4mm] \dfrac{\rho_m \beta (\bar{\lambda} - \mu_m T)}{(\gamma + r) k_s} > 0, & \dfrac{\bar{\lambda} - \mu_s T}{\bar{\lambda} - \mu_m T} \geq \dfrac{2\rho_m}{\rho_s} \end{cases}$$

推论 6.22 得证。

推论 6.23：集中决策与分散决策下，当供应链趋向稳定状态时，考虑决策者失望规避的产品最优绿色度水平具有如下关系，$\bar{\tau}^{C*} - \bar{\tau}^{D*} > 0$。

证明 6.32：由式（6.84）及式（6.97）可知：

$$\bar{\tau}^{C*} - \bar{\tau}^{D*} = \begin{cases} \dfrac{\alpha^2 \rho_s (\bar{\lambda} - \mu_s T)}{\gamma(\gamma + r) k_m} + \dfrac{\beta^2 \rho_s (\bar{\lambda} - \mu_s T)}{2\gamma(\gamma + r) k_s} > 0, & \dfrac{\bar{\lambda} - \mu_s T}{\bar{\lambda} - \mu_m T} < \dfrac{2\rho_m}{\rho_s} \\[4mm] \dfrac{\alpha^2 \rho_s (\bar{\lambda} - \mu_s T)}{\gamma(\gamma + r) k_m} + \dfrac{\beta^2 \rho_m (\bar{\lambda} - \mu_m T)}{\gamma(\gamma + r) k_s} > 0, & \dfrac{\bar{\lambda} - \mu_s T}{\bar{\lambda} - \mu_m T} \geq \dfrac{2\rho_m}{\rho_s} \end{cases}$$

推论 6.24：集中决策下，考虑决策者失望规避的供应链整体效用最优值函数及供应链整体效用现值较分散决策下的对应值均有所提高，即：

$$V_{sc}^{C*}(t) - [V_m^{D*}(t) + V_s^{D*}(t)] > 0, J_{sc}^{C*} - (J_m^{D*} + J_s^{D*}) > 0$$

证明 6.33：由命题 6.13 及命题 6.17 可得：

$$V_{sc}^{C*}(t) - (V_m^{D*}(t) + V_s^{D*}(t)) =$$

$$
\begin{cases}
\dfrac{\rho_s^2(\bar{\lambda}-\mu_s T)^2}{(\gamma+r)^2 r}\left(\dfrac{\alpha^2}{2k_m}+\dfrac{\beta^2}{8k_s}\right)+\dfrac{[\rho_m(\bar{\lambda}-\mu_m'T)+\rho_s(\bar{\lambda}-\mu_s T)]}{\gamma+r} & \dfrac{\bar{\lambda}-\mu_s T}{\bar{\lambda}-\mu_m T}<\dfrac{2\rho_m}{\rho_s} \\[4mm]
(\tau_{ss}^{C*}-\tau_{ss1}^{D*})(1-e^{-\gamma t})>0, & \\[4mm]
\dfrac{1}{r(\gamma+r)^2}\left[\dfrac{\beta^2\rho_m^2(\bar{\lambda}-\mu_m T)^2}{2k_s}+\dfrac{\alpha^2\rho_s^2(\bar{\lambda}-\mu_s T)^2}{2k_m}\right] & \dfrac{\bar{\lambda}-\mu_s T}{\bar{\lambda}-\mu_m T}\geq\dfrac{2\rho_m}{\rho_s} \\[4mm]
+\dfrac{[\rho_m(\bar{\lambda}-\mu_m T)+\rho_s(\bar{\lambda}-\mu_s T)]}{\gamma+r}(\tau_{ss}^{C*}-\tau_{ss2}^{D*})(1-e^{-\gamma t})>0, &
\end{cases}
$$

由命题 6.14 及命题 6.18 可得：

$$J_{sc}^{C*} - (J_m^{D*} + J_s^{D*}) =$$

$$
\begin{cases}
\dfrac{\rho_s^2(\bar{\lambda}-\mu_s T)^2}{(\gamma+r)^2 r}\left(\dfrac{\alpha^2}{2k_m}+\dfrac{\beta^2}{8k_s}\right)>0, & \dfrac{\bar{\lambda}-\mu_s T}{\bar{\lambda}-\mu_m T}<\dfrac{2\rho_m}{\rho_s} \\[4mm]
\dfrac{1}{r(\gamma+r)^2}\left[\dfrac{\beta^2\rho_m^2(\bar{\lambda}-\mu_m T)^2}{2k_s}+\dfrac{\alpha^2\rho_s^2(\bar{\lambda}-\mu_s T)^2}{2k_m}\right]>0, & \dfrac{\bar{\lambda}-\mu_s T}{\bar{\lambda}-\mu_m T}\geq\dfrac{2\rho_m}{\rho_s}
\end{cases}
$$

推论 6.24 得证。

推论 6.22～推论 6.24 表明，与分散决策相比，集中决策能够促使制造商与供应商积极进行绿色过程创新，进而提高产品最终绿色度水平及供应链系统长期效用最优值。但多数企业在实际经营决策中，常常追求自身效用最大化，并不愿意采取集中决策所得到的最优均衡策略。因此，需通过设计合理的供应链契约对其进行协调。

6.2.6　双向成本分担协调机制

尽管制造商通过分担供应商的绿色过程创新成本能有效激励供应商进行绿色过程创新活动，但由推论 6.22 可知，此时制造商与供应商的绿色过程创新水平均低于集中决策时的最优均衡策略，"双重边际效应"仍然存在。双向成本分担契约作为单向成本分担契约的有效延伸，可通过设计合理的契约参数实现供应链协调，在供应链纵向广告合作、减排－广告合作中得到了较为广泛的应用。基于此，本章通过设计双向成本分担契约对由制造商与供应商组成的绿色供应链进行协调。

与单向成本分担契约中由制造商决策成本分担比例不同，在双向成本分担契约协调机制下，制造商与供应商首先通过协商决定各自为对方所分担的成本比例，即制造商以比例 ϕ_m 分担供应商的绿色过程创新成本，同时供应商也以比例 ϕ_s 分担制造商部分绿色过程创新成本。随后，基于给定的契约参数 (ϕ_m, ϕ_s)，双方进行以制造商为领导者的 Stackelberg 博弈，先后决策各自的绿色过程创新努力水平 I_m、I_s。

此时，具有失望规避行为特征的制造商与供应商决策目标函数分别为：

$$
\operatorname*{Max}_{I_m} J_m^{CC} = \int_0^\infty \int_A^{\bar{\lambda}} e^{-rt} \{\rho_m [a - b(\rho_s + \rho_m) + \tau\bar{\lambda}] - \frac{1}{2}(1 - \phi_s) k_m I_m^2
$$

$$
- \frac{1}{2}\phi_m k_s I_s^2 \mu_m \rho_m \tau(\bar{\lambda} - \lambda) f(\lambda) \} d\lambda dt \qquad (6.99)
$$

$$
\operatorname*{Max}_{I_s} J_s^{CC} = \int_0^\infty \bar{\lambda} \int_A^{\bar{\lambda}} e^{-rt} \{\rho_s [a - b(\rho_s + \rho_m) + \tau\bar{\lambda}] - \frac{1}{2}\phi_s k_m I_m^2
$$

$$
- \frac{1}{2}(1 - \phi_m) k_s I_s^2 - \mu_s \rho_s \tau(\bar{\lambda} - \lambda) f(\lambda) \} d\lambda dt \qquad (6.100)
$$

命题 6.19：双向成本分担契约下，基于给定的契约参数 (ϕ_m, ϕ_s)，失望规避制造商与失望规避供应商的最优绿色过程创新水平分别为：

$$
I_m^{CC*} = \frac{\alpha\rho_m(\bar{\lambda} - \mu_m T)}{(\gamma + r) k_m (1 - \phi_s)} \qquad (6.101)
$$

$$
I_s^{CC*} = \frac{\beta\rho_s(\bar{\lambda} - \mu_s T)}{(\gamma + r) k_s (1 - \phi_m)} \qquad (6.102)
$$

证明过程与命题 6.11 及命题 6.15 类似，故在此不做赘述。

命题 6.20：双向成本分担契约下，若契约参数 (ϕ_m, ϕ_s) 满足 $\phi_m =$

$$
\frac{\rho_m(\bar{\lambda} - \mu_m T)}{\rho_m(\bar{\lambda} - \mu_m T) + \rho_s(\bar{\lambda} - \mu_s T)}, \quad \phi_s = \frac{\rho_s(\bar{\lambda} - \mu_s T)}{\rho_m(\bar{\lambda} - \mu_m T) + \rho_s(\bar{\lambda} - \mu_s T)}, \quad \text{双向成本}
$$

分担契约下供应链整体效用现值可达到集中决策下的水平，实现供应链系统协调。

证明 6.34：若要使双向成本分担契约下的供应链系统长期效用现值达到集中决策时的水平，须使双方在两种决策情形下的决策集一致，即 $I_m^{CC*} = I_m^{C*}$，$I_s^{CC*} = I_s^{C*}$，求解上述方程组即可得命题 6.20 中结论。

结合命题 6.19 与命题 6.20 所得结论，可进一步得到命题 6.21 和命题 6.22。

命题 6.21：双向成本分担契约下，考虑决策者失望规避的制造商效用最优值函数及供应商效用最优值函数可分别表示为：

$$
\begin{aligned}
V_m^{CC*}(t) = \frac{\rho_m}{r} \Bigg\{ & \frac{\alpha^2 (\bar{\lambda} - \mu_m T) [\rho_m (\bar{\lambda} - \mu_m T) + \rho_s (\bar{\lambda} - \mu_s T)]}{2 k_m (\gamma + r)^2} \\
& + \frac{\beta^2 (\bar{\lambda} - \mu_m T) [\rho_m (\bar{\lambda} - \mu_m T) + \rho_s (\bar{\lambda} - \mu_s T)]}{2 k_s (\gamma + r)^2} \\
& + (a - b\rho_m - b\rho_s) \Bigg\} + \frac{\rho_m (\bar{\lambda} - \mu_m T)}{\gamma + r} \tau_{ss}^{CC*} \\
& + \frac{\rho_m (\bar{\lambda} - \mu_m T)}{\gamma + r} (\tau_0 - \tau_{ss}^{CC*}) e^{-\gamma t}
\end{aligned}
$$

$$
\begin{aligned}
V_s^{CC*}(t) = \frac{\rho_s}{r} \Bigg\{ & \frac{\alpha^2 (\bar{\lambda} - \mu_s T) [\rho_m (\bar{\lambda} - \mu_m T) + \rho_s (\bar{\lambda} - \mu_s T)]}{2 k_m (\gamma + r)^2} \\
& + \frac{\beta^2 (\bar{\lambda} - \mu_s T) [\rho_m (\bar{\lambda} - \mu_m T) + \rho_s (\bar{\lambda} - \mu_s T)]}{2 k_s (\gamma + r)^2} \\
& + (a - b\rho_m - b\rho_s) \Bigg\} + \frac{\rho_s (\bar{\lambda} - \mu_s T)}{\gamma + r} \tau_{ss}^{CC*} \\
& + \frac{\rho_s (\bar{\lambda} - \mu_s T)}{\gamma + r} (\tau_0 - \tau_{ss}^{CC*}) e^{-\gamma t}
\end{aligned}
$$

命题 6.22：双向成本分担契约下，考虑决策者失望规避的制造商最优效用现值及供应商最优效用现值可分别表示为：

$$J_m^{CC*} = \frac{\rho_m}{r}\left\{\frac{\alpha^2(\bar{\lambda}-\mu_m T)[\rho_m(\bar{\lambda}-\mu_m T)+\rho_s(\bar{\lambda}-\mu_s T)]}{2k_m(\gamma+r)^2} + (a-b\rho_m-b\rho_s)\right.$$

$$\left. + \frac{\beta^2(\bar{\lambda}-\mu_m T)[\rho_m(\bar{\lambda}-\mu_m T)+\rho_s(\bar{\lambda}-\mu_s T)]}{2k_s(\gamma+r)^2}\right\} + \frac{\rho_m(\bar{\lambda}-\mu_m T)}{\gamma+r}\tau_0$$

$$J_s^{CC*} = \frac{\rho_s}{r}\left\{\frac{\alpha^2(\bar{\lambda}-\mu_s T)[\rho_m(\bar{\lambda}-\mu_m T)+\rho_s(\bar{\lambda}-\mu_s T)]}{2k_m(\gamma+r)^2} + (a-b\rho_m-b\rho_s)\right.$$

$$\left. + \frac{\beta^2(\bar{\lambda}-\mu_s T)[\rho_m(\bar{\lambda}-\mu_m T)+\rho_s(\bar{\lambda}-\mu_s T)]}{2k_s(\gamma+r)^2}\right\} + \frac{\rho_s(\bar{\lambda}-\mu_s T)}{\gamma+r}\tau_0$$

命题 6.23：双向成本分担契约下，当满足条件 $\dfrac{2\rho_m\alpha^2 k_s}{\rho_s(2\alpha^2 k_s+\beta^2 k_m)} \leqslant$

$\dfrac{\bar{\lambda}-\mu_s T}{\bar{\lambda}-\mu_m T} < \text{Min}\left\{\dfrac{4\alpha^2 k_s\rho_m}{\beta^2 k_m\rho_s},\dfrac{2\rho_m}{\rho_s}\right\}$ 或 $\text{Max}\left\{\dfrac{\rho_m(\alpha^2 k_s-\beta^2 k_m)}{\rho_s\alpha^2 k_s},\dfrac{2\rho_m}{\rho_s}\right\} \leqslant \dfrac{\bar{\lambda}-\mu_s T}{\bar{\lambda}-\mu_m T} <$

$\dfrac{\beta^2 k_m\rho_m}{\beta^2 k_m\rho_s-\alpha^2 k_s\rho_s}$ 时，制造商与供应商均可实现长期效用的帕累托改进，此时供

应链达到完美协调。

证明 6.35：由命题 6.14 及命题 6.22 可知：

$$J_m^{CC*} - J_m^{D*} =$$

$$\begin{cases} \dfrac{\rho_s(\bar{\lambda}-\mu_s T)}{2r(\gamma+r)^2}\left[\dfrac{\alpha^2\rho_m(\bar{\lambda}-\mu_m T)}{k_m}-\dfrac{\beta^2\rho_s(\bar{\lambda}-\mu_s T)}{4k_s}\right], & \dfrac{\bar{\lambda}-\mu_s T}{\bar{\lambda}-\mu_m T}<\dfrac{2\rho_m}{\rho_s} \\[4mm] \dfrac{\rho_m(\bar{\lambda}-\mu_m T)}{2r(\gamma+r)^2}\left\{\dfrac{\alpha^2\rho_s(\bar{\lambda}-\mu_s T)}{k_m}+\dfrac{\beta^2[\rho_m(\bar{\lambda}-\mu_m T)-\rho_s(\bar{\lambda}-\mu_s T)]}{k_s}\right\}, & \dfrac{\bar{\lambda}-\mu_s T}{\bar{\lambda}-\mu_m T}\geqslant\dfrac{2\rho_m}{\rho_s} \end{cases}$$

$$(6.103)$$

若使制造商效用实现帕累托改进，须有 $J_m^{CC*} - J_m^{D*} \geqslant 0$，求解上述不等式

可得：

$$\frac{\bar{\lambda}-\mu_s T}{\bar{\lambda}-\mu_m T} < \text{Min}\left\{\frac{4\alpha^2 k_s\rho_m}{\beta^2 k_m\rho_s},\frac{2\rho_m}{\rho_s}\right\} 或 \frac{2\rho_m}{\rho_s} \leqslant \frac{\bar{\lambda}-\mu_s T}{\bar{\lambda}-\mu_m T} \leqslant \frac{\beta^2 k_m\rho_m}{\beta^2 k_m\rho_s-\alpha^2 k_s\rho_s}$$

$$J_s^{CC*} - J_s^{D*} =$$

$$
\begin{cases}
\dfrac{\rho_s(\bar\lambda-\mu_s T)}{2r(\gamma+r)^2}\left\{\dfrac{\alpha^2[\rho_s(\bar\lambda-\mu_s T)-\rho_m(\bar\lambda-\mu_m T)]}{k_m}+\dfrac{\beta^2\rho_s(\bar\lambda-\mu_s T)}{2k_s}\right\}, & \dfrac{\bar\lambda-\mu_s T}{\bar\lambda-\mu_m T}<\dfrac{2\rho_m}{\rho_s}\\[4mm]
\dfrac{\rho_s(\bar\lambda-\mu_s T)}{2r(\gamma+r)^2}\left\{\dfrac{\beta^2\rho_m(\bar\lambda-\mu_m T)}{k_s}-\dfrac{\alpha^2[\rho_m(\bar\lambda-\mu_m T)-\rho_s(\bar\lambda-\mu_s T)]}{k_m}\right\}, & \dfrac{\bar\lambda-\mu_s T}{\bar\lambda-\mu_m T}\geq\dfrac{2\rho_m}{\rho_s}
\end{cases}
$$

$$(6.104)$$

若使供应商效用实现帕累托改进，须有 $V_s^{CC*}-V_s^{D*}\geq0$，求解不等式可得

$$\frac{2\alpha^2 k_s\rho_m}{(\beta^2 k_m\rho_s+2\alpha^2 k_s\rho_s)}\leq\frac{\bar\lambda-\mu_s T}{\bar\lambda-\mu_m T}<\frac{2\rho_m}{\rho_s}或$$

$$\frac{\bar\lambda-\mu_s T}{\bar\lambda-\mu_m T}\geq\mathrm{Max}\left\{\frac{(\alpha^2\rho_m k_s-\beta^2\rho_m k_m)}{\alpha^2 k_s\rho},\frac{2\rho_m}{\rho_s}\right\}$$

综合式（6.103）、式（6.104），可得命题 6.22 中结论。

命题 6.22 表明，当双方失望规避程度在一定范围内，双向成本分担契约能够使制造商与供应商效用均得到帕累托改进，进而提升双方进行协同绿色过程创新的意愿。

6.2.7　数值分析

为进一步说明供应链成员失望规避行为对供应链长期绩效及相关决策的影响，并验证协调机制的有效性，本节将通过数值仿真作进一步分析。依据柳和岑（Liu & Shum，2013）、戈什和沙赫（Ghosh & Shah，2015）及赵道致等（2016）对相关参数的取值情况，令 $\rho_m=12$，$\rho_s=10$，$a=20$，$b=1$，$\alpha=0.8$，$\beta=0.8$，$\gamma=0.3$，$k_m=10$，$k_s=10$，同时，假设消费者绿色偏好 λ 服从 $U\sim[0,2]$ 的均匀分布。

图 6-6 描述了成本分担率 ϕ 随供应链成员失望规避系数 μ_i 的变化情况。根据命题 6.11 及参数取值可知，分散式决策下，当 $\dfrac{4-\mu_s}{4-\mu_m}<\dfrac{12}{5}$ 时，制造

商会以比例 $\phi^* = \dfrac{12(4-\mu_m)-5(4-\mu_s)}{12(4-\mu_m)+5(4-\mu_s)}$ 分担供应商绿色过程创新成本；当

$\dfrac{4-\mu_s}{4-\mu_m} \geqslant \dfrac{12}{5}$ 时，制造商则不分担供应商的绿色过程创新成本，即 $\phi^* = 0$。

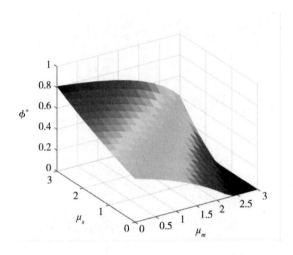

图 6 - 6　分散决策下失望规避系数 $\mu_i(i=s,m)$ 对成本分担率 ϕ 的影响

由图 6 - 6 可知，随着 μ_m 的降低或 μ_s 的增加，$\phi=0$ 的区域不断缩小，表明制造商失望规避程度越低，其分担供应商绿色过程创新成本的可能性越大并随着供应商失望规避程度的增加而增加；当成本分担率 $\phi \neq 0$ 时，其随着 μ_m 的增加而减少，随着 μ_s 的增加而增加。这表明，在面对消费者绿色偏好不确定时，越不害怕失望的制造商越愿意去分担供应商的绿色过程创新成本，激励供应商进行绿色过程创新，并且供应商的失望规避程度越高，制造商为其分担成本的比例越高。

为便于表述，令 $k=\dfrac{\bar{\lambda}-\mu_m T}{\bar{\lambda}-\mu_s T}$。图 6 - 7 描述了集中式决策与分散式决策下，产品绿色水平稳定值随 k 值的变化情况。由图 6 - 7 可知，协调前的分散式决策下，产品绿色水平随 k 值的增加呈分段变化的趋势，具体表现为 $k<\dfrac{5}{12}$ 时的增长率小于 $k \geqslant \dfrac{5}{12}$ 时的增长率。这是由于 $k \geqslant \dfrac{5}{12}$ 时，制造商分担了供应商部分绿色过程创新成本，对供应商实施绿色过程创新具有一定的促

进作用；此外，在集中式决策模型下，产品绿色水平明显高于协调前分散式决策下的相应值，表明供应链成员合作进行绿色过程创新能够显著提高产品绿色水平。

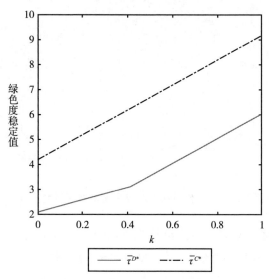

图 6 - 7　产品绿色水平稳定值 $\bar{\tau}^{i*}$，$i \in \{D, C\}$ 随 k 值的变化情况

令 $\theta = \dfrac{J_m^D + J_s^D}{J_{sc}^C}$ 表示协调前供应链的运作效率，图 6 - 8 描述了供应链成员失望规避系数 $\mu_i (i = s, m)$ 对供应链效率 θ 的影响。由图 6 - 8 可知，供应链运作效率 θ 随制造商失望规避系数 μ_m 的增加而降低；而随供应商失望规避系数 μ_s 的增加呈多样化的变化趋势，具体表现为：当制造商失望规避程度较低（μ_m 较小）时，供应链效率 θ 随供应商失望规避系数 μ_s 的增加而增加；当制造商失望规避程度较高（μ_m 较大）时，供应链效率 θ 随供应商失望规避系数 μ_s 的增加而降低。这可解释为，若制造商失望规避程度较低，其有较大意愿分担供应商的绿色过程创新成本，且分担比例 ϕ 随着 μ_s 的增加而增加，从而提高了供应链整体运作效率；相反，若制造商失望规避程度较高，其分担供应商绿色过程创新成本的意愿较低，甚至分担比例 $\phi = 0$，此时供应商的绿色过程创新水平则随着 μ_s 的增加而降低，从而拉低了供应链整体绩效水平。同时可以发现，无论制造商与供应商失望规避程度处于何种水平，供应链运作效率 θ 总是小于 1，进一步说明了进行供应链协调的必要性。

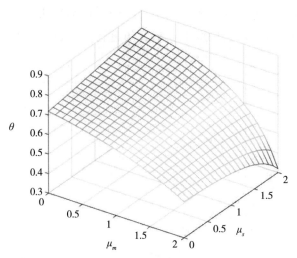

图 6-8　分散决策下供应链运作效率 θ 随成员失望规避系数 $\mu_i(i=s,m)$ 的变化情况

图 6-9 描述了双向成本分担契约协调前后，制造商与供应商效用最优值随时间的变化情况。由图 6-9 可知，在双向成本分担协调机制下，制造商与供应商的效用最优值函数均高于协调前的对应值，表明双向成本分担契约能够实现制造商与供应商的双重帕累托改进，验证了协调机制的有效性。此外可以发现，随着时间的推移，供应链成员的效用最优值逐渐增加并趋于稳定，表明了供应链成员长期协同进行绿色过程创新有利于保持系统的稳定性。

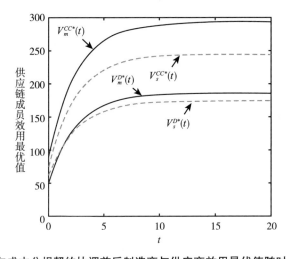

图 6-9　双向成本分担契约协调前后制造商与供应商效用最优值随时间的变化情况

6.2.8　管理启示

为进一步明确本节针对考虑决策失望规避的供应链协同绿色过程创新动态优化与协调问题所得到研究结果对管理实践的指导作用,以下根据本节提出的命题、推论及数值分析得到的结果,给出管理启示,具体从以下五个方面阐述。

(1) 消费者绿色消费偏好程度越高,失望规避制造商与失望规避供应商参与协同绿色过程创新的可能性越大。对政府而言,应该加强绿色生活、绿色消费的社会宣传力度,提高消费者的绿色消费意识、引导消费者进行绿色消费,从而促进制造商与供应链积极开展绿色过程创新活动。

(2) 对于制造商而言,分散决策下,作为供应链的主导者,面对失望规避程度较高的供应商,应适当地分担其绿色过程创新成本,从而提高供应链系统趋于稳定状态时的产品绿色度水平。

(3) 总体而言,在分散决策下,制造商失望规避程度越高,供应链的效率越低:首先,当制造商失望规避程度较低时,选择一个失望规避程度较高的供应商反而能提高供应链整体效率水平;其次,当制造商自身失望规避程度较高时,选择一个失望规避程度较低的供应商可使供应链效率处于较高水平。

(4) 供应链成员可依据自身失望规避程度,设计合理的双向成本分担契约对供应链进行协调,从而提高各自的效用现值,实现帕累托改善并提高系统稳定状态下的产品绿色度水平。

(5) 供应链成员保持长期稳定的合作关系,有利于提高双方效用现值并保持供应链系统的稳定性。

6.3 ▶ 本章小结

本章在考虑绿色产品创新技术或消费绿色偏好具有不确定性的基础上,考虑决策者的失望规避行为,探讨了供应链协同绿色创新决策与协调问题。

根据不同绿色创新类型、参与主体及决策问题，分别针对考虑制造商失望规避的供应链绿色产品创新——定价决策与协调问题和考虑决策者失望规避的供应链协同绿色过程创新动态优化与协调问题两方面内容展开了研究。

在针对考虑制造商失望规避的供应链绿色产品创新——定价决策研究问题中，以制造商和零售商组成的二级绿色供应链为研究对象，在考虑绿色产品创新技术存在不确定性的基础上，将制造商失望规避行为特征纳入决策框架，构建了供应链绿色产品创新与定价决策模型，提出并比较了两种协调机制对市场均衡结果及供应链绩效水平的改善情况，并对制造商失望规避程度及其他主要参数进行了敏感性分析。研究结果表明：（1）在 WP 模型中，仅当制造商失望规避程度在一定水平下时，其才会选择进行绿色产品创新。此时，最优绿色产品创新水平、批发价格及零售价格均与制造商失望规避程度负相关。（2）基于 CS 的分散决策协调机制虽未能提高制造商开展绿色产品创新的可能性，但其能促使制造商提高绿色产品创新水平。（3）在基于 CS 的分散决策协调机制下，最优绿色产品创新水平、批发价格及零售价格均与制造商失望规避程度呈多样性变化。（4）基于 PSB 的集中决策协调机制可同时提高制造商开展绿色产品创新的可能性及其绿色产品创新水平。（5）在基于 PSB 的集中决策协调机制下，最优绿色产品创新水平、批发价格及零售价格均与制造商失望规避程度负相关。（6）基于 CS 的分散决策协调机制可缓解制造商失望规避行为对绿色产品创新决策的影响；而基于 PSB 的集中决策协调机制在于能够缓解分散决策带来的双重边际效应问题。（7）在考虑制造商失望规避行为的情形下，当市场中消费者绿色偏好达到一定水平时，分散决策框架下的协调机制反而会为供应链带来更高的绩效水平。

在针对考虑决策者失望规避的供应链协同绿色过程创新动态优化与协调研究问题中，以制造商和供应商组成的二级绿色供应链为研究对象，借助微分博弈，构建了考虑决策失望规避的供应链协同绿色过程创新动态优化模型，并设计相应的协调机制。随后，考察并比较了分散决策、集中决策及协调机制下的最优策略及对应的市场均衡结果，并对决策者失望规避程度与主要市场参数进行了敏感性分析。研究结果表明：（1）供应链成员的失望规避程度对其绿色过程创新决策具有重要影响，当且仅当双方失望规避系数均不超过一定水平时，双方才会选择协同进行绿色过程创新。（2）分散决策下，仅当制造商边际利润满足一定条件时，制造商才会选择分担供应商的绿色创新成本。此时，最优成本分担率与制造商边际利润及供应商失望规避系数正相关，与供应商边际利润及制造商失望规避系数负相关。（3）无论是分散决策还是集中决策，制造商与供应商的最优绿色过程创新水平均与其各自的边际利润正相关，与各自的失望规避程度负相关。（4）无论是在分散决策还是集中决策下，供应链系统趋近稳定状态的产品最优绿色度水平与制造商失望规避程度及供应商失望规避程度均呈负相关。（5）分散决策下，供应链运作效率随制造商失望规避程度的增加而降低，而随供应商失望规避程度的增加呈多样性变化。（6）与分散决策相比，集中决策下产品绿色度的稳定值及供应链整体绩效水平均有所提高。（7）在满足一定条件时，双向成本分担契约的设计与实施能够使供应链成员的绩效得到帕累托改进并实现供应链协调。

第7章

结论与展望

行为视角下企业绿色运营与供应链协同绿色创新决策问题具有广泛的现实背景，开展对行为视角下企业绿色运营与供应链协同绿色创新决策问题的研究具有重要的理论和现实意义。本书针对考虑消费者社会比较行为的绿色产品市场进入与定价决策问题、考虑决策者风险态度的供应链协同绿色创新决策与协调问题以及考虑决策者失望规避的供应链协同绿色创新决策与协调问题进行了研究，并取得了一些研究成果，本章将对本书的主要工作及结论、主要贡献、局限性及未来展望进行阐述。

7.1 ▶ 主要研究工作与结论

本书以绿色运营及供应链管理领域的研究为基础，结合行为运作管理领域的国内外最新研究成果，重点关注了考虑行为因素的企业绿色运营与供应链协同绿色创新决策问题。在梳理分析现有研究的基础上，提炼出本书所关注的三个管理科学问题，即考虑消费者社会比较行为的绿色产品市场进入与定价决策问题、考虑决策者风险态度的供应链协同绿色创新决策与协调问题以及考虑决策者失望规避的供应链协同绿色创新决策与协调问题。进一步地，针对不同的市场结构、绿色创新类型、参与主体以及决策问题将上述三个管理科学问题划分为具体的六个子问题开展研究工作，取得了以下六个方面的研究成果。

（1）给出了垄断市场下考虑消费者社会比较行为的绿色产品市场进入与定价决策问题的描述、模型构建与求解分析以及关键参数的敏感度分析，该方面的研究成果主要包括：①综合考虑影响消费者购买行为的内在动机、外在动机与社会动机，构建了考虑社会比较行为的消费者效用函数。②针对消费者表现出的社会比较行为特征，根据消费者选择理论，给出了两类产品在不同条件下的市场需求函数。③进一步地，构建了垄断市场下考虑消费者社会比较行为的绿色产品市场进入与定价决策模型，并运用 Karush – Kuhn – Tucker 条件进行求解，得到绿色产品进入市场的边界条件及垄断制造商的最优定价策略。④通过解析分析和数值分析的方式，探讨了垄断市场下，消费者社会比较行为及市场绿色程度等参数对最优策略、市场均衡结果及环境的影响。

（2）给出了竞争市场下考虑消费者社会比较行为的绿色产品市场进入与定价决策问题的描述、模型构建与求解分析以及关键参数的敏感度分析，该方面的研究成果主要包括：①以仅生产普通产品的传统制造商（在位者）与拟生产绿色产品的绿色制造商（潜在进入者）为研究对象，根据考虑消费者社会比较行为的两产品市场需求函数，构建了竞争市场下考虑消费者社会比较行为的绿色产品市场进入与定价决策模型。②针对传统制造商通过设置垄断价格阻遏绿色制造商向市场提供绿色产品的情形，给出了绿色产品市场进入的边界条件。③针对传统制造商允许绿色制造商向市场提供绿色产品的情形，给出了绿色制造商关于绿色产品价格的最优反应函数。④进一步地，求解得到在考虑消费者社会比较行为下，传统制造商与绿色制造商的最优定价策略及市场均衡结果。⑤通过解析分析和数值分析的方式，探讨了竞争市场下，消费者社会比较行为及市场绿色程度等参数对最优策略、市场均衡结果及环境的影响。

（3）给出了基于混合 *CVaR* 的供应链绿色产品创新——广告决策与协调问题的描述、模型构建与求解、分散决策与集中决策的对比、协调机制的设计以及关键参数的敏感度分析，该方面的研究成果主要包括：①以开展绿色产品创新活动的制造商和对绿色产品进行广告宣传的零售商为研究对象，运用信号干扰模型及贝叶斯更新定理描述消费者接收处理绿色产品广告信息以形成产品绿色度的感知过程，在此基础上，综合考虑产品价格、消费者绿色偏好、绿色产品创新水平及广告宣传水平对需求的影响，构建绿色产品的市场需求函数。②针对消费者绿色偏好不确定性所带来的市场风险，以混合 *CVaR* 为风险度量准则，给出可描述制造商及零售商不同风险态度的效用函数。③进一步地，分别在分散决策与集中决策下，构建了基于混合 *CVaR* 的供应链绿色产品创新——广告决策模型，得到了分散决策与集中决策下的最优绿色产品创新水平、最优广告宣传水平、供应链成员及整体绩效水平等最优市场均衡结果。④比较分散决策与集中决策下得到的最优运营策略、制造商和零售商的绩效水平以及供应链整体绩效水平等，并设计双向成本分担契约实现供应链协调。⑤通过解析分析和数值分析的方式，探讨了供应链成员风险态度、供应链成员边际利润等参数对分散决策与集中决策下最优运营策略的影响，同时对协调机制的有效性进行了检验。

（4）给出了基于 *CVaR* 准则的供应链协同绿色过程创新动态优化与协调问题的描述、模型构建与求解、分散决策与集中决策的对比、协调机制的设计以及关键参数的敏感度分析，该方面的研究成果主要包括：①以拟开展绿色过程创新的制造商和拟开展绿色过程创新的供应商为研究对象，运用微分方程刻画产品绿色度水平与供应链成员绿色过程创新水平间的关系。在此基础上，综合考虑产品价格、消费者绿色偏好及产品绿色度水平对需求的影响，提出相应的市场需求函数。②针对消费者绿色偏好的不确定性，建立制造商和供应商的随机利润现值函数。在此基础上，以 *CVaR* 为风险度量准则，给出可描述制造商及供应商风险规避行为的效用函数。③进一步地，分别在分散决策与集中决策下，构建了基于 *CVaR* 准则的供应链协同绿色过程创新动态优化模型，运用动态规划理论及 Hamilton – Jacobi – Bellman 方程对其进行求解，得到了分散决策与集中决策下，供应链成员各自的最优绿色过程创新水平、供应链成员及整体的利润现值等最优市场均衡结果。④比较分散决策与集中决策下得到的最优运营策略、制造商和供应商的绩效水平以及供应链整体绩效水平等，并设计双向成本分担契约实现供应链协调。⑤通过解析分析和数值分析的方式，探讨了供应链成员风险规避程度、供应链成员边际利润等参数对分散决策与集中决策下最优运营策略的影响，同时对协调机制的有效性进行了检验。

（5）给出了考虑制造商失望规避的供应链绿色产品创新——定价决策与协调问题的描述、模型构建与求解、协调机制的设计以及关键参数的敏感度分析，该方面的研究成果主要包括：①以开展绿色产品创新活动的制造商和销售绿色产品的零售商为研究对象，综合考虑产品价格、消费者绿色偏好、绿色产品创新水平对需求的影响，同时考虑到绿色产品创新技术的不确定性，构建绿色产品的随机市场需求函数。②针对制造商在绿色产品创新过程中可能表现出失望规避的行为特征，基于失望理论，给出可描述制造商失望规避行为的效用函数。③针对供应链绿色产品创新——定价决策问题，构建了基于批发价格契约的分散决策作为基准模型，并提出基于成本分担契约的分散决策模型及基于收益共享契约的集中决策模型两个协调机制，得到了不同决策模型下的最优绿色产品创新水平、最优批发价格、最优零售价格以及供应链成员绩效水平等市场均衡策略。④分析了相较于基准模型，两协调机制对供应链最优运营策略及供应链绩效水平的改善情况，并进一步探讨了两协调机制的适用条件。⑤比较了两协调机制的优劣性及占优条件。⑥通过解析分析和数值分析的方式，探讨了制造商失望规避程度、绿色产品创新技术不确定性水平及消费者绿色偏好等参数对各决策模型下最优运营策略及市场均衡结果的影响。

（6）给出了考虑决策失望规避的供应链协同绿色过程创新动态优化与协调问题的描述、模型构建与求解、分散决策与集中决策的对比、协调机制的设计以及关键参数的敏感度分析，该方面的研究成果主要包括：①以拟开展绿色过程创新的制造商和拟开展绿色过程创新的供应商为研究对象，运用微分方程刻画产品绿色度水平与供应链成员绿色过程创新水平间的关系。在此基础上，综合考虑产品价格、消费者绿色偏好及产品绿色度水平对需求的影响，提出相应的市场需求函数。②针对消费者绿色偏好的不确定性，建立制造商和供应商的随机利润现值函数。在此基础上，考虑到制造商与供应商在绿色过程创新中可能表现出失望规避的行为特征，基于失望理论，分别给出可描述制造商与供应商失望规避行为的效用函数。③进一步地，分别在分散决策与集中决策下，构建了考虑决策失望规避的供应链协同绿色过程创新动态优化模型，运用动态规划理论与 Hamilton – Jacobi – Bellman 方程对其进行求解，得到了分散决策与集中决策下，供应链成员各自的最优绿色过程创新水平、供应链成员及供应链整体利润现值等最优市场均衡结果。④比较分散决策与集中决策下得到的最优运营策略、制造商和供应商的绩效水平以及供应链整体绩效水平等，并设计双向成本分担契约实现供应链协调。⑤通过解析分析和数值分析的方式，探讨了供应链成员失望规避程度、供应链成员边际利润等参数对分散决策与集中决策下最优运营策略的影响，同时对协调机制的有效性进行了检验。

基于上述研究成果，给出本书主要研究结论。

（1）本书的研究结果表明，在企业绿色运营与供应链协同绿色创新的决策问题中，考虑消费者及决策者的行为因素是十分必要的。通过针对消费者和决策者特定行为偏好下的企业绿色运营与供应链协同绿色创新决策问题进行研究，可以发现消费者和供应链成员所表现出的行为偏好特征对企业绿色运营与供应链协同绿色创新决策产生重要影响，具有不可忽视的作用。若在实际运营决策过程中未充分考虑消费者或决策者的行为特征，将不可避免地导致决策结果存在严重的偏差，从而无法准确地描述消费者或经营者的现实决策行为。

（2）针对垄断市场下考虑消费者社会比较行为的绿色产品市场进入与定价决策问题，得到的研究结论主要有：①消费者社会比较程度越高，绿色产品市场进入的可能性越大。②依据消费者社会比较程度的高低，垄断制造商可采取高价策略或低价策略向市场提供绿色产品。③随着消费者社会比较程度的增高，垄断制造商选择以低价策略销售绿色产品的可能性越大。④普通产品与绿色产品的市场销量均与消费者社会比较程度、绿色消费者比例及其对绿色产品的溢价水平密切相关，并呈多样性变化。⑤绝大多数情形下，向市场提供绿色产品会减少生产消费过程对环境产生的负向影响，然而，在消费者社会比较程度过高或某些条件下，绿色产品市场进入反而加剧了环境负担。

（3）针对竞争市场下考虑消费者社会比较行为的绿色产品市场进入与定价决策问题，得到的研究结论主要有：①传统制造商可针对消费者社会比较程度的高低采取四种定价策略，即制定垄断价格遏制绿色产品市场进入、允许绿色产品市场进入并选择以远低于绿色产品的价格、以适当低于绿色产品的价格或以略低于绿色产品的价格提供普通产品。②消费者社会比较程度越高，传统制造商放弃绿色消费者市场，仅专注于普通消费者市场的可能性也越大。③与垄断市场情形类似，普通产品与绿色产品的市场销量均与消费者社会比较程度、绿色消费者比例及其对绿色产品的溢价水平密切相关，并呈多样性变化。④与垄断市场情形类似，绝大多数情形下向市场提供绿色产品会减少生产消费过程对环境产生的负向影响，然而，在消费者社会比较程度过高或某些条件下，绿色产品市场进入反而加剧了环境负担。

（4）针对基于混合 $CVaR$ 的供应链绿色产品创新——定价决策与协调问题，得到的研究结论主要有：①当制造商边际利润占供应链总边际利润比例较高时，作为供应链的领导者，制造商应主动分担一定比例的广告宣传成本，激励零售商提升自身广告宣传水平，从而扩大绿色产品的市场需求。②制造商可表现出适当的风险追逐行为，其有利于提升产品绿色度水平，并有效地提升供应链效率。③零售商过度追逐风险不仅导致自身效用受损，还会降低制造商及供应链整体的绩效水平。因此，零售商应适当规避风险，并适度地进行广告宣传。④无论制造商和零售商表现为何种风险态度，基于风险补偿的双向成本分担契约均能够有效实现供应链协调。特别地，当制造商面对风险追逐零售商时，使用基于风险补偿的双向成本分担契约能够显著地提升供应链效率。

（5）针对基于 $CVaR$ 准则的供应链协同绿色过程创新动态优化与协调问题，得到的研究结论主要有：①当发现供应商边际利润较低或其风险规避程度较高时，制造商应主动分担供应商的绿色过程创新成本，从而有效地提高产品绿色度水平，同时也能提高制造商自身绩效水平。②制造商的风险规避行为不利于提高供应链成员的经济效益及供应链整体运作效率水平，而供应商的风险规避行为虽然拉低了供应链成员的经济效益，但同时却能相对提升供应链整体的运作效率。因此，在实际供应链协同绿色过程创新问题中，制造商应尽量保持理性，而供应商可适当持有风险规避的态度。③制造商和供应商可通过协商并运用双向成本分担契约协同进行绿色过程创新，从而提高双方绩效水平。④制造商和供应商保持长期稳定的合作关系，有利于提高双方效用现值并保持供应链系统的稳定性。

（6）针对考虑制造商失望规避的供应链绿色产品创新——定价决策与协调问题，得到的研究结论主要有：①制造商的失望规避行为会降低其进行绿色产品创新的意愿，针对这一情形，供应链成员通过采取基于 CS 契约的分散决策或基于 PSB 契约的集中决策两种协调机制可有效缓解制造商失望规避行为所产生的不利影响。②在 CS 契约协调机制下，制造商可表现出适当的失望规避行为，其有利于提升产品绿色度水平，并可有效提升自身及零售商的绩效水平。③针对失望规避程度较高的制造商，选择 PSB 契约开展绿色创新活动会为其带来更高的绩效水平。④在一定条件下，CS 契约与 PSB 契约两种协调机制均能提高供应链绿色创新水平以及供应链成员的绩效水平。然而，不同协调机制的作用机理不甚相同，CS 契约可缓解制造商失望规避行为对供应链绿色产品创新产生的不利影响；而 PSB 契约主要是在一定程度上消除了供应链的双重边际效应。实际经营过程中，供应链成员可根据不同目标，协商选择相应的协调机制。⑤从提高供应链整体绩效水平出发，若消费者绿色偏好程度较高，选择 CS 契约这一协调机制会为供应链带来更高的绩效水平；否则，选择 PSB 契约协调机制更为明智。

(7) 针对考虑制造商失望规避的供应链绿色产品创新——定价决策与协调问题，得到的研究结论主要有：①消费者绿色消费偏好程度越高，失望规避制造商与失望规避供应商参与协同绿色过程创新的可能性越大。因此，政府应该加强绿色生活、绿色消费的社会宣传力度，提高消费者绿色消费意识、引导消费者进行绿色消费，从而促进制造商与供应商积极开展绿色过程创新活动。②分散决策下，制造商作为供应链的主导者，面对失望规避程度较高的供应商，应适当地分担其绿色过程创新成本，从而提高供应链系统趋于稳定状态时的产品绿色度水平。③分散决策时，若制造商失望规避程度较低，选择一个失望规避程度较高的供应商反而能提高供应链整体效率水平；而当制造商自身失望规避程度较高时，选择一个失望规避程度较低的供应商可使供应链效率处于较高水平。④供应链成员可依据自身失望规避程度，设计合理的双向成本分担契约对供应链进行协调，从而实现帕累托改善并提高系统稳定状态下的产品绿色度水平。⑤供应链成员保持长期稳定的合作关系，有利于提高双方效用现值并保持供应链系统的稳定性。

7.2 ▶ 主要贡献

本书针对考虑行为因素的企业绿色运营与供应链协同绿色创新决策问

题，从理论与模型方面进行了深入的研究，研究工作的主要贡献如下所示。

（1）从行为视角出发，给出了针对企业绿色运营与供应链绿色创新决策问题的研究框架。在分析梳理国内外相关研究的基础上，对考虑行为因素的企业绿色运营与供应链协同绿色创新决策问题进行提炼和归纳，并根据不同市场结构、绿色创新类型、参与主体及决策问题，有针对性地构建相关运营决策模型，采用合适的技术手段对模型进行求解分析。本书通过在企业绿色运营与供应链绿色创新决策问题中融入行为运作管理的相关理论与方法，给出了针对该类问题的一般性描述及解决问题的研究框架，为后续相关研究问题的扩展与应用奠定了基础。

（2）关注消费者社会比较行为对企业绿色运营策略的影响。针对现有研究缺乏考虑消费者社会比较行为对企业绿色运营决策影响的问题，本书考虑到绿色产品的象征性价值和人与生俱来的社会属性，综合影响消费者购买决策的内在动机、外在动机与社会动机，建立了由消费效用与社会地位效用构成的消费者总效用函数，并以此为基础，分别在垄断市场与竞争市场下对考虑消费者社会比较行为的绿色产品市场进入与定价决策问题展开了研究。本书的研究有助于企业在制定绿色运营策略时，更好地洞察市场需求，准确地掌握绿色产品市场进入的时机并有针对性地制定产品定价策略。

（3）针对供应链绿色创新决策问题展开系统化的研究。在现有关于绿色创新决策的研究中，对绿色产品创新与绿色过程创新的界定较为模糊，并缺乏针对这一问题系统化的研究。本书以企业是否开展绿色创新、生产绿色产品到核心企业如何与供应链上游成员协同开展绿色创新为研究脉络，探讨了供应链绿色产品创新——广告决策问题、供应链绿色产品创新——定价决策问题、供应链协同绿色过程创新动态优化问题以及供应链协调机制问题，并根据绿色产品创新与绿色过程创新各自的特点，分别构建短期静态优化模型与长期动态优化模型，进一步采用合适的求解技术手段得到供应链最优运营策略。本书的研究有助于企业在开展供应链协同绿色创新时，根据不同绿色创新类型，制定更具针对性的运营策略。

（4）给出一类不确定环境下考虑决策者风险态度、失望规避行为的供应链协同绿色创新策略优化模型。针对现有研究对绿色供应链运营环境不确定性的考虑不够充分，并缺乏考虑决策者在不确定环境下所表现出非理性行为特征的问题。本书考虑了消费者绿色偏好的不确定性以及绿色产品创新的不确定性，在供应链绿色产品创新——广告决策问题、供应链绿色产品创新——定价决策问题、供应链协同绿色过程创新动态优化问题以及供应链协调机制问题中对决策者的风险态度及失望规避行为进行了考虑。在此基础上，基于 *CVaR* 风险度量工具与失望理论给出可描述决策者不同行为特征的效用函数，并进一步构建具体问题下的供应链协同绿色创新决策模型。本书的研究将决策者的风险态度与失望规避行为纳入决策框架，提出的绿色供应链决策模型能够较为真实地反映决策者在不确定性环境下的实际运营决策情况，增加理论模型的应用价值，有助于更好地指导企业决策实践，同时也进一步丰富了绿色供应链决策问题的研究内容。

7.3 ▶ 研究的局限性

虽然本书的研究对考虑行为因素的企业绿色运营与供应链协同绿色创新决策问题作出了一些贡献，但尚存在一定的局限性，具体表现在以下三个方面。

（1）在研究问题提炼层面上，首先，由于时间和精力等方面的限制，本书主要研究了考虑消费者的社会比较行为、决策者风险态度、决策者失望规避行为的企业绿色运营与供应链绿色创新决策问题，并未对消费者及供应链决策者在该问题中可能表现出的其他行为特征进行研究；其次，本书的研究对象较为简单，未涉及由多供应商、多制造商及多零售商构成的供应链网络系统；再次，本书的研究未涉及政府政策对企业绿色运营及供应链绿色创新决策的影响；最后，本书未考虑竞争环境下的供应链绿色创新决策问题。

（2）在理论与方法层面上，由于模型复杂度和个人能力的限制，针对模型中一些外生变量进行了简单归零化或归一化处理；未能通过行为实验的方法获取行为参数的具体取值范围，仅参考已有研究的结果对其进行赋值，进行算例分析。

（3）在应用层面上，本书主要针对考虑行为因素的企业绿色运营与供应链协同绿色创新决策问题，从理论和建模方面进行了探索性、尝试性的研究，研究结论主要是通过数学方法进行解析分析或数值分析得到的，并未从现实应用层面对本书得到的结论进行实证分析。

7.4 ▶ 后续研究工作展望

本书对考虑行为因素的企业绿色运营与供应链协同绿色创新决策问题进行了初步的研究。然而，作为一个相对崭新的研究问题，该问题仍具有广阔的探索空间，有待从理论和模型等方面开展更深入的探索与研究。

（1）进一步推进行为运作管理与绿色运营、绿色创新、绿色供应链管理理论的融合，在考虑行为因素的企业绿色运营与供应链协同绿色创新决策问题中，考虑需求端消费者及供给端决策者的其他行为偏好特征，如感知偏差、参照依赖及后悔规避等，从而更加准确地、全面地反映各参与主体的行为特征，使理论模型得到的结果符合实际决策需要。

（2）本书关于供应链协同绿色创新决策问题的部分，以单一上游企业与单一下游企业组成的供应链为研究对象。然而，现实中的供应链系统往往具有复杂的网络结构，并且各节点企业多存在竞争与合作的关系。因此，未来可在更复杂的供应链网络结构下，针对考虑行为因素的供应链绿色创新决策问题展开研究。此外，在行为视角下，探讨政府政策对企业绿色运营与供应链绿色创新决策的影响也是未来值得研究的方向。

（3）将行为实验与数理建模相结合，通过行为实验观测参与主体行为特征，并探讨其对企业绿色运营及供应链协同绿色创新决策的影响，进一步地，基于行为实验结果，构建相应的运营决策模型，并利用实验得到的具体行为参数值进行算例分析，从而增加模型的可靠性与适用性。

参 考 文 献

[1] DALY H. 超越增长 [M]. 上海：上海译文出版社，2001.

[2] 毕克新，杨朝均，隋俊. 跨国公司技术转移对绿色创新绩效影响效果评价：基于制造业绿色创新系统的实证研究 [J]. 中国软科学，2015，(11)：81-93.

[3] 曹兵兵，樊治平，尤天慧，等. 基于失望理论的零售商订货与广告联合决策 [J]. 系统工程学报，2019，34 (4)：469-482.

[4] 曹兵兵，樊治平，张胡伟. 考虑零售商失望规避与欣喜寻求的定价与订货联合决策 [J]. 中国管理科学，2016，24 (7)：82-91.

[5] 曹二保，余曼，毕功兵. 社会化运作管理：一个正在兴起的研究领域 [J]. 管理科学学报，2018，21 (11)：112-126.

[6] 曹柬，吴晓波，周根贵. 制造企业绿色运营模式演化及政府作用分析 [J]. 科研管理，2013，34 (1)：108-115.

[7] 曹裕，李青松，胡韩莉. 不同政府补贴策略对供应链绿色决策的影响研究 [J]. 管理学报，2019，16 (2)：297-305，316.

[8] 褚宏睿，冉伦，张冉，等. 基于前景理论的报童问题：考虑回购和缺货惩罚 [J]. 管理科学学报，2015，18 (12)：47-57.

[9] 但斌，刘飞. 绿色供应链及其体系结构研究 [J]. 中国机械工程，2000，11 (11)：40-42，44.

[10] 范如国，林金钗，朱超平，等. 考虑利他行为的低碳供应链决策模型及其复杂性分析 [J]. 软科学，2019，33 (11)：85-91，119.

[11] 傅端香，张子元，原白云. 政府补贴政策下考虑风险规避的绿色供应链定价决策研究 [J]. 运筹与管理，2019，28 (9)：33-40，84.

[12] 关志民，曲优，叶同，等. 消费者感知偏差对供应链绿色运营策略的影响 [J]. 计算机集成制造系统，2019，25 (2)：480-490.

[13] 何华，马常松，吴忠和．碳限额与交易政策下考虑绿色技术投入的定价策略研究 [J]．中国管理科学，2016，24（5）：74 – 84．

[14] 黄金波，李仲飞．分布不确定下的风险对冲策略及其效用 [J]．中国管理科学，2017，25（1）：1 – 10．

[15] 黄松，杨超，杨珺．考虑成员风险态度和 VaR 约束时的供应链协调模型 [J]．管理工程学报，2011，25（2）：136 – 141．

[16] 黄卫东，薛殿中，巩永华．低碳供应链协同技术创新的微分对策模型 [J]．南京邮电大学学报（自然科学版），2015，35（4）：15 – 20．

[17] 贾彦忠．社会比较对消费者行为决策的影响分析 [J]．商业经济研究，2019，10（20）：79 – 81．

[18] 姜明君，陈东彦．公平偏好下绿色供应链收益分享与绿色创新投入研究 [J]．控制与决策，2020，34（6）：1463 – 1468．

[19] 姜艳萍，梁霞，张浩．考虑后悔与失望行为的应急方案选择方法 [J]．运筹与管理，2019，28（11）：91 – 97．

[20] 杰伊·海泽，巴里·伦德尔．运作管理 [M]．北京：中国人民大学出版社，2012．

[21] 解芳，盛光华，龚思羽．全民环境共治背景下参照群体对中国居民绿色购买行为的影响研究 [J]．中国人口·资源与环境，2019，29（8）：66 – 75．

[22] 解学梅，罗丹，高彦茹．基于绿色创新的供应链企业协同机理实证研究 [J]．管理工程学报，2019，33（3）：116 – 124．

[23] 李会太．"绿色"与绿色管理的概念界定 [J]．生态经济，2007（4）：93 – 95．

[24] 李绩才，周永务，钟远光．基于 CVaR 准则的 newsboy 型商品最优广告费用与订货策略 [J]．系统工程理论与实践，2012，32（4）：776 – 783．

[25] 李星北，齐二石．考虑不同风险偏好的供应链企业创新投资决策模型 [J]．管理学报，2014，11（10）：1514 – 1519，1527．

[26] 梁霞，姜艳萍．考虑损失规避和失望规避行为的应急方案选择方法 [J]．系统工程，2016，34（9）：154 – 158．

[27] 林强，叶飞，陈晓明．随机弹性需求条件下基于 CVaR 与收益共享

契约的供应链决策模型 [J]. 系统工程理论与实践, 2011, 31 (12): 2296 – 2307.

[28] 林强, 叶飞. "公司 + 农户" 型订单农业供应链的 nash 协商模型 [J]. 系统工程理论与实践, 2014, 34 (7): 1769 – 1778.

[29] 刘咏梅, 李立, 刘洪莲. 行为供应链研究综述 [J]. 湖南医科大学学报 (社会科学版), 2011, 17 (1): 80 – 88.

[30] 刘作仪, 查勇. 行为运作管理: 一个正在显现的研究领域 [J]. 管理科学学报, 2009, 12 (4): 64 – 74.

[31] 马祖军. 绿色供应链管理的集成特性和体系结构 [J]. 南开管理评论, 2002, 5 (6): 47 – 50.

[32] 孟晓阁, 聂佳佳, 林晴, 等. 消费者碳敏感情形下的竞争性低碳采购策略 [J]. 系统工程理论与实践, 2016, 36 (12): 3103 – 3110.

[33] 聂佳佳, 蒋晨, 王琦君. 碳税政策下风险规避对低碳竞争策略的影响 [J]. 工业工程与管理, 2018, 23 (5): 33 – 43.

[34] 邱若臻, 苑红涛, 冯俏. 具有风险偏好的供应链收入共享契约协调模型 [J]. 工业工程与管理, 2015, 20 (4): 86 – 91, 155.

[35] 曲峰庚, 董宇鸿. 绿色运营战略 [M]. 北京: 经济科学出版社, 2012.

[36] 曲优, 关志民, 叶同, 等. 基于混合 CVaR 的供应链绿色研发—广告决策与协调机制研究 [J]. 中国管理科学, 2018, 26 (10): 89 – 101.

[37] 任保平. 可持续发展经济学基本理论问题研究的述评 [J]. 中国人口·资源与环境, 2004 (5): 23 – 28.

[38] 石平, 颜波, 石松. 考虑公平的绿色供应链定价与产品绿色度决策 [J]. 系统工程理论与实践, 2016, 36 (8): 1937 – 1950.

[39] 孙剑, 李崇光, 黄宗煌. 绿色食品信息、价值属性对绿色购买行为影响实证研究 [J]. 管理学报, 2010, 7 (1): 57 – 63.

[40] 谭春桥, 陈丽萍, 崔春生. 公平关切下旅游产品 O2O 模式的定价与服务策略研究 [J]. 管理学报, 2019, 16 (6): 939 – 948.

[41] 陶瑾, 关志民, 邱若臻. 顾客时间偏好下基于 WCVaR 的供应链采购与分销决策集成优化 [J]. 管理学报, 2017, 14 (9): 1394 – 1404.

［42］汪应洛，王能民，孙林岩．绿色供应链管理的基本原理［J］.中国工程科学，2003（11）：82－87.

［43］王财玉，郑晓旭，余秋婷，等．绿色消费的困境：身份建构抑或环境关心？［J］.心理科学进展，2019，27（8）：1507－1520.

［44］王鸣华．供应链整合对企业绿色创新影响实证研究：环境不确定性的调节作用［J］.商业经济研究，2017（16）：112－115.

［45］王能民，杨彤．绿色供应链的协调机制探讨［J］.企业经济，2006（5）：13－15.

［46］王芹鹏，赵道致．两级供应链减排与促销的合作策略［J］.控制与决策，2014，29（2）：307－314.

［47］魏守道．碳交易政策下供应链减排研发的微分博弈研究［J］.管理学报，2018，15（5）：782－790.

［48］吴波．绿色消费研究评述［J］.经济管理，2014，36（11）：178－189.

［49］吴彦莉，胡劲松．具过度自信零售商的双渠道供应链网络均衡研究［J］.运筹与管理，2018，27（1）：96－102.

［50］吴正祥，李宝库．考虑零售商社会比较行为的双渠道供应链均衡策略［J］.山东大学学报（理学版），2019，54（11）：20－34.

［51］邢淑芬，俞国良．社会比较研究的现状与发展趋势［J］.心理科学进展，2005，13（1）：78－84.

［52］徐春秋，赵道致，原白云，等．上下游联合减排与低碳宣传的微分博弈模型［J］.管理科学学报，2016，19（2）：53－65.

［53］严欢，王亚杰．消费者预期情绪对绿色购买行为的影响机理研究［J］.价格理论与实践，2019（7）：120－123.

［54］杨海洪，张艳丽，胡小建．考虑消费者偏好的绿色产品歧视定价决策研究［J］.数学的实践与认识，2017，47（24）：94－101.

［55］杨天剑，田建改．不同渠道权力结构下供应链定价及绿色创新策略［J］.软科学，2019，33（12）：127－132.

［56］叶飞，林强，李怡娜．基于 CVaR 的"公司＋农户"型订单农业供应链协调契约机制［J］.系统工程理论与实践，2011，31（3）：450－460.

[57] 叶飞, 王吉璞. 产出不确定条件下"公司＋农户"型订单农业供应链协商模型研究 [J]. 运筹与管理, 2017, 26 (7): 82-91.

[58] 叶同, 关志民, 陶瑾, 等. 考虑消费者低碳偏好和参考低碳水平效应的供应链联合减排动态优化与协调 [J]. 中国管理科学, 2017, 25 (10): 52-61.

[59] 易明, 程晓曼. 碳价格政策视角下企业绿色创新决策研究 [J]. 软科学, 2018, 32 (7): 74-78.

[60] 游达明, 朱桂菊. 低碳供应链生态研发、合作促销与定价的微分博弈分析 [J]. 控制与决策, 2016, 31 (6): 1047-1056.

[61] 于超, 樊治平. 考虑决策者失望规避的新产品开发方案选择方法 [J]. 工业工程与管理, 2015, 20 (6): 54-60.

[62] 禹海波, 王莹莉. 不确定性对混合 cvar 约束库存系统的影响 [J]. 运筹与管理, 2014, 23 (1): 20-25.

[63] 袁典. 个人投资者风险态度与股票投资盈亏 [D]. 成都: 西南财经大学, 2016.

[64] 张钢, 张小军. 国外绿色创新研究脉络梳理与展望 [J]. 外国经济与管理, 2011, 33 (8): 25-32.

[65] 张克勇, 李春霞, 姚建明, 等. 政府补贴下具风险规避的绿色供应链决策及协调 [J]. 山东大学学报 (理学版), 2019, 54 (11): 35-51.

[66] 张新鑫, 侯文华, 申成霖. 顾客策略行为下基于 cvar 和回购契约的供应链决策模型 [J]. 中国管理科学, 2015, 23 (2): 80-91.

[67] 张永明, 楼高翔, 常香云. 考虑参考效应的碳减排与低碳宣传微分博弈 [J]. 工业工程与管理, 2018, 23 (2): 107-113, 121.

[68] 张永明, 楼高翔. 竞争型低碳供应链下考虑参考效应的微分博弈 [J]. 系统工程, 2018, 36 (6): 101-108.

[69] 张玉行, 王英. 考虑顾客偏好与绿色敏感度的竞争企业定价策略研究 [J]. 软科学, 2018, 32 (8): 59-62.

[70] 赵道致, 徐春秋, 王芹鹏. 考虑零售商竞争的联合减排与低碳宣传微分对策 [J]. 控制与决策, 2014, 29 (10): 1809-1815.

[71] 赵道致, 原白云, 徐春秋. 低碳环境下供应链纵向减排合作的动

态协调策略 ［J］. 管理工程学报，2016，30（1）：147 – 154.

［72］郑君君，王璐，王向民，等. 考虑消费者环境意识及企业有限理性的生产决策研究 ［J］. 系统工程理论与实践，2018，38（10）：2587 – 2599.

［73］郑晓莹，彭泗清，彭璐珞. 达则兼济天下？社会比较对亲社会行为的影响及心理机制 ［J］. 心理学报，2015，47（2）：243 – 250.

［74］周培勤. 透视"炫耀性绿色消费" ［J］. 环境保护，2012（11）：20 – 23.

［75］周艳菊，胡凤英，周正龙. 零售商主导下促进绿色产品需求的联合研发契约协调研究 ［J］. 管理工程学报，2020，34（2）：194 – 204.

［76］周颖，刘芳. 碳政策约束下考虑损失规避的企业生产和减排策略 ［J］. 物流技术，2015，34（5）：146 – 149，174.

［77］朱桂菊，游达明. 基于微分对策的绿色供应链生态研发策略与协调机制 ［J］. 运筹与管理，2017，26（6）：62 – 69.

［78］朱庆华，窦一杰. 基于政府补贴分析的绿色供应链管理博弈模型 ［J］. 管理科学学报，2011，14（6）：86 – 95.

［79］朱庆华，夏西强，王一雷. 政府补贴下低碳与普通产品制造商竞争研究 ［J］. 系统工程学报，2014，29（5）：640 – 651.

［80］朱庆华. 绿色供应链管理 ［M］. 北京：化学工业出版社，2003.

［81］ABDULLAH M. , ZAILANI S. , IRANMANESH M. , et al. Barriers to Green Innovation Initiatives among Manufacturers：The Malaysian Case ［J］. Review of Managerial Science, 2016, 10（4）：683 – 709.

［82］ACERBI C. , TASCHE D. On the Coherence of Expected Shortfall ［J］. Journal of Banking & Finance, 2001, 26（7）：1487 – 1503.

［83］AGI M A. N. , YAN X. Greening Products in a Supply Chain under Market Segmentation and Different Channel Power Structures ［J］. International Journal of Production Economics, 2020, 223（3）：107 – 123.

［84］AGRAWAL V. V. , ÜLKÜ S. The Role of Modular Upgradability as a Green Design Strategy ［J］. Manufacturing & Service Operations Management, 2013, 15（4）：640 – 648.

［85］AGRAWAL V. , BELLOS I. The Potential of Servicizing as a Green

Business Model [J]. Management Science, 2017, 63 (3): 1545 – 1562.

[86] AGRAWAL V., LEE D. The Effect of Sourcing Policies on Suppliers' Sustainable Practices [J]. Production and Operations Management, 2019, 28 (4): 767 – 787.

[87] AGRAWAL V., SESHADRI S. Impact of Uncertainty and Risk Aversion on Price and Order Quantity in the Newsvendor Problem [J]. Manufacturing & Service Operations Management, 2000, 2 (4): 410 – 423.

[88] AMALDOSS W., JAIN S. Research Note—Trading Up: A Strategic Analysis of Reference Group Effects [J]. Marketing Science, 2008, 27 (5): 932 – 942.

[89] ATASU A., SARVARY M., WASSENHOVE L. N. V. J. M. S. Remanufacturing as a Marketing Strategy [J]. Management Science, 2008, 54 (10): 1731 – 1746.

[90] AVCI B., LOUTFI Z., MIHM J., et al. Comparison as Incentive: Newsvendor Decisions in a Social Context [J]. Production and Operations Management, 2014, 23 (2): 303 – 313.

[91] BARBER N. A, BISHOP M., GRUEN T. Who Pays More (or Less) for Pro – Environmental Consumer Goods? Using the Auction Method to Assess Actual Willingness – to – Pay [J]. Journal of Environmental Psychology, 2014, 40 (12): 218 – 227.

[92] BARBER N. A., BISHOP M., GRUEN T. Who Pays More (or Less) for Pro – Environmental Consumer Goods? Using the Auction Method to Assess Actual Willingness – to – Pay [J]. Journal of Environmental Psychology, 2014, 40 (12): 218 – 227.

[93] BASIRI Z., HEYDARI J. A Mathematical Model for Green Supply Chain Coordination with Substitutable Products [J]. Journal of Cleaner Production, 2017, 145 (3): 232 – 249.

[94] BELL D. E. Disappointment in Decision Making under Uncertainty [J]. Operations Research, 1985, 33 (1): 1 – 27.

[95] BEMPORAD R., & BARANOWSKI M. Conscious Consumers Are

Changing the Rules of Marketing. Are You Ready? [R]. Highlights from the Bbmg Conscious Consumer Report, 2007.

[96] BENARTZI S, BESHEARS J, MILKMAN K L, et al. Should Governments Invest More in Nudging? [J]. Psychological Science, 2017, 28 (8): 1041 – 1055.

[97] BENDOLY E., DONOHUE K., SCHULTZ K. L. Behavior in Operations Management: Assessing Recent Findings and Revisiting Old Assumptions [J]. Journal of Operations Management, 2006, 24 (6): 737 –752.

[98] BERNAUER E., KAMMERER S. Explaining Green Innovation [R]. Center for Comparative and International Studies, 2006, 1 – 16.

[99] BHASKARAN S R, KRISHNAN V. Effort, Revenue, and Cost Sharing Mechanisms for Collaborative New Product Development [J]. Management Science, 2009, 55 (7): 1152 – 1169.

[100] BI G., JIN M., LING L., et al. Environmental Subsidy and the Choice of Green Technology in the Presence of Green Consumers [J]. Annals of Operations Research, 2017, 255: 547 – 568.

[101] BIAN J., ZHAO X. Tax or Subsidy? An Analysis of Environmental Policies in Supply Chains with Retail Competition [J]. European Journal of Operational Research, 2020, 283 (6): 901 – 914.

[102] BOULDING K. E. He Economics of the Coming Spaceship Earth [M]. Baltimore: Johns Hopkins University Press, 1966.

[103] BRUNNERMEIER S. B., COHEN M. A. Determinants of Environmental Innovation in Us Manufacturing Industries [J]. Journal of Environmental Economics and Management, 2003, 45 (2): 278 – 293.

[104] BUUNK B P, COLLINS R L, TAYLOR S E, et al. The Affective Consequences of Social Comparison: Either Direction Has Its Ups and Downs [J]. Journal of Personality & Social Psychology, 1990, 59 (6): 1238 – 1249.

[105] ČENCOV N. N. Statistical Decision Rules and Optimal Inference [M]. Providence: American Mathematical Society, 1982.

[106] CARTER C. R., KAUFMANN L., MICHEL A. Behavioral Supply

Management: A Taxonomy of Judgment and Decision – Making Biases [J]. International Journal of Physical Distribution & Logistics Management, 2007, 37 (8): 661 – 665.

[107] CHEN C. Design for the Environment: A Quality – Based Model for Green Product Development [J]. Management Science, 2001, 47 (2): 250 – 263.

[108] CHEN F. , XU M. , ZHANG G. A Risk – Averse Newsvendor Model under Cvar Decision Criterion [J]. Operations Research, 2009, 57 (4): 1040 – 1044.

[109] CHEN J – Y, DIMITROV S. , PUN H. The Impact of Government Subsidy on Supply Chains' Sustainability Innovation [J]. Omega, 2019, 86 (6): 42 – 58.

[110] CHEN N. , NASIRY J. Does Loss Aversion Preclude Price Variation? [J]. Manufacturing & Service Operations Management, 2020, 22 (2): 383 – 395.

[111] CHEN X. , WANG X. , ZHOU M. Firms' Green R & D Cooperation Behaviour in a Supply Chain: Technological Spillover, Power and Coordination [J]. International Journal of Production Economics, 2019, 218 (12): 118 – 134.

[112] CHEN Y. S. The Driver of Green Innovation and Green Image: Green Core Competence [J]. Journal of Business Ethics, 2008, 81 (3): 531 – 543.

[113] CHEN Y. S. , LAI S. B. , WEN C. T. The Influence of Green Innovation Performance on Corporate Advantage in Taiwan [J]. Journal of Business Ethics, 2006, 67 (4): 331 – 339.

[114] COSTANZA R. , DALY H. E. Toward an Ecological Economics [J]. Ecological Modelling, 1987, 38 (1): 1 – 7.

[115] CROSON R. , SCHULTZ K. , SIEMSEN E. , et al. Behavioral Operations: The State of the Field [J]. Journal of Operations Management, 2013, 31 (1): 1 – 5.

［116］ CUI T. H. , ZHANG Z. J. Fairness and Channel Coordination ［J］. Management Science, 2007, 53 (8): 1303 – 1314.

［117］ CUI X. , GAO J. , SHI Y. , et al. Time – Consistent and Self – Coordination Strategies for Multi – Period Mean – Conditional Value – at – Risk Portfolio Selection ［J］. European Journal of Operational Research, 2019, 276 (2): 781 – 789.

［118］ DAI R. , ZHANG J. Green Process Innovation and Differentiated Pricing Strategies with Environmental Concerns of South – North Markets ［J］. Transportation Research Part E: Logistics and Transportation Review, 2017, 98 (2): 132 – 150.

［119］ DALY H. E. On Economics as a Life Science ［J］. Journal of Political Economy, 1968, 76 (3): 392 – 406.

［120］ DELMAS M. A. , LESSEM N. Saving Power to Conserve Your Reputation? The Effectiveness of Private Versus Public Information ［J］. Journal of Environmental Economics and Management, 2014, 67 (3): 353 – 370.

［121］ DELQUIÉ P. , ALESSANDRA C. Disappointment without Prior Expectation: A Unifying Perspective on Decision under Risk ［J］. Journal of Risk and Uncertainty, 2006, 33 (3): 197 – 215.

［122］ DESAI P. , KEKRE S. , RADHAKRISHNAN S. , et al. Product Differentiation and Commonality in Design: Balancing Revenue and Cost Drivers ［J］. Management Science, 2001, 47 (1): 37 – 51.

［123］ DROCKNER E. J. , JØRGENSEN S, LONG N V, et al. Differential Games in Economics and Management Science ［M］. Cambridge: Cambridge University Press, 2000.

［124］ DU S. , TANG W. , SONG M. Low – Carbon Production with Low – Carbon Premium in Cap – and – Trade Regulation ［J］. Journal of Cleaner Production, 2016, 134 (10): 652 – 662.

［125］ DU S. , TANG W. , ZHAO J. , et al. Sell to Whom? Firm's Green Production in Competition Facing Market Segmentation ［J］. Annals of Operations Research, 2018, 270 (1 – 2): 125 – 154.

[126] DU S. , WANG L. , HU L. Omnichannel Management with Consumer Disappointment Aversion [J]. International Journal of Production Economics, 2019, 215 (9): 84 – 101.

[127] EASINGWOOD C. J. New Product Development for Service Companies [J]. Journal of Product Innovation Management, 1986, 3 (4): 264 – 275.

[128] EPLEY N. The Anchoring – and – Adjustment Heuristic [J]. Psychological Science, 2006, 17 (4): 311 – 318.

[129] FAHIMNIA B. , POURNADER M. , SIEMSEN E. , et al. Behavioral Operations and Supply Chain Management – a Review and Literature Mapping [J]. Decision Sciences, 2019, 50 (6): 1127 – 1183.

[130] FEHR E, GÄCHTER S, GACHTER S. Fairness and Retaliation: The Economics of Reciprocity [J]. Journal of Economic Perspectives, 2000, 14 (3): 159 – 181.

[131] FEHR E. , SCHMIDT K. M. A Theory of Fairness, Competition, and Cooperation [J]. The Quarterly Journal of Economics, 1999, 114 (3): 817 – 868.

[132] FESTINGER L. A Theory of Social Comparison Processes [J]. Human Relations, 1954, 7 (2): 117 – 140.

[133] FUSSLER C. Driving Eco – Innovation: A Breakthrough Discipline for Innovation and Sustainability [M]. UK: Pitman Publishing, 1996.

[134] GAO S. Y. , LIM W. S. , TANG C. S. Entry of Copycats of Luxury Brands [J]. Marketing Science, 2016, 36 (2): 272 – 289.

[135] GHOSH D. , SHAH J. A Comparative Analysis of Greening Policies across Supply Chain Structures [J]. International Journal of Production Economics, 2012, 135 (2): 568 – 583.

[136] GHOSH D. , SHAH J. Supply Chain Analysis under Green Sensitive Consumer Demand and Cost Sharing Contract [J]. International Journal of Production Economics, 2015, 164 (6): 319 – 329.

[137] GILL D. , PROWSE V. A Structural Analysis of Disappointment Aversion in a Real Effort Competition [J]. American Economic Review, 2012, 102 (1): 469 – 503.

［138］ GINO F. , PISANO G. Toward a Theory of Behavioral Operations ［J］. Manufacturing & Service Operations Management, 2008, 10 (4): 676 - 691.

［139］ GOUDA S. K. , JONNALAGEDDA S. , SARANGA H. Design for the Environment: Impact of Regulatory Policies on Product Development ［J］. European Journal of Operational Research, 2016, 248 (2): 558 - 570.

［140］ GUL F. A Theory of Disappointment Aversion ［J］. Econometrica, 1991, 59 (3): 667 - 686.

［141］ GUO S. , CHOI T - M, SHEN B. Green Product Development under Competition: AStudy of the Fashion Apparel Industry ［J］. European Journal of Operational Research, 2020, 280 (2): 523 - 538.

［142］ HAFEZI M. , ZOLFAGHARINIA H. Green Product Development and Environmental Performance: Investigating the Role of Government Regulations ［J］. International Journal of Production Economics, 2018, 204 (12): 395 - 410.

［143］ HAMMAMI R. , NOUIRA I. , FREIN Y. Effects of Customers' Environmental Awareness and Environmental Regulations on the Emission Intensity and Price of a Product ［J］. Decision Sciences, 2018, 49 (6): 1116 - 1155.

［144］ HANDFIELD R, WALTON S V Green Supply Chain: Best Practices from Furniture Industry ［C］. In Proceedings of the 1996 27th Annual Meeting of the Decision Sciences Institute, 1996 (3): 1295 - 1297.

［145］ HANDFIELD R. B. , NICHOLS E. L. Introduction to Supply Chain Management ［M］. Upper Saddle River, NJ: Prentice Hall 1999.

［146］ HARDIE B. G. S. , JOHNSON E. J. , FADER P S. Modeling Loss Aversion and Reference Dependence Effects on Brand Choice ［J］. Marketing Science, 1993, 12 (4): 378 - 394.

［147］ HE X. , PRASAD A. , SETHI S. P. Cooperative Advertising and Pricing in a Dynamic Stochastic Supply Chain: Feedback Stackelberg Strategies ［J］. Production and Operations Management, 2009, 18 (1): 78 - 94.

［148］ HEYDARI J. , GOVINDAN K. , ASLANI A. Pricing and Greening

Decisions in a Three – Tier Dual Channel Supply Chain [J]. International Journal of Production Economics, 2019, 217 (11): 185 – 196.

[149] HOFFMAN A. J., HENN R. Overcoming the Social and Psychological Barriers to Green Building [J]. Organization & Environment, 2008, 21 (4): 390 – 419.

[150] HONG Z., GUO X. Green Product Supply Chain Contracts Considering Environmental Responsibilities [J]. Omega, 2019, 83 (3): 155 – 166.

[151] HONG Z., WANG H., GONG Y. Green Product Design Considering Functional – Product Reference [J]. International Journal of Production Economics, 2019, 210 (4): 155 – 168.

[152] HONG Z., WANG H., YU Y. Green Product Pricing with Non – Green Product Reference [J]. Transportation Research Part E: Logistics and Transportation Review, 2018, 115 (7): 1 – 15.

[153] HOPFENBECK W. The Green Management Revolution: Lessons in Environmental Excellence [M]. New York: Harper Business, 1990.

[154] HUANG W., ZHOU W., CHEN J., et al. The Government's Optimal Subsidy Scheme under Manufacturers' Competition of Price and Product Energy Efficiency [J]. Omega, 2019, 84 (4): 70 – 101.

[155] INMAN J. J., DYER J. S., JIA J. A Generalized Utility Model of Disappointment and Regret Effects on Post – Choice Valuation [J]. Marketing Science, 1997, 16 (2): 97 – 111.

[156] IYER G., SOBERMAN D. A. Social Responsibility and Product Innovation [J]. Marketing Science, 2016, 35 (5): 727 – 742.

[157] JAMALI M. B., and RASTI – BARZOKI M. A game theoretic approach for green and non – green product pricing in chain – to – chain competitive sustainable and regular dual – channel supply chains [J]. Journal oF Cleaner Production, 2018, 170 (1): 1029 – 1043.

[158] JAMMERNEGG W., KISCHKA P. Risk Preferences and Robust Inventory Decisions [J]. International Journal of Production Economics, 2009, 118 (1): 269 – 274.

［159］ JAMMERNEGG W. , KISCHKA P. Risk – Averse and Risk – Taking Newsvendors: A Conditional Expected Value Approach ［J］. Review of Manageri-al Science, 2007, 1 （1）: 93 – 110.

［160］ JEULAND A. P. , SHUGAN S. M. Managing Channel Profits ［J］. Marketing Science, 1983, 2 （3）: 239 – 272.

［161］ JØRGENSEN S. , MARTÍN – HERRÁN G. , ZACCOUR G. Dynamic Games in the Economics and Management of Pollution ［J］. Environmental Model-ing & Assessment, 2010, 15 （6）: 433 – 467.

［162］ JØRGENSEN S. , TABOUBI S. , ZACCOUR G. Cooperative Adver-tising in a Marketing Channel ［J］. Journal of Optimization Theory & Applica-tions, 2001, 110 （1）: 145 – 158.

［163］ KATSIKOPOULOS K. V. , GIGERENZER G. Behavioral Operations Management: A Blind Spot and a Research Program ［J］. Journal of Supply Chain Management, 2013, 49 （1）: 3 – 7.

［164］ KAZAZ B. , WEBSTER S. Technical Note – Price – Setting News-vendor Problems with Uncertain Supply and Risk Aversion ［J］. Operations Re-search, 2015, 63 （4）: 807 – 811.

［165］ KIM B. , SIM E. J. Supply Chain Coordination and Consumer Awareness for Pollution Reduction ［J］. Sustainability, 2016, 8 （4）: 1 – 20.

［166］ KIM K. , CHHAJED D. Product Design with Multiple Quality – Type Attributes ［J］. Management Science, 2002, 48 （11）: 1502 – 1511.

［167］ KIRSHNER S. N. , OVCHINNIKOV A. Heterogeneity of Reference Effects in the Competitive Newsvendor Problem ［J］. Manufacturing & Service Operations Management, 2018, 21 （3）: 571 – 581.

［168］ KIRSHNER S. N. , SHAO L. The Overconfident and Optimistic Price – Setting Newsvendor ［J］. European Journal of Operational Research, 2019, 277 （1）: 166 – 173.

［169］ KRUGLANSKI A. W. , MAYSELESS O. Classic and Current Social Comparison Research: Expanding the Perspective ［J］. Psychological Bulletin, 1990, 108 （2）: 195 – 208.

[170] LAMBERTINI L. , PIGNATARO G. , TAMPIERI A. The Effect of Environmental Quality Misperception on Investments and Regulation [J]. Crea Discussion Paper, 2015, 113 (2): 677 – 687.

[171] LAROCHE M. Targeting Consumers Who Are Willing to Pay More for Environmentally Friendly Products [J]. Journal of Consumer Marketing, 2001, 18 (6): 503 – 520.

[172] LAROCHE M. , BERGERON J. , BARBARO – FORLEO G. Targeting Consumers Who Are Willing to Pay More for Environmentally Friendly Products [J]. Journal of Consumer Marketing, 2001, 18 (6): 503 – 520.

[173] LI B. , HOU P – W, CHEN P. , et al. Pricing Strategy and Coordination in a Dual Channel Supply Chain with a Risk – Averse Retailer [J]. International Journal of Production Economics, 2016, 178 (8): 154 – 168.

[174] LI B. , ZHU M. , JIANG Y. , et al. Pricing Policies of a Competitive Dual – Channel Green Supply Chain [J]. Journal of Cleaner Production, 2016, 112 (20): 2029 – 2042.

[175] LI K. J. Status Goods and Vertical Line Extensions [J]. Production and Operations Management, 2019, 28 (1): 103 – 120.

[176] LI Q. , XIAO T. , QIU Y. Price and Carbon Emission Reduction Decisions and Revenue – Sharing Contract Considering Fairness Concerns [J]. Journal of Cleaner Production, 2018, 190 (7): 303 – 314.

[177] LI T. , ZHANG R. , ZHAO S. , et al. Low Carbon Strategy Analysis under Revenue – Sharing and Cost – Sharing Contracts [J]. Journal of Cleaner Production, 2019, 212 (3): 1462 – 1477.

[178] LI Y. , CHEN Y. , SHOU B. , et al. Oligopolistic Quantity Competition with Bounded Rationality and Social Comparison [J]. International Journal of Production Economics, 2019, 211 (5): 180 – 196.

[179] LIU C. , CHEN W. Decision Making in Green Supply Chains under the Impact of the Stochastic and Multiple – Variable Dependent Reference Point [J]. Transportation Research Part E: Logistics and Transportation Review, 2019, 128 (8): 443 – 469.

[180] LIU Q. , SHUM S. Pricing and Capacity Rationing with Customer Disappointment Aversion [J]. Production and Operations Management, 2013, 22 (5): 1269 –1286.

[181] LIU Z. , ANDERSON T. D. , CRUZ J. M. Consumer Environmental Awareness and Competition in Two – Stage Supply Chains [J]. European Journal of Operational Research, 2012, 218 (3): 602 –613.

[182] LOCH C. H. , WU Y. Behavioral Operations Management [J]. Foundations & Trends ® in Technology Information & Operations Management, 2007, 1 (3): 121 –232.

[183] LOCH C. H. , WU Y. Social Preferences and Supply Chain Performance: An Experimental Study [J]. Management Science, 2008, 54 (11): 1835 – 1849.

[184] LOOMES G. Further Evidence of the Impact of Regret and Disappointment in Choice under Uncertainty [J]. Economica, 1988, 55 (217): 47 –62.

[185] LOOMES G. , SUGDEN R. Disappointment and Dynamic Consistency in Choice under Uncertainty [J]. The Review of Economic Studies, 1986, 53 (2): 271 –282.

[186] LOOMES G. , SUGDEN R. Regret Theory: An Alternative Theory of Rational Choice under Uncertainty [J]. Economic Journal, 1982, 92 (368): 805 –824.

[187] LU X. , SHANG J. , WU S – Y, et al. Impacts of Supplier Hubris on Inventory Decisions and Green Manufacturing Endeavors [J]. European Journal of Operational Research, 2015, 245 (1): 121 –132.

[188] LUO Z. , CHEN X. , WANG X. The Role of Co – Opetition in Low Carbon Manufacturing [J]. European Journal of Operational Research, 2016, 253 (2): 392 –403.

[189] MA L. , LIU F. , LI S. , et al. Channel Bargaining with Risk – Averse Retailer [J]. International Journal of Production Economics, 2012, 139 (1): 155 –167.

[190] MADADI A. , KURZ M. E. , TAAFFE K. M. , et al. Supply Net-

work Design: Risk – Averse or Risk – Neutral? [J]. Computers & Industrial Engineering, 2014, 78 (10): 55 – 65.

[191] MARKOWITZ H. Portfolio Selection [J]. Journal of Finance, 1952, 7 (1): 77 – 91.

[192] MARTÍNEZ – DE – ALBÉNIZ V., SIMCHI – LEVI D. Mean – Variance Trade – Offs in Supply Contracts [J]. Naval Research Logistics, 2006, 53 (7): 603 – 616.

[193] MOORE D. A., HEALY P. J. The Trouble with Overconfidence [J]. Psychological Review, 2008, 115 (2): 502 – 517.

[194] MOORTHY K. S. Market Segmentation, Self – Selection, and Product Line Design [J]. Marketing Science, 1984, 3 (4): 288 – 307.

[195] MOORTHY K. S. Product and Price Competition in a Duopoly [J]. Marketing Science, 1988, 7 (2): 141 – 168.

[196] MOORTHY K. S., PNG I. P. L. Market Segmentation, Cannibalization, and the Timing of Product Introductions [J]. Management Science, 1992, 38 (3): 345 – 359.

[197] MUSSA M., ROSEN S. Monopoly and Product Quality [J]. Journal of Economic Theory, 1978, 18 (2): 301 – 317.

[198] NAIR A., NARASIMHAN R. Dynamics of Competing with Quality – and Advertising – Based Goodwill [J]. European Journal of Operational Research, 2006, 175 (1): 462 – 474.

[199] NETESSINE S., TAYLOR T. A. Product Line Design and Production Technology [J]. Marketing Science, 2007, 26 (1): 101 – 117.

[200] NEWCOMB A. F., BUKOWSKI W M. A Longitudinal Study of the Utility of Social Preference and Social Impact Sociometric Classification Schemes [J]. Child Development, 1984, 55 (4): 1434 – 1447.

[201] OUARDIGHI F. EL, SIM J., KIM B. Pollution Accumulation and Abatement Policies in Two Supply Chains under Vertical and Horizontal Competition and Strategy Types [J]. Omega, 2021, 98 (1).

[202] OUARDIGHI F. E., KOGAN K. Dynamic Conformance and Design

Quality in a Supply Chain: An Assessment of Contracts' Coordinating Power [J]. Annals of Operations Research, 2013, 211 (1): 137 - 166.

[203] OUARDIGHI F. E., SIM J. E., KIM B. Pollution Accumulation and Abatement Policy in a Supply Chain [J]. European Journal of Operational Research, 2016, 248 (3): 982 - 996.

[204] PEARCE D. W., TURNER R. K. Economics of Natural Resources and the Environment [M]. London: Harvester Wheatsheaf, 1990.

[205] RAHMANI K., YAVARI M. Pricing Policies for a Dual - Channel Green Supply Chain under Demand Disruptions [J]. Computers & Industrial Engineering, 2019, 127 (1): 493 - 510.

[206] RAO R. S., SCHAEFER R. Conspicuous Consumption and Dynamic Pricing [J]. Marketing Science, 2013, 32 (5): 786 - 804.

[207] RAZA S. A., FAISAL M. N. Inventory Models for Joint Pricing and Greening Effort Decisions with Discounts [J]. Journal of Modelling in Management, 2017, 13 (1): 2 - 26.

[208] RAZA S. A., RATHINAM S., TURIAC M., et al. An Integrated Revenue Management Framework for a Firm's Greening, Pricing and Inventory Decisions [J]. International Journal of Production Economics, 2018, 195 (1): 373 - 390.

[209] RENNINGS K. Redefining Innovation - Eco - Innovation Research and the Contribution from Ecological Economics [J]. Ecological Economics, 2000, 32 (2): 319 - 332.

[210] RIORDAN M. H. Imperfect Information and Dynamic Conjectural Variations [J]. Rand Journal of Economics, 1985, 16 (1): 41 - 50.

[211] ROCKAFELLAR R. T., URYASEV S. Optimization of Conditional Value - at - Risk [J]. Journal of Risk, 1999, 29 (1): 1071 - 1074.

[212] ROELS G., SU X. Optimal Design of Social Comparison Effects: Setting Reference Groups and Reference Points [J]. Management Science, 2013, 60 (3): 606 - 627.

[213] ROLAND BÉNABOU J. T. Incentives and Prosocial Behavior [J].

American Economic Review, 2006, 96 (5): 1652 – 1678.

[214] SAWIK T. On the Risk – Averse Optimization of Service Level in a Supply Chain under Disruption Risks [J]. International Journal of Production Research, 2016, 54 (1): 98 – 113.

[215] SCHACHTER, STANLEY. Deviation, Rejection, and Communication [J]. J Abnorm Soc Psychol, 1951, 46 (2): 190 – 207.

[216] SCHIEDERIG T. , FRANK T. , CORNELIUS H. Green Innovation in Technology and Innovation Management – an Exploratory Literature Review [J]. R & D Management, 2012, 42 (2): 180 – 192.

[217] SCHIEDERIG T. , TIETZE F. , HERSTATT C. Green Innovation in Technology and Innovation Management – an Exploratory Literature Review [J]. R & D Management, 2012, 42 (2): 180 – 192.

[218] SCHULTZ P. W. , NOLAN J. M. , CIALDINI R. B. , et al. The Constructive, Destructive, and Reconstructive Power of Social Norms [J]. Psychological Science, 2007, 18 (5): 429 – 434.

[219] SCHWARTZ S. H. Normative Influences on Altruism [J]. Advances in Experimental Social Psychology, 1977 (10): 221 – 279.

[220] SEXTON S E, SEXTON A L. Conspicuous Conservation: The Prius Halo and Willingness to Pay for Environmental Bona Fides [J]. Journal of Environmental Economics & Management, 2014, 67 (3): 303 – 317.

[221] SIM J. , EL OUARDIGHI F. , KIM B. Economic and Environmental Impacts of Vertical and Horizontal Competition and Integration [J]. Naval Research Logistics (NRL), 2019, 66 (2): 133 – 153.

[222] SIMON H A. Theories of Bounded Rationality [J]. Decision & Organization, 1972 (12): 161 – 176.

[223] SIMON, HERBERT A. Administrative Behavior [J]. Australian Journal of Public Administration, 1950, 50 (2): 46 – 47.

[224] SONG H. , GAO X. Green Supply Chain Game Model and Analysis under Revenue – Sharing Contract [J]. Journal of Cleaner Production, 2018, 170 (1): 183 – 192.

［225］SRIVASTAVA S. K. Green Supply – Chain Management: A State – of – the – Art Literature Review ［J］. International Journal of Management Reviews, 2007, 9 (1): 53 – 80.

［226］SU X. Bounded Rationality in Newsvendor Models ［J］. Manufacturing & Service Operations Management, 2008, 10 (4): 566 – 589.

［227］TALEIZADEH A A, ALIZADEH – BASBAN N, SARKER B R. Coordinated Contracts in a Two – Echelon Green Supply Chain Considering Pricing Strategy ［J］. Computers & Industrial Engineering, 2018, 124 (10): 249 – 275.

［228］THALER R. Toward a Positive Theory of Consumer Choice ［J］. Journal of Economic Behavior & Organization, 1980, 1 (1): 39 – 60.

［229］TRIGUERO A., MORENO – MONDÉJAR L, DAVIA M A. Drivers of Different Types of Eco – Innovation in European Smes ［J］. Ecological Economics, 2013, 92 (8): 25 – 33.

［230］TSENG M – L., WANG R., CHIU A. S. F., et al. Improving Performance of Green Innovation Practices under Uncertainty ［J］. Journal of Cleaner Production, 2013, 40 (2): 71 – 82.

［231］TVERSKY A., KAHNEMAN D. Judgment under Uncertainty: Heuristics and Biases ［J］. Science, 1974, 185 (4157): 1124 – 1131.

［232］TVERSKY A., KAHNEMAN D. Rational Choice in the Framing of Decisions ［J］. Journal of Business, 1986, 59 (4): 251 – 278.

［233］VILLAS – BOAS J M. Product Line Design for a Distribution Channel ［J］. Marketing Science, 1998, 17 (2): 156 – 169.

［234］VON NEUMANN J., MORGENSTERN O. Theory of Games and Economic Behavior ［M］. Princeton Princeton University Press, 1944.

［235］WALTON S. V., HANDFIELD R. B., MELNYK S. A. The Green Supply Chain: Integrating Suppliers into Environmental Management Processes ［J］. International Journal of Purchasing and Materials Management, 1998, 34 (1): 2 – 11.

［236］WANG H., GUAN Z., DONG D., et al. Optimal Pricing Strategy with Disappointment – Aversion and Elation – Seeking Consumers: Compared to

Price Commitment ［J］. International Transactions in Operational Research, 2019, in Press.

［237］ WANG Q. , ZHAO D. , HE L. Contracting Emission Reduction for Supply Chains Considering Market Low – Carbon Preference ［J］. Journal of Cleaner Production, 2016, 120 (3): 72 – 84.

［238］ WANG Y. , WANG X. , CHANG S. , et al. Product Innovation and Process Innovation in a Dynamic Stackelberg Game ［J］. Computers & Industrial Engineering, 2019, 130 (4): 395 – 403.

［239］ WEBER E. U. , BLAIS A. R. , BETZ N. E. A Domain – Specific Risk – Attitude Scale: Measuring Risk Perceptions and Risk Behaviors ［J］. Journal of Behavioral DecisionMaking, 2002, 15 (4): 263 – 290.

［240］ WEN W. , ZHOU P. , ZHANG F. Carbon Emissions Abatement: Emissions Trading Vs Consumer Awareness ［J］. Energy Economics, 2018, 76 (10): 34 – 47.

［241］ WHEELER L, MIYAKE K. Social Comparison in Everyday Life ［J］. Journal of Personality and Social Psychology, 1992, 62 (5): 760 – 773.

［242］ WHITSON D, OZKAYA H E, ROXAS J. Changes in Consumer Segments and Preferences to Green Labelling ［J］. International Journal of Consumer Studies, 2014, 38 (5): 458 – 466.

［243］ WU D – S D. , YANG L. P. , OLSON D. L. Green Supply Chain Management under Capital Constraint ［J］. International Journal of Production Economics, 2019, 215 (9): 3 – 10.

［244］ WU D. D. , OLSON D. Enterprise Risk Management: A Dea Var Approach in Vendor Selection ［J］. International Journal of Production Research, 2010, 48 (16): 4919 – 4932.

［245］ WU D. Y. , CHEN K – Y. Supply Chain Contract Design: Impact of Bounded Rationality and Individual Heterogeneity ［J］. Production and Operations Management, 2014, 23 (2): 253 – 268.

［246］ XIA L. , HAO W. , QIN J. , et al. Carbon Emission Reduction and Promotion Policies Considering Social Preferences and Consumers' Low – Carbon

Awareness in the Cap – and – Trade System [J]. Journal of Cleaner Production, 2018, 195 (9): 1105 – 1124.

[247] XIE G. , YUE W. , WANG S. Optimal Selection of Cleaner Products in a Green Supply Chain with Risk Aversion [J]. Journal of Industrial & Management Optimization, 2015, 11 (2): 515 – 528.

[248] XIE Y. , WANG H. , LU H. Coordination of Supply Chains with a Retailer under the Mean – Cvar Criterion [J]. IEEE Transactions on Systems, Man, and Cybernetics: Systems, 2018, 48 (7): 1039 – 1053.

[249] XING W. , ZOU J. , LIU T – L. Integrated or Decentralized: An Analysis of Channel Structure for Green Products [J]. Computers & Industrial Engineering, 2017, 112 (10): 20 – 34.

[250] XU X. , HE P. , XU H. , et al. Supply Chain Coordination with Green Technology under Cap – and – Trade Regulation [J]. International Journal of Production Economics, 2017, 183 (1): 433 – 442.

[251] YANG H. , CHEN W. Retailer – Driven Carbon Emission Abatement with Consumer Environmental Awareness and Carbon Tax: Revenue – Sharing Versus Cost – Sharing [J]. Omega, 2018, 78 (7): 179 – 191.

[252] YANG Y. , XU X. A Differential Game Model for Closed – Loop Supply Chain Participants under Carbon Emission Permits [J]. Computers & Industrial Engineering, 2019, 135 (9): 1077 – 1090.

[253] YENIPAZARLI A. To Collaborate or Not to Collaborate: Prompting Upstream Eco – Efficient Innovation in a Supply Chain [J]. European Journal of Operational Research, 2017, 260 (2): 571 – 587.

[254] YENIPAZARLI A. , VAKHARIA A. J. Green, Greener or Brown: Choosing the Right Color of the Product [J]. Annals of Operations Research, 2017, 250 (2): 537 – 567.

[255] YENIPAZARLI A. , VAKHARIA A. Pricing, Market Coverage and Capacity: Can Green and Brown Products Co – Exist? [J]. European Journal of Operational Research, 2015, 242 (1): 304 – 315.

[256] YU X. , LAN Y. , ZHAO R. Strategic Green Technology Innovation

in a Two – Stage Alliance: Vertical Collaboration or Co – Development? [J]. Omega, 2019, Article in Press.

[257] ZHANG C – T, WANG H – X, REN M – L. Research on Pricing and Coordination Strategy of Green Supply Chain under Hybrid Production Mode [J]. Computers & Industrial Engineering, 2014, 72 (6): 24 – 31.

[258] ZHANG Q., TANG W., ZHANG J. Green Supply Chain Performance with Cost Learning and Operational Inefficiency Effects [J]. Journal of Cleaner Production, 2016, 112 (1): 3267 – 3284.

[259] ZHANG Q., ZHANG J., TANG W. Coordinating a Supply Chain with Green Innovation in a Dynamic Setting [J]. 4OR – A Quarterly Journal of Operations Research, 2017, 15 (2): 133 – 162.

[260] ZHANG Y., HAFEZI M., ZHAO X., et al. Reprint of "the Impact of Development Cost on Product Line Design and Its Environmental Performance" [J]. International Journal of Production Economics, 2017, 194 (12): 126 – 134.

[261] ZHOU Y – W, LI J., ZHONG Y. Cooperative Advertising and Ordering Policies in a Two – Echelon Supply Chain with Risk – Averse Agents [J]. Omega, 2018, 75 (3): 97 – 117.

[262] ZHOU Y. The Role of Green Customers under Competition: A Mixed Blessing? [J]. Journal of Cleaner Production, 2018, 170 (1): 857 – 866.

[263] ZHOU Y., BAO M., CHEN X., et al. Co – Op Advertising and Emission Reduction Cost Sharing Contracts and Coordination in Low – Carbon Supply Chain Based on Fairness Concerns [J]. Journal of Cleaner Production, 2016, 133 (10): 402 – 413.

[264] ZHU W., HE Y. Green Product Design in Supply Chains under Competition [J]. European Journal of Operational Research, 2017, 258 (1): 165 – 180.

[265] ZSIDISIN G. A., SIFERD S. P. Environmental Purchasing: A Framework for Theory Development [J]. European Journal of Purchasing & Supply Management, 2001, 7 (1): 61 – 73.